独角兽财经 *UNICORN FINANCE*

数字经济先锋

全球独角兽企业500强蓝皮书

（2020）

解树江◎著

Digital Economy Pioneer
Blue Book of Global Top
500 Unicorn Enterprises in 2020

经济管理出版社

ECONOMY & MANAGEMENT PUBLISHING HOUSE

图书在版编目（CIP）数据

数字经济先锋：全球独角兽企业 500 强蓝皮书 . 2020/解树江著 . —北京：经济管理出版社，2021. 8
ISBN 978 - 7 - 5096 - 7998 - 2

Ⅰ . ①数…　Ⅱ . ①解…　Ⅲ . ①企业管理—研究报告—世界—2020　Ⅳ . ①F279. 1

中国版本图书馆 CIP 数据核字（2021）第 175509 号

组稿编辑：张丽原
责任编辑：任爱清
责任印制：黄章平
责任校对：张晓燕

出版发行：经济管理出版社
　　　　　（北京市海淀区北蜂窝 8 号中雅大厦 A 座 11 层　100038）
网　　　址：www. E - mp. com. cn
电　　　话：（010）51915602
印　　　刷：河北华商印刷有限公司
经　　　销：新华书店
开　　　本：720mm × 1000mm/16
印　　　张：24. 75
字　　　数：472 千字
版　　　次：2021 年 9 月第 1 版　　2021 年 9 月第 1 次印刷
书　　　号：ISBN 978 - 7 - 5096 - 7998 - 2
定　　　价：198. 00 元

目 录

第七章　2020 中国隐形独角兽 500 强大会媒体报道 // 343

第一章

数字经济先锋

独角兽与数字经济

新一轮科技革命和产业变革正在孕育兴起，一些重要科学问题和关键核心技术已呈现革命性突破的先兆。物质构造、意识本质、宇宙演化等基础科学领域取得重大进展，信息、生物、能源、材料、海洋、空间等应用科学领域不断发展，带动了关键技术交叉融合、群体跃进，变革突破的能量正在不断积累。

科技革命和产业变革催生了数字经济。数字经济是继农业经济、工业经济之后的新型经济形态，是以数字化的知识和信息为关键生产要素，以数字技术创新为核心驱动力，以现代信息网络为重要载体的新型经济形态。数字经济受到梅特卡夫法则、摩尔定律、达维多定律的支配。

数据显示，2019 年全球数字经济规模达到 31.8 万亿美元，同比名义增长5.4%，在全球经济整体下行压力增大的背景下，数字经济"逆势上扬"，成为各国稳定经济增长、实现经济复苏的关键抓手。预计到 2025 年，全球经济总值将有一半来自数字经济。概括地说，数字经济主要表现为产业数字化和数字产业化。在技术层面，包括大数据、云计算、物联网、区块链、人工智能、5G 通信等新兴技术；在应用层面，新零售、新制造等都是其应用场景。

一些国家、城市和企业已认识到数字经济的价值和意义，纷纷推出一系列措施以抓住数字经济的历史性机遇。

一、全球主要国家启动数字经济进程

美国先后发布了《数字经济议程》《在数字经济中实现增长与创新》《美国国家网络战略》等国家战略规划，提出把发展数字经济作为实现繁荣和保持竞争力的关键。中国先后发布了《"十二五"国家战略性新兴产业发展规划》《智能制造发展规划（2016－2020 年）》《智能制造"十三五"发展规划》等一系列鼓励数字经济发展的政策规划，先后三次将数字经济写入政府工作报告，并在《中共中央关于制定国民经济和社会发展第十四个五年规划和二〇三五年远景目标的建议》提出，要发展数字经济，推进数字产业化和产业数字化，推动数字经济和实体经济深度融合，打造具有国际竞争力的数字产业集群。英国推出了《数字英国》《数字经济战略（2015－2018）》《英国数字战略》等战略计划，对打造世界领先的数字经济和全面推进数字化转型作出全面而周密的部署。德国出台了《德国 ICT 战略：数字德国 2015》《"工业 4.0"战略》《数字议程（2014－2017）》等战略，为德国建设成为未来数字强国部署战略方向。欧盟发布《塑造欧洲的数字未来》《欧洲数据战略》和《人工智能白皮书：欧洲追求卓越和信任的路径》等，目的是推动欧盟成为数字经济的全球榜样，支持发展中经济体的数字化转型，制定数字标准并在国际上推广。日本出台《未来投资战略 2018》《创新活动行动计划》等，以建设数据驱动型社会。另外，日本、法国、韩国等国家也陆续推出了数字经济的相关规划或措施，以促进数字经济的发展。

二、全球主要城市抢占数字经济高地

旧金山是全球信息技术和数字经济发展的重镇，其促进创新的科技政策、严格的知识产权保护和巨大的资金投入等为旧金山数字技术的发展提供了强有力的支撑，进而孕育了苹果、Facebook、谷歌、Salesforce、Twitter 等一系列数字经济领域科创企业巨头。纽约出台一揽子科技创新促进计划，并发布《一个新的纽约市：2014－2025》，明确"全球创新之都"的城市发展定位，大力发展人工智能、大数据、区块链等新一代信息技术，助力纽约数字经济的发展。北京市出台了《北京市加快新场景建设培育数字经济新生态行动方案》，提出要将北京市建设成为全国领先的数字经济发展高地。上海市颁布了《上海加快发展数字经济推动实体经济高质量发展的实施意见》，明确推动数字经济成为上海经济发展重要增长极。杭州市出台《杭州市全面推进"三化融合"打造全国数字经济第一城行动计划（2018－2022 年)》，全面推进杭州市数字产业化、产业数字化和城市数字化协同融合发展，努力打造全国数字经济第一城。广州市印发《广州市加快打造数字经济创新引领型城市若干措施》，加快数字经济创新发展，构建以数据为关键要素的数字经济新生态。深圳市发布《深圳市数字经济产业创新发展实施方案（征求意见稿）》，努力建成全国领先、全球一流的数字经济产业创新发展引领城市。数字经济领域的城市竞争日趋白热化，全球数字经济的版图正在形成。

三、数字经济引领企业的未来发展

数字经济中的企业是以数字化、网络化、智能化的方式进行企业的生产和管理，促进企业各类资源、各种要素的整合。基于云计算构建的企业 IT 系统，能够存储和处理海量信息和数据，企业可通过该系统优化资金、资源分配，以低成本数据创造高商业价值。工业互联网为企业打通供应链上下游壁垒，以数据流为中心促进供需对接，实现供应链的资金流、信息流、物流和商流的四流合一。而基于区块链技术开发数字信任凭证，可以实现信任在供应链上下游企业间流转，依托供应链可信数据，实现对授信、管理和风险处置等供应链全生命周期风险管控。此外，还有在线办公、在线教育、生鲜到家等数字经济平台，为广大消费者提供了一个更加优质、便捷的生活体验。如今，数字化转型已成为企业可持续发展的必然选择。截至 2016 年底，在全球市值最高的 10 家公司中，有 5 家属于数字经济企业，而市值前 20 强的企业中有 9 家属于数字经济企业。数字经济将引领企业发展，决定企业未来。

四、全球独角兽企业 500 强是数字经济先锋

作为科技创新企业的典型代表，全球独角兽企业 500 强走在了数字经济的最前沿。全球独角兽企业 500 强几乎都属于数字经济的范畴，或者是产业数字化，或者是数字产业化。

京东数科是中国产业数字化生态中的最典型代表之一，其依托自身在智能城市、数字营销、AI 技术和金融科技等领域的雄厚技术积累和项目落地经验，为整个产业数字化探索了一条行之有效的实践路径。在智能城市领域，京东数科打造了"智能城市操作系统"，通过 5G、大数据、AI 等数字科技基础设施，实现城市万物互联互通，构建起城市级数据中心；在数字营销方面，京东数科打造"钼星计划"，支持目标人群还原、浓度筛选等功能，提供多维度的定向分析和投放策略建议；在 AI 技术领域，京东数科开发深海大数据平台，为企业提供一站式、一体化、自助式大数据处理解决方案；在金融科技方面，京东数科推出新一代全流程的智能决策平台。目前，AI 科技、智慧城市、数字营销、金融科技已成为京东数科驱动产业数字化升级的"四驾马车"。Infor 作为一家行业应用软件服务提供商，走在了数字产业化的前列，其专注于为物流及供应链、工业制造、汽车以及交通等行业，提供企业资产管理、客户关系管理、企业资源规划、财务管理系统、产品生命周期管理等产品。Infor 的供应链管理平台，可以将企业的核心应用（ERP）链接到物流、供应商和金融等各个网络，提高了整个网络的可视化、合作、效率和反应能力，使企业更加灵活、更具竞争力。Infor 是全球第三大企业管理软件提供商，拥有超过 70000 家的客户，并在全球 100 个国家展开业务，全球 80% 的一级汽车供应商都在用 Infor 的供应商协同解决方案，Toyota、Honda、中国一汽、江淮、东风装备、广汽、奇瑞等都是 Infor 的客户。Infor 依靠自身的信息技术，不断推动其下游企业的数字化转型，进而推动数字经济的发展。

此外，还有今日头条、贝壳找房等头部企业也走在了数字经济的前列。今日头条 App 利用人工智能推荐算法将合适的内容推送给特定的用户，在 2016 年已累计激活用户数达 6 亿、活跃用户 1.4 亿、单用户每日使用时长超 74 分钟；贝壳找房借助 VR（虚拟现实）技术，通过构建房屋三维模型的方式，有效地解决了在线房屋交易过程的痛点——房屋真实空间的尺寸、朝向、远近等深度信息无法有效展示的问题，据贝壳发布的数据获悉，自从上线 VR 看房功能后，贝壳找房 App 上用户的平均停留时长增长了 2.8 倍，人均浏览房源数提升到了 180%。

得益于在大数据、云计算、人工智能、区块链等新一代信息技术上的积累，全球独角兽企业 500 强作为数字经济先锋，在产业数字化和数字产业化进程中开疆拓土、硕果累累，成为引领数字经济发展的中坚力量。

独角兽企业成长模型

技术变革、产业升级、数字经济、市场多变和国际变局构成了科技创新企业成长的宏观背景。2020 年的新冠肺炎疫情全球大流行使大变局加速变化，保护主义、单边主义上升，世界经济低迷，全球产业链、供应链因非经济因素而面临冲击，国际经济、科技、文化、安全、政治等格局都在发生深刻调整，世界进入动荡变革期。全球经济正处在转变发展方式、优化经济结构、转换增长动力的关键时期，转型升级成为各国经济发展的主要特征和努力方向。具有重大影响力的颠覆性技术正在推动着经济格局和产业形态的调整，成为国家或城市竞争力的关键所在。科技创新企业在一定程度上代表着新的增长动力，是全球经济转型升级的牵引力量。此外，受消费者年龄结构变动、收入结构变动、消费倾向变动、竞争加剧等因素的影响，全球市场呈现前所未有的快速变化。新需求层出不穷、新产品层出不穷、新服务层出不穷、新业态层出不穷。

一、科技创新企业类型

我们可以按照估值大小将科技创新企业分为独角兽、隐形独角兽、瞪羚企业以及其他企业四种类型。自 2013 年风险投资家 Aileen Lee 提出"独角兽企业"一词以来，独角兽企业已成为投资行业（特别是风险投资业）的专业术语，一般指成立时间不超过 10 年、估值超过 10 亿美元的未上市创业公司。独角兽企业不仅是科技创新企业的典型代表，也是衡量一个国家或地区创新能力、创新活力和创新生态的重要标志。隐形独角兽是科技创新企业的新势力，是独角兽企业的后备力量，是最具成长潜力的企业群体。隐形独角兽的估值为 0.3 亿~10 亿美元，并且拥有独创性或颠覆性技术，拥有难以复制的商业模式，通常成立时间 5 年左右。瞪羚企业是指刚刚跨过死亡谷的具有高成长性的科技创新企业，估值为 0.1 亿~0.3 亿美元。

尤其需要注意的是，我们必须将"隐形独角兽"企业与"隐形冠军"企业区别开来。虽然隐形独角兽和隐形冠军在企业规模较小和品牌影响力较弱这两个方面具有高度相似性，但隐形独角兽和隐形冠军具有明显的六个不同特征：一是成立时间不同。西蒙提出的隐形冠军成立时间比较长，生存时间都在 30 年以上，有的是家族性企业，经过几代人的传承。而隐形独角兽是成长迅速的企业，这些企业成立时间短（5 年左右），具有很快成长为独角兽，甚至直接登陆资本市场的可能性。二是技术水平不同。隐形独角兽大都拥有颠覆性的技术，而隐形冠军通常在某个领域比较突出，这些企业主追求"鬼之艺，匠之气"的精神并代代传承，它们发展稳健但扩张得慢，成长性可能有限，其技术往往独特性和成熟性的特征明显。三是市场空间不同。隐形冠军的市场很小，针对的是某一个细分的领域，典型的隐形冠军是为单一市场提供单一产出并拥有一个简单组织架构的企业，如果企业经营或者服务的市场比较复杂，隐形冠军就提前进行组织形式的分化和去中心化，以确保在复杂环境下企业依然能够保持优势；而隐形独角兽的市场空间广阔，隐形独角兽大多属于新兴行业，这些行业的市场需求高速增长，市场规模不断扩大，因而企业的发展前景广阔。四是估值清晰度不同。通过投资机构一轮一轮的投资，可以测算隐形独角兽的估值水平；隐形冠军的估值则不确定，隐形冠军大多在融资方面行为较为保守，它们不愿意引入外部资金，而是依靠自筹的资金进行运营。除非发生并购事件，否则很难对隐形冠军进行估值。五是成长性不同。隐形冠军的成长性不足，有些甚至没有成长性，它们是一个细分市场的稳定领导者（全球前三名）；隐形独角兽成长速度快，有些很快会成为独角兽。六是运营机制不同。隐形独角兽大都采用虚拟组织的运行机制，隐形独角兽要在最快的时间内将资本和技术进行结合，必须快速推进核心的工作，因此往往通过外包或战略合作伙伴等形式进行运营；而隐形冠军倾向于自身生产，甚至营销都不通过第三方代理，通过自己的子公司在全球市场进行，并以此与客户建立直接联系。由此可以看出，隐形独角兽和隐形冠军是完全不同的企业类型。

通过对大量的科技创新企业（特别是全球独角兽企业 500 强和中国隐形独角兽 500 强）成长轨迹与典型案例的分析，总结、归纳和提炼出"独角兽企业成长模型"（见图 1 - 1）。该模型描述了科技创新企业成长的一般规律、关键因素、内在逻辑、成长阶段和外部条件以及科技创新企业成长的优胜劣汰的演化过程，为科技创新企业从初创公司起步，进而进阶为隐形独角兽、独角兽，最终登陆资本市场的价值实现过程提供了一个分析框架。

二、独角兽企业成长的八大关键要素

1. 异质型企业家精神

任何企业的成长都需要企业家精神。德鲁克认为，企业家应该拥有前瞻性思维，能够关注市场发展，能够建立团队，能够明确组织中每个人的角色。特别提

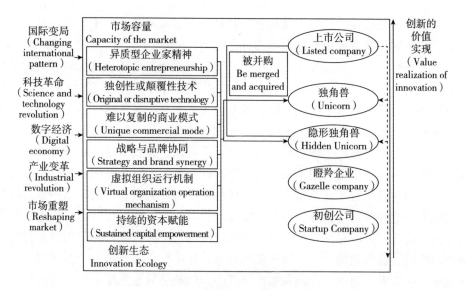

图 1-1　独角兽企业成长模型

出，创新是企业家精神最重要的特征。"创新与企业家精神能让任何社会、经济、产业、公共服务机构和商业机构保持高度的灵活性与自我更新能力。"对独角兽企业家而言，除了具备通常意义上的企业家精神内涵之外，还具有某些异质型的、与众不同的特点，例如，超凡的想象、宏大的格局和钢铁般的意志等，因独角兽企业比一般的科创型企业成长更迅速、技术更先进，也更难驾驭。

2. 独创性或颠覆性技术

颠覆性技术是基于科学技术的新原理、新组合和新应用而开辟的全新技术轨道，导致传统产业归零或价值网络重组，并决定性影响社会技术体系升级跃迁，或国家现有基础、能力、结构等重构的战略性创新技术。颠覆性创新本质上是一种新的区别于以往线性的持续性创新模式。克里斯滕森认为，颠覆性技术往往从低端或边缘市场切入，以简单、方便、便宜为初始阶段特征，随着性能与功能的不断改进与完善，最终取代已有技术，开辟出新市场，形成新的价值体系。颠覆性技术可能在改善人们的生活质量、改变公司的商业模式、调整产业结构方面发挥重要作用。独角兽企业拥有独创性或颠覆性技术，这些技术能够改变或彻底取代现有的技术，对整个行业产生翻天覆地的影响，甚至使人类的生活方式发生改变。

3. 难以复制的商业模式

前沿技术与优秀商业模式的完美结合才能够让一个企业创造奇迹。独角兽企业能够深刻认识到，商业模式就是创造和传递客户价值和公司价值的交易结构。

独角兽大都清晰地界定了客户价值主张、盈利模式、关键资源和关键流程，其商业模式还具有很难被竞争者模仿的特征，这有利于这些企业保持其商业模式竞争优势的长期性。

4. 战略与品牌高度协同

战略与品牌的协同程度是区分不同层级的科技创新企业的一个重要的标志。独角兽需要在初创的短期内获得巨大的成功，其战略与品牌的协同程度是超过一般企业的，这不仅要有高瞻远瞩的战略统筹，同时还要积极推广品牌实验，而且推广品牌要和公司战略高度匹配、高度协同，这是独角兽企业的一大特质。它们对战略和品牌的认知和理解远远超过其他同龄公司，表现出了早熟和超前，也是科技创新企业中战略与品牌协同程度最高的群体。实际上，战略与品牌是一枚硬币的两个侧面：对内，谋划实现全局目标的规划是战略；对外，展示企业形象和对客户承诺的是品牌。一个成功的企业，必须做到让其客户感知到的品牌形象中隐含了企业的战略意图。

5. 虚拟组织运行机制

独角兽企业大都采用了虚拟组织的运行机制。独角兽不是那些自我积累自我发展的企业，它们是虚拟组织，把核心能力发挥得淋漓尽致，而其他相关业务交由合作伙伴完成。独角兽只专注于自己最有竞争力的业务，通过集成虚拟组织各成员的核心能力和资源，在管理、技术、资源等方面拥有得天独厚的竞争优势，通过分享市场机会和客户实现共赢的目标，以便在瞬息万变、竞争激烈的市场环境中有更大的获胜机会。独角兽是资源的整合者，它们反应敏捷、善于高举高打、实现迅速成长。独角兽常用的虚拟组织机制包括外包、合作协议、战略联盟、特许经营、合资企业、虚拟销售网络等。独角兽根据自身的行业特点及约束条件，它们往往采用这些组织机制中的一种或几种。

6. 持续的资本赋能

在独角兽企业成长的过程中，资本发挥了举足轻重的作用，独角兽企业正是有了资本的加持与助力，才能获得快速成长所必备的各种资源，从技术研发到人力资源的配备再到厂房的建设都离不开强有力的资金支持。高投入和高风险决定了独角兽企业必须借助资本的力量实现成长，在此过程中企业通常会经过种子轮、天使轮、Pre－A轮、A轮、A＋轮、B轮、C轮、Pre－IPO轮等轮次的融资。资本的支持是科技创新企业，从初创公司跨越成为瞪羚企业、隐形独角兽、独角兽，进而登陆资本市场的关键要素。

由于颠覆性技术是对于现有主流技术的一种强大的破坏性力量，能够取代现有技术，改变游戏规则，重塑商业模式，重整市场秩序，颠覆性技术往往会创造一个新市场，这些新市场甚至在很大程度上超越或者取代了现有市场。正因为如此，颠覆性技术的创新难度更高、创新投入更大，因此既要发挥市场对技术研发方向、路线选择、要素价格、各类创新要素配置的导向作用，也要发挥政府在促进高效的风险投资机制和完善的融资体系形成中的积极作用，善于用资本的力量撬动人才的集聚和驱动科技的创新。

7. 市场容量

市场容量是独角兽企业成长的外部关键要素之一。只有在市场容量大的国家，符合梅特卡夫法则（网络的价值等于其节点数的平方）的企业才有可能实现公司价值最大化。全球独角兽企业 500 强中的中国企业数量连续两年位居世界第一，市场容量是关键要素。中国市场容量巨大的主要表现是，目前全球一共有124 个国家和地区的最大贸易伙伴是中国，而美国仅和 76 个国家和地区保持这种关系，中国已经成为全球最重要的贸易伙伴。

8. 创新生态

创新生态是科创企业成长的另一个外部关键要素。创新生态是以企业为主体，大学、科研机构、政府、金融等中介服务机构为系统要素载体的复杂网络结构，通过组织间的网络协作，深入整合人力、技术、信息、资本等创新要素，实现创新因子有效汇聚和各个主体的价值实现。独角兽最核心的特征之一就是拥有颠覆性技术，所生产的产品拥有较宽的技术护城河，不容易被复制和模仿。可以说，颠覆性技术创新就是独角兽成长的关键，是独角兽成长壮大的前提条件。因此，良好、宽松的技术创新环境，高水平的研发投入以及顺畅的科技成果转化通道将有助于独角兽颠覆性技术的突破，并促进独角兽的发展和培育。

颠覆性技术创新需要良好、宽松的生态环境。对于企业来说，在瞬息万变、竞争激烈的市场中进行创新，其不确定性和复杂性都是无法预知的。如何为企业营造一个适合颠覆性技术创新的生态环境至关重要。而以知识为导向的收入分配制度、科学的分类评价机制、完善的知识产权保护体系、公平的市场竞争环境、合理的企业试错成本等都是创新生态环境的必备元素，是独角兽企业的生存空间。

上述每一个关键要素的强度和八大关键要素之间的匹配程度决定了独角兽企业的成长质量和成长速度，即科技创新企业如何从初创公司起步，先后成长为瞪羚企业、隐形独角兽、独角兽，并登陆资本市场的价值实现进程。

第二章

全球独角兽企业 500 强基本格局

第二章

全球独角兽企业 500 强总估值超过意大利 GDP

截至 2020 年 7 月 31 日，全球独角兽企业 500 强总估值为 2.01 万亿美元，相比 2019 年同期 1.93 万亿美元，增长 8%。该估值超过 2019 年全球 GDP 排名第 8 位的意大利，而 2019 年全球独角兽企业 500 强总估值超过 GDP 居全球第 9 位的巴西（见表 2 - 1）。

表 2 - 1　2019 年全球排名前十的国家 GDP 总额和 GDP 实际增速

国家	排名	2019 年 GDP（万亿美元）	2019 年 GDP 实际增速（%）
美国	1	21.43	2.30
中国	2	14.36	6.10
日本	3	5.08	0.70
德国	4	3.84	0.60
印度	5	2.85	5.30
英国	6	2.82	1.40
法国	7	2.7	1.30
意大利	8	2	0.30
巴西	9	1.83	1.10
加拿大	10	1.73	1.60

资料来源：世界银行。

从全球独角兽企业 500 强的估值总额和增速可以看出：独角兽企业是科技创新的重要力量，是经济增长的重要引擎。首先，技术领域的不断突破，给全球独角兽企业 500 强的发展奠定了坚实的技术基础。全球独角兽企业 500 强大多为技术领先的科技公司，多年深耕于技术核心领域，使它们在各自行业内率先抢占了科技战略高地。其次，消费升级带来的新机遇使全球独角兽企业 500 强获得了广阔的市场空间。随着居民可支配收入的提升以及消费主力人群转换，蕴含新技术、新业态、新模式的全球独角兽企业 500 强获得了广大消费者的认可，市场占有率获得了较大提升。最后，资本的青睐为全球独角兽企业 500 强的快速发展提供了持续的动力支持。在资本的赋能下，全球独角兽企业 500 强的核心竞争力不断得以强化，企业和资本的良性循环促进了全球独角兽企业 500 强估值的大幅提升。

31 家全球独角兽企业 500 强成功登陆资本市场

2019～2020 年，共有 31 家全球独角兽企业 500 强成功登陆资本市场，其中，有近 13 家选择了在纳斯达克进行上市，9 家在纽约证券交易所上市，4 家在科创板上市，香港交易所 2 家，法兰克福交易所、上海证券交易所、深圳证券交易所各 1 家。其中，前三地共吸引了 27 家全球独角兽企业 500 强，占比高达82.76%。具体如表 2 - 2 所示。

表 2 - 2　2019～2020 年全球独角兽企业 500 强上市列表

序号	公司	国家	行业	资本市场
1	SmileDirectClub	美国	医疗健康	纳斯达克
2	嘉楠耘智	中国	智能科技	纳斯达克
3	10X Genomics	美国	医疗健康	纳斯达克
4	天境生物	中国	医疗健康	纳斯达克
5	Adaptive Biotechnologies	美国	医疗健康	纳斯达克
6	达达—京东到家	中国	物流服务	纳斯达克
7	Peloton	美国	生活服务	纳斯达克
8	房多多	中国	企业服务	纳斯达克
9	玖富集团	中国	金融科技	纳斯达克
10	荔枝	中国	文旅传媒	纳斯达克
11	金山云	中国	企业服务	纳斯达克
12	理想汽车	中国	汽车交通	纳斯达克
13	Relay Therapeutics	美国	医疗健康	纳斯达克
14	Anaplan	美国	企业服务	纽约证券交易所
15	Bill. com	美国	金融科技	纽约证券交易所
16	Casper	美国	生活服务	纽约证券交易所
17	Medallia	美国	企业服务	纽约证券交易所
18	蛋壳公寓	中国	生活服务	纽约证券交易所
19	金融壹账通	中国	金融科技	纽约证券交易所
20	网易有道	中国	教育科技	纽约证券交易所

续表

序号	公司	国家	行业	资本市场
21	Lemonade	美国	金融科技	纽约证券交易所
22	CloudFlare	美国	企业服务	纽约证券交易所
23	寒武纪	中国	智能科技	科创板
24	神州细胞	中国	医疗健康	科创板
25	优刻得	中国	企业服务	科创板
26	奇安信	中国	企业服务	科创板
27	复宏汉霖	中国	医疗健康	香港交易所
28	易商红木	中国	物流服务	香港交易所
29	甘李药业	中国	医疗健康	上海证券交易所
30	居然之家	中国	生活服务	深圳证券交易所
31	Rocket Internet	德国	企业服务	法兰克福交易所

资料来源：全球独角兽企业数据库。

　　Smile Direct Club 是一家直接面向消费者的齿形矫正企业，旨在通过远程牙科诊断，将授权的牙医或正畸医师与齿形矫正患者连接起来，开展远程计划，以便开处方和监督治疗。Smile Direct Club 主要依靠国家批准的牙医和正牙医生数字网络进行矫正牙齿和临床护理等方面的管理，从诊断到治疗结束，都通过数字平台完成。2019 年 5 月，Smile Direct Club 宣布与惠普达成合作，使用 49 台 3D 打印机的解决方案，HP Jet Fusion 3D 打印系统每天创造超过 50000 个模具，这意味着 Smile Direct Club 在一年内可设计多达 2000 万个定制 3D 打印模具。2019 年 9 月 12 日 Smile Direct Club 在美国纳斯达克上市，发行价为 23 美元，募资超过 13 亿美元（约合 91 亿元人民币）。

　　寒武纪的定位是独立芯片公司，即为下游云计算、大数据、服务器厂商、服务互联网公司提供不同尺寸、面向不同应用场景的终端 AI 处理器 IP 以及覆盖 Inference 和 Training 的不同处理能力的云端智能芯片。经过长期的研发积累，到 2019 年寒武纪已拥有面向云端、边缘端、终端的三个系列智能芯片与处理器产品，且通过共用相同的自研指令集与处理器架构，共用相同的基础系统软件平台，实现了从通用型智能芯片到云、边、端通用生态的全面覆盖。2020 年 7 月 20 日，中国 AI 芯片独角兽寒武纪正式登陆 A 股科创板，成为国内 AI 芯片第一股。开盘涨约 288%，市值达 1000.25 亿元。智能计算集群系统业务作为当下"新基建"浪潮下的重点，未来的发展空间将非常广阔。据寒武纪测算，未来 1~2 年智能计算集群市场空间为 52 亿~100 亿元。而寒武纪凭借在该领域的抢先布局及自身的技术积累，将有望在这个领域取得较大的竞争优势，并给公司带来更多的盈利点。

奇安信成立于 2014 年，专注于网络空间安全市场，为向政府、企业用户提供新一代企业级网络安全产品和服务。凭借持续的研发创新和以实战攻防为核心的安全能力，已发展成为国内领先的基于大数据、人工智能和安全运营技术的网络安全供应商。奇安信的目标是创新研发新一代企业级网络安全产品、技术和服务，尽管在中国网络安全产业发展史上算是"新军"，但在短短几年内即成为行业第一。2020 年 7 月 22 日，在科创板开板一周年之际，奇安信正式挂牌交易。奇安信原计划募资 45 亿元，但实际募资达 57.19 亿元，创同类型企业 A 股募资额新高。从 2020 年第三季度报告数据来看，奇安信已经快速摆脱了新冠肺炎疫情影响，重新驶入高增长轨道，其高成长性和抗压韧性进一步凸显。

Relay Therapeutics 是一家临床阶段的精密医学公司，致力于通过建立一个独特的发现平台来创造对患者具有变革性影响的药物，该平台的核心是了解蛋白质的构象如何与功能相关。目前的蛋白质成像方法仅限于静态图片，Relay Therapeutics 的方法通过将计算能力与结构生物学、生物物理学、化学和生物学领域的前沿实验技术相整合，为蛋白质构象的动态性质如何调节功能提供了重要见解。2020 年 7 月 17 日，Relay Therapeutics 成功登陆纳斯达克，并宣布首次公开发行普通股 2000 万股，定价为每股 20 美元，开盘首日涨超 75%，达到每股 35.05 美元。

23 家全球独角兽企业 500 强出局

2019~2020 年，共有 23 家全球独角兽企业 500 强从 2019 年的榜单中出局，原因有以下五点：

（1）被并购。为实现经济互补和整合产业链资源，有 2 家独角兽企业被其他龙头企业并购（占比 8%），被并购的两家企业为 Credit Karma 和 Plaid。Credit Karma 是一家为美国公民免费提供个人信用积分在线查询的服务商，到 2017 年，已经积累了 7000 万用户。2020 年 2 月 24 日，美国软件开发商 Intuit 以 70 亿美元现金加股票的形式收购金融技术平台 Credit Karma。根据本次收购协议，Credit Karma 将成为 Intuit 内部的一个独立部门，继续由 Credit Karma 首席执行官兼联合创始人 Ken Lin 领导。硅谷金融科技创业公司 Plaid 成立于 2013 年，其技术可以让人们将银行账户与 Venmo 等移动应用程序相连接，目前已与美国、加拿大和欧洲的 1.1 万家金融机构建立了联系。2020 年 1 月 13 日，Visa 宣布以 53 亿美元的价格收购 Plaid，该收购价格是 Plaid 最近一次融资时估值的 2 倍。

（2）破产或注销。3 家企业破产或者注销，占比 13%，OneWeb 则是其中之一。OneWeb 成立于 2012 年，是一家全球性的通信公司。早于马斯克 12000 颗卫星的"星链"计划，OneWeb 曾首次提出低轨卫星互联网星座计划。为构建高速低延时的网络连接，第一阶段是在 2021 年完成 648 颗卫星部署，最终实现 1980 多颗卫星的全球覆盖。受 COVID - 19 疫情蔓延及市场动荡影响，OneWeb 公司未能与大股东软银达成一致，以至于公司失去了争取新投资者的窗口期，被迫进入破产程序。

（3）经营停滞。受疫情冲击等因素影响，有 6 家汽车企业承受不住压力，经营陷入停滞状态，例如，人人车、奇点汽车、拜腾汽车等。

（4）不符合政策导向或负面舆情严重。有 2 家电子烟行业的全球独角兽企业 500 强市场环境发生了重大的变化，因不符合当前政策导向而被淘汰出局，占比为 8%，JUUL Labs 为其中之一。JUUL Labs 是 23 家出局企业中估值排名第二的全球独角兽企业 500 强，其 2019 年估值为 365.71 亿美元，排在原榜单的第六位。JUUL Labs 是美国电子烟公司 Pax Labs 于 2015 年 6 月推出的一款电子烟产品，这款电子烟以从烟草中提取的尼古丁盐作为关键成分（通常的电子烟都是尼古丁溶液），结合其独特的矩形设计、便携的尺寸以及大容量的"烟仓"而取得巨大成功。但受 2020 年新冠肺炎疫情的影响，美国电子烟市场大幅萎缩，加上旧金山、纽约州、密歇根州等地因考虑到人民的生命安全相继出台了电子烟禁令，使电子烟行业的独角兽企业前景惨淡。

（5）控制权争夺或其他原因。有 3 家企业存在负面舆情严重的问题。企业控制权的争夺会对公司的经营产生致命性的影响，本报告有 1 家独角兽企业因陷入控制权争夺而进入停滞状态，为江苏赛麟汽车。亚洲医疗、Avaloq Group、Dream11 等 7 家独角兽企业则因重组等问题被淘汰。具体分布如表 2 - 3 所示。

表 2 - 3　2020 全球独角兽企业 500 强出局名单

出局原因	出局企业
被并购	Credit Karma、Plaid Technologies
破产或注销	OneWeb、找库科技、易果生鲜
经营停滞	人人车、奇点汽车、拜腾汽车、游侠汽车、银隆新能源、斑马快跑
不符合政策导向或负面舆情严重	JUUL Labs、Pax Labs、易生金服、九次方大数据、蚂蚁金服
控制权争夺或其他原因	亚洲医疗、Avaloq Group、Dream11、OVH、禧云国际、赛麟、链家

资料来源：全球独角兽企业数据库。

全球独角兽企业 500 强中国两连冠

2020 年全球独角兽企业 500 强区域分布极化严重，中国和美国占比达 81.8%。中国企业数量和估值仍居世界第一，分别为 217 家和 9376.90 亿美元，荣获两连冠（见表 2–4）。

表 2–4　全球独角兽企业 500 强国家排名分布（前十名）

国家	2020 年		2019 年	
	数量（家）	排名	数量（家）	排名
中国	217	1	217	1
美国	192	2	193	2
印度	19	3	20	3
英国	18	4	17	4
韩国	12	5	8	6
德国	9	6	10	5
印度尼西亚	4	7	4	8
以色列	4	8	4	9
法国	4	9	5	7
巴西	3	10	3	11

资料来源：全球独角兽企业数据库。

中国独角兽企业快速发展，首先，归功于中国巨大的消费市场，即便是中国经济周期性下行也未能改变中国消费升级和消费转型的大趋势。据中国海关数据显示，中国已经连续 10 年保持世界第二大进口国地位。在新冠肺炎疫情对国际贸易产生巨大影响的 2020 年，中国的进口额也在逐月增长。2020 年 9 月总进口额达到 10.4 亿元，较上月增长 15.6%。在全球大变局之下，中国提出了国内国际"双循环"的发展思路，未来内需，尤其是服务性消费将成为支持中国经济可持续增长的重要动力源，2020 年中国有望超过美国成为全球第一大消费市场。其次，不断优化的生态环境为我国独角兽企业的成长奠定了良好的基础。改革开放后我国正式建立战略性新兴产业，并制定了国家中长期科学和技术发展规划纲要，把建设创新型国家作为国家战略目标，党的十九大报告中提出要在 2035 年我国要跻身创新型国家行列。政策的支撑以及持续性的人才、技术投入使我国科技创新能力稳步增长。世界知识产权组织发布的《2020 全球创新指数报告》显示，我国已连续两年位居世界前 15 行列。此外，我国国际专利数量申请居全球首位，2019 年中国国际专利申请数量为 58990 件，超过美国成为世界知识产权组织《专利合作条约》（PCT）框架下国际专利申请量最多的国家，20 年增长了 200 倍。

美国 Waymo 和中国字节跳动并列 500 强之首

美国 Waymo 和中国字节跳动以 1000 亿美元的估值并列 2020 全球独角兽企业 500 强榜单第一。其中，美国第一大独角兽 Waymo 相较 2019 年，估值大跌，由 1750 亿美元降至 1000 亿美元，跌幅达 43%；而中国的字节跳动估值则出现大涨，由 2019 年的 750 亿美元上升至 2020 年的 1000 亿美元，涨幅达 33%。

总体而言，在 2020 全球独角兽企业 500 强中美国表现均不理想。2020 年美国共有 192 家全球独角兽企业 500 强进入 2020 年榜单，总估值为 8050.7 亿美元，与 2019 年相比，美国全球独角兽企业 500 强的数量减少了 1 家（见表 2-5）。

表 2-5　排名前十的全球独角兽企业 500 强

序号	公司	国家	估值（亿美元）	行业
1	Waymo	美国	1000	智能科技
	字节跳动（今日头条）	中国	1000	文旅传媒
3	阿里云	中国	670	企业服务
4	Infor	美国	600	企业服务
5	滴滴出行	中国	560	汽车交通
6	陆金所	中国	394	金融科技
7	SpaceX	美国	360	航空航天
8	Stripe	美国	350	金融科技
9	阿里本地生活	中国	300	生活服务
10	京东健康	中国	300	医疗健康

资料来源：全球独角兽企业数据库。

2019 年以来，随着政策刺激效应减退以及特朗普贸易保护主义政策负面影响的显现，美国经济增长动能逐渐减退。据美国供应管理协会（ISM）公布的数据显示，从 2020 年 4 月开始，美国制造业 PMI 连续下降，8~12 月制造业 PMI

连续位于 50 的荣枯线以下，12 月 PMI 指数一度降至 47.2，创 2009 年 6 月以来的最低水平。此外受新冠肺炎疫情的影响，美国经济快速下行的风险进一步加大，餐饮、零售、旅游、航空等服务业几近停滞，经济衰退已成定局。2020 年第一季度，美国实际国内生产总值下降了 4.8%，远低于前值的 2.1%。第二季度美国 GDP 暴跌 31.4%，创史上最大跌幅。经济环境的恶化在一定程度上影响了美国全球独角兽企业 500 强的发展，使得其数量有所下降。

美国 Infor 位居估值同比增幅之首

2019~2020 年，有 66 家全球独角兽企业 500 强进行了新一轮的融资，估值和排名有了明显的变化，其中估值上升幅度最大的 10 家全球独角兽企业 500 强中，有 6 家来自美国，3 家来自中国，1 家来自印度（见表 2-6）。

表 2-6　全球独角兽企业 500 强排名上升 TOP10

2020 年位次	公司	2020 年估值（亿美元）	估值增加额	国家	行业	位次变动
4	Infor	600	500	美国	企业服务	23
2	字节跳动（今日头条）	1000	250	中国	文旅传媒	1
7	SpaceX	360	175	美国	航空航天	9
8	Stripe	350	125	美国	金融科技	1
12	快手	286	86	中国	文旅传媒	1
13	菜鸟网络	285.71	85.71	中国	物流服务	-1
26	Snowflake Computing	124	84.5	美国	企业服务	54
28	Wish	112	82	美国	生活服务	84
32	Automation Anywhere	96.67	70.67	美国	智能科技	102
19	One97 Communications	160	60	印度	金融科技	9

资料来源：全球独角兽企业数据库。

Infor 是全球第三大企业级应用软件及服务提供商，通过自身技术的创新引领着全球企业的数字化转型。疫情期间，传统的行业模式受到了严重的干扰，很多企业加速了数字化转型的步伐，以重塑市场竞争力。Infor 抓住了这一历史性的机遇，通过提供创新型的解决方案，为企业重新赢得了商机。例如，为高端酒店提供 Infor HMS 系统，有效提高酒店客户管理的效率；为儿童健康医院搭建 Infor Birst 系统，帮助预测其个人防护设备（PPE）需求；为政府部门提供 Infor Public Sector 系统，实现电子化许可证和规划申请等。创新的解决方式让 Infor 在疫情期间收获了巨大的成功，估值也由原来的 100 亿美元上升为现在的 600 亿美元，成为了排名上升最快的全球独角兽企业 500 强。

作为 2019 年全球下载量排名第二的应用软件，字节跳动的商业模式新颖、发展速度快。成立于 2012 年的字节跳动，用短短 8 年完成了从初创到享誉全球。如今的字节跳动，不仅受到了全球用户的青睐，也受到了全球政坛的关注。从 2019 年到 2020 年，字节跳动的估值从 750 亿～1000 亿美元，千亿级的估值将为其登陆资本市场打下良好基础。除上述 2 家企业以外，其他 8 家企业的估值增加值为 60 亿～200 亿美元。

韩国独角兽数量同比增长 50%

韩国是全球独角兽企业 500 强榜单中数量增加最多的国家，由 2019 年的 8 家增至现在的 12 家，涨幅高达 50%，总估值为 361.63 亿美元，位居世界第五。与韩国 GDP 在世界的排名相比，韩国全球独角兽企业 500 强数量的排名相对领先。2019 年韩国 GDP 为 1.64 万亿美元，世界排名仅为第 11 位（见表 2 - 7）。

表 2 - 7 2020 年韩国全球独角兽企业 500 强名单

排名	公司	估值（亿美元）	行业
37	Coupang	90	生活服务
77	Bluehole	52.63	生活服务
104	Yello Mobile	40	文旅传媒
103	Woowa Brothers	40	企业服务
159	Wemakeprice	26.5	生活服务
187	Viva Republica（Toss）	22	金融科技
216	Have&Be	20	生活服务
229	Musinsa	18.9	生活服务
238	L&P Cosmetic	18	生活服务
314	GPClub	13.2	生活服务
386	Aprogen	10.4	医疗健康
455	Yanolja	10	生活服务

资料来源：全球独角兽企业数据库。

韩国在全球独角兽企业 500 强上的领先，与其在科技创新上的实力密不可分。在彭博社发布的全球创新指数排行榜单中，韩国已连续六年位居榜首。韩国高度重视创新环境生态的打造，并把以培育和增强自主创新能力作为国家发展的基本国策。在产业结构方面，韩国政府提出优化高技术产业战略，把电子、机电一体化、精细化工、半导体、新材料等技术密集型产业作为产业发展的重点；在产学研合作方面，韩国发布《产业技术研究组合培养法》等法规及一系列优惠政策，促进企业与大学、国际科研机构展开合作；在基础应用研究方面，韩国增加经费投入，设立科学城，发展国家科研机构；在知识产权保护上，韩国严控技术引进，限制低水平重复引进，鼓励对引进技术的消化、吸收和再创新。完善的科技创新政策体系为韩国科技实力的提升奠定了基础，也为独角兽企业在韩国的蓬勃发展打下基础。

韩国全球独角兽企业 500 强主要分布在生活服务行业，数量为 8 家，占韩国总数的 66.67%，其中又以电子商务的数量最多，如 Coupang、Wemakeprice、Musinsa 均为韩国电商领域的翘楚。Coupang 为韩国最大的跨境电商平台之一，成立于 2010 年，主营业务涵盖化妆品、母婴、流行服饰、旅行商品、虚拟物品等消费类产品。Coupang 依靠智能供应链管理系统、强大的数据分析能力以及出色的购物和配送体验为几千万终端客户提供了优质的服务。Coupang 现有超过 2500 万用户，日活用户达 400 万，月活用户超过了 1500 万。WeMakePrice 是韩国大型电子商务平台之一，以追求时尚的 20 世纪 20～30 年代消费者为主要目标，为消费者寻找值得信赖的商家，让消费者享受超低折扣的优质服务。Musinsa 则是一家韩国潮流电商，以服装为主，配以配饰、彩妆、家具、电子数码用品等，是一个综合性电子商务网站。

爱沙尼亚成为估值增幅最快的国家

2020 年全球独角兽企业 500 强估值增速最快的国家为爱沙尼亚，增长幅度高达 90%，远远高于全球独角兽企业 500 强榜单中其他国家的增速。

爱沙尼亚，又名"波罗的海硅谷"，人口仅有 130 万，但这样一个小的国家，同样也是科技天堂，孕育出了 Skype、Hotmail、Kazaa 等高科技企业。主要原因有三个：一是爱莎尼亚网络基础建设发达，市民可以随时通过在线办公完成包括文件签署、税务、投票等各种商业行为，大大缩减办公时间；二是爱沙尼亚电子信息技术发展迅猛，非本地居民也可通过互联网的电子安全通道使用该国提供的各项服务，甚至包括金融、贸易往来等；三是爱沙尼亚对教育尤为重视，每一个小学生都被要求学习基础编码课程，是全球首个让小学生学习编写程序语言的国家。爱沙尼亚强调以学习为基础的教育方式，目的是让学生获得更多的知识和技能，其职业教育的方法也很好地适应了劳动力市场的变化和需要。在经济合作与发展组织（OECD）公布的 2018 年国际学生评估计划（PISA）结果显示，爱沙尼亚学生在阅读、教学和科学领域等类别中均排名首位，总体排名位居欧洲第一（见图 2-1）。爱沙尼亚教育体系受到了国际社会的高度认同。

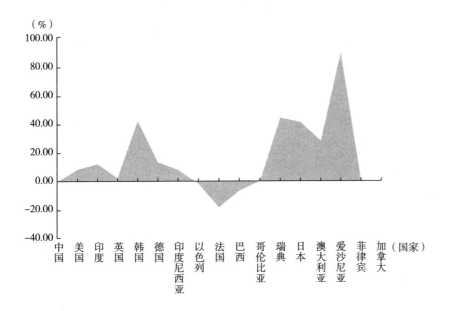

图 2-1　全球独角兽企业 500 强国家估值增长幅度分布

资料来源：全球独角兽企业数据库。

具体来看，爱沙尼亚估值的增长，得益于其唯一一家上榜的独角兽企业——Bolt。Bolt（曾名 Taxify），2013 年在爱沙尼亚首都塔林成立，是爱沙尼亚移动出行服务提供商，类似于中国的滴滴。目前，Bolt 在欧洲网约车市场上排名第二，仅次于优步。2020 年 5 月 26 日，Naya Capital Management 投资机构对 Bolt 进行了新一轮的融资，以缓解疫情期间的资金压力。该轮融资后，Bolt 的估值由原来的10 亿美元增至现在的 19 亿美元，也让爱沙尼亚成为了全球独角兽企业 500 强估值增幅最高的国家。

城市分布：北京连续两年位居世界第一

北京有 76 家企业入围全球独角兽企业 500 强榜单（见图 2-2），总估值高达 4216.24 亿美元，约占 2020 全球独角兽企业 500 强总估值的 1/5，连续两年位居世界之首。旧金山排名第二，其全球独角兽企业 500 强总数为 58 家，总估值为 2489.29 亿美元。

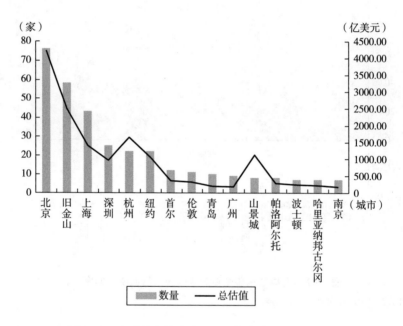

图 2-2　全球独角兽企业 500 强排名前十五城市分布
资料来源：全球独角兽企业数据库。

京东健康是 2020 年新晋全球独角兽企业 500 强，也是北京估值排名第三的独角兽企业。其是京东集团旗下专注于经营大健康相关业务的子集团，产品和服务已初步实现了对药品全产业链、医疗全流程、健康全场景、用户全生命周期的覆盖，并构建了业内布局完整的"互联网＋医疗健康"生态。依托京东集团的各项能力和资源优势，目前京东健康在医药健康电商、互联网医疗、健康服务、智慧解决方案四个业务板块的基础上，逐步完善了"互联网＋医疗健康"的产业布局，成为健康产业的旗舰型企业（见表 2-8）。

表 2 - 8 北京全球独角兽企业 500 强排名（前十名）

排名	公司简称	估值（亿美元）	行业
3	字节跳动（今日头条）	1000	文旅传媒
6	滴滴出行	560	汽车交通
11	京东健康	300	医疗健康
13	快手	286	文旅传媒
15	京东数科	285.71	金融科技
23	比特大陆	150	金融科技
25	京东物流	134	物流服务
38	车好多（瓜子）	90	汽车交通
47	猿辅导	78	教育科技
50	借贷宝	71.43	金融科技

资料来源：全球独角兽企业数据库。

北京之所以成为全球独角兽企业 500 强冠军城市，与北京科技创新政策和创新生态密不可分。在政策方面，北京市近年来立足科技发展现状，面向世界科技前沿，出台了一系列新的科技创新政策，主动承接国家重大科技任务，深入对接国家科技创新重大项目和重点研发计划，支持科创企业发展。在资金方面，北京加大财政资金对科技创新研究的投入力度，并通过政府引导，从多种角度，采用多种方式，为科技创新企业发展提供了稳定的资金支持。在人才培养方面，北京高等院校和学科研究所众多，高精尖技术方面人才济济，近年来不断深化人才体制机制改革：对内优化人才培养计划，鼓励高等学校在人工智能、云计算与精准医学等领域设置新兴学科，加强高精尖领域人才的培养；对外优化外籍人才引进政策，并提高科技人员出国进行学术交流的便利性，为培养科创人才提供了便利条件。在专利支持方面，随着专利数量不断增加，高新技术的成熟度也在不断提升，北京市加强了科技成果转化制度保障，简化相关程序，鼓励科技成果的转化，并提高重点产业市场准入的便利化水平，加速了高精尖产业的发展。此外，近年来北京市产业结构不断转型升级，致力于构建高精尖经济结构，深入抓好"10 + 3"高精尖产业政策落实，大力发展智能制造、医药健康等高精尖产业，由"北京制造"迈向"北京创造"，这些均为北京市独角兽企业的孕育与成长提供了强有力的保障。

城市分布：青岛市位居中国第五

2020 年青岛市共有 10 家企业进入全球独角兽企业 500 强榜单，同比增加 4 家，新上榜的 4 家企业分别为卡奥斯、青岛云路、特来电和能链集团。卡奥斯平台是海尔自主研发的工业互联网平台，其核心是通过持续与用户交互，将硬件体验变为场景体验，将用户由被动购买者变为参与者、创造者；青岛云路是集电磁器件及新材料研发、制造、销售和服务于一体的高新技术企业，主打产业板块、家电电磁器件板块、工业及新能源行业电磁器件板块；特来电新能源股份有限公司主要从事新能源汽车充电网的建设、运营及互联网的增值服务，致力于建设并运营全国最大的汽车充电网；能链集团是出行能源交易平台和供应链服务商，旗下有能链团油、能链快电、能链云、能链物流、能链综合能源港、能链智电六大产品（见表 2-9）。

表 2-9 青岛全球独角兽企业 500 强排名

排名	公司	估值（亿美元）	行业
45	卡奥斯	79.67	企业服务
154	杰华生物	27.30	医疗健康
288	日日顺物流	14.29	物流服务
342	伟东云	12.00	教育科技
344	聚好看	12.00	企业服务
353	青岛云路	11.47	智能科技
360	特来电	11.14	汽车交通
464	中加特	10.00	汽车交通
469	少海汇	10.00	企业服务
472	能链集团	10.00	汽车交通

资料来源：全球独角兽企业数据库。

青岛全球独角兽企业 500 强数量位列中国北方城市第二，全国城市排名由 2019 年的第七位上升至第五位，总估值为 197.87 亿美元。上榜的 10 家企业分属于企业服务、医疗健康、物流服务、教育科技、智能科技、汽车交通等产业领域（见表 2-10）。

表 2-10　中国全球独角兽企业 500 强城市排名（前十名）

城市	2020 年		2019 年	
	数量（家）	排名	数量（家）	排名
北京	76	1	84	1
上海	43	2	44	2
深圳	25	3	21	3
杭州	22	4	20	4
青岛	10	5	6	7
广州	9	6	8	5
南京	7	7	8	6
成都	4	8	4	9
天津	3	9	5	8
武汉	2	10	3	10

资料来源：全球独角兽企业数据库。

青岛市作为我国沿海重要中心城市，近几年一直致力于为独角兽企业营造活力迸发的创业创新环境。截至 2019 年，青岛市认定的高新技术企业 3829 家、科技型中小企业 2497 家、隐形冠军企业 79 家，有效发明专利拥有量增长 21.6%。为推进青岛成为风投聚集地，青岛市出台《打造创业投资风险投资中心若干政策措施》，并设立了科创母基金。青岛市在中基协登记的私募基金管理人 271 家、产品 553 只、管理规模 821.2 亿元，分别增长 14.8%、33.6%、28.3%。2019 年，新引进人才 25 万，人才总量达 208 万。获评 2019 年度全国最佳引才城市奖，第八次入选魅力中国——外籍人才眼中最具吸引力城市。

青岛市是全国唯一以财富管理为主题的金融综合改革试验区，2019 年第 26 期全球金融中心指数报告中，青岛市排在第 33 名，连续 7 次跻身全球前 50 名；在单项"有望进一步提升影响力的 15 个金融中心"排行中，青岛市位居第一。2020 年 8 月，青岛市成为全国数字人民币试点地区。青岛市还设立了"青岛市独角兽热带雨林工程"，以打造一批千亿级产业集群，并为独角兽企业在青岛市的创新发展提供有力支撑。青岛市已逐渐发展为全球独角兽企业 500 强的新兴成长基地，成为我国独角兽企业成长的战略要地，未来将有越来越多的独角兽企业在此绽放。

行业分布：生活服务、企业服务、智能科技和金融科技行业占比为66%

从行业分布来看，全球独角兽企业分布于 12 个领域，分别为生活服务、企业服务、智能科技、金融科技、医疗健康、汽车交通、文旅传媒、物流服务、教育科技、材料能源、农业科技和航空航天。其中，生活服务、企业服务、智能科技和金融科技领域的企业较多，共计 331 家，占比高达 66%。而由于行业的特殊性以及发展阶段的差异性，材料能源、农业科技以及航空航天领域独角兽企业屈指可数（见图 2-3）。

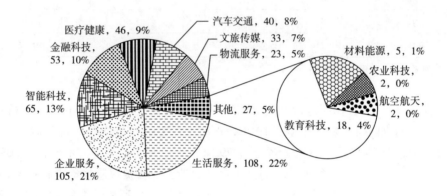

图 2-3 全球独角兽企业 500 强行业分布

资料来源：全球独角兽企业数据库。

智能科技领域的全球独角兽企业 500 强有 65 家，其中，9 家为新上榜企业，分别为 WiFi 万能钥匙、中星技术、比亚迪半导体、深兰科技、李群自动化、Arm 中国、青岛云路、智加科技和 DataRobot。比亚迪半导体有限公司是比亚迪旗下的独立子公司，于 2004 年开始致力于集成电路及功率器件的研发，并提供产品应用的整体解决方案。比亚迪半导体作为国内领先的 IDM 企业，在汽车、工业、家电、消费等领域，市场份额持续提升，以高品质服务于国际国内的行业领先客户。Arm 是全球最大的芯片架构（IP）供应商，生态合作伙伴遍布全球半导体产业链，形成以 Arm 为核心的全球最大的技术生态体系。Arm 中国结合中国市场需求，自主研发基于 Arm 技术的 IP 与标准。Arm 中国将继续拓展自主研发，并通过与生态合作伙伴的紧密合作以及产业资本运作，赋能中国芯片产业升级。

在新上榜的 9 家智能科技企业中有 8 家为中国企业，这一结果与近两年我国对智能科技领域的大力支持息息相关。数据显示，2019 年我国地方政府共出台 276 项涉及人工智能发展的相关政策，超过 2018 年的 259 项。覆盖了智慧政务、智慧医疗、工业互联网、智能制造、智能车联网、智慧教育等领域。此外，我国还逐步形成了人工智能基础理论研究、技术开发和技术应用多层次的人才培养体系，着力提升人工智能领域技术水平。疫情期间"不见面、不接触"的措施，也为人工智能技术的应用和普及提供了良好的契机。

作为知识技术密集型的行业，智能科技行业是当前最有发展前景的朝阳产业，国内外投资者为追求资本增值或是保值，更倾向于将资金投入这一产业，资金的大规模流入也为智能科技领域的研发生产提供了强有力的支撑，助力了智能科技行业的蓬勃发展。

航空航天总估值同比增长 89.74%

在 2019 年和 2020 年的全球独角兽企业 500 强榜单中，航空航天领域的全球独角兽企业 500 强均只有两家，为美国太空探索技术公司（SpaceX）和美国火箭实验室（Rocket Lab）。尽管数量上没有变动，但与 2019 年相比，航空航天领域的总估值上涨幅度为所有行业之最，高达 89.74%。主要原因有以下两个：

（1）SpaceX 估值的大幅提升。SpaceX 勇于探索，不断挑战科技新高度。2019 年 8 月 28 日，SpaceX "星际飞船"（Starship）的测试原型 "星虫"（Star-hopper）在美国得克萨斯州 Boca Chica 测试场完成第二次自由悬浮实验，飞行高度约 150 米；2020 年 1 月 19 日，SpaceX 引爆一架猎鹰 9 号火箭，进行龙飞船载人舱和火箭的分离测试。2020 年 5 月 30 日，SpaceX 的 "龙" 飞船首次进行载人试飞。SpaceX 在研发和创新技术上的实力，使其估值从 2019 年的 175 亿美元上升到了 2020 年的 360 亿美元，成为了全球最具价值的航空航天独角兽，并助推了整个行业的发展（见图 2 - 4）。

（2）美国财政部门对航空航天领域的资金支持。美国一直以来在航空航天领域都占据绝对的优势，2017 年特朗普当选美国总统后又再次强调了航空航天领域的重要意义。虽然目前美国处于金融危机复苏阶段，且 2020 年又受到了新冠肺炎疫情的冲击，但美国财政对于航空航天事业的财政支出并未减少。2020 年美国在航空航天技术方面的财政预算为 1681.2 百万美元，较 2019 年增加了 29.3 百万美元。美国财政上对航空航天业的支持为航空航天全球独角兽企业 500 强的发展提供了重要保障。

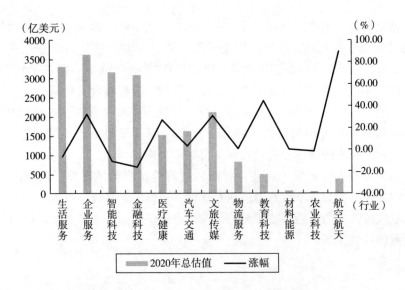

图 2-4　航空航天全球独角兽企业 500 强估值分布

资料来源：全球独角兽企业数据库。

美国投资机构投中 489 家独角兽

2020 年全球独角兽企业 500 强共获得了 892 家股权投资机构的参与，其中排名在前 100 的投资机构中有 51 家来自美国，42 家来自中国，其余 7 家分别来自日本、新加坡、瑞士和俄罗斯。

美国拥有完善的金融体系和发达的证券交易市场。据美国商务部经济分析局公布的数据显示：2019 年美国金融业占 GDP 的比重为 7.6%，金融行业的增加值为 16279 亿美元。在全球独角兽企业 500 强的投资中，美国投资机构一共投中了 489 家，中国投资机构投中了 356 家，两者差距明显。

2020 年全球独角兽 500 强企业背后出现频率最高的前 20 家投资机构（见表 2-11）中，红杉资本仍然是投中全球独角兽企业 500 强最多的投资机构，共投中了 87 家（如阿里云、Infor、Stripe、京东数科等）。2020 年新入选 500 强的全球独角兽企业中，李群自动化和秦淮数据也获得了红杉资本的投资。

腾讯作为一家互联网领域的巨头，其在金融投资方面的实力不容小觑，其投资布局包括文旅传媒、消费零售、金融科技、民生教育和企业服务等。阿里巴巴和软银集团则分别是 20 家全球独角兽企业 500 强投资机构中排在第三和第四位的企业。软银投中了 43 家独角兽企业，阿里巴巴投中了 36 家。尽管软银在 Wework 上的投资陷入了困境，出现了巨额的亏损，其在投资领域的地位和实力也仍未被撼动。

表 2－11 投资机构投中全球独角兽企业 500 强数量排名

序号	投资机构	数量（家）	投中企业
1	红杉资本 Sequoia Capital	87	阿里云、Infor、Stripe、京东数科等
2	腾讯	56	SpaceX、掌门 1 对 1、车好多等
3	阿里巴巴	36	滴滴出行、快手、贝壳找房等
4	软银集团	43	菜鸟网络、大疆无人机、优必选等
5	IDG	29	SpaceX、微众银行、Paytm 等
6	高盛	25	Stripe、比特大陆、作业帮等
7	SIG	22	Fanatics、阿里音乐、GoodRx 等
8	老虎基金 Tiger Global	24	Stripe、猿辅导、谊品生鲜等
9	经纬中国	20	SpaceX、Traveloka、喜马拉雅等
10	启明创投	19	柔宇科技、汇影医疗、Nubank 等
11	高瓴资本	18	陆金所、京东健康、Argo AI 等
12	New Enterprise Associates	15	京东物流、Samumed、Coupang 等
13	Andreessen Horowitz	14	蚂蚁金服、优必选、网易云音乐等
14	华平投资	14	SpaceX、BYJUS、猿辅导等
15	Khosla Ventures	13	Waymo、Ripple、Automattic 等
16	Kleiner Perkins Caufield & Byers	12	Markforged、同盾科技、Musinsa 等
17	Google Ventures（Capital 谷歌）	11	Hulu、Coupang、Monzo 等
18	General Atlantic 泛大西洋投资	11	Chime、Celonis、GitLab 等
19	淡马锡 Temasek Holdings	11	快手、比特大陆、Wish 等
20	Index Ventures	11	OneTurst、汽车超人、Lime 等
21	百度	12	Stripe、掌门 1 对 1、商汤科技等

资料来源：全球独角兽企业数据库。

CEO 博士和硕士占比 77.57%

2020 全球独角兽企业 500 强数据显示，在 107 家上榜的中国独角兽企业 CEO

中，29 人拥有博士学位，占比 27.10%；54 人拥有硕士学历，占比 50.47%；21 人拥有本科学历，占比 19.63%。硕士以上的学历占比高达 77.57%。

独角兽是科技创新型企业的典型代表，只有具备了高水准的专业技能、较高的管理水平、较强的组织和应变能力的 CEO 才能带领企业从众多的企业中脱颖而出。全球 500 位 CEO 学历结构从侧面反映出独角兽企业的与众不同和其对企业创始人学历的高要求。

此外，全球独角兽企业 500 强 CEO 所学专业中，商科类的 43 个，占比 40%；工科类的 37 个，占比 35%；理科类的 19 个，占比 18%；文科类的 8 个，占比 7%。分布情况如图 2 - 5 所示。

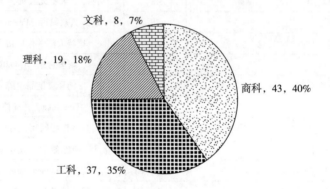

图 2 - 5 全球独角兽企业 CEO 所学专业分布
资料来源：全球独角兽企业数据库。

商科是占比最多的专业，全球独角兽企业 500 强 CEO 中 40% 毕业于商科专业。在国际上，商科以 FAME（金融、会计、管理、经济学）四大专业为代表，较主流的商科专业包括金融、会计、市场营销、管理学、商务类专业、物流、经济学、人力资源管理这八大类。通过商科的学习，企业 CEO 具备了更系统的管理知识体系和创新的思维模式。

工科也是全球独角兽企业 CEO 所学专业的重要部分。全球独角兽企业 500 强中近 1/3 的企业所从事的行业分布在工科所涉及的领域，例如，智能科技、航空航天、材料能源等。而工科专业的学习能给全球独角兽企业 500 强 CEO 带来更深厚的专业知识储备，更敏锐的科技洞察力，让 CEO 成为企业技术创新的重要驱动者。

第三章

中国隐形独角兽 500 强基本格局

中国隐形独角兽 500 强总估值超过
全国 99% 的城市 GDP

2020 年中国隐形独角兽 500 强总估值为 9445.18 亿元，平均估值为 18.89 亿元，超过了全国 99% 的城市 GDP。其中，包括港澳台在内的城市共有 2200 多个，而中国隐形独角兽 500 强总估值仅次于东莞的 GDP 总值 9482.50 亿元（见表 3-1）。

表 3-1 2019 年中国 GDP 城市排行（前 45 名）

排名	城市	GDP 总值（亿元）	排名	城市	GDP 总值（亿元）	排名	城市	GDP 总值（亿元）
1	上海	38155.32	16	郑州	11589.70	31	唐山	6890.00
2	北京	35371.30	17	长沙	11574.22	32	温州	6606.11
3	深圳	26927.09	18	佛山	10751.02	33	昆明	6475.88
4	香港	25296.00	19	泉州	9946.66	34	沈阳	6470.30
5	广州	23628.60	20	东莞	9482.50	35	台北市	6169.91
6	重庆	23605.77	21	济南	9443.37	36	厦门	5995.04
7	苏州	19300.00	22	合肥	9409.40	37	长春	5904.10
8	成都	17012.65	23	福州	9392.30	38	扬州	5850.08
9	武汉	16500.00	24	南通	9383.39	39	石家庄	5809.90
10	杭州	15373.05	25	西安	9321.19	40	绍兴	5780.74
11	天津	14104.28	26	烟台	7653.45	41	盐城	5702.26
12	南京	14050.00	27	常州	7400.90	42	潍坊	5688.50
13	宁波	11985.12	28	徐州	7151.35	43	南昌	5596.18
14	无锡	11852.32	29	大连	7001.70	44	嘉兴	5370.32
15	青岛	11741.31	30	新北市	6945.95	45	哈尔滨	5249.40

资料来源：国家统计局。

区域分布：北京居首

中国隐形独角兽 500 强主要分布在包括中国香港和中国台湾在内的 26 个省

份和地区，不同省份和地区表现出极大的分化，北京以绝对的优势领先，数量为 99 家，占比 19.80%，总估值为 2727.19 亿元（见图 3 - 1）。

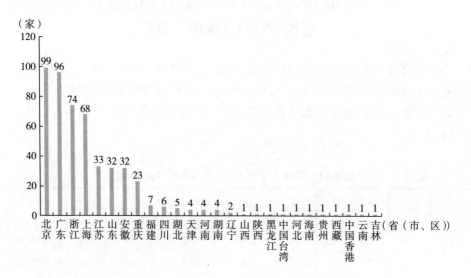

图 3 - 1 2020 中国隐形独角兽 500 强区域数量分布

资料来源：中国隐形独角兽数据库。

北京是国际科技创新中心，是中国隐形独角兽 500 强的聚集地，是孕育科技创新企业的摇篮。经济结构层面，北京是新经济的主要发源地，引领着全国新业态、新产业、新技术的发展。数据显示，2018 年北京新经济增加值占 GDP 比重达到 36.1%，数字经济增加值占 GDP 比重超过 50%，居全国首位。2019 年北京服务业增加值占 GDP 的比重是 83.5%，比全国的 53.9% 高出平均 30 个点。截至 2019 年末，北京第三产业增加值占 GDP 的比重高达 83.5%，而上海和广州分别只有 72.7% 和 71.6%。在发展空间层面，北京市面积是上海市面积的 2.5 倍，拥有更广阔的发展前景。在发展质量层面，北京全员劳动生产率从 2015 年的 21.2 万元/人提高到 2019 年的 28.2 万元/人，提高 7 万元/人，居全国各省区首位；人均地区生产总值达到 2.4 万美元，居全国各省区首位，达到高收入国家水平。在上市公司层面，2019 年底，北京有上市公司 597 家，总市值为 24 万亿元；而上海有上市公司 460 家，总市值为 8 万亿元。自由贸易试验区层面，北京设立以科技创新、服务业开放、数字经济为主要特征的高水平开放平台。此外，金融业是北京市第一大支柱产业，也是北京经济高质量发展的重要抓手。2020 年上半年，北京金融业增加值占本地 GDP 比重超过 21%。

此外，北京拥有全国最多的高等教育资源，既有众多像北京大学和清华大学这样的名牌高校,也有不少像中国科学院这样高水平的研究机构。据教育部统计,2019 年北京在校本科生数量为 52.7 万,尤其是研究生数量高达 41 万,位列全国第一。2019 年全国博士毕业生数量为 6.26 万,其中北京博士毕业生 1.87 万,占比 29.8%,在全国居于绝对领先地位,比第二名上海的 3 倍还多。研究生教育资源的显著优势,决定了北京成为高水平科研成果和科研人才最重要的聚集地。同时,北京也成为高端人才尤其是科技人才就业的首选城市。2019 年,在拥有博士学历的海归人才中,有 27.7% 将北京作为首选城市,领先上海近 6 个百分点,期望在互联网科技领域工作的海归博士有近四成集中在北京。

根据"自然指数 - 科研城市 2020"最新数据和研究成果,北京居全球科研城市首位,连续多年蝉联世界第一宝座,纽约都市圈、波士顿都市圈、旧金山 - 圣何塞地区和上海分列第 2~5 位。北京之所以能够在该排名中居于首位,最主要的原因就在于其人才和资助资金、科研设施等资源的集中,其中中国科学院是自然指数中位居全球第一的科研机构。

北京是唯一一个在 2019 年研发投入超过 2000 亿元的城市。北京科技活动主体以科研机构和高等院校为主,承担了较大的基础研究重任。以 2018 年的情况来看,北京基础研究经费占全国的比重高达 25.5%。与此同时,北京的国家级高新技术企业数量同样位列全国城市之首。2018 年,北京的企业研发经费投入占全社会研发经费的比重为 41.7%。

国际上通常用研发投入强度(研发投入占 GDP 比重)来衡量一个经济体或城市的创新指数,研发投入强度高往往意味着会有更高的创新产出,从而为一国或一个地区创新经济发展提供坚实的技术支撑。2019 年我国研发经费投入强度为 2.2%,其中,超过全国平均水平的省(市)有 7 个,分别为北京、上海、天津、广东、江苏、浙江和陕西,其中,北京以 6.3% 在全国遥遥领先,超过排名第二的上海 2.3 个百分点,显示了北京在研发投入方面的绝对优势(见表 3 - 2)。

表 3 - 2　全国各地区研发经费投入强度

排名	地区	R&D 经费(亿元)	R&D 经费投入强度(%)
1	北京	2233.6	6.3
2	上海	1524.6	4.0
3	天津	463.0	3.3
4	广东	3098.5	2.9
5	江苏	2779.5	2.8

续表

排名	地区	R&D 经费（亿元）	R&D 经费投入强度（%）
6	浙江	1669.8	2.7
7	陕西	584.6	2.3
8	山东	1494.7	2.1
9	湖北	957.9	2.1
10	辽宁	508.5	2.0
11	安徽	754.0	2.0
12	重庆	469.6	2.0
13	湖南	787.2	2.0
—	全国	22143.6	2.2

资料来源：国家统计局。

此外，2020 年 9 月，国务院还印发了《中国（北京）自由贸易试验区总体方案》，提出要以制度创新为核心，以可复制可推广为基本要求，全面落实中央关于深入实施创新驱动发展、推动京津冀协同发展战略等要求，助力建设具有全球影响力的科技创新中心，加快打造服务业扩大开放先行区、数字经济试验区，着力构建京津冀协同发展的高水平对外开放平台。自由贸易试验区的建立，将推动北京科技创新实力向更高的一层迈进。

与中国隐形独角兽 500 强一样，北京在全球独角兽企业 500 强中也表现不凡。北京有 76 家企业入围，总估值高达 4216 亿美元，约占全球独角兽企业 500 强总估值的 1/5，连续两年位居世界之首。北京在独角兽和隐形独角兽上的优异成绩，充分体现了北京地区强大的经济与科技实力，未来北京将会有更多的隐形独角兽成长为独角兽企业。

区域分布：广东第二

广东省中国隐形独角兽 500 强数量为 96 家，占比 20%，总估值为 1680.12 亿元，在全国排名第二（见图 3-2）。

广东省拥有良好的区域经济发展基础和战略条件。广东省同属珠三角经济圈和粤港澳大湾区两大重大战略发展区，珠江三角洲城市群是亚太地区最具活力的经济区之一，以广东 70% 的人口创造了全省 85% 的 GDP，是全国先进制造业基地和现代服务业基地，也是全国科技创新与技术研发基地。而粤港澳则是我国开放程度最高、经济活力最强的区域之一，大湾区总面积 5.6 万平方公里，人口约 7000 万，拥有一大批在全国乃至全球具有重要影响力的高校、科研院所、高新技术企业和国家大科学工程，具备建设国际科技创新中心的良好基础。两个重大战略发展区为广东提供了良好的区域经济发展基础和战略条件。

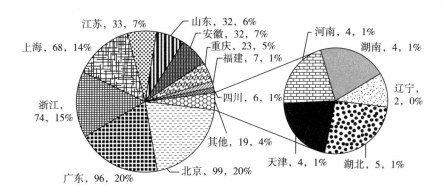

图 3 - 2　中国隐形独角兽 500 强区域数量占比分布（排名前十五）
资料来源：中国隐形独角兽数据库。

广东省高度重视研发投入，国家统计局数据显示，2019 年，全国研究与试验发展（R&D）经费投入超过千亿元的省（市）有 6 个，广东是全国唯一一个研发投入规模超过 3000 亿元的省份，总研发投入占全国的 14%。2016 年以来，广东省研发投入已经连续三年保持全国首位，且其领先优势不断扩大。广东省还尤为重视高精准的研发投放，以投向基础与应用基础研究能力相对薄弱和受制于人的领域，集中攻关和突破核心技术、元器件、关键零部件、装备和主要依赖进口的部件装备等。截至 2020 年 4 月，广东省已组织实施 5 批共 296 项省重点领域研发计划项目，其中，省级财政立项金额达 59.84 亿元。

此外，广东省还以大量大型高科技企业的集聚为核心和基础，围绕这些大企业，外延生长了一大批为之配套和服务中小企业，形成了大中小、上下游和软硬件相互融合的创新创业生态圈。例如，腾讯旗下的微信，作为"连接一切"的端口，随着微信开放平台业务，大量中小微企业通过与微信合作，迅速提高产品利用速度，广州市已有数百家企业正在进行这项对接，并推出了微信政务订制、商家微信平台推广、智能家居和穿戴开发等。如今，微信周边形成了软、硬件平台生态圈。良好的科技创新氛围为广东省隐形独角兽的爆发奠定了坚实的基础。

经典案例：我来数科

我来数科是广东省最具代表性的隐形独角兽之一，以 68 亿元的估值位列 2020 中国隐形独角兽 500 强之首。我来数科是一家以人工智能技术为驱动的金融科技企业，自上线以来，我来数科凭借过硬的技术实力，已服务超 4300 万用户，业务版图覆盖中国香港、中国、印度尼西亚三地市场。一方面，我来数科在数据处理、风险管理和营销获客能力方面与金融机构、互联网巨头等展开合作，通过技术提升与模式上的创新变革，满足不同人群的金融服务需求；另一方面，我来数科凭借自主研发的大数据处理平台，实时为公司产品运营、风控、营销预测等场景提供全数字化支撑。目前，我来数科打造的人工智能技术已在行业遥遥领先，每天可处理超过上百亿次的数据访问，支持万亿级数据实时计算，并在秒级内对数据进行整合和分析。我来数科将人工智能技术深入应用到金融领域，对整个行业的数字化发展带来了重大的影响。2019 年 12 月 12 日，我来数科完成了建银国际和阿里巴巴 11 亿元的 C 轮融资，至此，我来数科估值达到了 68 亿元，离独角兽企业仅一步之遥。

城市分布：合肥排名第六

2020 年合肥市中国隐形独角兽 500 强的数量为 28 家，总估值为 260.73 亿元，位列全国第六，合肥正逐渐成为中国隐形独角兽 500 强的新兴城市（见表 3 – 3）。

表 3 – 3　2020 中国隐形独角兽 500 强城市排名 TOP10

城市排名	城市名称	数量（家）
1	北京	99
2	上海	68
3	杭州	64
4	深圳	61
5	广州	30
6	合肥	28
7	重庆	23

续表

城市排名	城市名称	数量（家）
8	青岛	17
9	苏州	10
10	无锡	8

资料来源：中国隐形独角兽数据库。

多年来合肥市一直坚持把创新驱动作为推动发展的主动力，聚力推进人才建设、企业发展、创新合作，着力增强创新创业生态系统吸引力，激发全社会创新创业活力，并取得积极成效。合肥市成为继上海张江之后的我国第二个综合性国家科学中心，近年来，主要创新指标保持"两位数"增长，稳居省会城市第一方阵。2011 年合肥市跻身中国创新能力最强城市行列，成为中部省会唯一入选城市，2018 年，合肥市在《福布斯中国创新力最强 30 个城市》中居第 20 位。根据《2019 年全球创新指数（GII）》报告，在全球经济体热点创新集群排名中，国内仅有 19 个创新集群进入前 100 名，合肥市跻身世界区域创新集群百强，排在第 90 位。在创新能力支撑下，合肥市的新型显示器件、集成电路、人工智能入选首批国家战新产业集群，入选数位居全国城市第四，省会城市第二。

合肥市能在众多的城市中脱颖而出，离不开合肥的区位优势。合肥市占据长三角副中心城市的关键位置。2019 年 5 月，中共中央政治局会议审议通过了《长江三角洲区域一体化发展规划纲要》，明确将安徽省的合肥、芜湖、马鞍山、铜陵、安庆、滁州、池州、宣城纳入长江三角洲区域一体化发展规划，至此，合肥融入长江三角洲区域一体化进程加快。主要体现在以下三个方面：

（1）以上海为龙头的长三角相关区域，为合肥市的发展带来了丰富的资源要素。长三角地区在汽车制造、高端装备制造、航天航空、海洋船舶、集成电路等先进制造业，房地产、金融、健康、电信服务等现代服务业领域，以及互联网产业、文化创意产业等新兴产业上都具有很强的实力，且长三角地区专利申请量占全国的 1/3，这为合肥市融入先进制造业产业链、提升和改造产业链提供了得天独厚的条件。

（2）各地区比较优势相互支撑、相辅相成，并形成地区间的互补。上海综合基础好、创新能力强、试验平台多、国际化水平高，而江苏制造业发达、科教资源丰富、开放程度高，浙江数字经济发展领先、生态环境优美、民营经济比重大、体制机制灵活，合肥市可以充分发挥其创新潜力足、生态资源丰富、内陆腹地广阔等优势，借助周边区域资源加快发展。

（3）区域合作已有较好的基础，地区间的许多关键领域已实现对接融合。

经过多年的合作发展，长三角区域已形成了一个有利于支撑一体化战略实施的三级运作、统分结合机制。这使合肥更快融入区域一体化，更好地运用长三角区域一体化优势成为可能。2020 年前三季度，沪苏浙在皖投资在建亿元以上项目 2918 个，实际到位资金 5367.1 亿元，同比增长 16.6%。在长三角更高质量一体化发展的能量释放下，一批世界 500 强、中国 500 强和民营 500 强企业纷纷选择在合肥投资项目，合肥市在长三角产业一体化也不断深入。

此外，合肥市还成功孕育了科大讯飞、美亚光电、量子通信等一批人们耳熟能详的创新型企业，并且形成了量子相关企业的高度集聚。在合肥市高新区有一条横贯东西的云飞路，是远近闻名的"量子大道"，密集布局着一批量子领域骨干企业——国盾量子、国仪量子、本源量子、中创为量子。截至 2019 年 9 月，合肥市高新区拥有主营量子技术企业 5 家，量子关联企业 20 余家，全区直接从事量子领域的科研人员数达 600 人。合肥市量子信息产业相关专利占全国总量的 12.1%，排名仅次于北京，位居全国第二。这些企业的集聚和成功为科技型企业培育和成长起到了良好的带动效应。2020 年 7 月 3 日合肥市诞生全省首个科创板上市企业皖仪科技，至此合肥市在科创板上市公司总数达 6 家，新增上市公司共 10 家，均位居全国省会城市第二，资本市场的"合肥板块"呈现"井喷式"发展。

总而言之，当前合肥市的创新生态不断优化，为隐形独角兽在内的科技创新企业发展营造了良好的成长环境。

行业分布：智能科技、企业服务、生活服务占比 53.8%

中国隐形独角兽 500 强分布在 12 个领域，分别为智能科技、企业服务、生活服务、医疗健康、汽车交通、文旅传媒、材料能源、金融科技、物流服务、教育科技、农业科技和航空航天。其中，智能科技领域的中国隐形独角兽 500 强数量为 99 家，占比 19.8%，位列第一；企业服务领域数量 90 家，占比 18.00%；生活服务领域 80 家，占比 16.00%；三个行业数量总共为 269 家，占比 53.8%。由于行业的特殊性以及发展阶段的差异性，因此，物流服务以及航空航天领域的数量较少，仅为个位数（见图 3-3）。

从具体行业分布情况上来看，2020 年中国隐形独角兽 500 强与全球独角兽企业 500 强大体一致。中国隐形独角兽 500 强分布最多的前五大行业是：智能科技、企业服务、生活服务、医疗健康和汽车交通，而全球独角兽企业 500 强行业分布前五的行业分别是：生活服务、企业服务、智能科技、金融科技和医疗健康（见图 3-4）。

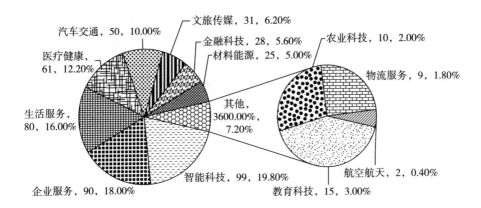

图 3-3 中国隐形独角兽 500 强行业分布

资料来源：中国隐形独角兽数据库。

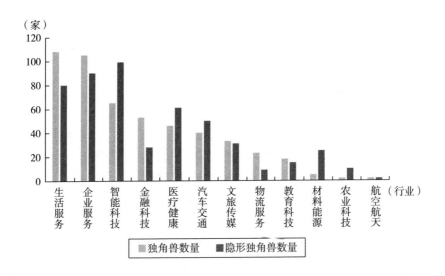

图 3-4 2020 全球独角兽企业 500 强和中国隐形独角兽 500 强行业分布对比

资料来源：中国隐形独角兽数据库。

智能科技为 99 家，雄居各行业之首

中国隐形独角兽 500 强智能科技领域数量最多，为 99 家，总估值 1522.27 亿元。智能科技属于技术密集性的行业，其涵盖机器人、商业智能、无人驾驶、

虚拟/增强现实等多个高科技和战略新兴领域。智能科技处在全球制造业价值链的高端环节，具有高知识产权壁垒、高资本投入、高信息密集度、高产品附加值等特点，是衡量一个国家核心竞争力的重要标志。在智能科技的子行业中，智能硬件数量有 39 家，占比 39.39%；智能制造 21 家，占比 21.21%；商业智能 11 家，占比 11.11%，具体如图 3-5 所示。

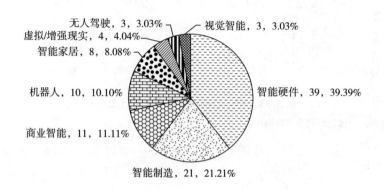

图 3-5 中国隐形独角兽 500 强智能科技子行业分布

资料来源：中国隐形独角兽数据库。

随着全球科技变革速度的加快，智能科技已经成为全球科技竞争的战略要地。我国非常重视智能科技行业的发展，尤其是以芯片、半导体等为代表的高科技领域。2016 年，我国出台了《智能硬件产业创新发展专项行动（2016－2018年)》，提出要在低功耗轻量级系统设计、低功耗广域智能物联、虚拟现实等关键技术环节取得明显突破，培育一批行业领军上市企业，并要形成一批可复制、可推广的行业应用解决方案。此外，我国还加大了对智能科技领域的资金支持力度，截至 2019 年，国家集成电路产业投资基金已投资集成电路芯片制造业等领域超过 1500 亿元。政策的支持和大基金的投入，为我国智能科技领域企业的发展提供了强大的支撑，也为智能科技领域中国隐形独角兽 500 强的涌现奠定了基础。

典型案例：禾多科技

禾多科技作为智能科技领域的中国隐形独角兽 500 强，专注于打造基于前沿人工智能技术和汽车工业技术的自动驾驶方案，具备从车辆线控、多传感器技术到上层自动驾驶核心算法模块的完整布局，是极少数拥有全栈自动驾驶研发能力的公司之一。禾多科技以促进自动驾驶技术产业化落地为目标，目前聚焦高速公路和代客泊车两大应用场景，打造由本地数据驱动的自动驾驶量产解决方案。禾多科技的核心业务是为客户提供自动驾驶解决方案和配套服务，禾多提供的解决方案面向量产，以软件算法为主，包含硬件配置。在知识产权方面，禾多已获得授权专利 12 项、软著 52 项。禾多科技的高速公路自动驾驶系统 HoloPilot，目前已完成软硬件平台搭建、多传感器的集成融合以及智能决策控制等模块的开发，实现了高速公路的自动驾驶，包括自动跟车及车道保持、交通拥堵引导、主动换道及超车、上下匝道、路网切换等功能，支持最高时速 120km/h。其智能代客泊车系统 HoloParking，运用车端、停车场端和高精地图端"三端合一"的技术方案，使无人驾驶的泊车全过程更加安全可靠。驾驶员仅需在固定点交接车辆，即可实现车辆自主寻找车位、停车入库、取车等代客泊车功能，同时支持地下、夜晚、雨雪天气等复杂停车场景下的智能代客泊车，能够保证人车混流情况下的安全。

典型案例：韶鼎人工智能科技

　　韶鼎人工智能科技是感性人工智能商用技术服务商，包括计算美学、情感计算、计算艺术等，应用于智能手机、智能机器人、人工智能教育、人工智能影视制作等行业。不同于多数以视觉、听觉、语言等左脑理性智能为研发对象的理性人工智能技术公司，韶鼎 AI 以模拟人类审美、情感、艺术等右脑感性智能为己任，推出一系列领先的感性人工智能技术，探索人类右脑感性智能奥秘，推动 AI 从"工具型人工智能"向"似人型人工智能"进化，促进人类从一个讲究逻辑、计算、推理的理性智能时代，转化为一个重视审美、情感、艺术的感性智能时代，使每个人都拥有一位具有感性思维的人工智能伴侣。韶鼎汇集全球数万名艺术家对视觉艺术的评价数据，在全球范围内率先推出第一款人工智能美学商用引擎——韶鼎 1 号。能够"识美丑、通人性、创艺术"，为模拟右脑感性智能提供了重要支撑，为个人、企业、政府等提供感性人工智能服务。韶鼎 1 号将在工业设计、汽车设计、家具设计、电商设计、教育培训、摄影摄像、视频影视、文化旅游、服装行业、美容饰品、医学美容等领域发挥巨大作用，成为人工智能美学从实验室走向大众生活以及大规模商用的一个新起点，为中国在全球人工智能技术与产业的竞争中抢占新的制高点而努力。

企业服务行业成为新蓝海

近年来，在"人口红利"逐渐消失、C 端市场日趋稳定的大背景下，企业服务市场正逐渐成为科技创新型企业成长的蓝海。在 2020 年中国隐形独角兽 500 强中，企业服务行业涌现出 90 家，数量居各行业第二位（见图 3 - 6）。

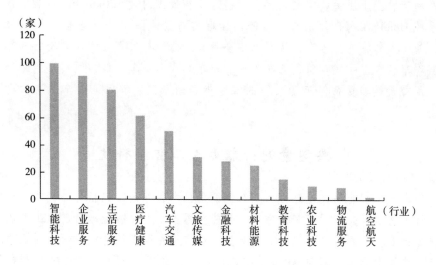

图 3 - 6　中国隐形独角兽 500 强行业数量分布

资料来源：中国隐形独角兽数据库。

在企业服务子行业分布上，大数据和云计算行业的中国隐形独角兽 500 强数量分别为 18 家和 15 家，分别排在第一和第二位（见图 3 - 7）。我国政府对大数据产业的高度重视，是推动大数据中国隐形独角兽 500 强快速发展的重要原因。从 2014 年首次写入政府工作报告到 2020 年纳入新基建七大领域之一，大数据行业每年都有新的相关政策颁布，这为大数据企业的发展提供了良好的政策环境；而云计算隐形独角兽的快速发展则主要得益于市场需求的快速释放，企业上云渐成主流趋势。在《中国企业上云指数（2018）》中，2018 年我国 43.9% 的企业使用了云服务，较 2017 年增长了 8.9%。公有云和混合云的企业用户比例较 2017 年有较大增长，分别提升了 1.6 个和 2.1 个百分点。

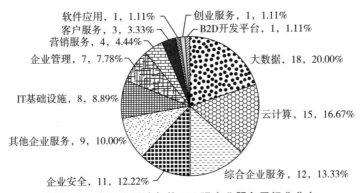

图 3 - 7 中国隐形独角兽 500 强企业服务子行业分布

资料来源：中国隐形独角兽数据库。

生活服务行业估值位居榜首

2015 年我国服务业在国内生产总值中的比重超过 50%，2019 年达到 53.9%。服务业比重占据国民经济半壁江山，中国经济发展进入"服务经济时代"。生活服务行业是服务业的重要组成部分，在中国隐形独角兽企业 500 强中，总共有 80 家中国隐形独角兽 500 强属于生活服务行业，行业总估值为 2167.93 亿元，位居各行业估值榜首。其中，电子商务领域出现的中国隐形独角兽 500 强数量最多（为 35 家），占比为 43.75%（见图 3 - 8）。

生活服务领域中国隐形独角兽 500 强的蓬勃发展，与中国巨大的消费市场息息相关。国家统计局数据显示，2016 ~ 2019 年，中国全年社会消费品零售总额从 33.2 万亿元增长到 41.2 万亿元，2019 年消费支出对经济增长的贡献率保持在 60% 左右，消费连续六年成为拉动经济增长的第一引擎。在国内国际"双循环"的新发展格局下，未来内需，尤其是服务性消费将成为中国经济增长的最大动力源。一些国际机构预测，2020 年中国有望超过美国成为全球第一大消费市场。此外，随着消费水平的提高以及中高收入群体的扩大，人们对生活服务的多样化需求不断提升，生活服务行业也迎来了历史性发展机遇。据国家统计局测算，2018 年我国中等收入群体人口已超过 4 亿。未来我国中高收入群体的规模将进一步扩大，这为生活服务行业的发展奠定了坚实的基础。

生活服务行业的中国隐形独角兽 500 强排名前十的企业分别是：友宝在线、波奇网、十荟团、本来生活网、达令家、楚楚街、邮乐网、YOHO! 有货、万色城、海拍客，其中，前六名估值均超过 60 亿元，前十中有 9 家为电子商务企业（见表 3 - 4）。

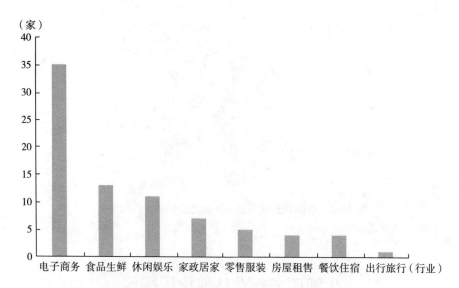

图 3 - 8 中国隐形独角兽 500 强生活服务子行业分布

资料来源：中国隐形独角兽数据库。

表 3 - 4 2020 中国隐形独角兽 500 强生活领域 TOP10

序号	企业简称	企业估值（亿元）	子行业
3	友宝在线	64	食品生鲜
4	波奇网	63.21	电子商务
5	十荟团	63	电子商务
6	本来生活网	63	电子商务
12	达令家	60	电子商务
13	楚楚街	60	电子商务
15	邮乐网	58.1	电子商务
18	YOHO！有货	56	电子商务
19	万色城	56	电子商务
20	海拍客	56	电子商务

资料来源：中国隐形独角兽数据库。

典型案例：友宝在线

友宝在线是一家智能零售专业平台服务商，以云端平台管理和线下智慧运营等模式，积极推动零售智能化。目前，友宝在线已在国内外 300 余个城市布局，运营智能零售终端超 10 万台。2019 年 8 月 21 日，友宝在线获得了蚂蚁金服、春华资本的 16 亿元的战略投资，估值上升到了 64 亿元，排在了 2020 中国隐形独角兽 500 强的第三位，并居生活服务领域中国隐形独角兽 500 强的首位。

典型案例：十荟团

十荟团是一个社区团购电商平台，通过微信小程序形态，基于城市社区/小区，为城市家庭打通产地到家庭餐桌之路，以一日三餐及果蔬类为商品打造家庭消费的一盘货。2018 年 8 月，十荟团获得包括真格基金、启明创投和愉悦资本以及精品社群电商公司"有好东西"等 1 亿元人民币的投资。2020 年 5 月 30 日，社区团购平台十荟团宣布完成 C1 轮融资，融后估值达 63 亿元，列生活服务领域中国隐形独角兽 500 强的第四位。

汽车交通行业 50 家

在中国隐形独角兽 500 强中，有 50 家属于汽车交通行业，总估值为 826.79 亿元。其中，汽车服务领域的中国隐形独角兽 500 强数量最多，为 23 家，P2P 租车领域的平均估值金额最高，为 32.06 亿元（见图 3-9）。

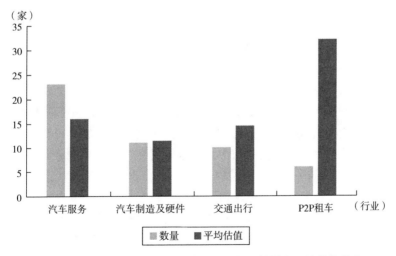

图 3-9　隐形独角兽 500 强汽车交通子行业数量和平均估值分布

资料来源：中国隐形独角兽数据库。

经典案例：卖好车

卖好车是中国隐形独角兽500强汽车交通领域估值最高的企业，总估值为52亿元。卖好车是国内汽车流通服务平台，通过"好车在线、好车物流、好车金融"等服务帮助经销商解决车源、钱、流转的问题，助力全国汽车经销商改善经营效率和利润率、降低经营成本。卖好车较早地实现了仓储物流数字化，大大提高了车商的交付效率，并且卖好车建立了数字化的供应链金融，实现了车源、金融、物流、库管的大数据化。目前卖好车已覆盖了全国100000家经销商，数十万真实车源在线，覆盖境内全部省市区。2020年4月14日，卖好车获得了海高集团、创新工场和凯欣集团2000万美元的追加投资，令其估值大幅提升。

经典案例：析易船舶

析易船舶是全球高性能船舶技术的领导者，其在船舶推进、船型等众多技术上实现了革命性的突破，超越了现存的高性能船舶技术原理和固有概念。析易船舶现已开发出了新型高速无波艇及超高速飞轮艇等系列产品，可广泛应用于海事等公务艇，高速水上旅游，超高速水陆两栖战车，超高速水冰两栖巡逻艇等。目前，析易船舶已经获得十多项中国、美国、欧盟、加拿大、澳大利亚发明专利。

经典案例：浙江孔辉

浙江孔辉是目前国内唯一同时具备乘用车电控悬架系统全流程开发能力与系统供货能力的企业，拥有发明专利15项，外观专利4项，实用新型9项。浙江孔辉具有郭孔辉院士60年的技术探索以及孔辉汽车12年的创业积累。浙江孔辉可为主机厂顾客提供：汽车电控悬架控制器软硬件、空气弹簧总成、分配阀及气泵总成、内外置电磁阀（用于电控减振器）等。作为乘用车电控悬架系统供应商，浙江孔辉核心技术竞争力体现出以下三个特点：一是具有自主知识产权的悬架控制算法及其工程化开发能力。包括电控空气弹簧举升及调平方法，电控减振器的阻尼控制方案。二是全流程设计能力。包括系统功能及部件个性化定义能力、部件及底盘性能仿真设计能力、关键部件及子系统台架测试能力、整车台架底盘性能测试能力、整车道路底盘性能测试能力。三是完整专业工具链。包括成熟 CAE 分析方法、电磁阀及空气悬架测试台架、电控减振器实物 HIL 测试台（国内独有的设备）、车辆悬架振动测试试验台。

CEO 博士和硕士占比 63%

2020 中国隐形独角兽 500 强数据显示，在 187 家上榜的中国隐形独角兽 500 强 CEO 中，49 人拥有博士学位，占比为 26.20%；69 人拥有硕士学历，占比为 36.90%；64 人拥有本科学历，占比为 34.22%；3 人拥有大专学历，占比为 1.60%，2 人拥有高中学历，占比为 1.06%，硕士以上的学历占比高达 63.10%。具体如图 3-10 所示。

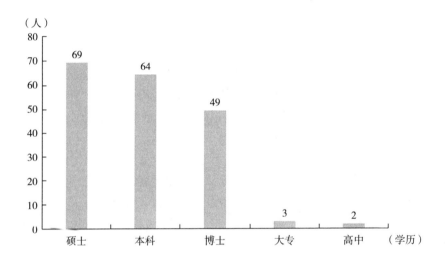

图 3-10　中国隐形独角兽 500 强 CEO 学历分布

资料来源：中国隐形独角兽数据库。

隐形独角兽是独角兽企业的后备军，是未来最有可能成长为独角兽的企业群体。与全球独角兽企业 500 强一样，中国隐形独角兽 500 强 CEO 通常具备较高水准的专业技能、较高的管理水平以及较强的组织和应变能力，能够带领企业从激烈的市场竞争中脱颖而出。独角兽和隐形独角兽 CEO 学历结构从侧面反映出这两类企业的与众不同和其对企业创始人学历的高要求。

此外，在中国隐形独角兽 500 强所学专业中，工科类的 84 个，占比为 44.92%；商科类的 59 个，占比为 31.55%；理科类的 26 个，占比为 13.9%；文科类的 18 个，占比为 9.63%。具体如图 3－11 所示。

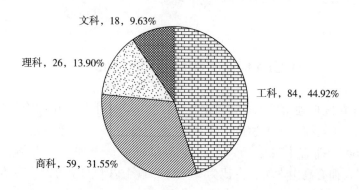

图 3－11　中国隐形独角兽 500 强 CEO 专业分布
资料来源：中国隐形独角兽数据库。

工科是中国隐形独角兽 500 强 CEO 所学专业占比最多的科目，近 1/2 的中国隐形独角兽 500 强 CEO 毕业于工科院校。工科所对应的行业通常为人工智能、机器人、智能硬件、云计算等战略新兴领域，因而工科专业的学习能给中国隐形独角兽 500 强 CEO 带来更深厚的专业知识储备，更敏锐的科技洞察力，让 CEO 成为企业技术创新的重要驱动者。

商科是中国隐形独角兽 500 强 CEO 所学专业的重要部分。国际上，商科以 FAME（金融、会计、管理、经济学）四大专业为代表，较主流的商科专业包括金融、会计、市场营销、管理学、商务类专业、物流、经济学、人力资源管理这八大类。通过商科的学习，企业 CEO 具备了更系统的管理知识体系和创新的思维模式。

专利数量为 28952 项，平均专利高达 58 项

2020 年中国隐形独角兽 500 强所获专利数量共计 28952 项，平均每个企业的专利数量为 58 项。其中，发明专利数量最多，为 14932 项，占比 51.58%；实用新型专利的数量为 6379 项，占比 22.03%；外观专利为 4050 项，占比 13.99%；授权专利为 3591 项，占比 12.40%（见图 3－12、表 3－5）。

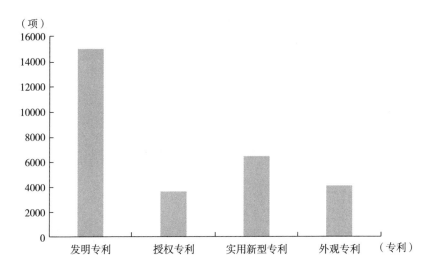

图3-12　2020中国隐形独角兽500强专利情况分布

资料来源：中国隐形独角兽数据库。

表3-5　中国隐形独角兽500强专利数量情况（排名前十）

序号	企业简称	城市	行业	专利总数
1	新成新材	大同	材料能源	1545
2	易瓦特无人机	武汉	智能科技	830
3	铜师傅	杭州	生活服务	802
4	图灵机器人	北京	智能科技	560
5	极米科技	成都	智能科技	545
6	小鸟看看	北京	智能科技	528
7	猎户星空	北京	智能科技	505
8	Live. me	北京	文旅传媒	445
9	编程猫	深圳	教育科技	425
10	豪迈机械	潍坊	汽车交通	402

资料来源：中国隐形独角兽数据库。

典型案例：新成新材

新成新材是中国隐形独角兽500强中专利数量最多的企业，专利数量为1545

项。其专注于特种石墨的生产，是国内最大、市场占有率最高的特炭生产基地。新成新材拥有国内全套领先的生产设备，特炭产量占到国内产量的 52%。公司把生产与科研融为一体，通过采用新技术、新工艺、新设备，已具备生产中、粗、细颗粒不同类别高端石墨产品的工艺技术，"新成"品牌已立足于世界五大洲。

典型案例：极米科技

极米科技是一家著名的智能投影仪厂商，致力于向消费者提供性能卓越和高品质的智能投影产品。极米科技以 545 项专利位居中国隐形独角兽 500 强专利榜第五位，其生产研发的智能投影和激光电视，已累计获得包括德国 iF 设计奖、德国红点奖、日本 Good Design Award、美国 CES 最佳创新奖在内的 21 项大奖，并成为获得国际权威大奖最多的中国投影品牌。根据国际知名研究机构 IDC 发布的《IDC2020 年第二季度中国投影机市场跟踪报告》显示，极米科技荣获国内投影仪市场中出货量、销售量两项冠军，出货量市场份额高达 22%。并且在出货量、销售额榜 T10 的单品投影机中，极米科技占据 5 席，超越了国际巨头爱普生和索尼，终结了外资品牌在中国市场称霸 15 年的局面。

典型案例：禾赛科技

禾赛科技是一家专注开发激光传感器的公司，是国内激光雷达领域的行业领导者。自禾赛 2017 年推出激光雷达以来，就打破了国外厂商对高线数激光雷达的垄断。其打造的 128 线激光雷达，在测远、测近、分辨率、抗干扰、安全性、稳定性等各项指标上均表现不俗，解决了未来自动驾驶主雷达所有功能的痛点，为自动驾驶的演进提供了坚实的支撑。目前，禾赛已拥有 300 多项专利，研发的激光雷达 Pandar 系列已经获得了 18 个国家 42 个城市和地区顶尖客户的认可。美国加州现有的 62 家获得无人车公开道路测试牌照的高科技公司中，超过 50% 是禾赛科技的付费客户。同时，禾赛已完成累计超过 1.5 亿美金的融资，这家隐形独角兽企业正势如破竹，在激光雷达的赛道上以优异的姿态保持领先的位置。

红杉资本投中 59 家

2020 年中国隐形独角兽 500 强共获得了 567 家投资机构的投资，包括红杉资本、IDG、经纬中国、腾讯以及阿里巴巴等机构。其中，红杉资本投资的中国隐形独角兽 500 强数量最多，为 59 家；其次是 IDG，总共投资了 49 家；阿里巴巴排名第三，投资了 47 家。具体如表 3－6 所示。

表 3－6　投资机构投中中国隐形独角兽 500 强数量排名（前 25 名）

投资机构	数量（家）	投中企业
红杉资本	59	大道金服、百词斩、大数金融、Aibee 等
IDG	49	思派健康、生鲜传奇、Rokid 等
阿里巴巴	47	我来数科、友宝在线、盒马鲜生等
经纬中国	41	销售易、微脉、积木盒子等
腾讯	35	思派健康、百词斩、燧原科技等
真格基金	28	衣二三、云洲智能、VIPCODE 编程等
启明创投	27	每日优鲜便利购、ClubFactory、极米科技等
深创投	25	芯天下、商米科技、易订货等
顺为资本	25	SeeedStudio 矽递科技、DataEye 慧动创想等
SIG 海纳亚洲	25	智云健康、每日一淘、药师帮等
君联资本	23	Akulaku、上海细胞治疗、邦盛科技等
北极光创投	19	亿智科技、镭神智能、优点科技等
软银中国	18	理才网、叮当快药、VIPCODE 编程等
晨兴资本	17	追一科技、欧米尼医药、奇点云等
创新工场	15	创新奇智、追一科技、爱库存等
GGV 纪源资本	15	云洲智能、十荟团、海豚家等
鼎晖投资	15	思派健康、推想科技、中通快运等
云锋基金	14	Video＋＋、友宝在线、云徙科技等
达晨创投	14	坚果投影、镭神智能、小满科技等
云锋基金	14	Video＋＋、中通快运、数澜科技等
基石资本	14	智云健康、深圳岂凡网络、邦盛科技等
DCM 中国	13	Akulaku、每日一淘、药师帮等
险峰长青	13	梦想加、云丁科技、又拍云等
信中利资本	13	共享际、凹凸租车、众盟数据等
京东	13	雷鸟科技、蘑菇车联、一条视频等

资料来源：中国隐形独角兽数据库。

红杉资本作为一家老牌的投资机构，其在投资领域的地位不容小觑。在 2020

全球独角兽企业 500 强中，红杉资本以投中 87 家的优异成绩成为了全球独角兽企业 500 强投中数量最多的投资机构。同样地，在中国隐形独角兽企业 500 强中，红杉资本也位居投资机构第一。红杉资本在独角兽和隐形独角兽企业全面、系统的布局，在一定程度上使红杉资本在投资领域持续保持领先的水平。其专业化的投资视角，也让我们有理由相信，受红杉资本投资的隐形独角兽将最有可能成为独角兽企业。

作为最早进入中国市场的外资投资基金，IDG 资本已成为中国风险投资行业的领先者，不仅向中国企业家们提供资金，而且还为企业家们提供一系列增值服务和支持。多年来，IDG 资本始终专注于投资中国技术型企业以及以技术和创新为驱动的企业，其中包括腾讯、百度、小米、携程、奇虎 360、B 站等科技创新型企业。IDG 资本最大的优势在于跟中国的创业者们建立了广泛的联系，并与他们保持密切的合作，这为企业提供了资金、经验、商务关系等强有力的支持。此外，IDG 资本的合伙人合作时间超过 15 年，是国内风险投资行业合作时间最长的专业团队，具有科技、医学、财经、管理等背景及丰富的管理、风险投资运作经验，IDG 资本出色的业绩及业内的美誉，赢得了创业者及投资者的信赖。

第四章

全球独角兽企业 500 强经典案例

Paytm：打造印度支付巨头的成功之道①

You are because you don't stop. You are because you won't stop.

——Vijay Shekhar Sharma

提到 Paytm，很多人的脑海里马上就会闪现一个词：印度的支付宝。不可否认，Paytm 如今在印度的知名度的确和支付宝在中国的知名度有得一拼。

Paytm，全称 Pay Through Mobile，于 2010 年在印度成立，坐落于印度诺伊达市，并逐渐发展成为印度移动支付公司的巨头。该公司隶属于 One97 Communications，创始人是 Vijay Shekhar Sharma。Paytm 是做支付起家的一家独角兽企业，现在已成为印度最大的移动支付钱包、世界第四大钱包，有超过 2 亿注册用户。2014 年该独角兽企业开始做电商平台，用支付撬动电商，2016 年下半年开始筹划跨境业务，2017 年，印度国内卖家已经有 14 万在 Paytm 电商平台销售。如今企业已经持有银行执照，不仅有线上钱包业务，还有线下银行业务。2016 年，Paytm 完成了整个 10 亿交易量，89% 都是来自移动端。2015 年 2 月，阿里巴巴第一次投资 Paytm 时，其刚有 2000 万用户，但到 2017 年已经有 2 亿，几乎将近 10 倍的增长，2016 年有 45% 的增长率。如今，Paytm 已不仅是印度最大的电子钱包，还是印度最大的移动电商平台，也就是说，Paytm 目前就是印度版的阿里巴巴了。

通过近十年的发展，Paytm 不仅成为印度著名的支付企业，也成为全球引人注目的独角兽企业。2019 年全球独角兽企业 500 强榜单和 2020 全球独角兽企业 500 强榜单数据显示，Paytm 两年均排在第 18 名。这样的独角兽企业成长经历夺人眼球，我们不禁想问，是什么因素催生了这家企业的成功，让其成长为巨大的独角兽企业呢？

不同独角兽企业成功的关键要素不尽相同，就 Paytm 而言，异质型企业家精神和持续的资本赋能是其走向成功最突出的特征。

一、打造印度支付宝的梦想与野心

Paytm 的创始人 Vijay Shekhar Sharma 不仅是 Paytm 的创始人，也是 One97 Communications 的创始人。其出生于印度北部的一个小城市，从小就聪明好学，

---

① 执笔人：林幼娜。

并且雄心勃勃。他在印度互联网刚刚兴起时就看到了印度巨大的蓝海市场，又受到中国阿里巴巴、淘宝、蚂蚁金服等企业发展的启发，怀揣着梦想和想法来到中国，多次与马云、张勇等企业家讲述他的创业构想和交流学习经验。Sharma 不仅有着普遍企业家都有的勇于创新、善于学习和把握机遇等精神，还有其自身独特的异质型企业家精神。具体表现在高度执着、谦虚好学和雄心勃勃。

Sharma 作为 Paytm 的创始人，曾在 2017 年天下网商大会的演讲中提到自己的成长经历，讲述自己从一个小镇青年到一个企业家的发迹史。在高中时，Sharma 连英语都不会讲，只会讲自己印度的母语，在他上大学时，看到了互联网时代到来的巨大创业机遇。然而在机遇面前，他发现自己还有很大的差距才能实现自己的梦想。实力不够、生活条件恶劣等现实问题都没有击垮他，面对这样的困难，他有着超乎常人的执着目标精神，他深刻地认识到只有学会英语、学会计算机知识，才能和合作者或客户展开更好的交流，才能创立自己设想中的互联网品牌，从而实现自己的理想。所以即使他在好友家中做了好久的沙发客，要身兼多职赚钱养活自己，但他只要有空，就会马上自主学习英语和计算机，不分昼夜、马不停蹄、日积月累、从未放弃。

此外，Sharma 谦虚好学，从创业到企业成立后多年，曾不下数十次到杭州，访问马云等企业家，向他们请教经验，也多次近距离观察阿里巴巴和支付宝，观察企业的办公运营情况，思考杭州大街小巷普及扫码支付的原因，通过分析中国支付宝的成功经验，剖析印度市场发展潜力和方向，再一举进军印度支付市场。时代在发展，企业也必须保持时刻进步，否则不进则退，Sharma 作为一个企业家，深刻明白这个道理。他谦虚地向对手们和合作伙伴们请教经验，孜孜不倦地学习时代大潮中的先进技术和前沿理论。如今，尽管 Sharma 已是全印度富豪排行榜上的佼佼者，但他仍旧保持着异质型企业家的精神。

在很多出色、著名的成功企业家中，有些企业家还有常人少有的雄心勃勃，而这点在 Sharma 的身上也十分显著。虽然 Sharma 出身于一个印度遥远的普通小镇，父母也是极其普通的教师，但他却有着伟大理想和雄心壮志，他要创造的支付平台不是为了某些人，而是为了印度所有的国民，他要打造的支付平台不是小众普通的企业，而是向印度最大的企业看齐，力图打造印度的支付巨头。"我们要做印度最大的移动支付平台。"这个被蚂蚁金服副总裁韩歆毅认为"有一些马老师（马云）当年的影子"的男人讲出了 Paytm 的目标。Paytm 的公司大厅中有一个十分醒目的标语——"Go Big or Go Home"，这句标语可谓鼓舞人心，从这句标语中我们看到了企业做大做强的决心和信心。从这句标语中我们也看到了创始人的思想高度。虽然可能在未来也会有"印度的马云"出现，但不可否认，正是 Sharma 拥有的企业家精神才成就了今日发展越来越强大的 Paytm。

二、资本为打造印度支付巨头赋能

一谈到 Paytm 的支持者，不由得让人肃然起敬。目前，Paytm 的支持者包括阿里巴巴的马云、日本软银的孙正义以及美国伯克希尔·哈撒韦公司的沃伦·巴菲特等。这些支持者都有着强大的社会影响力和各种各样的资源财富。此外，在短短成立的 10 年间，这家独角兽企业得到了许多投资人的青睐，并且顺利地取得了多次融资，从而实现从隐形独角兽向独角兽企业再向超级独角兽企业的巨变。作为 One97 Communications 公司旗下的主打品牌，One97 Communications 的主要投资人——蚂蚁金服、软银旗下的赛富投资基金（SAIF Partners）、风投 Sapphire Venture 以及硅谷银行等均看好 Paytm 这一家新兴企业。所以，Paytm 能够成功成为印度支付巨头与其背后持续的资本赋能息息相关，而持续的资本赋能背后，包括合作者其他有形无形的资源支持，例如，技术支持、模式支持等和来自投资人持续充足的投资。

从企业成立至今，阿里巴巴等合作伙伴就一直不断给予 Paytm 许多重要的支持。其实，Paytm 在成立之初只是一个手机预付网站，直到 2014 年才开始进入印度刚刚兴起的互联网金融领域，并推出电子钱包。而 2014 年这一年，中国的阿里巴巴也上市了，并且与其展开了合作，这可以说是在 Paytm 企业成长的关键节点上雪中送炭，给其注入了一针极其有力的强心剂。从 2015 年初开始，蚂蚁金服就开始对 Paytm 进行投资，对其给予资金扶持，除此之外，蚂蚁金服还调遣员工将常年往返杭州和印度德里附近的 Paytm 总部，从系统架构改造、更空体系搭建、数据能力完善等全方便提升企业的平台能力，同时，帮助企业的本土团队不断开拓各种紧密结合印度人日常生活需要的场景。于是在短短一年多的时间里，穿行印度大街小巷的突突车、遍布街头的咖啡馆和奶茶小摊、加油站等都纷纷使用 Paytm 付款，甚至还用此方式购买汽车票和电影票。

阿里巴巴和 Paytm 的合作可以说是"1 + 1 > 2"的合作结果。从创立背景、业务模式来看，Paytm 堪称印度版的支付宝，两者之间的共性远大于差异。虽然 Paytm 与支付宝最初的发展路径完全相反。Paytm 从做网上支付起家，如网上缴纳话费、增值服务费等，直到移动互联网兴起后，才开始寻找线下支付场景，如加油站、便利店、电影院等。概括地说，就是"拿着工具找场景"。支付宝则先为场景找工具，然后衍生出基金、理财、保险等业务，进入移动互联时代后又开始丰富线下应用场景。但是幸运的是，虽然两者起步有早晚，但最终殊途同归，并在合适的时机成功"牵手"。

从更加具体的合作支持中展开，我们可以发现，蚂蚁金服在技术架构更新和支付场景借鉴这两方面的支持对 Paytm 有着强烈、巨大的影响意义。关于技术架构的更新，除了复杂的技术原理之外，还有支付宝后台海量的大数据支持。支付宝的历年经验和后台数据无疑都为 Paytm 的后续架构更新换代打下了基础，企业通过借鉴和使用也能够节省更多的资源和精力。关于支付场景的借鉴，我们都知道移动支付场景的获得都不是随随便便拍拍脑袋就能想出来的产物，支付宝的支付场景都是企业在相当长的时间内进行大规模的实践摸索取得的成果。例如，买电影票这个场景，Paytm 多次到蚂蚁金服取经，如今，在挚爱电影的印度，电影票购买已经成为这家独角兽企业移动支付的明星品类。

除了合作者的资源支持之外，Paytm 资本赋能还有另外重要的一环——持续的投资支持。从 2015 年 2 月获得蚂蚁金服等投资者 1.35 亿美元的 A 轮投资开始，企业就得到了更多投资人的青睐。2015 年 9 月，Paytm 再次获得歌斐资产、蚂蚁金服、卡通站等的 6.8 亿美元的 B 轮投资；2016 年 9 月获得 Mountain Capital 的 6000 万美元的 C 轮投资；2017 年 3 月获得阿里巴巴 4125 万美元的 D 轮投资；2017 年 5 月获得软银中国资本 14 亿美元的战略投资；2017 年 6 月获得源科资本、阿里巴巴、赛富投资基金的 2 亿美元的战略投资；2017 年 11 月获得 Vijay Shekhar Sharma（One97 Communications）的 1900 万美元的战略投资；2018 年 6 月获得软银集团、阿里巴巴 4.45 亿美元的投资；2018 年 8 月获得 Berkshire Hathaway 的 3.6 亿美元的投资；2019 年获得 T. Rowe Price、蚂蚁金服、软银集团的 10 亿美元的投资；2020 年获得 Microsoft 微软 1 亿美元的投资……源源不断的投资可以让 Paytm 有更大的空间去拓展市场、完善业务、提高技术水平等，从而才能使企业不断发展壮大。如果没有资本的赋能，那么 Paytm 这家独角兽的生命走势会更加艰难、缓慢，并且企业也很可能在激烈的竞争中灰飞烟灭，昙花一现。源源不断的投资支持，也让这家独角兽企业在众多的支付企业中脱颖而出，让其得以在竞争中战胜其他对手，拿到支付巨头的桂冠。所以，可以说，资本赋能是 Paytm 能够成功成为印度支付巨头的巨大利器。

三、结语

回顾 2019 全球独角兽企业 500 强榜单。从行业领域划分角度来看，2019 年金融科技领域的 500 强独角兽企业一共有 53 家，其中，美国企业 23 家，中国企业 13 家，英国企业 7 家，印度企业 4 家，德国、日本、韩国、瑞典、瑞士、巴西企业各 1 家。Paytm 是印度仅仅 4 家金融科技独角兽企业中排名最前的一家独角兽企业，并且还远远超过其他许多国家的金融科技独角兽企业，包括美国的金融科技独角兽企业。Paytm 在 500 强榜单中总体排名第 18，在 500 强榜单的金融科技独角兽企业排名中，排名第 5（前四家企业为：总榜单第 2 名的蚂蚁金服、第 9 名的 Stripe、第 15 名的京东数科和第 17 名的微众银行）。从国家划分角度上来看，印度在 500 强不同国家的企业总数排名中排名第三。在 500 强中，中国企业为 217 家，美国企业为 193 家，印度企业为 20 家。而在这 20 家企业中，Paytm 排名第一，估值最高。

聚焦最新的 2020 全球独角兽企业 500 强榜单。从行业领域划分角度看，2020 年金融科技领域的 500 强独角兽企业一共有 53 家，其中美国企业 23 家，中国企业 14 家，英国企业 7 家，印度企业 4 家，德国、日本、韩国、瑞典、巴西企业各 1 家。Paytm 是印度仅仅 4 家金融科技独角兽企业中排名最前的一家独角兽企业，并且还远远超过其他许多国家的金融科技独角兽企业，包括美国的金融科技独角兽企业。Paytm 在 500 强榜单中总体排名仍为第 18，在 500 强榜单的金融科技独角兽企业排名中，排名仍为第 5（前四家企业为：总榜单第 6 名的陆金所、第 8 名的 Stripe、第 14 名的京东数科和第 17 名的微众银行）。从国家划分角度上来看，印度在 500 强不同国家的企业总数中排名第三。在 500 强中，中国企业为 217 家，美国企业为 192 家，印度企业为 19 家。而在这 19 家企业中，Paytm 排名第一，估值最高。

通过以上分析，我们发现 Paytm 创始人有着高度执着、谦虚好学和雄心勃勃的异质型企业家精神，这种精神与持续的资本赋能一道，造就了 Paytm 的辉煌业绩。

Airbnb：每秒 6 次入住的全球最大民宿短租平台[①]

信任是伙伴关系的基础，而建立信任需要时间。我们知道，取得大家的信赖任重道远，但这是我们的头等要务，我们将全力以赴。

——Airbnb 联合创始人、首席执行官布莱恩·切斯基（Brian Chesky）

---

① 执笔人：胡胜龙。

共享经济能够连接闲置的社会资源，提高资源利用和配置的效率，促进资源的再分配，实现物尽其用和可持续发展，并在一定程度上能够降低资源的使用成本，为人们的生活带来更多便利，是经济发展的一种新形式、一种新力量，被市场给予厚望。然而，在贸易摩擦加剧、全球经济受到重创的当下，其不可避免地受到了冲击，遭到了不小的挑战。例如，曾经的共享单车独角兽企业 OFO，因拖欠用户押金、资金链断裂等，正在破产边缘疯狂试探；共享打车独角兽企业 Uber、Lyft，在成功 IPO 之后，却出现了业绩增长乏力的情况；共享办公场所租赁 WeWork，则直接倒在 IPO 前的黑夜中，目前靠软银注资续命……这些都让共享经济的发展前景蒙上一层阴霾，对于同样属于共享经济的共享住宿独角兽企业 Airbnb，一时间也处于质疑声的风口浪尖。

值得庆幸的是，虽然 Airbnb 同属于共享经济独角兽企业，但却是在共享经济不断烧钱的背景下，少数已经基本实现盈利的企业，营业收入也节节攀升，这或许就是 Airbnb 与其他共享经济公司最大的不同，资本市场也已投票证明了这一点。例如，2020 年 12 月 2 日，在青岛举办的 2020 全球独角兽企业 500 强大会上，Airbnb 位于 500 强榜单的第 11 名，估值 2051 亿元人民币；同年 12 月 10 日，Airbnb 成功在纳斯达克上市（代码：ABNB），发行价 68 美元，截至 2021 年 1 月底，Airbnb 股价已较发行价涨了近 3 倍，总市值破千亿美元，超过全球五大传统连锁酒店——温德姆酒店和度假村、精选国际酒店、万豪国际、洲际酒店集团和希尔顿集团的市值总额，成功颠覆了整个传统酒店行业，实现独角兽企业的华丽蜕变。

一、住房中的 EBay

Airbnb 成立于 2008 年 8 月，总部设在旧金山市，英文名源自"Airbed and Breakfast（气垫床和早餐）"的简写"Air－b－n－b"，这是第一次开设网站时的域名，也是特指两位创始人布莱恩·切斯基（Brian Chesky）和乔·杰比亚（Joe Gebbia）为分摊金融危机和失业后的房租负担，而想出在客厅出租充气床垫附加第二日早餐的服务。相较于英文名的注重传承和经历，Airbnb 在 1000 多个候选中文名中选定了"爱彼迎"，寓意"让爱彼此相迎"，除了谐音翻译之外，还凸显了公司"创建一个人人都有爱和归属感的世界"的主旨和立意。

众所周知，Airbnb 一直致力于成为共享住宿旅行模式的代名词，其主营业务是一个依托移动互联网的旅行房屋租赁社区，该业务本质上是公司作为房东和房客的中间商，本身不拥有或运营房源，而是向双方收取服务费作为收入，所以是一种 C2C（Customer－to－Customer，消费者对消费者之间的互动交易行为）的轻资产运营模式，即用户双方可通过网络或手机应用程序发布、搜索度假房屋租赁信息并完成在线预订程序，而房东需要敞开自家大门，把自己的房子租给素未谋面的陌生人，从而将房屋不动产转变为可持续运营的资产，实现共享经济。具体来看，Airbnb 的民宿短租业务的收入主要来自对房东、房客收取的服务费，每笔订单中合计收取的服务费不超过房源价格的 15%，即房客在平台预订房源后，公司向其收取 3% 的服务费，并代扣住宿税，而房东在通过公司平台发布、展示房源并达成交易后，公司向其收取 6% ~ 12% 的代管费，两方收取的费用总额即构成公司的主业收入。

Airbnb 的另一大业务是提供有关表演、教学、考察等在内的各类特色体验服务，即由世界各地体验达人所精心设计并策划组织开展的活动，用户可付费参与，Airbnb 则从中收取费用，这为人们提供了前所未有地走进当地社区、发展兴趣爱好等机会。

从公司年报、研报、官网等网络公开数据上，我们可以更为直观地了解 Airbnb 的实力。在民宿短租方面，目前 Airbnb 在国内外拥有超过 700 万套特色房源，其合作的民宿、短租公寓、连锁酒店、客栈等覆盖全球超过 220 个国家和地区的近 10 万座城市，有 5400 万活跃租客，累计为 8.25 亿次的房客入住提供便利，并且达到每秒便有 6 次入住的惊人纪录，这也累计为房东带来超过 1100 亿美元的收入。与此同时，Airbnb 的特色体验、线上体验也已遍布全球 1000 多个城市，目前已策划超过 3 万余项独具特色的活动。

除去疫情因素影响的 2020 年以外，前几年的 Airbnb 财报数据很是亮眼，营业收入分别为 2017 年 25.6 亿美元（+55%）、2018 年 36.5 亿美元（+43%）、2019 年 48.1 亿美元（+32%），虽然增速有所放缓，但依旧实现了 42.64% 的年复合增长率；毛利率分别为 2017 年 74.7%、2018 年 76.3%、2019 年 75.1%，稳定保持在 75% 左右；调整后的 EBITDA（税息折旧及摊销前利润）2017 年为 -0.94 亿美元、2018 年为 1.71 亿美元、2019 年为 -2.53 亿美元，2018 年首次实现转负为正；净利润 2017 年为 -0.7 亿美元、2018 年为 -0.2 亿美元、2019 年为 -6.7 亿美元，基本实现公司盈利。

目前，Airbnb 已发展成为全球最大的特色民宿短租、度假公寓预订平台，并汇聚千万旅游达人、旅行攻略、体验服务等，更被《时代周刊》誉为"住房中的 EBay"，Airbnb 自述将继续以促进人与人之间的交流为主旨，致力于让房东与体验达人、房客与参与者、员工与社区等所有利益相关者受益。

二、全球网络的优势

Airbnb 认为，自身是一个联系全球的信息化网络，这是 Airbnb 的立足之本，所以其从创立之初就立足全球，放眼世界。发展至今，Airbnb 的业务不断跨越国界、时区、语言和肤色等，目前已覆盖全球超过 220 个国家和地区的近 10 万座城市，拥有海量的个性化房屋资源，如此庞大的房源信息为 Airbnb 带来了规模优势和知名度优势，让 Airbnb 可以构建一个你无论走到哪儿都可以找到归属感和满足感的世界，让你不再为出行旅行而烦恼。与此同时，Airbnb 也能够做到客户服务不分昼夜地以 11 种不同语言提供 24 小时的全球支持，即时性、随时性很强。

Airbnb 全球网络战略的实施，已成为公司宣传的重要一环，当普通民众在预订海外的民宿用户时，往往会将 Airbnb 视为跨国住宿的优先选项，通过 Airbnb 住进世界的不同角落，去感受当地或传统或新奇的体验，去透过民宿的本地镜头观察世界；同时，全球网络战略还可以帮助公司找到民宿短租的世界标准，有助于促进每个人的安全感和归属感，这带来了知名度的进一步上升。

三、无处不在的温暖体验

Airbnb 在 2017 ~ 2019 年的收入来源中，来自此前至少完成一笔订单的房东的比例分别为 77%、82%、84%，来自此前至少完成一笔订单的房客的比例分别为 62%、66%、69%，均呈现连年递增的良好势头，说明房东房客的回头率持续提升，房东黏度和顾客忠诚度不断增强，这也让 Airbnb 虽然不是世界上第一支做短租的团队，但却成功地塑造了市场、培养了用户，成为世界第一。这样的成就离不开 Airbnb 无处不在的温暖体验，具体来看主要体现在家文化方面和体验文化方面。

1. 家文化方面

Airbnb 区分于传统酒店的一个重要要素就是家的观念、家的文化，这也是 Airbnb 的核心竞争力之一。Airbnb 相信人性本善，每个社区、每个家都应该是有生活气息、有人情味的，都应该成为人们的归属，让人们感到宾至如归和家的温暖与舒适，其价值主张之一就是以人为驱动力，在日益紧张的社会中架设桥梁，为所有房东和房客搭建一个更温暖的平台，促进人与人之间的交流与团结，让房东与体验达人、房客与参与者、员工与公司平台等所有利益相关者受益，大家共同成长。为此，Airbnb 通过房东激励计划、房客支持活动、员工薪酬体系，倾力打造了别具风格的家文化，让房客可以更像本地人一样体验当地生活，更深入地享受旅途。

Airbnb 的房东激励计划，首先，Airbnb 从管理日程、沟通与互发信息到欢迎房客入住，都会随时提供资源帮助房东，例如，设有房东学院，通过线上教育指导房东在装修设计方面为住客提供更佳的入住体验；提供无意识偏见培训，以探索偏见及其他因素如何影响人们的决定，从而消除歧视；提供更加热情友好、更具包容性和多元化的体验活动，以培育归属感，形成共识；提供共同分享、学习和宣传的途径与方法，包括杰出思想家们提出的想法、房屋共享模式的现状以及未来发展；完善帮助中心功能，鼓励房东们分享各自的故事与想法，且为更多现实问题提供解答。其次，Airbnb 会向提供优质房源的房东给予更多的激励，如不断地进行房屋资源的整合和升级、更多曝光机会、个性化网址、旅行基金奖励、免费房源拍摄机会等，包括"超赞房东"（Superhost）评级、Plus 房源、年度房东大奖等，都是用来鼓励体贴入微的房东和体验达人，是对房东们善意与用心的感恩回馈，希望借此通过人与人之间的交流联系来消除歧视，实现不带偏见的好客之道。最后，在新冠疫情导致全球旅游行业、住宿行业低迷的困难时期，Airbnb 一直表示会与房东共进退，期间多次发行数亿美元的房东补贴基金、救济基金，并采取创始人停薪、高管薪资减半的措施来削减开支，以帮助房东房客和平台同舟共济、共度时艰。

Airbnb 的房客支持活动，首先，Airbnb 设计建立了房客可以信任的共享住宿平台，通过与房客进行邮件沟通等方式，让房客愿意抛去对陌生人的偏见，从而满足了房客对归属感的需求，选择自己满意的房源入住，出现问题也有房客退款政策解决等。其次，Airbnb 还在社交软件和网络分享平台上与房客互动，包括给房客推荐相关的入住房屋，向房客给予入住返现等，以期为房客提供最优质的入住服务。这些房客支持活动既增强了公司、房客、房东之间的亲密度和信任感，维护了客户关系，提升了房客复购率，又能够让房客"像当地人一样体验城市"，且不管去哪儿旅行度假、商务出行，都能住进旅途中的家，从而为房客打造美妙的旅行体验和建立人际联系的机会。

Airbnb 的员工薪酬体系在传统科技巨头中一直处于领先和较高水平，且通过多次的员工股权激励，留存了很多核心价值员工，从而激励员工能与公司朝着同一个目标努力。即便在新冠肺炎疫情肆虐的 2020 年末，彼时 Airbnb 的上市前景受到冲击，但公司为了兑现几年前所承诺的员工股权激励计划，还是坚持了上市脚步，这种答应员工就得做到的情怀值得赞赏。

如今，Airbnb 有关人际交流的经历与不同的善举故事，每天都在全球社区发生着，为房东房客带来各种惊喜和感动，让世界各地的人都找到自己的归属所在。Airbnb 也因此获得由房东与租客组成的高黏性社区，并通过口碑与品牌大幅提升知名度、降低获客成本和营销费用。

2016 年开始，Airbnb 首推"体验"（Experiences）平台，初始全球约有 500 种各有特色的当地体验同时上线，如今全球已经拥有超过 30000 种互动体验，大中华区的"体验"数量也从最初的 10 个发展到如今的 500 多个，Airbnb 甚至为此专门开设了一个名为"体验"的新部门，以此来满足客人不断变化的新需求；

2020 年新冠肺炎疫情肆虐之时，Airbnb 适时推出儿童、老人也可以参与的"线上体验"，真正实现足不出户即可云游世界，从而帮助房东房客战胜疫情，帮助朋友、家人和同事之间保持联系，让人与人构建起和线下体验相似的联结，不得不说这有望成为一种体验新鲜旅行的常态。

2. 文化方面

在 Airbnb 的体验中，体验达人可以通过做自己喜爱的、擅长的事情来赚取收入，Airbnb 也会为其提供个性化的支持服务，帮助达人策划、拍摄和分享线上活动等，参与者可以借此机会学习新技能、享受新生活，他们彼此之间还可以分享兴趣爱好和加强交流沟通。与此同时，像 Airbnb 的网上租房一样，Airbnb 体验项目的品质均经过平台验证，其要求每项体验项目都必须通过资源独家性方面的审核，且体验达人必须是由热爱事业、热爱家乡的当地人或本地专家开展，最后参与者也必须是小团深度游，拒绝盲目随大流。这样的体验项目拥有极大的热情和感染力，其不同于常见的参观导览，无论你是外出旅行、探索自己的城市，还是留在家中，都可以向这些体验达人学习一些新的知识，包括魔术、烹饪、冥想等，你既可以选择参加舞蹈课程、制作意大利面，也可以和山羊一起学做瑜伽、和奥运选手一块锻炼身体。这些独特活动带给人们独一无二全新体验与感受，越来越多的旅行者意识到，Airbnb 不仅提供民宿预订，还可以让你在一天之内到达世界上的某个角落，和当地人聊聊天，体验不同的文化与情感，这也是旅行的一部分。

如今，Airbnb 提供了越来越多的本土化、原汁原味、多元包容以及可持续的健康旅行体验，并因其特殊的互动性、娱乐性和连接性而在市场上占据着独特的优势，未来将继续为人们提供前所未有的机会去走进当地社区、发展兴趣爱好，让人们可以轻松探索多国文化。

四、将产品做到极致

共享住宿的活动得以进行的大前提就是人与人之间的信任，包括交易方之间的信任，因为参与交易的双方对彼此并不了解，在房屋租赁过程中，也会存在一些房东对游客的消费隐瞒；还包括交易双方对第三方共享平台的信任，因为在交易之前，共享经济平台会要求获得交易方的地理信息，交易方要用个人的社会交流账号如 QQ、微信等进行第三方交易平台的登录。

房源信息的安全真实是租客关注的基本需求和第一要义，Airbnb 为了搭建值得信赖的全球社区，通过 24 小时中文客服、实人认证、百万美金保障险等多种手段，力争全方位保障线上与线下每一趟行程的安全与真实，保证每一份线上的惊喜背后承载的是每一份线下的安心。就民宿短租来说，Airbnb 要求每次住宿都

是由真实房东提供的真实房源，且每一个发布的房源信息都要经过公司的 100%
房源验证人工审核，最后还会与房客分享入住所需的详细信息，让房客能够安心
入住当地的家，其余的安全真实性方面措施还包括保持重要信息上的公开透明、
拥有安全支付、疫情期间采取专业卫生清扫措施等，这些不断完善的平台监管机
制加强了人们对 Airbnb 的品牌信任感。

不同于千篇一律的标准化酒店服务，Airbnb 可以提供丰富多样、个性设计的
房源类型，覆盖住宅、别墅、木屋、帐篷、房车等各类特色、不同档次的建筑与
房源，往往每一家房屋都极具当地名俗特色，显得更美、更精致、更有品位，从
而能够满足不同房客独特体验需求，让房客能有更加自由化、高端化的入住
体验。

不同于其他民宿平台，Airbnb 的整体装修风格也更胜一筹，在 Airbnb 上往
往能预订到质量更好的房子，这是因为平台对入住房东有一定的筛选，那些看起
来比较破旧或卫生条件不好的房子基本上不能上架，所以人们在该平台上看到的
房源大多是装修和室内设施都比较完善的。

总的来看，只要你用心去选择，Airbnb 上总会找到最适合你的一款优质产
品，剩下的你所需要做的就是享受你的入住。

Airbnb 的民宿和传统经济型酒店相比，往往面积更大、位置更佳、整体装修
更美、功能设备更齐全、服务更多、特色更明显、人情味更浓、体验更好，特别
是价格上更有优势，因为其往往可以用和经济型酒店同等价格甚至更低的价格，
去入住比经济型酒店好很多的地方。想象一下，当你和很多朋友一起出行或者是
亲朋好友之间组成的小团出游时，五六个人选择一个 3 室 1 厅的民宿，肯定比去
酒店更加节省，尤其是在海外或国内一线城市这样寸土寸金的地方，它的价格绝
对比当地的酒店更便宜、更亲民。网上经常有人晒出入住的民宿经历，例如，上
海迪士尼旁的一个城堡别墅民宿，内有游泳池、花园、庭院，还有滑梯、秋千、
吊床、浴缸，还包早晚接送、送早餐，在床上就可以看见迪士尼烟火，这样的别
墅民宿在淡季时只要 200 元就可入住，也就是说，200 元就可以让你体验到富贵
豪门里王子与公主的生活，性价比极高。

五、强有力的品牌战略

2018～2020 年，世界品牌实验室发布的"世界品牌 500 强榜单"上，Airbnb
连续三年上榜，排名分别是第 425、第 389、第 457，这样的成绩与其优秀的品牌
宣传与品牌延伸关系很大。

在品牌宣传方面，Airbnb 的文案与广告很走心，其善于利用强有力的社交网
络宣传平台，并且拥有优秀的文案写作和发达的广告宣传，能够很好地传递声

音，讲好故事。首先，Airbnb 善于利用社交网络宣传平台，话题性十足，其围绕着房东房客、员工公司，一直精心打造着充满活力的社区活动，例如，与支付宝合作推出的"旅游储蓄"、夜游卢浮宫之旅、长城住宿体验等；其还鼓励分享关于人与人相互连接的亲身经历，并将社区中发生的旅行者故事、旅行小技巧，附带着当地的风土人情，在知乎、微博等社交平台进行分享，这激发了人们之间的热烈讨论与交流，很大程度上吸引了年轻群体。其次，Airbnb 优秀的文案写作很多，例如，首次为中国市场量身打造的品牌推广活动——"爱让旅行不可思议"，就淋漓尽致地体现了这一点，该视频开篇抛出了灵魂发文，"爱，我们真的懂吗？"然后全程用别具一格的文案去诠释"爱与旅行"的意义，包括"爱是旅行中给自己一个家""爱是住进一场不可思议""爱是带上初心勇敢体验""爱是住进不接地气的家"等，恰当地将旅行途中住进的惊喜、遇见的温暖与爱都融入其中，一下子拉近和用户的心理距离，显得浪漫、温暖又贴心。最后，Airbnb 的广告宣传发达，是少数几个拥有自己杂志的企业，并向房东房客免费赠阅，此外其大中华区首次明星代言活动选择的是彭于晏，这是一个被誉为"拍的广告比电影还好看"的艺人，其代言的益达口香糖曾经风靡一时，形象、气质俱佳，可盐可甜、风格多变，正好契合 Airbnb 多样化、独特性住宿的特点。

在品牌延伸方面，Airbnb 致力打造出行服务产业链，营造一个点对点的旅行服务，从而满足人们在出行中各类服务需求，这样在公司的统一架构之下，客户可以预订住宿、交通、餐饮和短途旅行，公司也可以借此拥有不同的营收来源。为此，Airbnb 积极挖掘现有业务增长潜力，扩大全球市场覆盖，同时利用现有品牌知名度布局多元化业务，通过大规模收购整合等方式布局新业务，减少对短租业务依赖，拓展品牌业务范围，2011 年以来已经并购数十家拥有相关专长的公司，来为其提供支持，其中，短租业务板块，Airbnb 已从民宿领域扩展到精品旅馆、度假村、豪华住所、传统酒店等类别，体验业务板块，Airbnb 已在 2016 年起开始提供表演、教学、考察、游览等各类体验服务，会议活动领域，Airbnb 已在 2018 年推出 Airbnb for Work 业务。

六、坚强不屈的企业家精神

Airbnb 有三个联合创始人，布莱恩·切斯基（Brian Chesky）拥有罗德岛设计学院（RISD）工业设计专业艺术学士学位，担任 Airbnb 的首席执行官兼社区负责人；乔·杰比亚（Joe Gebbia）拥有罗德岛设计学院图形设计和工业设计双学士学位，担任 Airbnb 联合创始人兼首席产品官；纳特·布莱查克扎克（Nate Blecharczyk）拥有哈佛大学计算机科学学士学位，担任 Airbnb 首席战略官、中国区主席。

三个联合创始人各有分工，布莱恩是 CEO，杰比亚主要负责网站设计，工程师出身的纳特则提供技术支持，三人合力创办了最初的网站 AirbedandBreakfast.com，这是一个由主页、搜索板块、评论板块和支付系统构成的网页，大部分板块在今天的 Airbnb 网站上依然存在，这足以可见该团队合作的科学性和有效性，这样的团队协作的确有助于公司的发展与运营，并因此诞生了三名 80 后的亿万富翁。

就像世界上很多伟人在成功前都遭遇过嘲笑一样，仿佛没有遭遇过嘲笑就缺少了成功的要素之一。创立之初，Airbnb 的创始人也遭遇过嘲笑，当时他们想过以 150 万美元的估值去融资 15 万美元，但在当时 15 个投资人里，7 个压根儿就没有回复，剩下 8 个回复的投资人也只是分别在邮件里回复了拒绝的理由。可以说，Airbnb 最初的投资之路并不顺畅，他们并不受投资人的青睐。多年以后的布莱恩回忆起来，还记得当时很多人曾告诉他，Airbnb 是他们知道的最后也是最烂的创业想法。

虽然遭到嘲讽，公司也一度濒临破产、难以为继，但 Airbnb 的创始人仍能坚强不屈，凭借着不死的信念和高超的想象力，一直靠透支信用卡和卖麦片来坚持和渡过难关。直到后来在导师的推荐下，创始人们才拿到第一笔投融资。后来为了解决 Airbnb 成交情况不乐观的问题，布莱恩和杰比亚亲自下场，体验了纽约州 24 家不同的房源，试图找出问题根源，他们很快找到原因所在，原来是房主们拙劣的拍照技术和糟糕的文案掩盖了房屋本身的优势，于是他们自费 5000 美元借了一部高档相机，挨家挨户免费为许多纽约房源拍照，结果纽约的订房量很快暴涨两三倍，当月 Airbnb 在当地的收入也整整增长了 1 倍，于是这一做法很快被复制到伦敦、巴黎等地，Airbnb 也由此步入发展的快车道。

今天当我们谈到 Airbnb 时，要弄清楚它的商业模式并不难，其在创造收入的同时形成了一个规模不断扩大的可持续商业闭环，但这条路上当时承担着几乎所有人的质疑，创始人忍受着每天吃麦片的窘困境地，并且需要不断亲身体验与发现问题，最终才能实现困境反转。正是创始人们所拥有的团结合作、永不放弃、充满激情、亲身体验、不断创新……基因和精神，才最终改变了世界。

七、问题、挑战与未来

"如果 Airbnb 什么都不做，就不会受到任何批评了，但被批评本身就是产品创新的一部分，想要创新的人必须要接受这个事实。"Airbnb 早期投资者、亚马逊创始人杰夫·贝佐斯的这句话道出了 Airbnb 作为一个创新公司所面临的问题与挑战，这家过去十分低调的新创企业如今已经走到了十字路口。

目前，Airbnb 民宿仍然是 Airbnb 最大的业务，但同时也是最需要调整的。

Airbnb 在快速扩张过程中，面临着对公司旗下产品监管方面的缺失，其需要克服的问题主要围绕着建立信任度与统一服务质量，即如何去审核不合规的房源、房主和房客，如何解决供需双方彼此信任的问题，如何解决双方的纷争，如何保障安全与隐私等，例如，房子图源与实物的线上线下不符，夜间被陌生人闯入，房间安装偷拍摄像头，房东试图勾搭房客等，而且这些问题在很多时候最终没有得到解决。事实上，共享住宿的信用体系不仅要依靠道德去支撑，更需要包括法律法规、信息共享等多种机制来共同支撑维护，而关于这一点，Airbnb 似乎还并没有做好准备，所以这是 Airbnb 需要长久面对的难题。

在宏观经营层面，Airbnb 在部分地方市场的经营正受到当地监管政策的限制，从而显得水土不服，例如，2019 年 2 月，巴黎市政府起诉 Airbnb，理由是 Airbnb 的短租房租金哄抬了当地租金成本，破坏了地方房地产市场的平衡，在法国之后，欧洲好几个旅游城市都表示了类似抗议；在中国，由于中国市场是一个复杂多变的市场，中国国情与欧美国家更是不同，所以 Airbnb 以前很多的交流方式、选房标准等，并不适应中国消费者的习惯。因此，Airbnb 如果要想在其他市场获得良好的发展，就需要提高对当地国情和文化的认知与了解，寻找本土市场化的人才，积极探索本土商业模式，及时有效地处理和本土合作商之间的矛盾等。

在行业竞争与公司竞争方面，Airbnb 作为短租行业的鼻祖，其在竞争中的优势是显而易见的，但同时也面临着一些潜在进入者的威胁。首先，传统的酒店和在线预订网站是 Airbnb 的竞争对手，如 Priceline、Expedia、携程网等；其次，Airbnb 走红之后的模仿者、跟随者也是 Airbnb 的竞争对手，如 House Trip、Wimdu、Inspirato、途家民宿、小猪短租、美团榛果等，这些公司都是利用 Airbnb 没有能力垄断全部市场这一机会迅速崛起，近些年发展都不错；最后，场外随时会有的一些潜在竞争者也可能加入到竞争中，这都会给 Airbnb 带来生产能力和物质资源的威胁。

八、结语

随着人们对旅行需求的不断提升，全球共享短租的渗透率必然会进一步提升，在这样的时代大背景下，Airbnb 横向上需要拓宽国际化，加快向新市场扩张和多业务扩张，不断提高自身市占率，纵向上需要不断增大用户量，提升服务水平，培育企业文化，以期持续获得房东房客的认可，实现领先行业和超越行业的可持续高增长。

Grab：东南亚数字经济的赋能者①

"在踏上这一旅程之前，你需要意识到，对于初创企业来说，如果你想赢得胜利并快速成长，就必须做出很多个人牺牲。"

——陈炳耀

在《2020 年全球独角兽企业 500 强》榜单中，Grab 排名第 23，在最新一轮融资之后，公司的估值达到了 140 亿美元，公司的两位创始人陈炳耀和陈慧玲也成功跻身《财富》杂志 2018 年"40 岁以下最具影响力 40 人榜单"。作为东南亚最大的移动平台，Grab 运营着东南亚最大的交通网络，以超级应用模式为客户提供移动网络时代不可或缺的日常服务。包括支付、贷款、保险等在内的金融业务；出行、外卖、闪送等在内的本地生活业务以及面向第三方合作伙伴的网络平台。基于交通出行的一站式服务使其成为东南亚历史上最大的科创企业，目前，Grab 的足迹已经遍布新加坡、马来西亚、印度尼西亚、泰国、越南、菲律宾、缅甸、柬埔寨 8 个国家，339 个城市，全球员工总数超过 6000 人，在移动端的下载量超过了 1.85 亿次，用户可以通过其应用访问超过 900 万的驾驶员、商家和代理商。像中国的美团、滴滴一样，Grab 正在通过科技的力量改变着亿万东南亚人民的生活，不断为东南亚数字经济的发展赋能。

一、一次偶然交谈成就伟大事业

从马来西亚吉隆坡的修车库到新加坡中央商务区的滨海盛景西座的两层楼，一切都起源于 10 年前 Garb 的 CEO 兼联合创始人陈炳耀，其在哈佛大学攻读 MBA 时与同是马来西亚华裔的同窗陈慧玲（后来成为 Grab 的联合创始人）的一次交谈，陈慧玲向陈炳耀抱怨其之前工作晚下班，坐出租车必须以假装和母亲打电话交谈为手段才能规避独自乘坐出租车的风险，当时马来西亚出租行业女性出行安全事故频发，出租车行业安全规范还有很大的提升空间。鉴于对提高东南亚出行安全和提高地区出行效率的思考，陈炳耀和陈慧玲很快一拍即合就撰写了 Grab 初期的商业计划书，并参加了 2011 年哈佛商学院的创业比赛获得了亚军以及 2.5 万美元的奖励。随后两人在 2012 年 6 月上线了这个未来东南亚超级独角兽的前身，网约车平台 MyTeksi（2014 年更名为 GrabTaxi，最后于 2016 年底更名

---

① 执笔人：李文杰。

为 Grab）。

陈炳耀出生于马来西亚的显赫家庭，父亲陈兴洲是现任 Tan Chong Motor 总裁，公司业务横跨汽车零件制造、汽车组装、房地产、金融等领域。显赫的家世没有使陈炳耀仅仅将野心局限于家族企业之中，反而在潜移默化之中激发着他的创业热情和决心。在创立了 Grab 之后，陈炳耀不顾家人反对甚至声称要剥夺他家族财产继承权的威胁，很快就辞去了在家族企业中担任的职务，全身心投入到自己一手创办的企业之中，为公司寻求更大的发展。

将目光着眼于东南亚不仅是陈炳耀的家乡情怀，更多的还是一种主动的战略选择，Grab 高速成长的背后无疑离不开东南亚巨大的人口和流量红利。东南亚人口规模大约 6.7 亿，相当于世界总人口的 8.59%，平均年龄为 28.8 岁，年轻人占比达到了 60%，人口量级和年轻化的年龄结构为移动互联应用的发展提供了天然的土壤。2019 年，东南亚有 3.6 亿互联网用户，相比于 2015 年增长了 1 亿，这些用户中 90% 的人通过手机接入网络与外界交互，东南亚正处于数字化转型关键时期的风口，拥有大量发展机会实现从 B 端到 C 端的移动互联网络生态的构建。与此同时，选择利用交通出行服务作为切入口迅速铺开市场同样也是瞄准了东南亚糟糕的交通基础设施的行业痛点。以印度尼西亚首都雅加达为例，雅加达交通基础设施建设的速度远远低于汽车保有量的增速，一直被认为是世界上交通拥堵最高的国家之一，每年因为交通拥堵造成的经济损失就超过 40 亿美元；其他东南亚城市同样如此，泰国每年就有超过两万人死于交通事故，在交通安全方面，泰国的危险系数排名全球第九。东南亚人民都渴望获得廉价、高效的交通出行服务以及出行需求衍生出的就业机会，Grab 正是通过抓住移动互联时代数字化转型的庞大市场，从而迅速发展壮大。

二、深耕本地化运营

与任何其他优秀企业的成长一样，Grab 的崛起并非一帆风顺，竞争推动 Grab 成为一家更强大、更卓越的企业，而高度本地化运营是公司在跨国竞争中获胜最大的武器。Grab 在创业初期，面对的是国际网约车巨头 Uber 来势汹汹的全球化扩张。虽然说同处一个地理位置，但因为历史差异，东南亚每个国家都有不同的法律法规以及不同的政治制度和文化形态，印度尼西亚是全球最大的穆斯林国家，马来西亚是多元文化相融合之地，越南正在大力建设自身的特色社会主义制度。东南亚具有鲜明的多元化特点，想要赢得市场，就必须有针对性地提供本地化的产品和服务。

在 Uber 的竞争中，Grab 高度本地化和洞察不同国家消费者需求的能力得以展现。与 Uber 相对标准化的全球战略不同，Grab 的网约车业务在订单生效之后就会通过智能计算锁定价格，堵车、红绿灯等并不会产生额外费用，这就非常有效地规避了出租车司机绕路、少找钱、不打表的宰客问题，而后者在东南亚地区非常普遍。司机为了提高收益也会尽快将乘客送达目的地，这也为乘客节省了时间和成本。在交通拥堵同时出租车司机鱼龙混杂、行业不够规范的东南亚城市，提前锁定价格的优势尤其满足了消费者的需要。除此之外，当时的东南亚 6.7 亿人口中有超过 30% 的人没有银行账户，信用卡和在线支付也远远没有普及，大多数东南亚人还是习惯现金付款。有鉴于此，Grab 成为东南亚推出现金支付服务的网约车平台，也更加贴合实际。相反，Uber 在 2015 年之前仅仅支持信用卡支付，这些因素都导致 Uber 虽然在市场运营的效率上存在一定的优势，但在东南亚的市场份额还是落后于 Grab。

　　Grab 高度本地化的能力主要来源于两个方面：一方面，来自于在不同国家挖掘并满足异质性需求的洞察力，Grab 的成就与不断设计开发出契合本地需求的产品息息相关。例如，在世界最拥堵城市之一的雅加达，Grab Bike 最受欢迎，摩托车可在交通基础较差且高度拥挤的道路上更快速地行驶，所以乘坐摩托车出行往往比汽车出行更具效率；在交通基础设施完善的新加坡，公司提供 Grab Shuttle 服务，用户可以通过 App 快速地指定巴士路线，并提前预订上车座位，享受便利且实惠的出行；在菲律宾、柬埔寨和缅甸，Grab 推出 Grab Trikes 和 Grab TukTuks 等服务，提供当地更为流行的三轮车服务。除了出行之外，Grab 还在印度尼西亚推出 Kudo 代理网络帮助无互联网连接服务的用户在线购物和在线支付。可以说，为了满足不同国家各地的出行需要，Grab 提供了更具针对性的本地化定制方案，在东南亚，可以通过 Grab 享受自行车、嘟嘟车、私人轿车、公交车等各类网约车服务。本地化运营战略是公司在市场拓展和竞争中逐步摸索出来的竞争优势和成功密码，而依托于本地化战略所衍生的多样性和独特性产品及服务也帮助公司树立起有别于其他对手且具备鲜明本土化特征的企业形象。另一方面，与本地有实力的服务商建立合作伙伴关系而非以强势姿态竞争的战略也使 Grab 迅速适应本地化发展。Grab 在主营网约车业务的初期就选择了与本地出租车行合作而非快速挤压本地出租车业务市场，也就避免了本地出租车司机和 Grab 因为激烈的业务竞争而产生的冲突，甚至 Grab 曾一度表示其在第三方出租车服务市场中占据了 95% 的份额。作为在跨国、跨地区运营中解决本地化问题的手段，合作而非竞争的思想在进一步强化了公司竞争优势的同时帮助企业获得的稳健的增长空间。除网约车之外，Grab 还携手合作伙伴探索新的行业和领域，公司在泰国与开泰银行合作将 Grab Pay 引入泰国；在印度尼西亚与移动钱包领军企业 OVO 建立战略合作关系，将 OVO 支付服务接入平台；与越南数字支付服务行业领导者 Moca 合作，共同推出 GrabPay by Moca 钱包服务。依赖与已经具备本地

化优势的战略合作伙伴的共同开发，Grab 得以在东南亚各地迅速高效地开发本
地业务，与多领域合作者的协同也帮助 Grab 能够推行多场景应用服务满足多元
化需要。最终，依靠高度本地化运营的优势和 Uber 本身对于快速大范围全球扩
张战略的重新权衡，Grab 在 2018 年 3 月收购了 Uber 的东南亚业务，进一步稳定
了东南亚网约车巨头的地位，也成为东南亚在全球竞争中战胜国际巨头的市场
代表。

三、一站式的生活解决方案

尽管东南亚市场上并未出现像中国腾讯、阿里巴巴一样的超级互联网巨头，
但却像中国一样拥有非常适合移动信息化发展的人口流量和用户习惯土壤，90%
的人通过手机接入网络与外界交互，这也给 Grab 利用前期网约车业务打下用户
基础和进一步抢占其他生活服务领域的机会。在收购 Uber 东南亚业务之后，
Grab 就把更多精力集中到其他业务的拓展之上，如今的 Grab 早已不再是一家网
约车服务平台，而是成为综合出行、外卖、配送、金融等应用场景的超级 App。
在东南亚，可以通过 Grab 打车、打摩的，通过 GrabPay 实现线上支付，通过
GrabFood 点外卖，通过 GrabExpress 寄快递，也可以像美团一样预订酒店、电影
票等休闲服务活动，Grab 向客户提供了一站式的生活解决方案。

Grab 之所以能够迅速地铺开各个市场离不开依托出行场景对于其他诸如外
卖、配送、线上支付的关联及激活。"我们可以让司机在高峰时段载客，午餐和
晚餐时间送外卖，中间时段送快递。""如果能够在出行市场实现稳健发展，那
么在其他按需服务领域快速扩张业务就会变得容易很多——这是一项高效且可持
续的战略，并且实践已经证明其有效性。"Grab 主席 Ming Maa 这样解释了出行平
台和外卖、配送领域的协同方案，用一套运输网络和定位系统提供不同的服务，
系统集成提高了网络效率。如今，外卖餐饮和线上支付已经成为 Grab 另外两大
核心产业，2019 年 6 月，其餐饮外卖业务的 GMV 同比增长 900%，外卖订单量
增长了 7 倍。目前外卖业务 GMV 占比已经超过三成，而在 2018 年这一比例才不
到 5%。Grab 看到了东南亚市场巨大的增长潜力，也在现阶段的竞争中取得了领
先地位，2020 年，东南亚地区外卖 GMV 达到 119 亿美元，其中，Grab 就贡献了
将近一半的 GMV。

东南亚暂未出现线上支付巨头，但因为信用卡普及率极低，又使东南亚可以
像中国一样直接跨过信用卡普及阶段走入线上支付时代。同时出行场景还附带衍
生出每天百万次的支付行为，支付便成为了 Grab 从网约车平台向超级 App 转型
的又一突破口。从客户黏性和生活服务产业价值链终端无法绕过的支付行为考
量，线上支付才是助推数字化经济的核心竞争优势。2018 年 3 月，公司成立

Grab 金融集团，Grab 的金融科技生态系统实现了飞跃发展，是第一家在东南亚主要国家均获得电子支付许可证的金融科技公司。因为缺乏数字化的金融基础设施建设和有效的市场前期培育，东南亚一直是现金支付社会，除新加坡以外，2017 年之前东南亚信用卡普及率不到 3%，到现在还有超过 30% 的用户没有银行卡账户。为了快速普及用户实现市场培育，Grab 选择与战略合作伙伴合作，将商户网络融入 GrabPay 生态系统，同时还向没有银行卡的用户提供在线支付功能。与万事达合作推出无账号虚拟卡，无论是否有银行卡账户都可以通过 Grab-Pay 卡在全球近 5300 万家接受万事达卡支付的商户中心消费；在印度尼西亚推出 Kudo 代理网络帮助无互联网连接服务的用户在线购物和在线支付。Grab 对金融行业的拓展不局限于线上支付，还与 Credit Saison、美国丘博保险集团和众安在线财产保险、三菱日联金融集团等多家领军企业合作，共同推动了 Grab 金融集团在东南亚的多元化发展，通过数字化渠道为消费者甚至中小型企业提供创新贷款、保险和财富管理等全方位金融产品。

除了外卖、配送和金融业务之外，Grab 还在 2018 年正式确立了建设开放式平台的战略，公司开放了第三方平台，全面集成生活服务类应用，也被其视为第三大支柱业务。目前平台已上线诸如酒店预订、电影票订购、视频、地图规划、餐厅评价等业务。此前东南亚地区数字化基础建设一直较为薄弱，主要原因还是缺少能够串联商户网络和消费者的数字平台和支付系统，而 Grab 经过前期的发展已联动了足够大规模的大中小商户和消费者网络。开放第三方数字化平台既能有效地降低获客成本，又加速了出行场景以外对餐饮、酒店、金融等新场景的关联和激活，创造了全新的择业选择和就业空间，同时商家也因为接入第三方平台分享了数字化转型新机遇。Grab 以生态聚合的战略不断达成场景的融通，拓展着生活服务的边界，构筑起以生态和一站式服务为核心的护城河。

四、资本加持及巨头机构的背书

从 2012 年成立开始，Grab 已经历超过 20 轮的融资，投资方包括软银、滴滴、阿里、丰田等超级巨头，总计融资金额超过 100 亿美元，资本在公司成长的过程中发挥了举足轻重的作用。国际资本的关注和注入一方面满足了科创企业前期市场培育和技术研发的高投入需要，同时也带来了先进的管理和技术经验，拓展了 Grab 的多产品矩阵和战略视野。另一方面，国际资本的投注也搅动起当地互联网企业竞争的风云，加剧了东南亚这片极具潜力的土地的数字化激烈竞争，对本地企业来说，裹足不前等待的就是灭亡，赢家通吃的资本选择逻辑似乎也使资本和企业进入某种程度上无限循环的"军备竞争"，迫使各家企业不得不时刻追求进步，接受新挑战。在 2014 年相继获得祥峰投资和纪源资本 A、B 两轮融资之后，Grab 开始加速其在东南亚的扩张脚步，进军人口基数庞大的印度尼西亚和越南市场同时启动私家车和摩托车业务；2015 年、2016 年获得滴滴和软银超 10 亿美元的投资之后更是坚定了其超级 App 战略，通过 GrabExpress 和 GrabFood 进军物流快递和快餐外卖市场；在软银和滴滴入场之后，一系列投资者纷纷跟投，Grab 在融资额度上获得了质的飞跃，2017 年、2018 年总融资额超过 30 亿美元，刷新了东南亚初创企业的融资纪录，完成了对 Uber 东南亚业务的收购，进一步加码数字支付和全方位生活服务平台建设。无论怎样，正是因为资本的加持和背后巨头机构的背书，Grab 才得以走向高速发展的快车道。

和中国网约车大战如出一辙，东南亚网约车平台在市场初期选择的战略也是高举高打，投入大量补贴吸引司机和消费者，烧钱换市场份额。在早期，市场上存在 Grab、Uber、Easy Taxi 三家汽车网约车平台三足鼎立，如今 Grab 的最大竞争对手 Go Jek 则专注于摩的领域。Easy Taxi 作为一家在巴西成立的网约车企业，最高峰时期覆盖了全球 420 个城市，其中，亚洲城市就有 20 个，曾经在新加坡和菲律宾都拥有着不错的市场占有率，但因为无法跟进 Uber 和 Grab 不断加码的资本加注，在亚洲的地位很快受到动摇，在进入东南亚市场两年后于 2016 年宣布进行战略收缩，退出亚洲。Uber 也曾凭借全球管理经验带来的效率优势短暂地在新加坡实现盈利，但很快也因为市场份额的争夺致使这部分利润也消耗殆尽。吞金兽一般长期无法实现盈利的补贴式竞争也让 Grab 和 Uber 感受到财务上的压力，最终在 Grab 连续完成几笔大额融资以及两家公司共同的投资者软银的推动之下，Uber 宣布以累计亏损 7 亿美元的代价接受 Grab 的收购，前者将获得后者 27.5% 的股份及不到 1 亿美元，网约车的竞争以 Grab 取得阶段性胜利告一段落。随着业务扩张，Grab 和其他企业的竞争格局也从单一网约车平台走向多极竞争。同是哈佛商学院的同窗 Nadiem Makarim 创办的 Go Jek 已经成为 Grab 最大的竞争对手，后者也获得了来自红杉、谷歌、腾讯、淡马锡、KKR 的巨额投资，累计融资金额超过 80 亿美元。Go Jek 比 Grab 更早确立了超级 App 的战略，两者将在餐饮外卖、快递配送、在线支付、金融服务等领域展开新一轮同质化白热战。

资本赋能带来的不仅是简单的资金注入，还包括国际化的技术经验和战略视野。用资本换份额的背后是资金博弈，但赢家通吃的背后并不意味着是资金高者胜，所有企业都明白以资金补贴培育用户忠诚并不能消除竞争。一旦补贴消失，企业又缺少其他维持用户黏性的竞争力，甚至在出现新的竞争者入局时，烧钱换市场带来的可能是两败俱伤。持续的融资能力最终还是得落地到企业自身内部的核心竞争力。早在 2015 年滴滴就投资了 Grab，在 2017 年更是与软银一起向 Grab 注资 20 亿美元，对本土企业 Grab 的投资是滴滴合纵连横，实现全球化扩张计划的一部分，而 Grab 一路以来在网约车领域一直能够维持着领先地位，背后同样离不开滴滴技术、运营、产品经验的分享。Grab 早期投资者 GGV 的合伙人符绩勋在每季度的董事会上都会提醒团队，从用户忠诚度和支出的角度来说，支付才能形成真正的竞争优势，这也直接推进了 Grab 进军线上支付的步伐。从滴滴到阿里再到三菱日联金融（MUFG），战略投资者们带来的不仅是充足的"子弹"、先进运营经验和技术知识的交流，更是为公司多元化服务型生态的构建和执行效率的提升提供了有力抓手，为打造长期可持续产品矩阵和业务能力提供了重要支撑。

五、结语

在东南亚这片充满无限潜力等待挖掘的数字化洼地，后发优势也并非是对已经成长为巨头的互联网公司产品及其商业模式的拙劣模仿，企业成长路径不是单一自变量的简单叠加。本地化运营、超级 App、持续的资本赋能是 Grab 能够在白热化竞争中突出重围的三大重要因素，优秀的本地化运营能力是公司在跨国竞争中获胜的最强大武器；打造超级 App 的战略则极大地拓展了公司的想象和发展空间，构筑起以生态和一站式服务为核心的护城河；持续的资本赋能在快速培育用户市场的同时提供了国际化的技术经验和战略视野。经过 8 年的发展，Grab 成长为东南亚地区最大的独角兽企业，在网约车领域成为当之无愧的领导者。展望未来，新的时代正在开启，公司面对的竞争依旧白热化，Grab 成为东南亚数字经济赋能者的转型之路才刚刚开始。

大搜车：推进汽车产业数字文明进程

"文明的观念一定是由一群人主动推动而改变的，相当一部分人只能被动接受。创业者承担的就是推动者的角色，创造才能引导改变。因此我们希望大搜车的出现能真正推动汽车产业数字文明，唤醒整个产业链的活力。"

——大搜车创始人兼 CEO 姚军红

一、汽车产业互联网平台

2014 年前后，二手车行业硝烟四起。一场接一场的广告营销大战，从地铁公交烧到街头巷尾，从电视电台烧到互联网，以 10 亿元为单位的广告投入，无处不在的明星代言，让二手车行业瞬间炙手可热，吸引着业内外无数人的目光。

2013 年大搜车在北京开出一家占地 20000 平方米的二手车卖场，几个月时间成长为国内交易量第二大单体门店，也红了一把。但在二手车行业喧嚣时，大搜车却沉寂了下来，几乎被人遗忘。在这家初创企业的身上，没有贴上时髦的"B2C"或"C2C"的标签，大搜车也并没有参与到广告大战之中。

在大搜车刚刚成立的第一年，最初是做二手车零售店，客户进店转化率在高峰时一度达到了 23%，是一般汽车零售店的两倍。但大搜车创始人兼 CEO 姚军红很快便发现，在当时的汽车消费市场中，做二手车零售难以解决人货匹配的效率问题。于是，他开始带领大搜车团队沉下心来，走一条没有人走过的路，也是一条非常艰辛孤独的道路——通过 SaaS（Software as a Service，软件即服务）数字化汽车流通行业，来解决所有汽车零售店的"人、货、场"的高效匹配问题。

SaaS 是什么？能做什么？公司能做多大？当时公司内外很多人有疑惑。并且在做 SaaS 的初期阶段公司没收入也缺乏关注，由于资金紧张，导致大搜车开不起年会。姚军红说，大搜车在这条孤独的道路上走了两年的时间，这是大搜车的至暗时刻，所做的事情也不被外界理解。

坚持模式创新的大搜车终于迎来了曙光。2016 年 11 月，大搜车宣布完成由蚂蚁金服领投的 1 亿美元 C 轮融资，并联合蚂蚁金服将美国的汽车融资租赁模式引入中国，在国内首次推出了以"1 成首付、先租后买"为主要特征的汽车新零售品牌"弹个车"，以融资租赁方式大幅降低汽车消费门槛，而这一模式也迅速在年轻人中走红，打开了汽车消费新蓝海，还引发各平台的模仿。自此之后，默默沉淀数年的大搜车迈入快车道，2018 年 9 月拿到春华资本和晨兴资本领投的 5.78 亿美元、入选中国人民大学中国民营企业研究中心和北京隐形独角兽信息科技院评选的"2019 全球独角兽企业 500 强"榜单和"2020 全球独角兽企业 500 强"榜单……时至今日，大搜车以推动汽车产业数字文明为使命，成为国内唯一一家同时拥有厂商端、店端、用户端"三端合一"数字化解决方案的汽车产业互联网平台。

二、将生产要素数字化

姚军红是一名连续创业者。1996 年，姚军红作为南航首批计算机专业毕业的学生，投身过广州白云机场信息化建设。此后，他开始创业，创建了一家机票票务公司。在创业的过程中，姚军红认识了陆正耀，并一起创办了神州租车。

回顾创业的 20 多年历程，姚军红认为自己经历了利益驱动、需求驱动、价值驱动三个阶段。最初，哪里有钱赚就去哪里，然后渐渐形成商业直觉，可以去发现和解决行业存在的问题。而近几年，他觉得商业直觉并不可靠，应该从行业的底层出发、理性地去认识商业和做出正确的判断。

2012 年，姚军红在美国考察时，看到一本 Databook，这让他明白了生意有两张表：一张是人力资源配置表，另一张是资产配置表。创立大搜车后，他越发认识到人力资源配置的传递成本高且边际成本无法消除，而在线配置可以让边际成本变得非常低。在现实中，汽车流通行业存在着大量的价值浪费现象。如果一个客户走进零售店，最终没有买车，形成一个客户 5000 元的价值浪费，零售店没有卖掉车，形成 10000 元的商品浪费。

姚军红思考这样一个问题：如何解决每一家零售店浪费掉的资产？于是，他开始带领大搜车建立新的资产匹配平台，从人力资源配置转变为在线资产配置，形成可以互相交换资源的体系，可以让整个产业的成本大幅下降并提高效率。而实现在线资产配置的前提，便是从汽车产业的底层（数据层）出发，完成整个产业的数字化。所以，姚军红确立了大搜车的使命——推动汽车产业数字文明。通过数字化、协作化和智能化三个步骤，解决过去商业判断依靠直觉、人性的痛点，让商业决策有据可依、让各项资产能够高效匹配。

大搜车积极追求的数字文明，是一个宏观的视野。人类文明发展至今，经历了四个阶段：采猎文明、农业文明、工业文明、数字文明。在人类最早期的采猎文明阶段，生产力的要素只有"人"，协作方式就是整个家族一起劳作。到了农业文明阶段，种养殖技术迎来发展，人类开始聚集并形成城镇。所以，农业文明是借助科技并基于城镇网络建立生产关系。到了工业文明阶段，资本成为新的生产要素，由此诞生了企业。企业的出现，重构了生产关系的基础设施，让商品流通不再局限于城镇，实现了跨地域的交易。

在姚军红看来，每一个文明迭代的原动力都是源自生产要素的迭代。在当今的数字文明时代，数据和互联网成为新的生产要素，数据是新的生产力，而互联网则是新的协作方式。所以，数字文明是运用数据、基于网络构建的新型生产关系。

这是汽车产业数字文明的蓝图，也是大搜车的底层商业逻辑。正是因为抓住了底层逻辑，大搜车用数年时间，深耕 SaaS 服务，以期完成汽车流通行业的数字化。目前，大搜车已是国内汽车流通领域最大的 SaaS 服务商，数字化了全国 60% 以上的汽车零售商，其中，包括全国 9500 + 4S 店、80000 + 新车二网、100000 + 二手车商以及覆盖国内 2000 多个区县的弹个车社区店和数百家大搜车家选店。此外，大搜车还为宝马、沃尔沃中国、东风英菲尼迪、上汽通用五菱、吉利、长城汽车等 10 多家汽车厂商提供数字化解决方案。大搜车也成为国内唯一同时拥有厂商端、店端、用户端"三端合一"数字化解决方案的汽车产业互联网平台。厂商端系统从大数据和智能化维度赋能主机厂实现管理升级；店端系统则从业务流程出发，帮助经销商实现降本增效的效果；用户端系统则围绕售前、售后，进行智能化、自动化跟进。

三、搭建互联网协同生态

数字化转型，是汽车产业迈入数字文明的第一步。而大搜车通过 SaaS 系统软件覆盖国内 60% 的汽车零售商，为汽车产业的数字化升级打下牢固的基础。在数字化的基础上，大搜车另一个重要的战略布局是：搭建互联网协同生态。

阿里巴巴学术委员会主席曾鸣曾提出过智能商业时代的"点—线—面—体"定位理论，来描述不同类型的企业。在这种战略框架之下，大搜车已构建起较为完善的"体"，也就是生态型经济体。而数据、新车新零售、二手车新零售、金融科技服务、保险服务、营销服务、仓储物流服务等是构成生态型经济体的"线"，这些"线"相互嵌合，协同作战，编织了一张能够将供给侧与需求侧彻底打通的"网"，让厂商、经销商、用户三者之间能高效匹配，从而激活整个产业链的活力。

通过 SaaS 系统打通的数据层，是汽车产业的地基。而 2016 年底，大搜车推出的"弹个车"则是从这个地基上发展出的第一个"面"。当时，国内汽车市场面临着一二线城市进入存量市场、消费动能不足的情况，而大搜车着眼于下沉市场"小镇青年"的购车需求，引入了汽车融资租赁模式。大搜车通过与蚂蚁金服合作，采用大数据分析，让传统征信覆盖不全或覆盖不到的小镇青年也能"轻松"购车。同时，基于年轻人依赖移动互联网的特征，"弹个车"完善了线上下单流程，用户只需要在手机上进行操作，最快 5 分钟就可以完成信用在线审核，在提车时直接到社区店就可以把车开走。"弹个车"合作的经销商社区店覆盖了全国 2000 个区县，成为国内最大的汽车新零售渠道网络。

在成功构建新车的社会化零售网络后，大搜车也开始开拓二手车"交易层"，推出了二手车新零售品牌"大搜车家选"，联合全国优质车商提供二手车交易和服务。

此外，大搜车还通过投资、并购等形式，拓展汽车产业互联网的生态体系。例如，大搜车先后并购车行 168、布雷克索、车易拍、云漾科技，投资金蝶汽车网络，使汽车产业互联网协同生态涵盖了新车新零售、二手车新零售、金融科技服务、保险服务、营销服务、仓储物流服务等领域，能够直接推动全产业链的高效协作。

不难看出，大搜车每一次并购和投资，瞄准的都是产业链内的基础设施。例如，2006 年成立的车易拍，在二手车拍卖领域沉淀了丰富的经验、数据和技术。车易拍研发的 268V 检测系统，能够实现对二手车规范检测和准确评价，从而为二手车交易构建一个标准化的诚信体系。从 2019 年开始，车易拍也已经从自主运营的二手车拍卖平台转型为开放、协作的赋能平台，为元通汽车、运通汽车、远通汽车、祥龙博瑞、和谐汽车、三和集团等百强经销商集团提供数字化服务，成为目前二手车行业数字化升级的关键"基础设施。"

在大搜车的协同生态中，运车管家则扮演着类似菜鸟之于阿里巴巴的角色。目前，运车管家自建自营 65 个智能车辆仓配中心，可调动全国 44000 + 台运力资源，车辆托运配送可达 2200 个行政县域。运车管家不仅可以与弹个车、大搜车家选、车易拍等大搜车生态内企业进行协作，而且可以对接汽车主机厂和经销商集团，提高汽车流通行业的仓储物流效率和降低成本。

不过，在大搜车构建的协作网络中，有一个基本的原则——不做人力资源配置的业务。互联网实现了在线的资产配置，在线配置的资产越多，未来的机会就越大，所以凡是业务链条上可以数字化的资产和环节，都应该数字化。姚军红曾提到："哪怕是我今天自己做人力资源配置业务，我的成本是 100 块，我交给社会去做是 120 块，我也要交给社会去做。因为 120 块降到 80 块，是一个过程问题，社会力量越来越强，它就慢慢会达成，从理论上会比我一个企业去经营成本更低。"这样做，虽然在短期内成本会增加，但只有这样才能培育起产业链内的社会化力量，最终实现相互促进的效果。

当然有一种例外，如果是属于行业的基础设施，即便是人力资源配置，大搜车也会自己做，目的是实现流畅的连接，降低整个行业的运营成本。

四、数字化直播模式

从默默无闻地深耕汽车产业底层，到成为独角兽企业，大搜车的高成长性离不开其组织能力。姚军红曾表示，相比于业务结果，更希望建立一个健康良性、可持续发展的组织。大搜车组织框架的核心是三层结构：底层价值观、业务线、执行线。姚军红认为，商业价值观是底层的基地，以此为依据去建立人才系统、组织系统和协作系统。这样可以确保业务规划与组织结构紧密衔接，从而提高组织的灵活性、有效性。当今社会，瞬息万变，充满了不确定性和各种可能。而以价值观为核心的组织框架，让大搜车能够在急速变化的世界中创造出更多的商业价值和社会价值（见图 4 - 1）。

2020 年新冠肺炎疫情暴发，为经济发展按下了暂停键，汽车产业同样遭受重创。中国汽车工业协会的数据显示，2020 年 1 ~ 2 月汽车销量 223.8 万辆，同比下降 42%。在这种冲击之下，让更多人意识到加速汽车产业数字化转型的紧迫性。例如，2019 年初毕马威亚太区及中国主席陶匡淳就表示："危中有机，自疫情暴发以来，全社会对生产生活数字化产生了更深刻的思考，催生了更多对新型基础设施建设的市场需求。近期中国以 5G、人工智能、数据中心、工业互联

图 4 – 1　大搜车与吉利汽车联合定制的吉利缤越 PRO 轻骑士 BSG 版

网等为代表的'新基建'得到广泛关注。'新基建'作为支撑传统产业向数字化、智能化方向发展的信息基础设施，将能够拉动汽车产业的创新发展力。"

姚军红认为，大搜车坚持做汽车流通行业的 SaaS 和软件服务，这是公司业务底层，目标是生产要素数字化，实现生产要素数字化的路径是帮助企业构建内部生产关系。大搜车用数字化能力帮助企业进行业务提升，让他的员工更好地连接到客户，产生价值。做好底层，大搜车就能获得全行业的生产要素。把这些生产要素运用起来，核心还是汽车交易，为新车与二手车交易助力，成为大搜车推进汽车产业数字文明的重要抓手。

大搜车以推动汽车产业数字文明作为企业使命，而这样的使命和价值观也早已贯彻到企业组织当中。所以，在疫情发生后，大搜车很快便基于公司商业模式与业务底层做出反应，针对汽车产业的需求提供了更有针对性的数字化产品。例如，大搜车旗下的 24 车是一个提供数字化营销赋能服务的平台，在 2019 年初推出了汽车直播孵化机构"大搜车播豹"，为主机厂、品牌方、经销商以及销售顾问个人提供全面的直播赋能服务。在 2020 年 1 月，大搜车承办的马自达品牌直播日，便收获了 5400 人的意向用户；随后的 2 月，大搜车联合淘宝直播，组织了 39 个汽车品牌、77 家汽车经销商门店开展了"线上直播车展"。

大搜车并没有浅尝辄止、停留在直播这样的浅层面，而是携手主机厂开创性地构建了国内的数字化直销模式。2019 年 5 月 18 日，大搜车与吉利汽车达成战略合作，共建国内首个"真直销一口价"的数字化汽车直销新零售网络，缤越 PRO 轻骑士 BSG 版作为首个直销车型，在大搜车旗下的新零售平台弹个车上市，并且采用全国一口价的方式，售价 97800 元。6 月 16 日，大搜车再宣布与奇瑞汽车达成战略合作，奇瑞汽车于当日向大搜车交付了百辆双方合作的首款车型 2020 款瑞虎 7i 定制车，该车型将由大搜车独家销售，全国"一口价"92800 元。几个月之后，广汽传祺也与大搜车签订新零售战略合作协议，共同推进汽车数字化直销业务发展（见图 4 - 2）。

图 4 - 2　大搜车创始人兼 CEO 姚军红与吉利汽车集团副总裁冯擎峰

汽车产业的轴心节点是厂商端，主机厂的互联网化决定了汽车产业是否能实现产业互联网化的未来。2019 年 6 月，大搜车宣布完成对北京云漾信息科技有限公司的并购，提升闭环汽车流通领域全场景数字化的综合能力。这是一家为汽车厂商营销数字化提供整体解决方案的公司。截至目前，包括宝马、沃尔沃中国、东风英菲尼迪等 10 多家汽车厂商，已采用大搜车提供的数字化解决方案。

从"直播卖车"到构建数字化汽车直销新零售体系，再到为汽车主机厂提供数字化解决方案，大搜车成功地将"疫情"这一危机转变为了推进汽车产业文明进程的机遇。从中不难看出，大搜车以价值观为核心的组织体系所具备的弹性，也体现了大搜车产业互联网协作生态的强大张力（见图 4 - 3）。

图 4－3　大搜车 wowcar 新车直购工厂店

五、结语

目前汽车产业仍然处于从工业文明转向数字文明的初级阶段。如姚军红所说："如果未来汽车产业数字文明是 10 分，那么目前汽车产业可能还处于 1 分或 2 分的阶段。"但大搜车紧紧抓住汽车产业的底层"数据"，并以此为基础构建产业协作生态，已经推动国内汽车产业的数字转型前进了一大步。当越来越多如大搜车一样的赋能者出现时，当越来越多汽车主机厂、经销商集团加速数字化转型时，汽车产业迈入数字文明的进程也将会越来越快。

GM Cruise：通用汽车的新引擎

cruise

"我想要挑战谷歌及其他所有人，生产完全不需要人类干预的无人驾驶汽车。"

——GM Cruise 创始人 Kyle Vogt

GM Cruise 的前身叫作"Cruise Automation",是一家专注汽车无人驾驶领域研发的公司,公司总部位于美国加利福尼亚州旧金山市。2016 年 3 月,通用汽车(General Motors)出资 10 亿美元将其收入囊中,并整合通用的汽车制造能力和 Cruise Automation 在无人驾驶领域的技术能力,成立了全新的 GM Cruise。现在的 GM Cruise 既包括其前身 Cruise Automation,也包括 Strobe,前者负责通用汽车无人驾驶汽车开发,后者负责无人驾驶传感器开发。自 2016 年初通用汽车以 10 亿美元收购 Cruise 以来,通用汽车开始加速布局未来汽车交通发展,因此通用对 Cruise 的发展寄予厚望,希望它能成为通用汽车未来发展的新引擎。

一、持续的资本赋能

随着传统汽车制造行业陷入发展瓶颈,作为该行业龙头的通用从 2007 年起就开始布局未来汽车发展。2016 年 1 月底,通用正式组建了自己的无人驾驶研发团队,以期改变通用汽车不断下滑的趋势,在未来的无人驾驶中占得先机。当通用和 Cruise 开始接触时,通用与 Cruise 还停留在洽谈投资的阶段,但是后来只用了 6 个星期的时间,通用已经和 Cruise 签订完成了收购协议,可谓是一拍即合。2016 年 3 月,通用汽车发布收购消息时,时任通用总裁 Dan Ammann 在接受采访时表示,之所以收购 Cruise,是因为看重了他们在"解决全无人驾驶所面临问题"上表现出来的能力。

在被通用收购之后,通用为 Cruise 带来了众多资本。持续的资本赋能让 Cruise 急速成长为无人驾驶领域仅次于 Waymo 的独角兽企业,为 Cruise 未来的技术创新奠定了坚实基础。

2018 年 5 月,通用为 Cruise 带来了重磅投资者——软银愿景基金。该基金由软银集团组建,该基金规模十分庞大,投资方除了软银集团之外,还有苹果、阿联酋 Mubadala 投资基金和沙特阿拉伯主权财富基金等,基金旨在投资"下一代信息革命"的代表性企业,在全球范围内投资了众多科创企业。软银集团创始人孙正义此次选择和通用强强合作,软银愿景基金要向 Cruise 投资 22.5 亿美元,而通用则会再向 Cruise 投资 11 亿美元。这笔投资已经成为无人驾驶领域企业所获得的最大一单。

2018 年 10 月,外界还在羡慕 Cruise 接收的投资已经相当充足时,又有新的外部投资者本田介入,投资高达 27.5 亿美元,本田先投资 7.5 亿美元进来,其余的 20 亿美元本田会在随后的 12 年中投资到位。通用汽车表示,在本轮投资后,Cruise 的估值达到 146 亿美元。本田除了带来大额投资之外,还将携手 Cruise 共同推进在无人驾驶技术大规模商业化应用方面加强合作,以期将技术尽快落到实处,真正重塑未来个人出行。具体而言,双方将合作开发一款无人驾驶汽车，这款车的目标是投放全球市场。该款车型可应对更加多样的应用场景，并可实现大规模生产。本田与通用、Cruise 的目标并不仅满足于"零排放、零事故"，而是急切地想加速无人驾驶技术的商业化应用真正落地。

2019 年 5 月，Cruise 再次获得了 11.5 亿美元的投资（见表 4 - 1），从而使其估值达到了 190 亿美元。据 Cruise 透露，这些资金来源于普信集团提供咨询的基金、通用汽车、软银的愿景基金和本田等。

表 4 - 1　Cruise 融资历程

时间	金额（亿美元）	投资方
2018 年 5 月	22.5	软银愿景基金
2018 年 10 月	27.5	软银愿景基金、本田
2019 年 5 月	11.5	软银愿景基金、本田、普信集团

2018 年 5 月到 2019 年 5 月，除去软银和丰田带来的 50 亿美元以外，通用汽车自己也下血本，给 Cruise 投了 10 余亿美元，另外还有一些未披露投资者信息的投资，Cruise 在一年里一共接收了 72.5 亿美元的投资，成为全球无人驾驶领域最具吸金能力的企业。

二、掌握核心科技

Cruise 在无人驾驶领域具有独到的核心技术。这也是被通用选中的原因。主要体现在以下六个方面：

（1）在硬件方面，Cruise 利用尖端技术设计并开发定制硬件，从而为产品提供可靠的服务：例如，传感器（摄像机、雷达、声学、激光雷达）、计算和网络系统、远程信息处理和信息娱乐。得益于通用汽车深厚的科技资源和合作伙伴，Cruise 的硬件工程师拥有得天独厚的优势来大规模地设计复杂的 AV（Autonomous Vehicles）系统，以期重塑市场。

（2）在人工智能方面，Cruise 的测试车辆每天从传感器收集大量数据，这些数据为产品更新提供了精确指导，能够让车辆高精度地检测物体，并准确地预测其他道路用户的行为。这使 Cruise 的无人驾驶汽车在旧金山安全行驶，并从每一次测试中不断自我学习。

（3）在嵌入式系统方面，Cruise 的嵌入式系统团队编写并测试在无人驾驶汽车上运行的第一道软件。团队的工作范围很广泛，从硬件接口到将大量收集到的数据放进软件数据库，通过这些工作，Cruise 将汽车与现实连接起来，在关注质量和安全的同时，不断磨合汽车传感器、执行器与高度复杂的无人驾驶软件之间的配合程度。

（4）在机器人方面，机器人团队融合了人工智能和突破性的机器人算法，使产品能够进行批判性思考，并在几毫秒内完成行动。凭借 Cruise 的工具、基础设施、数据和人才，机器人团队能够充分探索不同的解决方案，确保测试车辆在旧金山遇到不可预测和不断变化的情况下，依然能够安全舒适地行驶。

（5）在算法方面，随着 Cruise 的无人驾驶汽车不断在旧金山的复杂路况环境中学习，团队基于算法重新创造模拟情景，在模拟场景中 Cruise 的无人驾驶汽车每天可以"跑"相当于数百万英里的路程。Cruise 高度现实的环境使工程师团队能够更快地迭代和开发新功能，而无须上路。在未来，Cruise 将继续专注于研究自动化并构建可大规模扩展的系统。

（6）在基础设施方面，Cruise 为了加速无人驾驶技术的推出，基础设施团队不断提高可靠性、可伸缩性和开发人员的生产力。从云平台、开发工具到高度可扩展的模拟基础设施和生产网络主干，Cruise 在不断进步。另外，Cruise 构建并运营云上原生基础设施，以支持公司产品及其背后的工程师团队。

在掌握核心技术的同时，Cruise 将产品测试路段主要设置在旧金山市。因为旧金山的路况十分复杂，测试车辆有更多机会和行人、各种机动车和非机动车会车互动。从以往的数据来看，旧金山每平方英里平均居住的人数是凤凰城的 5 倍，达到了 17246 人，Cruise 的测试车辆在旧金山遭遇应急服务车辆的频率是凤凰城的 47 倍，遇到其他复杂情况的频率相对也大大提高，例如，遇到建筑工地的频率是郊区的 39 倍，自行车高 16 倍，行人高 32 倍。Cruise 创始人 Kyle Vogt 表示，在旧金山每一分钟的测试比在郊区跑一小时更有价值。经过这样的锤炼，Cruise 的测试车辆越来越强大。从披露出来的数据可知，Cruise 测试车在旧金山已能自如应对交叉路口，甚至繁忙的唐人街对测试车来说也不在话下。

三、难以复制的商业模式

Cruise 希望将自己的技术优势和通用汽车制造优势相结合，制造出真正的无人驾驶汽车，在此基础上开发类似滴滴出行的无人驾驶商业服务，重塑无人驾驶领域的商业模式。

正如 Cruise 新产品 Origin（原点）的名字一样，Cruise 正将无人驾驶企业的商业模式回归"原点"。新产品像一节小型列车，没有车头车尾的区别，汽车内部没有方向盘、油门和刹车，只有两排对向放置的座椅以及两块大屏幕。可以想象一下，在手机 App 上随时随地就能叫来一辆不需要司机的汽车，空间宽敞且不用担心司机对乘客存在威胁因素。如果这款产品投入量产，并上线这种服务，将是对现有无人驾驶汽车商业模式的彻底颠覆。

在积极制造汽车的同时，通用为 Cruise 能专心致志地工作开辟了绿色通道。在通用汽车组织架构中，Cruise 是一个具有相对独立性的部门，除雪佛兰电动车以外，Cruise 和其他车系部门都不产生交集。根据以往经验来看，在传统车企和高科技初创企业结合过程中，有一些问题会不可避免地发生，像通用汽车这样的大型车企组织架构复杂，命令经过层层传递，计划的推进效率赶不上远扁平化管理结构的创业公司。然而，Cruise 相对独立的部门安排可以避免 Cruise 与通用其他部门产生文化冲突，极大地降低了 Cruise 和其他部门对接带来的沟通成本，充分释放了 Cruise 的创新活力。

四、多元、专业的领导团队

2013 年，Kyle Vogt 与 Dan Kan 联合创办 Cruise。从 2013 年成立到 2019 年 1 月前，Kyle Vogt 一直是 Cruise 的首席执行官（CEO），通用在进行人事调整后他成为 Cruise 的首席技术官（CTO）。通用汽车前总裁 Dan Ammann 成为 Cruise 新任 CEO，这充分体现了通用汽车对 Cruise 的重视。至此，Cruise 组建了以 Kyle Vogt、Dan Kan 和 Dan Ammann 为核心的领导团队，他们各有所长，共同带领 Cruise 不断成长。

软银和本田的投资，将 Cruise 的估值推至了 146 亿美元，使其拥有了扩张队伍的资本。Cruise 已经不再是一家只拥有 40 名员工的小型创企，现在 Cruise 旧金山总部已拥有 1000 多名员工。Cruise 近期宣布，计划在西雅图开设一个办事处，将配备多达 200 名工程师。在这种情况下，对 Cruise 来说，建立一支分工明确、多元、专业的高管团队已经刻不容缓。新的高管团队让 Vogt 和 Kan 可以专注于技术，而 Ammann 可以负责建立和管理业务。

作为公司的创始人兼 CTO，Vogt 领导 Cruise 的世界级工程团队，每天依然在亲自编写和审查代码。Vogt 从小就展现出过人的天赋，在大学阶段他是麻省理工计算机科学学院高材生，在涉足无人驾驶行业前，他还参与过多个创业项目，例如，最后成了 Twitch 的 Justin. tv（2016 年 Twitch 卖出了 9.7 亿美元的高价），以及 2012 年被 Autodesk 6000 万美元收入囊中的移动社交视频应用 Socialcam。Vogt 对于机器人的热情可以追溯到他的孩提时代。14 岁时，他就制造出了自己的第一个作品：一台靠计算视觉行驶的无人驾驶汽车。在麻省理工读大学时，Vogt 更是直接参与了 2004 年的 DARPA 无人驾驶挑战赛。对于高科技的不断追求，支撑着他创建并领导 Cruise 成为无人驾驶领域炙手可热的独角兽企业。

另一位公司的联合创始人是 Dan Kan，他还担任 Cruise 的 CPO。他领导了 Cruise 的产品开发和设计团队，致力于创造人们都喜欢的无人驾驶体验。Dan Kan 是一名成功的企业家，他在一家名为 UserVoice 的科技初创公司开始了自己的职业生涯。随后，他创立了 Exec。他成功地将 Exec 出售给了 Handy，而后者又在 2014 年被 ANGI Homeservices 收购。因为他成功的创业经历，Dan Kan 在 2016 年入选《财富》杂志公布的"40 位 40 岁以下商界最具影响力人物榜单"，排名第七位。

Dan Ammann 是新西兰人，现任 Cruise 的首席执行官，他致力于部署 Cruise 的丰富资源，以此在全球范围内安全扩展无人驾驶汽车。此前，他曾担任通用汽车公司（General Motors）总裁。作为通用汽车总裁，Dan 管理公司在全球的业务运营，并领导了 2016 年对 Cruise 的收购。从那时起，Dan Ammann 已帮助 Cruise 筹集了 72.5 亿美元的资本，也吸引了软银、本田、T. Rowe Price（普信）作为投资者。在加入通用汽车之前，Dan Ammann 在华尔街工作了多年，主要是在摩根士丹利（Morgan Stanley），同时他也是慧与公司（Hewlett Packard Enterprise）的董事会成员。未来，Dan Ammann 必将把自己多年的企业运营经验带给 Cruise，让公司在无人驾驶领域的地位不断攀升。

五、不断进阶的产品

1. 阶段一：无人驾驶系统

Cruise 最早的产品还是需要驾驶员的操作，这一点和谷歌的无人驾驶汽车还是有差距的。该产品其实只是辅助驾驶员驾驶的系统，它可以安放在现有车型上，但当时仅限于奥迪 2012 款或是更新的 A4 或 S4。整套辅助系统包括车顶传感测量模块、驾驶室数据处理模块以及控制模块。

有些无人驾驶领域的专家认为，Cruise 所做的无人驾驶系统并没有很多创新性，博世等厂商已在前装市场耕耘多年，产品也较为成熟。但不得不承认，Cruise 选择在后装市场切入无疑很好地规避了大厂的竞争，也可以让更多车主以较为低廉的成本体验到近似于无人驾驶的驾乘体验。

2. 阶段二：Cruise AV

2019 年 1 月，GM Cruise 发布了第四代无人驾驶汽车（Cruise AV），该款汽车基于通用雪佛兰的 Bolt EV 打造，具备 Level 4 水平。美国汽车工程师学会（SAE）对无人驾驶汽车有严格划分，其中，Level 4 代表了相当高等级的无人驾驶水平，该等级要求在部分情况下，无论是车辆的转向、加减速控制还是对环境的观察及激烈的驾驶应对，系统都可以保证。由此 Cruise AV 这款车被认为是一款真正实现了无人驾驶的汽车。

在这款车中，最核心的部分就是"计算机大脑"，它集合了各种先进算法和控制功能，能帮助 Cruise AV 快速感知路况条件，通过执行必要的反应来保证车上乘客的安全。在"计算机大脑"中最核心的三个部分分别是预测、规划和控制。

　　预测是指和高清地图的配合并利用传感器数据对周围环境进行监测的功能，这项功能帮助车辆实现定位、分辨物体形态、控制车速和方向等。完美的预测功能仰仗于完备的硬件，Cruise AV 为此采用了大量的传感器，整个系统安装了 5 个激光雷达、16 个摄像头和 21 个毫米波雷达。

　　规划是指根据车辆所处位置的信息来确定车辆去往目的地的优化路线。Cruise AV 能够实现对交通规则、道路标识、天气等因素的通盘考虑，为提供去往目的地的优化路线提供最完善的参考和指导。Cruise AV 对路况敏感度很高，每秒可识别多条路径并不断调整最佳路径的选择。Cruise AV 提前设置了很多应急处理预案，当发生意外情况时，可以保证车辆和人员的安全。

　　控制是指控制车辆的油门、刹车等来使车辆按照计算机大脑规划的路线前进，随着线控技术的发展和应用，未来将会进一步助推和简化当前无人驾驶汽车的控制。

　　在功能强大的"计算机大脑"支撑下，Cruise AV 相比于最开始的产品有质的变化。不仅安全性大大提高，而且汽车也更加智能，这让驾驶员能够更舒适地体验无人驾驶带来的乐趣。Cruise 并没有满足于此，他们的计划越来越"大胆"——彻底去掉驾驶员的角色。

　　3. 阶段三：Cruise Origin

　　2020 年 1 月，Cruise Origin 横空出世。Cruise Origin 是通用汽车、Cruise 公司和本田汽车通力合作拿出的杰出作品。Cruise 公司首席执行官 Dan Ammann 表示，这款车型将会进行量产，为即将组建的无人驾驶共享车队提供保障，车队可 24 小时提供服务，支持夜间驾驶（见图 4 - 4）。

图 4 - 4　Cruise Origin

　　Cruise Origin 是一款后轮驱动的电动无人驾驶车型，车门是滑动开启的，像是一节地铁的车厢一样。这款车既不需要驾驶员，也不需要内燃机。Cruise 首席执行官 Dan Ammann 表示，此种设计可以让乘客享受更多的空间，乘客可以邀请他的几个亲朋好友一起体验无人驾驶的乐趣。乘客的东西也不用担心没有地方储存，每个座位下可以让乘客放置随身行李。车辆还设置了储物箱，较大的行李可以放置在其中。另外，每个座位旁边都有充电口、车门锁按钮和车门控制装置。在车辆两侧各配备了一块屏幕，相对而坐的乘客都可以看到屏幕上所显示的即将到达的站点以及车辆在行驶过程中所处的位置。Cruise 首席工程师 Jason Fisher 表示，这样的信息共享能给乘客带来更多的安全感。

　　汽车领域的有些专家表示，无人驾驶汽车价格或高达 30 万~40 万美元，主要原因在于传感器等核心部件造价较高，这给消费者带来不小的门槛。Cruise 公司指出，他们正试图解决这一问题。据了解，Cruise Origin 设计行驶里程为 100 万英里（约为 161 万千米），所有内部部件均可更换，模块化设计可促使车辆运营成本有所降低。

六、结语

　　Cruise 在 2019 年、2020 年连续两年入选全球独角兽企业 500 强榜单，排名基本没有变化，显示出公司稳健的发展步伐。以大数据计算为基础的人工智能可以说是无人驾驶汽车的核心，Cruise 依靠专业的工程师团队，进行大规模道路测试，积累了大量的产品数据，这一点是 Cruise 的独特优势。未来，Cruise 应该继续扩充自己的专业人才队伍，在人工智能等方面不断开拓创新，在更加复杂的城市交通网中锤炼新产品，制造更加智能的无人驾驶汽车，引领无人驾驶汽车产业的发展。

Stripe：7 行代码创造支付新贵

　　"我将科技界的人分为两类：一类是拥有远见的人，他们鼓励人们创造成就；另一类是实干家，他们自己创造成果。我不清楚哪一种人更重要，但我想实干和远见最好可以兼有之。"

——帕特克·克里森

　　"当你给人们更好，更强大的工具和基础机构，你想要做出的改变，就有可能变成现实。"

——约翰·克里森

Stripe 成立于 2010 年，总部在旧金山，是一家来自美国的支付解决方案服务商，为开发者或商家提供支付 API 接口或代码，即可让商家的移动 App、网站等支持信用卡付款等。Stripe 由爱尔兰人 Patrick Collison 与其弟弟 John Collison 联合创办。Stripe 发起于孵化器 YC（y - combinator），陆续收购了六家公司，分别是 Payable（支付）、Indie Hackers（创业家社区）、Teapot（API）、RunKit（web nodejs 笔记本）、Totems（ins 市场营销）以及 Kickoff（chat 服务）。

一、两位天才少年

帕特里克·克里森和约翰·克里森来自爱尔兰一座名不见经传的小镇。哥哥帕特里克有张明星脸，一头金色的短发映衬着阳光的笑容，而弟弟约翰则是个带着些许腼腆的棕发男孩。哥哥帕特里克很小就喜欢编程，对互联网显露出浓厚的兴趣，借此了解外面的大世界。帕特里克年少成名，年仅 16 岁便获得了第 41 届爱尔兰年轻科学家和技术展奖项。之后，哥哥帕特里克去了麻省理工，弟弟去了哈佛。但似乎天才都是不走寻常路的，克里森兄弟也不例外，都有大学辍学的经历。约翰和帕特里克分别从哈佛与麻省理工学院退学后，19 岁的帕特里克和 17 岁的弟弟约翰一起创立了电商订阅类公司 Auctomatic。Auctomatic 成立第二年就被加拿大媒体公司 Live Current Media 收购。Auctomatic 的收购让克里森两兄弟收获了人生中的第一桶金并成为百万富翁，更难能可贵的是为他们日后创立支付公司 Stripe 积攒了很多创业经验。

兄弟俩在美国求学期间就发现了网络支付存在的问题，一开始时他们的想法很简单，仅仅是想开发一个能够方便接收信用卡的程序，但谁都不曾料到，在这个过程中他们研究出了一个新的支付系统，任何一家初创公司只需在自己的网站增加 7 行代码，就能轻松实现在线收付款功能。这个支付系统的诞生，让过去需要几个星期才能完成的事情，变得像复制粘贴那么简单轻松。随即，这一操作便捷的支付系统迅速在硅谷创业公司的开发者中获得狂热的支持，码农们纷纷表示 Stripe 的工具更容易设立在线账户，添加小段代码即可绕过传统支付交易供应商和冗长的银行协议。

"化繁为简"一直是 Stripe 团队的目标，信用卡储存、商家订阅、网关、账户、隐藏的费用等全都被一一剔除，Stripe 自己一手操作这些并不可靠的细枝末节。事实证明，Stripe 把在线接收付款服务变成像在博客中嵌入照片或者添加 You Tube 视频一样简单的事情。

不难发现 Stripe 拥有缔造"硅谷传奇"的基本元素：天才少年创始人、常春藤名校的辍学历史、电脑程序的狂热爱好者、一个简单却颠覆性创新的念头……但这对来自爱尔兰乡间的兄弟没有沾染上硅谷浮躁的风气，面对成功，他们能沉住气，守住初心，把眼光放长远，始终保持着自己的谦逊和理性，看上去不像拥有估值已达 350 亿美元公司的联合创始人。帕特里克·克里森在接受《财富》采访时说："我将科技界的人分为两类：一类是拥有远见的人，他们鼓励人们创造成就；另一类是实干家，他们自己创造成果。我不清楚哪一种人更重要，但我想实干和远见最好可以兼有之。"实干和远见的企业家精神让 Stripe 保持高度的灵活性与自我更新能力，在金融科技领域越走越远，越走越好。

二、解决"在线支付机制"小痛点

Stripe 的传奇扩张之路始于解决"在线支付机制"的一个小痛点。在线支付似乎是一个凶残的战场。这里充斥着众多的竞争者：从大型银行、谷歌和苹果这样的行业巨头，到无数试图跻身其中的初创公司。激烈的竞争和微薄的利润率，想在其中生存下来并非易事。不过，Stripe 不仅活了下来，而且还活得很好，用简单的 7 行代码创造出支付新贵。

随着互联网不断吞噬传统零售业，人们的网上花销呈指数式增长，但是，互联网金融的基础设施却没能跟上电商爆炸性发展的步伐，电商要提供在线支付，不得不跑银行，四处找寻支付处理器，并且要想办法处理两者之间的"网关"。复杂烦琐的交易过程动用大量人力和财力，无形中增加了交易成本。尽管银行、信用卡公司和金融中介进行了技术优化，但问题并没有得到解决。这正是来自爱尔兰的帕特里克·克里森和约翰·克里森兄弟创办 Stripe 的缘由，为广大中小企业提供在线支付解决方案服务，让它们可以像复制、粘贴一样便捷地实现在线支付。Stripe 和硅谷的许多明星"独角兽"企业相比，它光芒内敛。它没有追求宏大的企业愿景和目标，只是用独特的视觉精准地切入在线支付市场。开发人员将简单的 7 行代码插入到他们的网站，就避开了高昂的交易成本和复杂的交易体系，从而解决了一个在线支付机制中被普遍被抱怨但却从未被重视的"小问题"。

目前 Stripe 的商业模式主要是梳理支付方式，为企业提供在线支付方案，将不同的支付方式打包成一套 SDK 接口，通过整体接入，降低用户的接入成本，收取手续费或服务费盈利，即每笔交易收取 2.9% 费率 +30 美分统一手续费。目前而言，在金融行业有许多公司选择采用 Stripe 的支付通道，Stripe 比起传统通道，不仅效率更高，而且成本更低。

事实上，支付问题一直是企业发展过程中遇到的比较棘手的问题。最常见的有两个：一是缺乏易用的通用型支付方案，二是已有的支付方案不仅要适配大量代码，而且支付环境也要自行搭建。单单这两项工作便需投入不小的人力和资金，并且对大多中小型企业而言，这是笔不小的开支。针对上面两个问题，Stripe 团队以惊人的洞察力迅速做出了非常准确的判断：Stripe 在 2014 年接受

《连线》杂志采访时，解释了通用支付方案对中小企业的重要性："无论你是谁，和互联网支付基础设施打交道都是一次极其痛苦的经历。整个在线支付机制是碎片化的，需要一个统一层把所有元素绑在一起。"

无论是公司还是开发者，只要想在产品内部添加支付功能，便会成为 Stripe 的目标客户。Stripe 操作十分简单，作为一个处理网络支付的工具，只需要网站或移动应用在产品后台里复制粘贴一小段 Stripe 提供的代码和 API，该网站或移动应用就获得 Stripe 的支付设施的即时访问权限拥有支付功能，随之用户输入信用卡信息就可以完成支付交易。这样的方式大大简化了网站交易流程，节省了商家和用户的时间和精力。Stripe 的用户评价中数量最多比例最大的就是"便捷"和"易用"，特别是在涉及不同支付方案、不同平台时，Stripe 的操作都足够简单，无须进行复杂的程序调配。

Stripe 崛起的核心因素之一在于通过出色的产品设计和多样的支付方案来抓住用户。一提到 Stripe，首先涌入脑海可能会是付款这件事，但实际上，Stripe 建立了一整套的工具，其产品涵盖了网络商户支付的方方面面（见图 4-5）。虽然 Stripe 的核心竞争力是付款，但它根据客户不同的需求，在公司业务上进行了多样化拓展，设计出足够多样的支付方案，现在还包括 Stripe 终端、欺诈检测等各种产品（见表 4-2）。

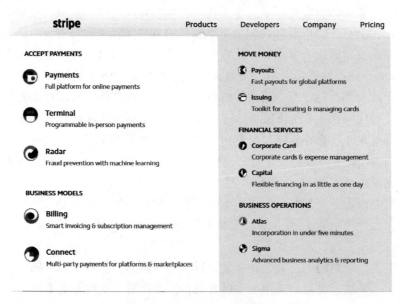

图 4-5　Stripe 系列产品

资料来源：Stripe 官网。

表 4 - 2　Stripe 产品特点

产品	产品特点
Payments	最首要、最基础的产品，提供了 API 以及 toolkit 使开发者们可以开发适合自己的支付流程
Radar	提供一套基于机器学习的欺诈预防工具
Terminal	将在线业务扩展到现实中，便于企业构建自己的面对面结账流程
Billing	优化订阅和发票管理
Connect	处理复杂市场交易，解决世界各地分享经济体中的买家和卖家的问题
Payouts	为零工经济工作者提供即时现金流动便利
Issuing	为虚拟卡发放提供即时现金流动便利
Corporate Card	为公司员工简化处理费用的公司卡
Capital	向客户提供及时贷款服务
Atlas	向企业提供税务和法律咨询、创业服务的特别优惠以及涵盖企业管理和增长各个方面的指南库，帮助 Stripe 留住客户
Sigma	基于用户所有已有资料而提供的数据分析产品。用户（企业）可以直接通过 Stripe 自身语句来进行复杂的数据分析，快速准确地进行商业决策

三、非凡的客户体验

金融科技的价值，最终需反映在用户服务的过程中。比起各种"黑科技"，用户所关心的永远是产品体验。Paypal 是 Stripe 目前最大的竞争对手，单纯从业务体量上来说，Stripe 还无法与 Paypal 匹敌。但在用户体验、安全性和数据流动性等方面上，Stripe 已经给 Paypal 带来不小冲击。

在克里森兄弟眼里，PayPal 总是存在问题：无法即时用信用卡记账；需要等待和咨询客服；提交的信息总是有数页之多……而且这些问题一直没有得到解决。过时的基础架构给商家在网上收款造成困难，因此为了能接收信用卡付款，商家就需要设立一个账户——但在这里充斥着一系列烦琐的费用、条例和服从标准，不仅如此，各大银行、信用卡协会以及其他金融机构的介入同样也给支付带来很多不便。此外，设立一个用来接收付款的商家账户，需要漫长的 3 周时间。

Stripe 并不是第一家做在线支付处理业务的公司，此前 PayPal 一直是支付界的领军人物。尽管 Paypal 也在简化在线付款接收系统，但由其主导的传统支付格局已开始被 Stripe 动摇。

就用户体验而言，在 Stripe 上轻而易举地完成几个特别说明的步骤后，5 分钟即可建立商家账户。当账户被启用之后，Stripe 还为商家和开发者提供了一个整洁的控制台，可以追踪付款、转账和优惠等所有事情。Stripe 的用户体验非常流畅合理，且拥有更高的整合度，在安全性方面，Stripe 将用户的支付数据直接传送到它的服务器，不会在用户的电脑里留下任何缓存痕迹；就数据流动性而言，当 Stripe 的使用客户需要换另一家新的支付处理公司，Stripe 则会以安全的方式把客户所有的数据转移给新的支付处理公司。反观 PayPal 则不同，它不仅有太多烦琐的规定、初始费用和晦涩难懂的使用说明，缺乏便捷性带来的用户体验不佳，而且不会把数据转移给新的支付公司，公司所有的客户需要再重新注册一次，在这个过程中，公司可能会因为过程复杂烦琐而流失一大批客户。

Stripe 在 2015 年推出其产品 Stripe Connect 时，Stripe 强调中小企业所面临的国际支付难题："（海外）市场面临的最大障碍之一就是国际支付。一般来说，这些公司都会组建一支全职团队来处理国际支付事宜。如果你想去阿根廷、澳大利亚、法国……那么所做的事将全然不同。"面对进入海外市场后需要处理不同货币间的兑换问题，以往给出的常见解决方案是，企业在每个入驻国家设立专门的支付团队，但可想而知其实施起来成本巨大。

当面对跨国交易的不便与困难时，Stripe 却将其简易性体现得淋漓尽致。以往在进行跨国交易时，客户跟支付公司签订许多跨国服务条款几个月后，才可以使用相应的支付服务。而对 Stripe 而言，商家们只需要登录并申请注册，在成为 Stripe 会员之后，开发商将 Stripe 集成进他们的网站，通过网站系统处理结账流程，并接受不同货币及支付方式的付款。没有繁杂冗长的服务条款，不需要交易完成后的数月漫长等待，"即时便捷"是 Stripe 与以往跨国交易服务的最大不同。Stripe 能让企业将支付形式和企业的网站应用迅速结合起来，因此各商家在拓展海外市场时，谁会拒绝与效率高的 Stripe 合作呢？

Stripe 拥有独特的商业模式，其产品特点非常明确，同时注重把握产品细节，对于市场客户群体针对性强，重视用户体验，为中小型一些初创企业提供订制化支付方案，同时容易跨平台使用，成功解决了国际货币支付的转换难题，这足以让成立不久的支付新贵 Stripe 成为金融科技领域的领军企业，成功打破了传统支付格局，从而打造属于自己的最简支付王国。

四、持续的资本赋能

除了产品便捷易用之外，Stripe 的成功因素还包括持续的资本赋能。Stripe 的投资者阵容可谓是万众瞩目，Stripe 崛起的支付新贵很快就受到硅谷一线主流风投基金的青睐。虽然在线上支付领域里 PayPal 与 Stripe 存在着非常激烈的竞争关系，尽管如此，但是其联合创始人彼得·蒂尔（Peter Thiel），也是 Facebook 的早期投资人，仍然对 Stripe 有浓厚的兴趣，或许，真正的商业竞争中都是蕴含着合作的。在彼得·蒂尔（Peter Thiel）对 Stripe 在种子轮的投资之后，Stripe 又陆续吸引到特斯拉创始人伊隆·马斯克（Elon Musk）、马克·安德森（Marc Andreessen），Box 创始人艾伦·列维（Aaron Levie）等投资人。这些明星投资人不仅为 Stripe 提供了资金支持，还带来了"明星效应"，通过个人品牌不仅使自己旗下的企业成为了 Stripe 的客户，为 Stripe 增光添彩。低调沉稳的 Stripe 一直以来备受青睐，背靠资本加持，在强大的资金流下，Stripe 估值一路飙升，无疑为众多投资者们交了一份满意的答卷。于是，此后资本赋能更是一直继续助力 Stripe。

2019 年 9 月 Stripe 获得第一笔规模为 2.5 亿美元的 G 轮融资，交易后 Stripe 估值为 350 亿美元，此后 Stripe 的估值保持稳定。2020 年 4 月 16 日，Stripe 宣布获得第二笔 G 轮最新融资 6 亿美元。该轮融资参投方包括 General Catalyst、Andreessen Horowitz、GV 和红杉资本等现有投资者，这是 Stripe 迄今为止最大的一笔融资，加上最新融资，Stripe 迄今一共融资约 16 亿美元。如今的 Stripe 正计划利用新资金继续投资产品开发，开展战略性项目和进一步进行全球扩张。在独角兽企业成长的过程中，资本发挥了举足轻重的作用，正是有了资本的加持与助力，才能获得快速成长所必备的各种资源。

五、全球战略布局

Stripe 在刚成立时就定下其国际战略目标——帮助全球所有商家与所有买家轻松完成交易，迄今为止，Stripe 一直坚定不移地向这个目标奋力前行。目前 Stripe 服务的客户除了有大家熟知的 facebook、Twitter、Shopify、Kickstarter、Target、Wish、Digitalocean、Pinterest、Docker、Sap 等这些知名公司之外，Stripe 还拥有大量的个体中小型客户商户，全球超过 10 万家企业都在使用 Stripe 的服务，平台完成的年交易量已超 10 亿美元。Stripe 近些年发展迅猛，在国外市场的占有率相当高。

2014 年 6 月 25 日，据《华尔街日报》网络版报道，为了让商家更加便捷地向中国购物者销售产品和服务，美国在线支付公司 Stripe 与阿里巴巴集团旗下支付宝达成合作。支付宝是中国最受欢迎的在线支付平台，2014 年 Stripe 与支付宝的合作使 Stripe 从竞争激烈的在线支付市场脱颖而出，向拓展到新国际市场的计划迈出了一大步。

随之 2017 年 7 月 10 日，Stripe 与中国数字支付服务提供商支付宝和微信支付达成合作协议，让各国使用 Stripe 的商家可以接受数以亿计的中国消费者的付款。Stripe 之前于 2014 年曾与支付宝合作过，但之前那次合作只是允许其平台上的美国商家与中国支付服务进行整合。这次合作的特点在于：通过 Stripe 的

Sources API，支付宝和微信支付可以一线化地实现所有付款方式，达成的覆盖全球的最新合作就是以 2014 年合作为基础。这次合作无疑是双赢的买卖，不仅可以让支付宝和微信吸引更多用户海外购物，开拓海外在线支付市场。同时，有利于 Stripe 客户挖掘中国庞大的消费者市场，更加便捷地向中国购物者销售产品和服务，进而提升自己的营收。

目前 Stripe 已在美国、日本、法国、澳大利亚等 25 个国家开展支持支付宝和微信支付业务，将使用这些付款方式的海量中国消费者与 Stripe 紧密连接在一起。Stripe 现在允许在线商家使用 140 种货币和比特币进行交易，并计划进一步在信用卡尚未大范围普及的地区与主要支付提供商达成更多合作。着眼全球化发展以及移动在线支付市场规模不断扩大等客观存在，使 Stripe 不断发展和壮大。

对于 Stripe 来说，支付货币不同、方法不同，不仅不会成为交易的阻碍，而且也会成为其通往成功的垫脚石。全球化是 Stripe 想要极力发展的方向，Stripe 拥有高瞻远瞩的战略统筹，对于海外市场的精准把握，对于合作伙伴的甄选，对于海外战略的全局谋划，无一不促使 Stripe 在国际上建立起自己的品牌形象，打造属于自己的国际名片，吸引着全世界的目光。

六、结语

在《2019 全球独角兽企业 500 强榜单》中，Stripe 估值 225 亿美元排名第九，估值逊于自动驾驶公司 Waymo、电子烟制造公司 JUUL Labs、住宿服务公司 Airbnb，是全美国估值排名第四的独角兽企业，但在金融科技领域中，Stripe 一直是美国的领军企业。而 2020 年，根据《2020 全球独角兽企业 500 强榜单》，Stripe 估值已经飙升至 350 亿美元，居于榜单第八位。Stripe 已然超越了 JUUL Labs、Airbnb，刚刚成立 10 年的支付新贵 Stripe 一直不断努力，缔造出一条"非线性成长"的跃迁之路。

Stripe 领军金融科技领域在全球独角兽企业中名列前茅，归功于两位天才少年洞察时局，用超于常人的远见和实干精神成功解决"在线支付机制"的一个小痛点，谱写了一段属于兄弟二人的商业神话。同时，在克里森兄弟的带领下，Stripe 凭借不可复制的商业模式和出色多样的产品方案，就如何降低在线经济准入门槛提供了高效便捷的产品，用最简洁的支付方式超越竞争对手，打破了传统支付的格局，为多样化的在线经济形势创造了更多可能，成为聚合支付界的崛起新贵和金融科技领域的超级独角兽。此外，Stripe 持续受到资本的青睐，持续的资本赋能为独角兽企业的发展提供了源源不断的动力，Stripe 无疑是一个幸运儿，尽管备受"恩宠"，但 Stripe 从未停止前进的脚步，不断拓展自己的全球商业版图，因而，全球化战略合作也是 Stripe 成长发展另一必不可少的条件。

除了异质性企业家精神、难以复制的商业模式、资本赋能、战略与品牌协同这些科创企业成长的关键因素以外，Stripe 最核心的成功因素在于，其极简便捷的操作、出色的产品设计和多样的支付方案优化了用户体验。在如今用户为王的商业环境下，用户体验在企业中的地位则显得尤为重要，其效果直接影响企业产品在市场中的竞争力，而正是 Stripe 便捷和易用的用户体验使其超越竞争对手，在激烈的竞争中能够脱颖而出。Stripe 操作的"简单"缔造了其在支付界"不简单"的商业神话，打破了传统的支付格局，重塑属于自己的支付领域，Stripe 用自己的成长发展历程为我们诠释了"化繁为简"的真谛。

正如帕特里克所说，他们选择了能够让更多人参与进来，并不断创新的前进道路。而他们所做的就是让这一切发生。我们相信在不远的将来，Stripe 作为金融科技领域的超级独角兽企业，会继续领军支付界，不断发展壮大，进而登陆资本市场，实现自己的创新价值。

Quora：着眼未来

It's ok if something doesn't scale if it strengthens you position。

——Quora 创始人 Charlie Cheever

Quora 是一个问答 SNS 的网站，由 Facebook 前雇员查理·切沃（Charlie Cheever）和亚当·安捷罗（Adam D'Angelo）于 2009 年 6 月创办。Quora 创立之初采用邀请注册制，吸引了许多明星和各行业的精英人士注册使用。并且在一年以后正式对公众开放，用户可以通过 Google 或 Facebook 账号登录，进行参与和分享。提问者通过匿名的方式进行提问，而分享者的身份是可知的，并且允许多个分享者协同对问题做出回答。国外学者给 Quora 下了一个专业的定义：Quora 是用户使用真实身份与其他用户进行交互的社会化问答网站，在这一社会化问答网站上，任何一个用户都可以提问、回答、评论。

2017 年 4 月 22 日，Quora 宣布 D 轮融资完成，规模为 8500 万美元。D 轮融资过后，Quora 的现有估值较上轮融资时有了翻倍的提高，其估值已经达到约 18 亿美元，正式成为了独角兽企业。而其如今的发展现状离不开背后的独创性技术以及持续的资本赋能。

一、创始人好奇心的产物

Quora 的创始人之一查理·奇弗毕业于哈佛大学，曾担任 Facebook Connect

和 Facebook 平台的主管，与扎克伯格、德安杰洛共事多年。

奇弗和扎克伯格是同一类人：他们寻求一个更开放、更包容的世界。在寻求的过程中，自然会遇到各种各样的问题。程序员出身的奇弗有很强的好奇心，他的问题也五花八门，从某家餐厅的开业时间到停车位的特定形状，他都充满疑问。然而，尽管有很多社交软件存在，但它们并不能分享知识，只能用来共享照片或更新个人信息。而现有的问答平台却缺乏专业人士进驻，不着边际的回答往往让人哭笑不得。奇弗认真思考过为什么这些问题难找到答案，并认为创建一个可以有效地解答这些疑问的平台会是一个实用、有趣的创业点子。

这些困扰和关于通过问答平台传递知识的想法，恰好与同为脸书高管的德安杰洛不谋而合。他们一拍即合，决心从脸书离职，专注成立一个关于知识的问答社区网络，并凭借其自身在业界的影响力邀请来了一批行业大咖答疑解惑。2008年，由于"个人兴趣与担负的责任不再契合"，德安杰洛宣布辞去脸书首席技术官一职。几个月后，德安杰洛和奇弗一起推出了一个全新问答网站 Quora。

在 Quora 推出时，雅虎问答（Yahoo Answers）在问答领域已是一个巨无霸，但德安杰洛和奇弗敏锐地发现了它的缺陷，就是问答内容质量低下，时常文不对题或者夹杂广告，甚至部分回答充满了虚假信息。德安杰洛和奇弗希望 Quora 成为能真正帮到提问者的有高质量回答的问答社区。在这里，回答问题的都是各行各业的大咖，从互联网巨头创始人到 NASA 宇航员，从奥运会运动员到美国总统，他们给出的答案的价值毋庸置疑。德安杰洛说："Quora 的美就在于它的真实性！这是一个分享知识的平台，而不是信息，在这里人们可以期待一些真实的答案，有事实和证据。"

两位曾为脸书高管的创始人之所以会辞去原本的工作，投身建设一个盈利模式未能得到验证的知识分享平台，其初衷仅仅是热爱知识，充满好奇心和求知欲，且乐于分享。

正如德安杰洛所言，"90% 的知识还在人们的脑子里，没有在互联网上"。Quora 的核心设计理念是"主观知识提取"，也就是"建立一个基于人类主观知识的信息库，利用答案公投机制，从人类集体头脑中提取高质量的信息（包括知识、观点和经验）以解决问题，最终推动全世界知识的增长"。

可以说，Quora 是创始人奇弗和德安杰洛的好奇心的产物。因为好奇，想要得到答案，才会产生创立问答社区的点子，继而付诸实践孕育出 Quora。

二、天才极客的超强执行力

"世界上只有六个人有绝赞的想法，一个是马克·扎克伯格（Mark Zucker-berg），一个是艾伦·格林斯潘（Aran Greenspan），一个是亚当·德安杰洛（Adam D'Angelo)，另外三个我还没有遇到。"

——社交网站脸书（Facebook）创始人（Mark Zuckerberg）

马克·扎克伯格在其自身外，认可的人除去任期跨越六届总统的美联储主席艾伦·格林斯潘，只有脸书的第一任首席技术官、Quora 创始人之一的亚当·德安杰洛，这在一定程度上是对德安杰洛能力的认可。

Instagram 创始人凯文·斯特罗姆（Kevin Systrom）也曾在斯坦福大学演讲中说道："当我们存放照片的服务器不断挂掉时，我拿着手机，打开通信录，想找出最聪明的那个人求救，结果发现了亚当·德安杰洛这个名字，他在电话上只花了三十分钟，就教会了我们解救问题。"

《财富》杂志还将德安杰洛视为十位技术界最聪明之人的候选者，同为候选者的还有苹果（Apple）首席执行官史蒂芬·乔布斯（Steve Jobs）、摩根士丹利（Morgan Stanley）分析师玛丽·米克（Mary Meeker）、脸书（Facebook）创始人马克·扎克伯格（Mark Zuckerberg）等。

以上足以反映德安杰洛在业界所享有的极高评价，德安杰洛其本人出众的能力与务实的性格在很大程度上造就了 Quora 的成功。

从其名字也可以看出，德安杰洛出生在美国的一个意大利移民家庭。他在进入美国著名的顶尖私立高中菲利普斯·埃克塞特学院（Phillips Exeter Academy）后认识了同在菲利普斯·埃克塞特学院读书的马克·扎克伯格。两人都对互联网和计算机充满兴趣，很快成为了好友并联手编写了一款名为 Synapse 的音乐推荐类播放软件，该软件引起了美国音乐软件巨头 WinAmp 的浓厚兴趣，但德安杰洛和扎克伯格拒绝了 WinAmp 高达 200 万美元的收购要约。

德安杰洛在计算机编程方面堪称天才，这无论从他中学、大学的信息学竞赛成绩还是毕业进入业界后的脸书、Quora 两个大手笔的创业项目都可以看出。2001 年，德安杰洛 16 岁，他参加了面向所有美国中学生的美国信息学奥林匹克竞赛，力压众多作为竞赛选手主力的高年级（十二年级）种子选手，获得了第八名。2002 年，他入选了信息学奥赛的美国队，并在国际信息学奥林匹克竞赛中获得了银牌，随后进入加州理工学院（California Institute of Technology）主修计算机科学。在大学期间，他还参加过几次 ACM 国际大学生编程竞赛，在 2004年进入了世界决赛并获得银牌。2005 年他又进入了 TopCoder 大学挑战赛（Top-Coder Collegiate Challenge）的 24 人决选大名单。从 16 岁开始，德安杰洛保持着全美前几名的信息学竞赛成绩，这足以反映他的逻辑之灵活、编程功底之扎实。

2004 年，扎克伯格开始创办社交网站脸书，力邀好友德安杰洛加盟。德安杰洛经过考虑后临时休学，花费了一个学期的时间，帮助扎克伯格创办这个网站。作为最早的创始团队成员，德安杰洛为脸书的面世作出了不小的贡献，他担任了脸书的第一位首席技术官（CTO）。2006 年，在完成加州理工学院的学业后，德安杰洛继续在脸书工作，后期更出任负责工程的副总裁，主导了脸书的数据挖掘与分散式系统（包括广告投放系统、协同系统等功能）。在此期间，他还坚持如程序员一样写代码，写代码的习惯一直延续至今。

这深刻显现出德安杰洛不同于商学院毕业的经理人的"极客"本色——执行比创意更重要，一切都跟执行力有关。

保持写代码的习惯并一直保持着和代码库的接触对互联网公司的发展大有裨益：它能让高管了解其他人要完成任务时会面临多大的困难。这对于形成基本的直觉很重要，即什么事情容易做和什么事情难做。这会让高管很自然地推动公司去做一些更有价值的项目，也能让高管更加理解工程师。如果自己了解编程方面的工作，你的直觉将会更准确，也会得到更正确的结论。

德安杰洛作为一个天才极客，既了解复杂的程序和框架如何搭建，又能将现有的技术灵活地移植到 Quora 中来。他所带有的超凡的执行力，使 Quora 引入了其他问答平台不曾有过的搜索算法，从众多问答社区中脱颖而出。

三、用知识改变世界

德安杰洛始终认为，"扩大规模比盈利更重要"，他希望能够凭借高质量的内容实现用户增长，从而自然盈利，但这其中有着难以避免的矛盾：扩大用户规模自然导致内容质量的下降。在用户规模和内容质量之间做出取舍是 Quora 始终需要面对的问题。

创始人德安杰洛是一个坚持"用知识改变世界"的理想主义者，他曾多次公开表示"Quora 专注于内容质量""Quora 没有盈利，也没有打算尝试盈利"。创始人把 Quora 当成一方净土、一份理想，并不希望商业化反压质量。德安杰洛在初期拒绝套用一切问答平台的盈利模式（广告、知识付费等），甚至自掏钱包"烧钱"运营，在 B 轮融资中自掏腰包拿出 2000 万美元来。

在提升质量方面，德安杰洛做过诸多努力。在早期，Quora 希望产品形态尽快达到 P/MF（Product/Market Fit），而非单纯的用户增长，探索产品与市场需求的契合度是 Quora 早期的目标。此阶段 Quora 专注于内容打磨，积累了大量的优质答案。

在 Quora 初创时的邀请制时期，众多名人大咖的现身吸引来了大量关注。分类信息网站 Craigslist 创始人 Craig Newmark、脸书（Facebook）创始人马克·扎克伯格（Mark Zuckerberg）、维基百科（Wikipedia）创始人几米·威尔士（Jimmy Wales）、NASA 宇航员克莱顿·C. 安德森（Clayton C. Anderson）等行业大咖都是 Quora 初创时期就加入的用户。在之后的发展过程中，美国第 44 任总统巴拉克·奥巴马（Barack Obama）、第 67 任美国国务卿希拉里·克林顿（Hillary Clinton）也陆续成为 Quora 的用户。

各个行业的大咖们为 Quora 提供了最早一批的问题与回答，他们的答案频频被媒体引用，使 Quora 在业界迅速打响名号，诸位大咖自带的明星效应也为 Quora 带来了持续的流量。为人津津乐道的是，曾有网友在 Quora 上问过脸书创始人扎克伯格这样一个问题："脸书要收购哪些有潜力的初创公司？"许多 Quora 用户建议的是 Nextstop（一个旅游类网站）。之后，该网站果然被脸书收购。

在开放注册后，Quora 仍旧保有邀请制时期的色彩——Quora 始终希望用户提供真实的回答，而不愿增长的流量带来更多的信口胡诌。不同于其他允许用户只提供网名的平台，Quora 要求用户用实名注册。尽管 Quora 不要求用户提供核实真名的凭证，但它会对明显的假名报错。在注册 Quora 并有一定活跃度后，用户可以选择在回答时匿名。此外，用户也可以用谷歌或脸书账户直接登入 Quora，但谷歌和脸书账户的注册同样要求实名。

在 Quora 用户快速增长的时期，Quora 的重心从打磨内容转为用户体验的优化。Quora 的工程师和设计师合力重新设计了页面，优化了搜索算法，完成了 Quora 基本形态的搭建：通过用户对同一问题下不同回答的投票数对回答进行排序、通过算法突出社区内特定话题下的优质内容、根据用户行为实现精准的定向推送并引入了包括订阅、关注在内的社交机制。

以上优化使 Quora 在提问者和回答者人数都大幅增多后，可以使提问者最先看到最受认同的答案，使回答者最先看到最有可能予以回答的问题，并建立起用户与用户之间的社交网络，将平台变得更像社区。

2018 年 9 月，Quora 的用户规模了突破 3 亿，成为全美最大的问答平台。正如德安杰洛说的，"我的观点是如果你要做一个好的产品，那么你就要持续投入把它做得更好，只有这样产品才能长久"。此外，Quora 的监督机制十分严格：答案必须是有益的，无助于问题的答案都会被隐藏。这使 Quora 上并不会出现大量灌水的回答，回答整体保持着相对较高的质量。

一方面，Quor 通过实名注册、隐藏无效回答等机制来防止回答质量的下降，从而能够保持一贯的高质量问答社区定位，而没有随着用户量的激增而沦落为一个充满插科打诨的灌水社交平台；另一方面，Quora 在其展示广告期间，始终将广告数量限定在一个较低的水平，不滥接广告，不愿广告影响到用户体验。Quora 的算法更是"人性化"——推送与用户的问题与回答相关的广告，既可以使厂家的商品有更大可能销售出去，也可以在一定程度上解用户燃眉之急。

尽管德安杰洛的做法为部分投资人诟病，但其完全不像企业家的理想主义的做事风格却使 Quora 能够保持其高质量的回答，在守住第一英语问答社区的位子前提下，得以持续发展壮大、走向成功。

四、独特的运行机制

"分享和增进世界的知识。我们希望用更自由的方式去认识所有种类的知识，从政治到绘画，从烹饪到编译程序，从词根到经验。只要谁在某方面有所了解，其他人也可以学习得到。Quora 令你的问题能轻松地找到答案，分享你所知道的，这里也有来自世界各地乐于分享有趣知识的人们。"对于自身的使命和理念，Quora 给出了这样的描述。

Quora 是基于 Web 2.0 发展起来的网络问答社区的代表性知识共享平台。网络问答社区不仅是对传统问答平台的革新，也是对共享机制的创新。其核心在于更加注重用户的参与，更加迎合用户的需求，实现了信息与人的对接。在这里，用户既可以是信息的分享者，也可以是信息的获取者，它能够在帮助用户解决问题的同时使之获得一种独一无二的、分享式的体验，并从中提炼出对自身和对他人的新的认识。

首先，Quora 的创始人之一 Adam D'Angelo 是 Facebook 的前任首席技术官。在 Quora 的运行机制中，他将社会化网络服务（SNS）融入其中，并做到了很好的融合。网络问答社区的实质在于帮助人们将头脑中的隐性知识显性化，并分享出来，形成信息的交互，而 Quora 允许使用第三方社交账号。例如，Google、Twitter 和 Facebook 绑定登录，并同时鼓励用户将问题分享到 Facebook 等社交平台，让朋友看到和回答。因此，通过这种方式可以吸引非 Quora 用户参与其中，从而扩大用户数量。用户除了可以关注自己感兴趣的问题和话题之外，Quora 还引入类似于 Twitter 的单向关注机制，在这种机制下，用户可以关注自己感兴趣的用户所关注的问题和话题，从而形成"人—人—信息"的结构，这是人与人之间的关系网络，关注者可以接收到被关注用户发布的内容，这种机制可以使信息内容沿着关系网络流通，而不是没有规律可循，及时将用户需要的信息传递到用户面前。因此，Quora 所引用的 Twitter 单向关注机制在很大程度上提高了用户的时间利用率以及体验感受。用户的良好体验本身就是 Quora 最好的宣传机制和吸引点。

其次，Quora 采用投票机制，每个答案下面都有"顶""踩""评论"和"分享"四个选项。用户可以根据问题下面答案的质量进行投票，也可以进行回答或分享到其他社交平台。在对答案的选择和排序方面，Quora 的系统会默认将投票最多的答案放在第一位，也会屏蔽掉一些内容与问题不相关的答案。投票机制能够节省用户浏览的时间，提高用户时间利用率，一下子就能找到大家默认的最佳答案。这种方式也可以激发用户进行回答的热情，形成一定程度上的"激励机制"。

"激励机制"也体现在 Quora 的学分制度上。在用户给出优质的回答之后，提问者可以对其进行学分奖励，用户也可以在学分界面互相奖励学分，以此增加用户黏性，鼓励用户的持续参加行为。这种制度应用了马斯洛的需求理论，是一种比较彻底且十分有效的激励方式。Quora 的联合创始人 Charlie Cheever 认为，在存在更好的回答的基础上，可以考虑学分货币化以提高用户的参与积极性。

Adam D'Angelo 说道："我们可以预测哪个是好答案，并且只给你看好答案。我们还能找到不同领域的专家，把相关的问题发给他们，让他们给出最好的答案。"

Quora 还具有自我组织的机制。用户在其中，就是整个网站的组织者，通过搜索和投票的机制，用户可以形成自身的相对系统的知识体系。当用户提交问题时，系统会自动捕捉其中的关键词，并提出"建议主题"，形成标签和话题。用户可以对感兴趣的话题进行关注，这样相应的问题就会被推送到关注者的面前。并且智能系统还可以对用户输入进行智能纠错，纠正用户在输入或表达中的错误之处，修改为正确的词汇或表达方式。通过这种方式进行自我组织，可以提高问题的质量以及根据关键词推荐的准确程度。这种自我组织的方式可以大大减少用户用于在无穷无尽的信息流中筛选自己感兴趣的信息的时间，提高用户的时间利用效率。一个可以随时随地感知到用户的兴趣所在，并主动将相关信息推送到用户面前的功能，无疑会提高用户黏性，增加用户量。

诚然，网络问答社区的内容不能完全依靠系统的自我组织和自我修正机制。网络问答社区的分享式的特点必然会导致用户自生成的内容存在着多样化的劣质变体，因此必须有更加精准的算法对大量的信息进行筛选过滤和优化。对此，Quora 推出了用户等级制度。通过给所有的用户划分等级来限制用户的权限，通过分享之后的投票机制对用户等级进行界定，等级越高的用户拥有越多的权限。等级越高，就表明用户通过分享知识而获得他人的认可和赞同越多，相应也就越能从中获得成就感。这种制度在一定程度上也会鼓励用户更多地发布优质内容，对用户自生成的内容中的劣质变体起到一定的修正作用，更好地利用社群力量打造一个具有高质量和高精确度内容的网络问答社区。

五、高质量的内容输出

一位尼泊尔的理科生说："在 Quora，像我这样一个身处偏远亚洲国家的年轻人可以很直接地获得来自世界一流宇航员、程序员、小说家等专业人士的建议。"

与维基百科等搜索引擎相比，Quora 更能给人一种前所未有的、分享式的求知感受。而得益于其专业的发现机制，Quora 所呈现给用户的内容也是十分精准并且全面的。由于有足够大的用户参与度以及 Quora 知识型网络问答社区的特点，因此，其问答内容多元化远超人们的想象。用户可以在上面发布任何自己感兴趣或有所困惑的话题，涵盖生活的方方面面。既可以是一本专业的教科书，也可以是生动有趣的课外书。其内容涵盖了商业、饮食娱乐、政治、技术以及社会科学等领域。人们可以从中找到歌曲和电影的分享和评价，也可以从中获取技术问题的专业性解决办法。只要你敢提出问题，你的问题将可能会被分子生物学家、电影制片人、电影明星等不同行家等处收到回答，当然，其中不乏美国总统奥巴马。其多元化的内容让各行各业的用户都能够参与其中，并且都可以从中找到一番天地，展示自己的知识和想法，极大地吸引庞大的用户群体。

Quora 在一开始只开放给各行业的精英人士以及明星等有影响力的人士，其中不乏常青藤的学者，这在一开始就为 Quora 奠定了高质量内容的基础。尽管在后来逐渐开放给大众，由于其发展基于 Facebook 和 Twitter 等的社交平台，Quora 仍然拥有着优质的用户群体以及潜在目标用户，使 Quora 并没有由于用户量的大幅增加而降低内容的优质程度。同样，投票机制也为 Quora 的高端人群路线提供了一定程度的技术保障，使 Quora 在扩大用户量的同时坚持了知识型网络问答平台的创立初衷，避免了"社区水化现象"。并且 Quora 所展现的内容是将用户头脑中的隐形知识显性化从而呈现出来的，往往包含了在其他搜索网站上面无法获得的信息。其高质量和独特性的内容也吸引着大量的用户。同样也符合了用户所说的"宁愿从 1000 个高质量的内容来源那里获取信息，也不愿从来源更多的整合性渠道获得"的需求和心理。

另外，由于 Quora 的分享者是需要实名制对问题进行回答的，将内容质量与真实的人的身份联系起来，可以使平台中的内容更加真实和具有原创性，更加有价值。每一个回答都凝聚了答者在生活中积累的宝贵的经验和智慧。其目的在于希望用户以自身的个人人际价值作为抵押，从而能够对自己在网络分享平台中的言行负责，实现"虚拟人"和"现实人"的链接，而不是把虚拟网络与现实世界完全分割开来，在一定程度上限制了用户的网络行为，并收获了更为严谨和可追溯的平台内容，保证了知识共享平台的资源唯一性。随后，用户便可以从中找到确切的具有行业精英和专家身份的人所做出的解答，可以准确地从中获得有效的信息。正如 Adam D'Angelo 所说："在过去，如果你想要知道如何让一家创业公司运营良好，你就需要经历学徒期，在很多不同的地方工作。现在，你可以在 Quora 上面阅读了解专家们的看法。我认为，我们在收集知识方面做得很不错，否则，你会需要花很多时间做个卖身工来获得这些知识。"从庞大的知识网络中获取想要的信息流，并将其整合形成体系，然后为自己所用，或是解决目前的问题，或是充实业余生活，或是进行长久的积累，Quora 都能够为你提供足够的有价值的信息。

六、持续的资本赋能

Adam D'Angelo 是 Facebook 的第一任 CTO，是扎克伯格早年的创业伙伴。在任职 Facebook 期间，他负责带新产品的设计和架构方面，带领平台开发和数据团队，指导网站的基础技术设施，确保网站的可扩展性。另一位创始人 Charlie Cheever 是前 Facebook 平台、Facebook Connect 的工程主管。虽然两者离开了 Facebook，但他们手中都拥有 Facebook 的期权，所以在 Quora 创办之初，就已经有了一定数量的启动资金，并不是处于创业资金拮据的状态。这也为 Quora 最初的发展提供了资金方面的支持，奠定了其持续的资本赋能的基础。

由于其最初高端路线所带来的高价值的内容和邀请制度积累的各行各业的精英使用者，以及其根据话题设立的信息流导向和知识网络，都为 Quora 带来了极高的用户参与度，也让许多投资者在早期就看到了它背后的商业价值。因此，在内测版本推出的两个月后，Quora 就获得了美国风险投资公司 Benchmark Capital 高达 8600 万美元的投资。为其后续发展提供了充裕的资金储备，资本的加持可以帮助一个初创企业获得快速成长的各种资源。

同样，由于创始人是 Facebook 的前雇员，Quora 在创办之初就拥有 Facebook 带来的光环，这也在很大程度上推动了其前期的发展。2010 年 6 月，Quora 正式对公众开放，而在半年后，2011 年 1 月，1 个月内其用户量增长了 5 倍多，月独立访客数达到了 16.4 万。其发展的速度和趋势让更多投资人注意到了 Quora 这个商业盈利潜力巨大的产品。2012 年 5 月，Quora 完成了 B 轮融资，融入了 5000 万美元，此时它的估值已达到了 4 亿美元。Adam D'Angelo 自己也提供了 2000 万美元的投资，助力 Quora 平台的后续发展。

2014 年 4 月 14 日，在线问答网站 Quora 完成了 C 轮 8000 万美元的融资，该轮融资的投资者是以老虎资本为首，其他投资者包括 Benchmark、Matrix、Northbridge 以及 Peter Thiel 等。此时，C 轮融资对于 Quora 的估值约为 9 亿美元。而 Adam D'Angelo 表示："此轮融资的大部分资金将存入银行，成为公司的保障以应对任何可能发生的财务危机或突发状况。这将对我们开发持续以及独立的产品和服务起到关键性的作用。"将资金存入银行，而不是进行业务的扩展等，是站在长远的角度上为公司未来的发展过程中有可能遇到的各种风险和挑战预先做了准备，以保障公司的持续健康发展。在拥有充分资金的情况下，选择将其用作公司的保障和后盾，这一理念正是公司能够持续发展的基础。也是 Quora 所提倡的：着眼未来。

2017 年 4 月 22 日，Quora 宣布 D 轮融资完成，规模为 8500 万美元。该轮融资由 Collaborative Fund 和 Y Combinator 旗下的 Continuity Fund 领投。此外，Quora 此前的投资方老虎环球、经纬创投和 Facebook 联合创始人 Dustin Moskovitz 均参

与了本轮融资。在 D 轮融资过后，Quora 的现有估值较上轮融资时有了成倍的提高，其估值已达 18 亿美元，正式成为独角兽企业。此前用户数量的稳定增长以及进行广告测试后可观的数据是 Quora D 轮融资的两大推动力。Quora 作为一个网络问答平台，其盈利模式并不清晰。在进行了融资和广告产品的测试之后，Quora 以广告方式进行的盈利和变现也开始进入准备阶段。正如 Adam D'Angelo 所说的："过去的很长一段时间，我们都把重点放在了运营用户上，变现对我们来说不是首要目的。现在，我们已拥有了一批高质量的用户，广告方案也该提上日程了。"同时，Quora 也在开发不同的语言版本，在西班牙语版推出至今，法语版正处于测试阶段，德语版和意大利语版也将在未来几个月问世。其目标在于，在未来的两年能够推出一款全语言版本的平台。

七、结语

Quora 地处山景城，所属美国加利福尼亚州，是硅谷最主要的地区之一。随着科技水平的提高，半导体、微处理器和基因技术的出现，目前硅谷的高新技术产业主要集中在信息技术和生物技术方面。其以科技创新为导向的政策和环境，带动了产业升级和经济的发展，为独角兽企业的孕育和发展提供了便利的条件。而 Quora 也是在这种科技创新的体系中应运而生。Quora 能够成功发展为独角兽企业的一大成功因素便是其技术方面的创新。该平台融入社会化网络服务（SNS）以及推出投票机制，自动修正机制等具有独特性和唯一性的功能，都为其发展吸引了大量用户。

独角兽企业的发展，自然离不开高水平初创团队的支持。两位创始人均是 Facebook 的前雇员，而《财富》杂志又将 Adam D'Angelo 誉为科技界最聪明的人之一，创始人在科学技术方面的造诣为 Quora 的技术独创性带来了保障。同时，加州高等院校云集，且大学的学科设置十分完善，已经形成了完整的人才培养体系。为 Quora 的团队构成和扩大提供了大量高科技人才和广阔的空间。

Quora 在推出广告方案之前，其盈利模式并不清晰。此时，资本的支持就发挥了举足轻重的作用。从技术的研发到人力资源的配备，再到研发地点的设置都离不开强有力的资本支持。Quora 在创立之处便拥有较为充裕的启动资金，随后也顺利完成了四轮融资，正式成为独角兽企业。

此外，创始人的理念也在一定程度上影响着公司的发展。虽然 Quora 在之前的盈利模式并不清晰，但创始人始终坚持其建立知识型网站的初衷，并且在拿到 C 轮融资后，选择将大部分资金存入银行，用来保障公司的长久发展，保持独立的产品和服务。这种经营理念能够越来越吸引更多的用户和投资者，给他们带来更好的发展前景。

Automation Anywhere：RPA 行业领导者

新世界是一个增强的世界，人类和机器人并肩工作，彼此做着自己最擅长的事情。想想看，未来 10 年内大约有 10 亿儿童将在我们的星球上出生。孩子们将会视数字化劳动力为标准。我们必须纠正这种情况，不仅在质量和执行方面，而且在伦理和道德方面。

——Automation Anywhere 首席执行官 Mihir Shukla

Automation Anywhere 是一家提供机器人流程自动化（Robotic Process Automation，RPA）服务的公司，创立于 2003 年，公司总部位于美国加利福尼亚。

公司最初名为 Tethys Solutions，2010 年更名为 Automation Anywhere。正如这家公司的名字中的"Automation"所给人带来的感觉一样，其愿景正是"使用机器人解放人力劳动、提高生产力"。体现在公司的业务场景下，Automation Anywhere 的 RPA 技术能够解放员工的劳动力，减少重复、烦琐、低附加值的工作，让其专注更有价值、更具创造力的工作（见图 4 - 6）。

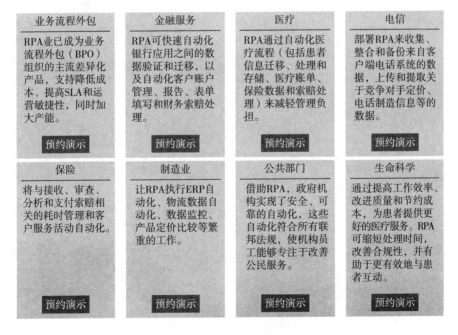

业务流程外包	金融服务	医疗	电信
RPA业已成为业务流程外包（BPO）组织的主流差异化产品，支持降低成本、提高SLA和运营敏捷性，同时加大产能。	RPA可快速自动化银行应用之间的数据验证和迁移，以及自动化客户账户管理、报告、表单填写和财务索赔处理。	RPA通过自动化医疗流程（包括患者信息迁移、处理和存储、医疗账单、保险数据和索赔处理）来减轻管理负担。	部署RPA来收集、整合和备份来自客户端电话系统的数据，上传和提取关于竞争对手定价、电话制造信息等的数据。
预约演示	预约演示	预约演示	预约演示
保险	制造业	公共部门	生命科学
将与接收、审查、分析和支付索赔相关的耗时管理和客户服务活动自动化。	让RPA执行ERP自动化、物流数据自动化、数据监控、产品定价比较等繁重的工作。	借助RPA，政府机构实现了安全、可靠的自动化，这些自动化符合所有联邦法规，使机构员工能够专注于改善公民服务。	通过提高工作效率、改进质量和节约成本，为患者提供更好的医疗服务。RPA可缩短处理时间，改善合规性，并有助于更有效地与患者互动。
预约演示	预约演示	预约演示	预约演示

图 4 - 6 Automation Anywhere 目前覆盖的业务场景

Automation Anywhere 是 RPA 领域全球领导者，其充分利用自身首创的机器人流程自动化、人工智能（AI）和嵌入式分析三合一技术，在云端的基础上提供智能数字化劳动力平台，帮助传统企业在数字化道路上找到新的业务增长点。Automation Anywhere 已在全世界超过 90 个国家和区域提供了 180 万台能够提供流程自动化的机器人，覆盖金融服务业、健康医疗业、信息通信业、公共事业等关键领域头部企业。

2020 年 11 月，Automation Anywhere 结合中国市场，布局了全新战略，发布了专为数字化时代工作而设计的智能数字助手 AARI，这意味着 RPA 行业不再局限于平台化的商业模式，将智能化引入平台造就两化时代将是趋势。

一、抓住市场需求

近几年，在技术和资本的加持下，以提供 RPA 服务为业务的公司出现在大众眼前。人工智能、大数据等技术赋能，资本的大量涌入，多起大笔融资、市场增速和企业估值均使 RPA 站在了聚光灯下。Automation Anywhere 作为一家最早布局 RPA 业务的公司，自然也获得了大量的关注。

2018 年 7 月，Automation Anywhere 得到了恩颐投资和高盛领投共同提供的 2.5 亿美元 A 轮融资，当时的 Automation Anywhere 估值达到 18 亿美元；随后，它又得到了来自软银愿景基金的 3 亿美元融资。2018 年至 2019 年期间，Automation Anywhere 获得了总计 8.4 亿美元投资，估值达到 68 亿美元。在资本的加持下，弹药充足的 Automation Anywhere 开疆扩土，并且加快市场落地速度。从市场规模来看，Automation Anywhere、Blue Prism 和 UiPath 并称 RPA 界的三巨头，前者更是服务超过 3500 家企业实体。

Automation Anywhere 只花费了 18 年就已经成长为全球 RPA 业务领导者，背后存在必然性。其中一个原因是这家公司准确地把握住了时代的脉搏，主要体现在以下两个方面：

第一，全球市场的人口红利衰竭，尤其是 Automation Anywhere 的总部美国，劳动力成本更高，员工对于重复类工作更为排斥。

以中国为例，约 2010 年"跨越"了刘易斯拐点之后，劳动力人口结构产生了巨大的变化，人口红利逐渐消退，15～64 岁劳动力就业人口占比逐年下降。从数字来看，2010 年占比 73.3%，达到峰值。之后一直下降，2019 年降至了 70.7%。在劳动力就业人口占比逐年下降的同时，城镇单位就业人员平均工资逐年上涨，投资回报率不断下降。

因此，随着公司的劳动力成本上涨速度开始超过劳动生产率，劳动力成本上升对公司竞争力的影响越来越明显。这时企业的重心开始从整合外部资源要素转向挖掘内部管理，积极寻找提高内部管理效率的工具，期望提高劳动生产率。RPA 作为连接系统与数据的接口，将扮演重要的角色。

第二，RPA 的快速发展和当前人工智能技术的成熟和落地息息相关。人工智能经历了三次低谷、三次浪潮，其理论和技术得到了快速发展，尤其是在语音识别、文本识别、视频识别等感知领域取得了突破性进展。这些技术的深度融合，使 RPA 突破了传统机器人流程自动化的天花板，极大地丰富和扩展了 RPA 能够完成的任务，同时也使用户的工作方式更加高效。

因此，在技术和需求的两个时代背景下，Automation Anywhere 致力于提供完善成熟的机器人流程自动化平台，不断拓展生态、补齐短板、升级平台。例如，其在 2019 年推出新一代 RPA 平台 EnterpriseA2019，这款基于云原生开发的产品打破了时空的限制。使用此平台，RPA 产品的交付和运维均可在云端完成：部署周期短，可根据需要进行扩容，还能在不改变现有业务流程的情况下敏捷部署，以及在不改变任何基础业务系统的情况下灵活应用。因此，产品易用性明显提升。

此外，AI 技术赋能的 Automation Anywhere 提供多种产品：Discovery Bot 能够用 AI 驱动流程，从而发现提升自动化周期速度；IQ Bot 能够进行智能文档处理，帮助企业加快部署；Bot Insight 平台主打运营和商业智能分析自动化。

综上，Automation Anywhere 的 RPA 产品独树一帜，已从传统的项目制、单机部署走到了"RPA 即服务"（RPA – as – a – Service）阶段。

二、解决方案与技术打造的护城河

Automation Anywhere 一方面在需求和解决方案端发力，另一方面也更加注重底层技术。在某种维度上，Automation Anywhere 的机器人流程自动化 + 人工智能融合将从计算方面帮助人类突破瓶颈，进入智能化阶段。

具体到技术方面，Automation Anywhere 的 RPA 平台的所有组件都融合了 AI 技术，应用了当前最先进的 AI 技术，例如，神经网络、机器学习、深度学习等，从而在流程引擎上实现了智能化。

Automation Anywhere 也正在使用认知计算技术作为业务突破点，通过模仿类似人类的行为，从而让机器进行关系推理、因果推断和持续学习。此外，认知计算既能处理结构化数据，也能处理非结构化数据；它不仅可以整合计算中与人的交互体验，还可以整合与其他机器的交互体验。基于以上优点，Automation Anywhere 发布了 RPA 与认知计算技术相结合的产品：IQ Bot，突破了结构化、预定义数据的限制，从而解锁更多任务。

IQ Bot 与传统的 RPA 机器人相比，传统机器人在处理单一格式的数据时，例如，一张电子表格，占据优势。但企业所需要处理的信息是多种多样的。如在客户发票处理业务场景下，客户提供的发票格式多种多样，想快速完成任务就需要为每种发票格式都创建一个新的机器人，这样不仅低效且耗时，而且毫无意义。认知计算赋能的 IQ Bot 能够"一键解决"，即统一分析、整理和处理各种格式的数据，不仅包括发票，也包括健康记录、保险索赔、财务文档等。

除了底层技术之外，Automation Anywhere 还具有强大的融合能力。Automation Anywhere 的 RPA 应用商店 Bot Store 是企业级的智能自动化应用市场，开发人员、用户在 Bot Store 中都能找到相应的解决方案和应用程序；微软、谷歌、甲骨文和 IBM 等合作伙伴也加入了 Bot Store，不仅增添流量，还贡献了大量的业务场景。目前 Bot Store 提供近 600 个能够流程自动化的机器人，每个用户都可以进行下载，帮助他们将日常任务自动化。据悉，Bot Store 的应用商店推出仅仅 20 个月，Bot Store 的机器人下载数量超过 10 万次。

在新冠肺炎疫情期间，Automation Anywhere 的产品优势表现得更加淋漓尽致。Automation Anywhere 推出的一款新 AI 机器人，它可以帮助航空公司和酒店加快处理 COVID－19 造成的大量客户订单取消。其可以自动从存档的客户电子邮件中提取机票信息，打开预订和退票应用程序，验证乘客预订记录（PNR）、客户旅程、航空公司积分奖励、优惠券状态和佣金，处理申请并发放电子凭证，大大节省了人力成本。例如，一家大型航空公司使用 RPA 平台简化并加快了航班取消的工作流程，将工作流程的处理从几十分钟缩短到 5 分钟以内。与此同时，RPA 机器人还可以帮助远程上班族在家中访问联网设施，在酒店场景下，这提高了酒店客服协作交流的效率，使酒店的客户等待时间大大减少。

RPA 和 AI 的结合只是 Automation Anywhere 技术层面的底蕴。如何驾驭好技术，在数字经济时代帮助企业实现效率与能力的双提升？Automation Anywhere 用全局性、平台化、智能化的眼光看待 RPA 产品的布局，明确大规模机器人流程自动化＋人工智能的部署，需要统一的系统管理。Automation Anywhere 采取中央管控＋联邦应用模式支持机器人规模化应用，具体的措施包括机器人生命周期管理、机器人执行管理、日志和监控、更新和扩展等，还独创性地提出了运营管理体系的六大模块：机器人流程探索、机器人工厂、机器人运营中心、机器人治理、机器人商店以及机器人教育。这六大组成部分的协同构建了管控机器人流程自动化平台的生态，实现了机器与人和谐相处的工作模式。只有生态上的支撑，再加上企业级的安全可靠性保障，才能实现良性的数字化劳动力规模化运作。

随着 RPA 厂商数量不断增多，Automation Anywhere 从技术、产品、服务、生态四个维度延伸能力圈。Automation Anywhere 的护城河来源于两个方面：一是多年的技术沉淀和项目经验积累，能够满足用户对基本模块的需求和扩展；二是不断迭代提升产品稳定性、灵活性、兼容能力进而打造高度集成的 RPA 平台，能够针对企业的实际情况，定制业务场景解决方案。

三、积极开拓中国市场

2019 年 Automation Anywhere 进入中国市场，在进入之初，就组建了技术、销售、培训团队提供本地支持。据 Automation Anywhere 首席执行官 Mihir Shukla 在一次采访中介绍，目前中国团队的变化相当快，员工数量每周都会有所增加。

针对中国，Automation Anywhere 有一套区别于其他区域市场的理解：中国市场的数字化都走得比其他市场要快，又存在一定的独立性和差异化。例如，中国市场用微信，其他市场用 WhatsApp；中国可能有的用 WPS，其他国家可能更多使用 Office。Automation Anywhere 作为自动化平台提供商，针对中国市场着重进行研发，力求能够做到和主流应用配合和共存，例如，语言、客户成功管理、专业客户支持等正在初见成效。

Automation Anywhere 专门找前 Splunk（机器数据分析公司）日本及亚太区域副总裁梅正宇加入领导团队，任命其为 Automation Anywhere 大中华区总裁兼总经理。在他的带领下，Automation Anywhere 进入北京、上海、深圳、中国香港和中国台湾，为客户提供销售、市场、培训和本地支持。Automation Anywhere 专注团队搭建，包括技术工程团队、销售团队、合作伙伴等，配比非常均衡；同时，Automation Anywhere 也在扩大专业服务队伍。由于企业在进行数字化、自动化转型过程中，会需要更多的经验和支持，Automation Anywhere 也正在重视这一方面的投入。

在产品方面，Automation Anywhere 借助中国的技术能力，积极研发本土化产品。中国在计算机视觉、自然语言理解等人工智能领域有着独特的优势，Automation Anywhere 通过建设本地的研发团队，集合更多的本地厂商，包括人工智能公司和独立软件厂商，从而扩大合作伙伴生态。

Automation Anywhere 在中国主要有四方面的合作伙伴：一是传统的系统集成商和做代理的渠道商；二是在市场上提供一些附加价值服务的分销企业，例如，信贷类、交易类平台；三是本土独立软件供应商软件厂商；四是传统的四大会计师事务所和咨询公司，也是 Automation Anywhere 在中国的合作伙伴。

针对中国区产品的本地化情况，Automation Anywhere 也正在从使用习惯、采购模式、客户支持等方面做出调整。首先着力放大共性，把全球最佳实践引入国内市场；其次也尊重中国市场的一些差异。

Automation Anywhere 也已看到，尽管 RPA 在中国已经有非常好的发展土壤，但在成熟度上还落后于国外其他区域。所以，在中国 Automation Anywhere 也正在着力做好客户教育，进行大量宣传和分享，以数字化劳动力的解决方案思路引导客户，而不是把 RPA 单纯当作 IT 工具、软件等产品。

在建立认知后，Automation Anywhere 也正在配合中国客户的采购习惯。例如，他们发现，典型的中国客户会直接先问 Automation Anywhere：这个机器人怎么卖？Automation Anywhere 会根据中国采购习惯回应：价格方面可以提供优惠，但想要了解一下企业，需要达成的目标是什么，然后再讨论成本和效益等问题。

区别于现在很多的 RPA 初创企业，面对有战略思维想做数字化转型的企业，Automation Anywhere 也会帮助梳理企业的业务流程：不是简单购买 RPA 产品使用，而是利用 RPA 重新构造业务流程，利用这个契机，对目前企业的一些效率低下的流程进行改造。

例如，在泰康养老业务场景下，Automation Anywhere 主要承载了内外部系统数据传输人工录入工作，并实现实时无人值守，通过外部系统获取待处理案件后，由 Automation Anywhere 机器人将案件录入到泰康自有系统内，并完成派发、处理、案件反馈等一系列动作。据 Automation Anywhere 中国区总经理严立忠介绍：仅泰康养老一项业务就节省了 57 个人的费用支出，对已上线的近 300 个场景加起来，累计节省人工高达 1.5 人/天，平均工作效率提升 20 倍。

Automation Anywhere 在中国开拓市场仅仅不到三年，便获奖颇丰，例如，中国科学院大数据挖掘与知识管理重点实验室评选的"全球人工智能企业"，Automation Anywhere 作为唯一一家 RPA 企业上榜全球人工智能企业 TOP20；此外，Automation Anywhere 还获得了《金融电子化》杂志颁发的"金融科技创新突出贡献奖"；中国银行业协会金融科技专业委员会指导并由金科创新社颁发的"金融 RPA 解决方案"；InsurFuture 未来保险峰会颁发的"保险 RPA 技术创新奖"以及 RPA 中国颁发的"最佳 RPA 产品"等。

四、结语

技术不断发展，时代不断进步，未来 RPA 会成为流行的业务流程自动化工具，如果一些平台所推崇的"自动化人人可用"的愿景能够成真，RPA 未来的市场空间比现在任何机构的预估都要大。同时，RPA 已是数字新基建的说法，也已经在业内流行，从 RPA 在疫情中的应用案例可见一斑。Automation Anywhere 公司利用先进的人工智能技术、成熟的管理经验、丰富的业务场景处理能力以及对时代脉搏的准确把握，正在给未来 RPA 业务进一步扩展打下良好基础。因此，Automation Anywhere 成功入选全球独角兽企业 500 强榜单可谓实至名归。

Wish：专注廉价商品的跨境电商平台

可能在未来 10 年内，我们能够建立新一代的沃尔玛和一个阿里巴巴。

——Wish 联合创始人兼首席执行官 Peter Szulczewski

Wish 是由 Peter Szulczewski（首席执行官）和 Danny Zhang（CTO）于 2011 年创建于美国硅谷的一家高科技独角兽公司，前身为面向移动端广告业务的技术服务公司 Context Logic，2013 年正式进军电商。Wish 平台是"中国卖家＋北美市场"有力结合的典范，该平台的卖家有 94% 来自中国，服务于 100 多个国家和地区，拥有超过 1 亿月活跃用户，平台为 50 多万家商家提供约 1.5 亿件商品，每天售出约 180 万件商品，是北美和欧洲最大的移动电商平台。据媒体公开报道，Wish 母公司 Context Logic 于 2020 年 12 月在纳斯达克上市，拟发行 4600 万普通股，估值可能达到 140 亿美元。

这个身处大洋彼岸、主打各种折扣商品的电商平台，由于采用经济实惠的廉价产品定位，也被称为"美国版拼多多"。打开 Wish 移动端的 App，你会发现很多商品虽然没有品牌，但价格却出乎意料的低。同时，Wish 使用智能算法技术，大规模获取数据分析了解顾客的喜好，快速为其提供最相关的商品，让烦琐复杂的购物过程变得更加高效快捷。此外，其旗下共拥有六个垂直的 App：Wish、Geek、Cute、Home、Wish for Merchants。近年来，Wish 的下载使用量在 Google 商店和 App Store 中稳居前列，被评为欧美最受欢迎的十大购物类 App 之一。

从起初仅有 50 个人的穷团队到 2014 年成为跨境电商平台的一匹黑马，再到如今成为估值百亿美元的行业巨头，Wish 一路披荆斩棘，不断崛起，离不开以下几个关键性要素。

一、创始人优势互补

Wish 的两位重要创始人分别是来自加拿大的彼得·舒尔泽斯基（Peter Szulczewski）和来自中国广州的张晟（Danny Zhang）。两人曾一起求学于著名的加拿大滑铁卢大学，在一节数学和电子计算机课上相识，因为同对计算机和足球有着疯狂的热爱，成为了关系非常好的朋友。

大学毕业之前，Peter 就有在谷歌、微软等名企实习多月的丰富履历，毕业后他正式进入谷歌工作，参与开发了关键词扩展的原型算法，这一功能每年能为谷歌带来 1 亿美元的收入。而张晟这位低调的广州青年，不仅有着潮汕人的商业特质，更是在计算机科技领域拥有 10 余项专利的技术狂人。2005 年，从滑铁卢大学研究生毕业的他直接进入雅虎工作，连续担任四年的技术主管，此后又任职于 Lime Ware 和 AT&T 等公司，负责技术方面的工作。

2009 年，Peter 离开谷歌，全身心投入创业。2010 年 9 月，凭借自己卓越的技术背景，他拿到了 170 万美元的天使投资。2011 年 5 月，Peter 找到还在 Yel-lowPages. com 工作的旧友张晟，表达了想与其联合创业的想法，张晟对此也颇感兴趣，两人一拍即合，在硅谷注册成立了 Wish 的母公司 Context Logic 公司。2013 年 3 月，两人经过商议，正式将公司业务转型到跨境电商，不到一年就收获了高达 1 亿美元的平台交易额。善于抓住商机的 Peter 和张晟又发现，来自中国的低价商品在海外很受欢迎，例如，义乌的商品市场，物美价廉且供货源头充足。但来自加拿大的 Peter 对中国的很多情况并不熟悉，张晟正好可以成为中西交易之间的联系桥梁。于是由张晟牵头，联系中国卖家，把便宜的义乌货发到 Wish 卖。由此，Wish 逐渐发展壮大。

可以说 Wish 的开门红，离不开创始人的重要因素：首先，Peter 和张晟是同学，又是关系非常好的室友，对彼此都非常了解和信任，创业过程中遇到问题可以进行更直接有效的沟通，这就大大提升了创业成功的可能性。其次，虽然 Peter 和张晟来自不同的国家，但这恰好成为他们合作的法宝之一，来自中国的张晟对中国的很多情况更加了解，为 Wish 开拓了广大的中国卖方市场。Peter 对海外市场和机构更加熟悉，这为 Wish 的融资创造了有利条件。最后，Peter 和张晟都是技术大牛且都有精深的技术工作经验，强强联手赋予了 Wish 天然的技术优势，而 Wish 后来的爆发性成长也正是因为平台基于智能算法推送技术，为用户打造了个性化的服务。

二、重视性价比的消费者

商品物美价廉是 Wish 最鲜明的特点之一。打开 Wish 购物 App 的界面，会感受到与拼多多类似的画风，海量的超低价、限时购商品映入眼帘：仅售 4 欧元的名牌手表和仅售 1 欧元的精美钥匙扣、即将售罄的 4 欧元颈椎仪和 11 欧元的工具箱，还有不到 50 欧元 32GB 安卓智能手机……无一不撩拨着消费者的购买欲望。要知道，同样一件商品，在 Wish 卖可能只标价 2～3 美元，但在亚马逊、速卖通和 eBay 上就可以卖到 10～20 美元。显然，Wish 上的商品价格要比亚马逊和其他网站低很多。因此，寻找优惠的人们更倾向于选择 Wish，通过 Wish 购买商品的顾客最关注的并不是产品的高质量或是完善的售后服务，他们更关注的是商品价格，这个价格是否值得冒险购买。例如，在 Wish 上购买的 3 美元的鼠标可能不如其他平台卖的 30 美元的鼠标质量好，但顾客还是会购买，因为这个折扣力度大到让顾客认为值得冒这个风险，会有"买到就是赚到"的心理。

与此同时，Wish 也采用了与拼多多一致的营销模式——产品直接面向消费者，强调价格淡化品牌。Wish 中 94% 的卖家都来自中国，他们提供很多低价但无品牌的商品，通过产量赚钱。许多产品都是直接从中国的制造商那里出售，直达消费者手中。而不是先把这些产品送到美国的仓库，再打上品牌以包括营销和其他营运成本在内的加价出售。因为省去了中间商，所以价格非常便宜。和我们一贯认为的"购物体验第一，价格第二"的营销原则相反，Wish 专注于低价定位，形成自身特色，让人们一旦想购买便宜的商品就会立刻联想到它。

创始人 Peter 在演讲中这样提及他们的市场定位："Wish 运作的核心是采用大众市场路线的方式，也就是寻找重视性价比的消费者。在硅谷，很多初创企业都把目标放在了诸如硅谷、纽约或像中国的一线城市，但这些企业关注的都是他们的同类人。即人群中 10%、5%、15%～20% 的佼佼者，但事实上世界上大多数的人都重视性价比，这些人包括年收入为 50000 美元的美国中等收入家庭，年收入为 40000 美元的德国中等收入家庭，年收入为 35000 美元的法国中等收入家庭以及收入可能还低一点的意大利中等收入家庭。所以重视性价比的人不在少数，只是现在他们都有了手机，性价比模式同能帮助人们从手机上买到此前缺乏途径的产品。"

疫情期间，近 3000 万美国人处于失业状态，消费水平普遍降低。同时在封锁状态下，移动购物增长十分明显。此时 Wish 这个卖超低价商品的网站，对于现有用户和越来越多受到封锁影响的人群来说，无疑是最具吸引力的购物选择。根据移动应用研究公司 Sensor Tower 的数据，近几个月 Wish 这款应用的下载量激增，尤其是自 2020 年 4 月初以来，它在全球已获得了 5000 万的安装量。截至 2020 年 9 月底，Wish 平台的总收入达到 17 亿美元，比 2019 年同期增长 32%。

三、智能算法高效推送

相比于亚马逊、速卖通等平台注重搜索功能的完善，Wish 则强调利用智能算法推送技术为用户打造个性化的服务。它专攻移动端 App，时刻关注者用户的浏览历史，分析着用户的喜好，淡化品类浏览和搜索，专注于关联推荐，为用户推送和展示他们愿意购买、收藏或者分享的产品。每一个用户看到的商品信息不一样，同一用户在不同时间看到的商品也不一样。这种淡化搜索功能却重点打造推送的个性化营销方式，看似与很多电商平台格格不入，实则是独辟蹊径，杀出重围。

在智能算法技术的应用下，Wish 基于消费者购买、搜索过的商品以及查看而最终拒绝购买的商品，把用户、商品全部"标签化"，根据消费者和商品的

"标签"来进行智能匹配，打造高效的推送模式。例如，客户经常搜索和浏览儿童玩具，系统就会记录下儿童玩具这个关键词，对顾客进行瀑布流形式的推送。同样，如果数据显示顾客对耳机、手表等不感兴趣，Wish 就不会展示这些产品。这样就为消费者购物节省了很多时间，提高了购物效率。对商家来说，消费者购买的力度和频率都增加了，所以商店的销售额也可以得到提高。此外，这种后台的智能分析技术，有效遏制了不良商家恶意刷单的行为，打造了更加公平的市场竞争环境。只要耐心做好产品，随着时间推移，Wish 平台直接承包了你的推广、推荐、商品定位等多种后续建设服务。所以，Wish 智能运算的"标签化"逻辑对买家和卖家都是有利的，这也是很多投资人认可 Wish 的主要原因。

Wish 创始人 Peter 在演讲中谈道："人们拥有手机的数量比平板电脑或个人电脑多，而且他们会随身携带手机，并且手机的使用频率和其他电子设备一样高。我们也发现，移动购物是截然不同的体验，手机购物的娱乐程度更高。我们的竞争者是手机游戏、Facebook、微信和 Instagram，因此我们所要做的是既要有趣又要简单。所以，我们对 Wish 的定位不像亚马逊、ebay 或是阿里巴巴、京东那样的公司，他们的用户购物都有意向性，清楚自己想要购买的产品，所以他们打开网站，搜索产品，四处浏览，阅读评价然后购买。Wish 更像是在自己喜欢的商场逛街一样，当他们打开 Wish 时，就像在逛自己最喜欢的商场，我们则试图把商店、商品以及商品的橱窗以用户感兴趣的方式呈现在其眼前。我们从用户的使用中学习和研究其消费习惯，让用户能够轻易选择和购买自己想要的产品，用户每次使用手机的时间不会太长，为 6~10 分钟。它必须是用户在等待公交或消磨时间，或正在和朋友交谈时，用几秒钟发现自己喜欢的东西。"

四、社交媒体引流互动

拼多多的崛起离不开微信的流量，同样，Wish 的发展也离不开 Facebook。在 Wish 平台发展的早期，90% 以上的流量来自 Facebook。Wish 鼓励用户通过社交媒体注册，将社交媒体与购物相结合，鼓励新用户使用 Facebook 和 Google + 等社交媒体账户与站点互动，用户可以相互关注，查看彼此喜欢的产品和交换 Wish 清单，Wish 也能根据用户兴趣向其展示产品，专注于社交媒体也使 Wish 保持顾客和客户的透明度。同时，Wish 利用 Facebook 进行站外营销，投放广告，利用红人营销等。当然，Facebook 不是唯一的站外引流渠道，Twitter、Google shopping、Youtube 都是非常有效的引流站点，想要扩大销量需要进行多渠道引流。

Wisn 还推出多个垂直类 App，每个 App 都销售不同的品类。通过不同的软件细分市场，为特定人群提供特定的产品和服务，以有效地满足他们对特定种类或是垂直产品的需求。Wish 是其中推广最多的 App，同时提供多种产品类别；Geek 主打科技感，侧重智能、运动、健康等方面，包括手机、智能手表以及其他一些电子配件；Mama 主要为年轻女性和准妈妈提供母婴用品，上线的主要产品包括儿童及女士服装、儿童玩具、鞋袜等；Cute 囊括了当下最为流行的化妆和美容产品，主要运作模式仍采取与厂家直接联络，确保产品货真价实的前提下价格优惠折扣力度大，目前已成为欧洲和北美同类首选的移动应用程序；Home 是家具类产品平台，提供主要各种家居配件，按使用场景大致分为客厅、厨房、卧室和宠物；Wish for Merchants，专门为卖方设计的移动 App。注册完成后，卖家可以使用 Wish for Merchants 来监控他们账户，Wish 的顾客也可以在 App 中同时为商店及其产品评分。

业界评论，Wish 在战略布局上接连推出垂直应用 App，一方面是给特定用户带来了更好的产品和体验，另一方面也是为了抵御新进入者进行的自我升级和自我革命。

五、结语

2020 年，Wish 企业估值达到 112 亿美元，居全球独角兽企业 500 强榜单第 28 位。在不到 10 年取得如此迅速的发展，Wish 的成功离不开卓越的企业家因素，低价营销、移动购物的商业模式、算法推送的核心技术以及细分市场和业务推广的战略。笔者认为，其中，最重要的一点就是在移动化浪潮下，Wish 率先将智能算法的核心技术运用到电子商务平台上，为顾客打造了高效便捷的个性化购物体验，这让 Wish 在发展的过程中吸引了多轮风投，才得以在资本赋能下不断发展壮大。当然，随着技术普及和同类竞争者的崛起，Wish 想要获得持续成功，需要不断进行自我颠覆和技术创新，努力完善平台规则，并大力投资跨境物流的建设。我们相信与期待，Wish 这匹跨境电商界的黑马，继续开创奔赴更美好的未来！

Ripple：基于区块链技术的全球支付服务提供商

要建立完整的全球化体系，就必须同时拥有数据、商品、货币三要素，而现在缺少货币要素。区块链能真正代表价值网络的完成，也是全球化的最终组成部分。

——Ripple 创始人 Jed McCaleb

货币的演化经历了漫长而又复杂的过程，货币形式经历了从实物货币、金属货币、信用货币到电子、数字货币的演变过程。现如今的数字货币支付贯穿了人类生活的方方面面。支付方式的创新与升级给人类的生活也带来了巨大的改变。

1975 年，杰德·麦卡莱布（Jed McCaleb）出生于美国阿肯色州的一个小镇，他的单亲母亲并不知道，多年后他将成长为一位叱咤币圈的创业天才。麦卡莱布最先创建了电驴（e Donkey），一种以 P2P 技术为基础的文件分享网络；而后又创办了 MT. Gox，一度成为当时世界上最大的比特币交易所；2012 年，麦卡莱布及其团队成立了瑞波，广泛应用于国际支付。

当时，随着比特币的日益成熟，其底层技术区块链的潜力也日益为人们所重视。麦卡莱布也敏锐地意识到，区块链所依托的分布是一种基于分布式金融科技的开放式支付网络，方便全球用户支付与汇兑。如果说互联网实现了信息的传递分享，那么瑞波则在某种程度上实现了价值的传递和分享，经过瑞波，国际间的支付汇兑的流程被大大简化，成本也被降低。对麦卡莱布来说，瑞波诞生的意义则是在网上建立了一体化的支付平台，实现了货币的互联网化，技术理念可以被用来解决现实问题。

尽管麦卡莱布之后因为与新上任的 CEO 不合而离开了瑞波，但他在瑞波公司成长的路上画了浓墨重彩的一笔。

瑞波（Ripple）的前身是瑞波支付（Ripple Pay），2004 年由瑞安·富格（Ryan Fugger）创办，他的核心思想是建立一个能够取代银行金融体系的点对点支付网络。2011 年，弗格将瑞波 Pay 的缰绳交给了麦卡莱布，2012 年，麦卡莱布聘请了克里斯·拉森（Chris Larsen）出任首席执行官（CEO），这标志着 Open Coin 时代正式开启。2013 年公司正式更名为 Ripple Lab，2015 年公司名称简化为 Ripple。瑞波总部设在旧金山，并在纽约和伦敦派驻了代表，不久后扩展到了悉尼。

2016 年，Strategic Business Innovator（SBI）亚洲涟漪成立，瑞波正式在亚洲进行部署，成立 SBI Ripple Asia，服务面向中国、中国台湾、韩国及其他东盟的国家和地区。

2018 年，瑞波的 Inter Ledger 协议（ILP）正式启动，以确保留有区块链和遗留技术之间的可操作性。同年，瑞波成立了 Ripple Net 委员会，创建并维护规则手册，以确保每笔交易的操作一致性和法律清晰度。同时，瑞波币基金 Xpring 的成立完善了基础设施并帮助新的区块链项目发展。瑞波宣布成立大学区块链计划（UBRI）后，提供了超过 5000 万美元的资金用以支持和加速区块链、加密货币和数字支付领域的学术研究、技术开发和创新。其战略合作伙伴，Money Gram 通过一种使用虚拟货币 XRP 的汇款解决方案（On – Demand Liquidity，ODL）扩展了汇款业务，推动了美国和墨西哥之间的瑞波 Net 交易。

2019 年，瑞波官方宣布，已有超过 300 家的银行、金融机构加入了 Ripple Net，同时其交易量同比增长 10 倍。

2020 年，瑞波宣布与欧洲数字汇款服务商 Azimo 建立新的合作伙伴关系，Azimo 开始使用瑞波 ODL 加快向菲律宾的国际汇款。

如今，瑞波已经入围全球独角兽企业 500 强，排名高达第 21 名，是什么让瑞波在短短几年内从名不见经传的小企业发展到今天币圈赫赫有名的数字货币领头羊？

一、始终如一的愿景

瑞波一直致力于向世界传递信息，实现互联网价值，创建真正的全球价值网络。例如，瑞波现在运行的财务系统简化了与客户合作的基础架构，并加强了与监管机构、政府和中央银行的合作，以确保瑞波自身的解决方案安全且合规。

2012 年，比特币基金成立，为了应对比特币这种新生事物的诞生及成功，瑞波币开始允许比特币在其网络中进行支付，并可以以比特币作为结算的基础。这一时期大多数的普通用户并不能够完全信任交易对方可在网络用于支付，为了破开这一瓶颈，瑞波币网关（Gateway）结构开始启动，这一大型操作模式通过充当信任中介的网关结构，得到了许多用户的信赖，这种模式实现了传统意义上的金融机构与点对点网络之间的混合。

2013 年 1 月，瑞波推出了 XRP，即瑞波币。瑞波币的支持系统以加密签名公开区块链为基础，这点同比特币相同，因而不需要上文提到的信任网关的设计。瑞波币的使用流程实现了可以直接由用户（Sender）发送给用户（Receiver），消除了交易对手的风险。瑞波当时希望与美元支付的信任结构网络结合，以便实现全球支付计划，例如，国际企业间的支付交易费用。

2016 年，瑞波与日本 SBI 控股株式会社（SBI Holding）达成合作协议，成立了合资企业 SBI Ripple Asia，其中，SBI 拥有 60% 股权，瑞波拥有 40% 股权，公司希望能够利用瑞波的分布式金融技术搭建一个结算平台。这个平台的服务不仅面向日本，还将面向中国、中国台湾、韩国及其他东盟国家，总部将瑞波亚太地区的总部设在悉尼，将会继续服务澳大利亚、新加坡和印度。SBI 计划在未来建立属于自己的工程队伍与营销队伍，以满足企业对瑞波多元化的集成需求和保持增长的地区需求。"观察整个市场，瑞波是久经考验的企业级解决方案，而且已经获得了一些银行的支持，包括已经与亚太地区顶级银行之间签订了商业合作。分布式金融技术无疑具有改变金融基础设施的潜力，我们很高兴能加入其中，带动该技术在整个亚洲市场的普及。"SBI 的首席执行官北尾吉孝（Yoshitaka

Kitao）说。由此可知，瑞波正式在亚太地区进行战略部署，除了满足公司需求之外，还将在亚洲推广这种分布式金融技术，有力地促进亚洲市场的操作与普及，助力瑞波实现其全球支付愿景，构建全球价值体系。

2018 年，瑞波网络（Ripple Net）正式诞生，主要是由银行、金融机构和支付提供商组成的全球网络，能够在全球范围内即时可靠地进行汇款，只收取微不足道的手续费，实现了 40 多个国家的网络联结，旨在轻松经营高性能的全球支付业务，利用区块链技术，为国际资金转账提供无摩擦的体验。

2019 年，瑞波宣布其客户数量已超过 300 家，在旧金山、纽约、华盛顿、伦敦、孟买、新加坡、圣保罗、雷克雅未克以及迪拜都设有办事处。

瑞波一直在为实现其全球支付愿景而不懈努力，并且多年来瑞波坚持做非营利机构，只收取微薄的手续费用。

二、世界第一个开放的支付网络

瑞波是当今唯一一家拥有 55 个以上国家或地区的数百个客户用于商业用途的产品的企业区块链公司。这些企业可以通过瑞波的全球网络访问替代流动性解决方案，该网络独特地使用 XRP Ledger 及其本机数字资产 XRP 来帮助改善全球支付服务。

Ripple X 提供开放源代码和开发人员工具，以加速构建高效且可互操作的区块链技术，从而推动全球支付及其他领域的创新。瑞波网通过单个 API 提供与全球数百家金融机构的连接，并为用户及其客户更快、更便宜、更可靠地转移资金。它还可以帮助客户减少甚至消除使用按需流动资金（ODL）进行预付款的需求，该服务使用数字资产 XRP 来进行跨境交易时的流动资金，以替代传统系统。瑞波网具备非中心化的基础设施，能实现 3 + 秒发送付款，同时具有流动性的解决方案，无须任何预付资金。

2013 年 Open Coin 推出了新版的瑞波网络，并运用了两个创新的措施来解决此时瑞波面对的孤立的窘境：一是推出了瑞波币（XRP），这是瑞波网络的基础货币，起初公司将 XRP 的供应量定在了 1000 亿，这是一个较高水平的定量，目前 XRP 可以精确到 6 位小数，最小的单位为滴（drop），计算公式为 1XRP = 1000000dXRP，也就是 100 万滴等于 1 个瑞波币，且可以在瑞波网络中自由流通。二是犹如前文提到的，瑞波公司引进了网关结构，人们可以任意地对法定货币或虚拟货币进行存取和兑换，他们相信的主体不再是交易对象，而是这一网关结构，就相当于是一个信用中介，负责将资金收集到平台内管理的公共地址，网关结构的引进大大提升了普通用户对瑞波网络的信任度。

作为世界上第一个开放的支付网络，瑞波网络支持任何一种货币，不论是美元、欧元还是日元均在服务范围之内，包括比特币也在其中，几秒就可以完成交易，且交易费用几乎为零，任何人都可以创建瑞波账户完成其想要的操作。分布式网络的算力是惊人的，所以建立在区块链技术基础上的瑞波币处理交易的能力显著强于实体金融机构。而且 Ripple 在区块链中增加完善了"共识机制"与"验证机制"，使瑞波币能在处理业务的时间上短于其他的数字货币。值得关注的是，在比特币网络上确认交易的平均时间在 10 分钟左右，但在瑞波网络上完成交易的时间只在 5 秒钟左右，这比比特币系统有了很大的改进。

郭玉鑫（2015）通过实证发现电子支付体量越大，流通中的现金越少，现金比率越小。同时，电子支付替代流通现金，使货币流通速度降低，在现金减少的同时单位活期存款和准货币大幅增加，对货币乘数起到增大的作用。

也就是说，随着 Ripple 的发展，越来越多的用户接受 Ripple 使用瑞波币，金融系统对现金的需求逐渐减小，系统的支付效率会随着瑞波币比重的增加而整体提升。同时，由于 Ripple 系统增大了货币乘数，央行不再需要发行像以前同样多的货币就可以使整个金融系统有序稳定地运行。

瑞波网络的高效性与安全性使其成为了这些创新金融科技平台的代表之一。

除此之外，瑞波系统运用的共识分类账具有明显的多样性与高效性，每天都有越来越多的金融机构或是银行将其作为执行业务运营的第一顺位。瑞波协议维护着一个全网络公共的分布式总账本。该协议有"共识机制"与"验证机制"，通过这两个机制将交易记录及时添加进入总账本中。瑞波系统每几秒钟会生成一个新的分账实例，在这几秒钟内产生的新交易记录，根据共识和验证机制迅速被验证。这样的一个个分账按照时间顺序排列并连接起来就构成了瑞波系统的总账本。瑞波的"共识机制"让系统中所有节点在几秒钟内，自动接收对总账本交易记录的更新，这个过程不需要经过中央数据处理中心。这个极速的处理方式是瑞波系统的重大突破。

三、统一全球支付基础设施

一家企业或是它的管理者，其眼光的独特性决定了未来企业的发展格局。如果不能真正认识到企业生存的关键所在，那么在科技竞争日益激烈的现代社会中将会很难发展生存下去。

自创办瑞波公司初期以来，就以长远的视角规划公司发展。麦卡莱布自弗格手中接管 Ripple Pay 后，便聘请了克里斯·拉森（Chris Larsen）出任公司 CEO 一职。拉森早前曾开创了线上抵押借款金融机构电子器件借款 E - Loan，一度达到了 25% 的市场占有率，后来与伙伴联合开创了 Prosper Marketplace，主要运营 P2P 网络借款业务，是一位名副其实的数字货币领军人。他在与麦卡莱布联合创办 Open Coin 以后，致力于开发、运行和维护瑞波 P2P 网络支付系统，这才有了今天辉煌的瑞波。主要体现在以下三个方面：

（1）释放区块链的力量。当前的全球支付基础架构无法满足业务或消费者需求。瑞波通过释放区块链和数字资产技术的力量，金融机构可以大大提高人们在世界各地进行交易的速度、成本和可靠性。瑞波引入的网关在其中发挥了关键的作用，非 XRP 货币和资产不存储在 XRP 账户本身中，每个这样的资产都存储在一个称为"信任线"的会计关系中，该关系连接双方，可以实现资产的即时转移。拉森表示，"要建立完整的全球化体系，就必须同时拥有数据、商品、货币三要素，而现在缺少货币要素。区块链能真正代表价值网络的完成，也是全球化的最终组成部分"。

（2）建立包容性金融体系。尽管瑞波的解决方案统一了全球支付基础设施，但这并不止于此。借助分散式金融技术的力量，无论它们身处世界何处，机构及其服务的企业和人员都可以使用开放和包容的系统。在创办初期，比特币在瑞波币的失败下初步取得了成功。后来，瑞波开发设计了新的支付核心机制，最大的特点就是包括瑞波币和其他法定货币均可在其中流通，具有很强的包容性。此外，瑞波网络还可以实现多种网络的兑现和支付，真正构成一个非营利性的、去中心化的全球货币金融体系，给传统的金融支付体系注入了新鲜的血液。

（3）加速价值互联网。面对当前科技发展日新月异的世界，瑞波很明确地认识到，全球金融的新时代在价值互联网（IoV）中形成，互联网是当今金钱像信息一样流动的世界。就像互联网对信息共享和通信的影响一样，物联网将成为价值交换的爆炸性催化剂：催生全球化的新篇章，重新定义整个行业并产生新的行业。

四、覆盖全球的客户资源

瑞波与客户一起正在建立更具包容性的财务系统，将企业与其服务的人群联系起来。其全球支付解决方案正在帮助改变全球小众的人群，汇款人和小型企业，如何实现跨境汇款和收款。瑞波还是使命驱动型组织的合作伙伴，这些组织通过研究教育和慈善事业，为所有人创造更大的经济公平性和更多的机会。

瑞波的全球战略客户主管马库斯·特里格尔（Marcus Treacher）表示，使用区块链技术的金融机构、银行和其他中小企业，可以在几秒内完成发送和结算，毫不费力地在全球范围内进行资金的使用和转移，就像在互联网上分享信息一般便捷透明，可以称其为"价值互联网"。

区块链技术的应用解决了跨境支付的低效问题，瑞波使用的新方法根据中小企业的需求量身定制，并提供了一种更高效、更具成本效益的方式来处理小额资金支付。由此受益的中小企业解决了在资金处理上的时间问题，以低成本提供了更快的汇款，完善了它们的客户体验，扩展了更多的资金业务。

目前，瑞波的客户覆盖全球 40 个国家和地区的 300 多家金融机构，其中不乏大型跨国公司，例如，泰国最古老的商业银行暹罗商业银行、英国业务范围涉及 47 个国家和地区的跨境转账平台 Transfer Go 等，都是瑞波网络的客户。

暹罗商业银行（SCB）领导了泰国的数字银行转型，使该国在全球移动银行用户中排名第一。就市场资本资产而言，暹罗商业银行是泰国成立时间最长的银行，也是最大的银行之一，以超过 3 亿美元的价格提供四种入站服务模式。瑞波通过即时跨境汇款帮助暹罗商业银行推动创新，其目标是让其成为最受尊敬的银行，创造创新的客户体验，并成为泰国乃至东南亚的数字银行领导者。瑞波公司针对性地为暹罗商业银行提出了解决方案：Ripple Net 帮助 SCB 与世界各地的合作伙伴进行整合，从而使该银行能够使用在 Ripple 上运行的 SCB Easy 应用程序为客户提供即时、低成本的跨境支付。该银行现正与 Ripple 合作进行其最新创新：提供实时跨境汇款。加入 Ripple Net 之后，SCB 已加入由 300 多个互联的银行合作伙伴组成的全球网络。仅在 2020 年，SCB 就在 Ripple Net 上完成了超过 50 万笔交易，交易量同比增长 335%。该银行推出的 SCB Easy 应用程序在 Ripple 上运行，允许客户向泰国境外的家人和朋友进行即时低成本的付款。

五、结语

科技改变世界，创新成就未来。从本质上来说，区块链技术是一个去中心化的数据库，它最大的特点是提供了数字化的信任中介，为全球的金融支付体系注入了新的活力。在未来，数字货币的发行及其体系的健全有助于金融体系基础设施的建设，进一步完善支付体系，提升结算效率，推动经济高效高质发展。瑞波公司作为数字货币支付的领头羊之一，2020 年企业估值达到 100 亿美元，入围全球独角兽企业 500 强名单，排在第 21 名，可谓是实至名归。我们有理由相信，瑞波公司将会继续以其独特的全球眼光进行金融服务的创新，为全世界的客户提供更好的支付体验，创建真正的全球价值网络。

HULU：蕴含巨大财富的宝葫芦

可见的领导力确实是倾听和讲话的微妙结合，尤其是在重大变革和不确定的时期。

——Hulu 现任总裁 Kelly Campbell

当今世界已进入互联网时代，信息技术和网络科技得到迅猛发展，智能手机等移动终端在世界范围内的普及率不断提高，为网络媒体的发展奠定了坚实基础，网络媒体逐渐成为人们生活中的一种必需品。而 2005 年 Youtube 的成立更是掀起了一阵在线视频网站的风潮。

然而，不可回避的一个问题是，尽管在线视频网站诞生至今已经超过 15 年，但却依然被盈利问题所困扰，如果它一直处于亏损状态，那么对于资本商人来说这一产业是没有未来的。而 Hulu 网的盈利模式却逐渐获得了视频网站公司的一致认可。

Hulu 网是美国乃至全球著名的视频网站之一，成立于 2007 年 3 月，由美国国家广播环球公司（NBC Universal）和福克斯共同注册，总部设在美国洛杉矶，并且在中国北京设有办事处。"Hulu"在英文字典中并没有出现，而是一个中文音译词。葫芦网（Hulu）的创始人兼总裁詹森·基拉尔（Jason Kilar）解释了为什么会选择"葫芦"这个名字，在中文含义中，葫芦包含两种有意思的含义，每一种都与创办 Hulu 的初衷相关。第一种意思按字面翻译成"葫芦"，在中文含义中，葫芦是被挖空用来保存珍贵的东西。第二种意思是"互动记录"。这两种定义都可以看成 Hulu 网的内涵，也与葫芦网的使命高度相关。

Hulu 网自创办以来，一直致力于为观众提供高质量、正版并且免费的视频，并且做出了一系列行之有效的行动。詹森·基拉尔（Jason Kilar）执掌 Hulu 网的第一件事是离开位于加州圣塔莫尼卡的豪华办公室来保证 Hulu 网运营的独立性，同时将身处北京的艾瑞克·冯招致麾下。艾瑞克·冯（Eric Feng）于 2006 年创办魔击体（Mojiti），运营模式与 Hulu 网类似，相当于 Hulu 网的前身。魔击体与 Hulu 网是由同一种语言编写的，正是有了魔击体的实践，Hulu 网才能在短时间内成功上线。

Youtube 的成立，引领了在线视频网站发展的风潮。在 2007 年 Hulu 网成立之时，这一行业的竞争已经变得十分激烈，所以最初 Hulu 网的成立并未引起社会的关注。Hulu 网 2007 年开始投入测试，2008 年 3 月正式上线。2008 年终统计的结果显示，当年 Hulu 网在全美市场总收入达到 1.75 亿美元，盈利达到 1200 万美元，2009 年更是以 1% 的视频流量占据了全美 33% 的视频广告市场。在 2010 年超过雅虎等老牌网站一跃成为美国第二大视频网站，引起了业界的轩然大波。可以说，YouTube 是新式视频网站的开拓者，而 Hulu 网却使这一行业的经济价值得以实现。

2020 年，在全美疫情肆虐之际，Hulu 网在全美点播视频订阅用户量达到 3660 万，相比 2019 年净增长约 800 万。同时广告收入仍然获得了破纪录的营收，实现了同比 41% 的增长。Hulu 网站究竟凭借什么独特优势而成为视频网站行业的翘楚，令许多"前辈"都垂涎三尺呢？

一、高质量的正版内容

Hulu 网与 YouTube 的最大不同，就是 Hulu 网走的是专业化视频模式，而不是 User Generated Content（UGC）模式。Hulu 网的总裁基拉尔曾经在接受采访时表示考虑过用户自创视频，但认为"用户不需要第二个 YouTube"。而 Hulu 可以实现这一目标，与他们的控股公司有很大的关系。

这主要表现在当其他视频网站为购买视频版权付出高额的价格时，有"后台"的 Hulu 网却能够以较低的价格占据全美 2/3 的高质量影视资源，而不必像其他网站一样为视频不够新颖、质量不够好而烦恼。Hulu 网的成功是传统媒体对于网络新媒体的一次成功反击，同时也证明高质量的内容永远是赢得消费者的关键。Hulu 网同网络新媒体相比的最大优势便是无可匹敌的视频内容。换言之，假如失去了几大股东和影视公司的支持，Hulu 就很难取得成功。

Hulu 网的两大初始股东分别为美国新闻集团（News Corp）和美国国家广播公司（NBC），而 News Corp 和 NBC 作为 Hulu 网站的投资方，为 Hulu 提供正版影视剧来作为投资的一部分。有了这样坚实的后盾，Hulu 网站从一开始就占据了比其他视频网站更具优势的地位，不仅可以保证视频数量，更可以保证质量。随着迪士尼集团旗下的美国广播公司（ABC）加盟，这三大股东所拥有的视频节目内容已远远超过其他视频网站，因此 Hulu 网几乎可以率先获得美国乃至全球的大部分最新视频资源。然而，Hulu 网还有更大的野心，它的目标是将所有视频资源收入囊中，让用户只要进入 Hulu 网站，就不需要再去其他视频网站寻找视频内容。之后 Hulu 网与华纳兄弟、索尼等数百家各类视频内容提供商达成了合作，获得了更多的视频资源，大大丰富了 Hulu 网站的视频分类，从而建立起其他视频网站望尘莫及的独特优势。

与 Hulu 网合作的公司均为正式的视频公司而不是个人，因而 Hulu 网的视频质量一直处于一个高水平上，这为网站赢得了大量的用户，在这一点上，即使是视频网站的霸主 YouTube 也难以做到，同时 YouTube 还因为视频质量问题而饱受广大观众的诟病。与同类视频网站相比，Hulu 网最突出的特点就是它可以轻易获得其他视频网站得不到的正版视频，避免了侵权盗版等问题，而有些网站则面临侵权案件的困扰，例如，YouTube 于 2007 年 3 月被 Viacom 提起诉讼，针对 YouTube 上出现的大量原告拥有版权的作品，请求法院判决 YouTube 停止侵权并支付 10 亿美元的损害赔偿。

总之，在视频内容方面，Hulu 网已经凭借高质量且确保版权的视频站在了同类视频网站的前沿，哪怕是在疫情肆虐的 2020 年，Hulu 网也实现了收视人数的暴涨和广告收入的巨额收入。根据《2020 全球独角兽企业 500 强榜单》，Hulu 网的排名上也名列前茅，为第 31 位，彰显了极具潜力的发展前途，尽管目前网站视频的领军仍然是 YouTube，但 Hulu 网已牢牢占据了第二名的位置，并且展现出高效并且持续的盈利能力，反超 YouTube 也许指日可待。

二、高效的广告盈利手段

先不考虑 Hulu 网，单从盈利的角度考虑来看，无论是传统媒体还是新兴媒体，广告收入都是媒体的一项主要收入。传统媒体的广告收入主要取决于收视率和发行量。而新兴媒体首先是受众广泛，其次在接受投放广告方面，更加准确高效，可以帮助广告商快速发现目标客户并且投放精准广告，从而实现业绩增长，因此广告商更倾向于在新媒体行业投放广告。

这就不可避免地会出现广告泛滥的情况，广告充斥各类网站。虽然用户十分反感强制性广告，但作为用户，当我们在打开各类网站时，仍然会不可避免地遇到各种广告弹窗。这主要是因为用户不可能支付媒体的运营费用，媒体为了成功运营并且盈利，就不得不用强制性的广告投入满足广告商的要求。而视频网站如果是将广告设置成静态窗口，效果不明显，因此大多数视频广告都是插入到点播的视频播放之前，时间从 20 秒到 90 秒不等，广告不仅多，而且十分繁杂。

在这一点上，Hulu 网展现出与其他视频网站不同的特点。Hulu 网敏锐地感受到用户的不满，因此 Hulu 网对待广告投放，首先，就一直坚持少量广告的路线，公司认为，为观众提供作为小憩的精品广告比播放数量众多却令人反感的广告更有价值。"少即是多"的投放理念得到了很好的实践，使广告商的广告得到充分的展示，从而使广告商更愿意为投放支付高额的广告费用；而用户也能摆脱繁杂的广告，在收看自己节目的间歇时间，看到一些有趣的广告。其次，在广告商的选择上，Hulu 网也展现出了远高于同类网站的远见。Hulu 网的广告商相对来说数量很少，但主要集中于一些全球性的跨国企业，这些企业财力雄厚，并且拍摄的广告相对而言也充满了趣味性，可以给观众带来一定的舒适感，从而对网站和广告商而言都是双赢的。

在广告植入的方式方面，Hulu 网更是展示了高人一等的智慧。其植入从来都是更加人性化地嵌入而非生硬地插播。根据视频内容的不同，将植入方式分为片头插播、片中插播和片尾插播三种方式，并且将相对无聊的文字内容放在视频的结束部分，而广告语则单独置于视频的一侧。并且在 Hulu 网的广告设置中也别出心裁，观看次数由用户自由选择，用户既可以一次性观看一段较长的广告，也可以在视频中穿插观看多次广告。另外，其他网站不具备的便是广告类型可以由用户自主选择，例如，在汽车企业的广告中，针对不同的车型拍摄不同的广告，这样多版本的广告给用户提供了更多的选择，用户可以自由选择观看越野车的广告还是观看商务汽车的广告，从而使受众有更多的选择权，在避免用户被动接受广告的同时，使广告的投放更加具有针对性和有效性。同时还鼓励用户针对看到的广告投票，通过投票可以显示出用户的偏好，为 Hulu 网向用户提供针对性的广告提供参考。

具有针对性和有效性的广告显然要比盲目地大量投放广告要实用，因此广告商也更愿意为这样的投放支付高额的费用，这就为 Hulu 网实现盈利提供了充足的条件。

三、极致的用户体验

Hulu 网的目标用户主要为新型群体，对于观看过程中的体验和互动十分重视，Hulu 网的设计也完全是按照用户的需求设计的，例如，页面的版式设计、播放设置、个性化服务等。通过制造极致的用户体验，将用户牢牢地绑定在自己的网站上，从而培养忠实用户，创造持续收入。

首先，Hulu 网站的设计以精简为主，导航设计和页面元素在简洁的同时也不失时尚感。页面布局以黑白和灰绿色为主色调，整体版面以方形为主，版面整齐，文字和图像的大小十分合适，并且至少一半的版面空间都是空白的，从整体上看，整个页面十分简洁明了。简洁的版面带来的最直接的好处就是方便用户的使用，用户打开页面之后，可以清晰地看到，整个网站分为三个部分：主菜单栏（包括 Logo 和搜索框）、视频播放窗口/热点节目推荐、节目信息部分（包括新增、流行、推荐或相关资料等信息）。同时还设置了电视剧和电影两大类，内容包含了几乎所有的影视剧和各类节目，并且为了满足不同年龄阶段的用户需求，采用了文字列表与缩略图搭配的导航方式。

其次，在视频播放方面，同全球各地大多数视频网站不同，Hulu 网没有要求用户下载特定播放器，也没有通过清晰度等要求强迫用户下载播放器，而是让用户可以直接在线观看。并且在播放中，为了提高用户的观看体验，享受到影院观影的感觉，Hulu 网还提供了降低页面亮度的关灯模式，此项设置可以让除了视频之外的空间变成灰色，从而帮助用户更好地观看视频，提高用户的满意度。

再次，除了基础的视频播放服务之外，Hulu 网还设置了很多的个性化服务。例如，将代表收藏的加号设置在缩略图的下方，用户可以很方便地根据自己的喜好添加收藏，也可以在视频播放之前就能看到其他用户对这个视频的评论；同时，Hulu 网也是较早利用大数据的视频网站之一，根据用户的点击记录和观看记录为用户推荐可能感兴趣的优质视频；在视频字幕方面，Hulu 网可以根据用户的喜好，自动为用户添加是否关闭字幕的选项，给用户提供便利。Hulu 网正是通过这一系列细节设置，为用户提供了更佳的视频观看体验，从而打动观众，黏住观众。

最后，最重要的是，Hulu 网始终将"搜索"作为提高用户体验感的关键。进入互联网时代，信息大爆炸已成为互联网时代的主要特征，视频网站也不例外。如何让用户在信息庞大的视频库中找到自己想要的视频以及高效便利地满足用户的需求，这些将成为视频网站能否取得成功的关键问题。而 Hulu 网在这一点上几乎是开创性的。Hulu 网从一开始就坚持，用户只要进入 Hulu 网，就不用再去其他的网站寻找。尽管 Hulu 网没有同一些影视公司签订合同，但只要用户在 Hulu 网搜索，依旧可以找到该视频的链接，最大程度地服务用户。同时时刻关注用户的反馈，每天回复用户的意见和问题，针对用户的需求改进网站。这些都体现了 Hulu 网用户至上的观念，始终为用户提供极致的体验。

在 2020 年疫情肆虐、居民停工在家期间，Hulu 网的用户增长获得了一个新的突破。进入 2021 年，疫情依旧没有停滞的趋势，对于 Hulu 网来说，为用户提供极致的体验，将依旧成为获取用户的关键。

四、持续的资本赋能

在初创类企业的发展过程中，资本发挥着重要的作用。正是有了充足的资本注入，一家企业才能得到发展的各项资源，从人才引进到办公室等硬件设施建设，都需要资金注入。资本的支持是新创企业，从初创公司跨越成为隐形独角兽，再成为独角兽，进而登陆资本市场的关键要素。

在这一点上，Hulu 网在创立初期就已经远远领先了其他同类网站。Hulu 网背靠 NBC 环球、新闻集团以及迪士尼三座大山，可以说是含着"金汤匙"出生的，创业初期便将亚马逊 CEO 杰夫·贝索斯的得力干将杰森·吉拉尔高薪聘请前来担任 CEO，更是将魔击体的创始人艾瑞克·冯招致麾下，两大人才的加盟为 Hulu 网的快速投入运营以及盈利奠定了坚实的基础。根据 Hulu 网的融资历程显示，2007 年 10 月，在试运营之后，Hulu 网以 10% 的股份为代价成功得到了普罗维登斯私募企业 1 亿美元的投资，从而在第二年 3 月正式对全美开放。

Hulu 网不负众望，在 YouTube 等企业依旧需要 Google 的巨额投入才能运营时，Hulu 网在投入运营两年后便实现了盈利，展现了视频网站广大的发展潜力。2013 年 7 月，NBC 环球（NBC Universal）、21 世纪福克斯和迪士尼三家公司发布联声明，将持续持有 Hulu 网的股份，并且在未来为 Hulu 网的发展提供 7.5 亿美元的资金注入。正是有了这一笔资金的注入，Hulu 网才能于 2014 年正式在日本建立新公司，成功进入日本市场，迈出了开拓海外市场的重要一步。

Hulu 网所展现出来的巨大的盈利能力，也吸引了越来越多大公司的关注。2016 年 8 月，Hulu 网与时代华纳达成协议，后者将斥资 5.8 亿美元入股，持股量约一成。在这次融资中，Hulu 网不仅获得了急需的资金，而且也正式与时代华纳达成合作协议，成功获取了时代华纳所有的影视资源，为 Hulu 网的进一步发展奠定了基础。Hulu 网能取得今天的成就，资本发挥了重要的作用。通过持续的资金注入，为企业的持续发展赢得资金的同时，也利用投资商的影响力获得巨大的资源。

五、开拓新的营收渠道

对于视频网站而言，连续多年的巨额投入，单纯依靠广告收入来获利是十分困难的，尤其是对于一些网站流量比较小的视频网站。因此，很大一部分视频网站除了广告收入，也开始积极寻找其他的盈利手段，例如，尝试采取向用户收取一部分观看费用，希望以此来弥补高额的运营费用和版权购买费用，但大多数视频网站都以失败而告终了。视频网站发展到今天，用户已习惯了享受免费视频，如果一家网站突然开始收费，该网站的吸引力和优势就会迅速降低。

Hulu 网也不例外，幸运的是，Hulu 网最终通过高质量的正版视频赢回了用户。2010 年 11 月 Hulu 网站正式推出了 Hulu plus，用户每月仅需支付 7.99 美元，就可以通过电脑终端观看视频，还可以在电视机和当年十分流行的 iPad 上观看。Hulu 网通过这一收费项目，无疑增加了网站的收入渠道。并且随着用户的逐渐接受，Hulu 网也逐渐开始将视频的价格和内容提上了讨论桌。2010 年底，Hulu 网的首席执行官在接受采访时称，2011 年 Hulu 网的付费视频用户将会超过 100 万。而到了 2017 年付费会员人数已经超过 1700 万。2019 年，付费视频用户超过 2500 万，截止到 2020 年 12 月 2 日，付费用户更是达到了 3880 万。这意味着除了广告收入之外，Hulu 的盈利能力还进一步增强了。

除了向用户收取费用以外，Hulu 网的另一个独特优势便是背靠美国国家广播环球公司（NBC Universal）和福克斯等影视公司。Hulu 网有权将正版视频转售给其他的视频网站，从而赚取更多的利润，在获取利润的同时，还可以增加对手网站的财政压力，在竞争中占据更大优势。

六、全球化战略布局

随着公司规模的扩大，任何一家企业都将海外市场和设立海外办事处视为企业谋求更大发展的有效途径，Hulu 网也不例外。但 Hulu 网同其他同类网站很大的不同便是，创立初期就十分重视海外市场和国际人才的引进，包括创立初期将魔击体的创始人收入麾下，在北京创立办事处以及随后对日本市场开放，并且在日本投资注册公司等。

2007 年 Hulu 网刚刚创建时，就在中国北京设立了办事处，这和其他外企很不一样，其他外企多是在国外已经很成熟，然后再在国外建立一个分公司。通过在中国建立办事处，一方面利用中国的劳动力资源，使 Hulu 网可以做到 24 小时不间断地维护网站，为用户提供良好的体验；另一方面也打出了知名度，为未来 Hulu 进入中国市场奠定了良好的基础。其后，Hulu 网总裁前往中国同爱奇艺高层会面，尽管双方最终未达成合作协议，但也表现了对中国市场的重视，或许为未来进入中国市场埋下一颗种子。

2011 年，Hulu 网宣布正式进入日本市场，其网站开始面向整个日本开放。这是该公司首次国际扩张。Hulu 网对日本开放的细节并未公开，似乎只会提供收费的订阅服务，并且已在东京设立了办事处，并准备推出日本网站。Hulu 网将日本作为首个海外市场，原因是多方面的。一方面，日本观众已经习惯并且较为热衷于收费视频内容，另一方面也是世界级的电视剧和电影的主要生产国。在日本，有着对 Hulu 网发展非常有利的环境，包括巨大的收费故事片和电视内容市场，较高的宽带、智能手机和其他互联网连接设备普及率以及消费者的强烈兴趣等。

一系列海外组织的建立，在为 Hulu 网打开国外市场的同时，也为 Hulu 网带来了较高的利润。在美国 Hulu 网面临 YouTube 以及雅虎等公司的强大压力，市场份额受到一定的挤压，而国际市场用户庞大，具备巨大的发展潜力，海外市场或将成为 Hulu 网下一步发展的主要战略之一。

七、结语

在 2020 全球独角兽企业 500 强榜单中，Hulu 网以 100 亿美元的估值居第 31 位，这与 Hulu 网高质量的正版内容、广告盈利手段、极致的用户体验、持续的资本赋能等是分不开的。2019 年，迪士尼与 21 世纪福克斯达成协议，以 713 亿美元的成交价格拿下 21 世纪福克斯的股份，对 Hulu 网的股份由 30% 增至 60%，成为 Hulu 网的控股股东，但这并没有对 Hulu 网的独立运营造成影响。在不久的将来，Hulu 网与迪士尼合作的机会也会越来越多。这是因为 Hulu 网已经成为了迪士尼"直通终端用户"（direct - to - consumer）战略的重要组成部分，因此必将获得迪士尼更多的投资；另外，简化的股权架构，使 Hulu 网的商业决策更加迅速、规模扩大更为敏捷。迪士尼消费者和国际业务主席凯文·梅耶尔（Kevin Mayer）表示："通过进一步将 Hulu 网团队整合到我们的组织中，我们可以更高效地部署资源，迅速扩大在美国以外的业务，并继续坚持不懈地创新。"如今，随着许多在线视频服务的竞争者不断涌出，Hulu 网面临的挑战与压力也逐渐增多，但是凭借 Hulu 网之前的种种优势以及今后不断地探索与创新，Hulu 网一定能够不断突破自身，未来在更多市场上崭露头角。

DoorDash：美国外卖市场的"不入流"者

世界瞬息万变，随着时间流逝，所有老旧的观念需要重新被审视，所有人也要与时俱进，适应新想法。

——DoorDash CEO 徐讯

"First order, no delivery fee." 依次穿过公寓、棒球场观众席、病房、学校宿舍和画室，DoorDash 配送员将食物送到各地的消费者手中，这则十分有创意的广告为我们展现了 DoorDash 为用户提供便捷生活方式的一幕。这家公司诞生于 2013 年，拥有三位华裔创始人的年轻外卖配送平台，十个月内就实现盈利千万美元，经过三年的运转，在 2016 年时市场份额达到 45%，远领先于其竞争对手 Uber Eats、GrubHub 和 Postmate。DoorDash 利用从用户下单、平台上的商户接单到配送员将食物顺利送达这一过程的合理调配，兼顾了用户、平台、配送员和商户的四方利益。

一、设计四原则，为了更好的交互体验

DoorDash 平台的设计理念，紧紧围绕用户而生。为用户打造良好的使用体验是其一直以来的追求。其提出的四大设计原则——"Delightful""Thorough""Trustworthy"和"Efficient"，无一不强调了用户的中心位置：

（1）Delightful。关注自身给用户带来的体验感，更好地了解客户的需要，从需求出发，给顾客带来满足和愉悦。DoorDash 早期寻找合作餐厅时，就比其大多数竞品的平台减少索取了近 10% 的抽成费用，吸引了更多餐厅的加入平台，为用户提供了多样化的选择，使顾客不用每天只在有限的餐厅里挑选，将多数选择权交予顾客手中能增强他们使用送餐服务时的幸福感。

（2）Thorough。考虑现实中服务的各种情况，做出详细的应对策略，更好地处理每一订单从生成到结束的各细节部分。DoorDash 的外卖配送费分为三部分，分别是基础费用、小费和额外费用，其中，额外费用的设计初衷是用来应对高峰时段和遭遇极端天气的。其对骑手到餐厅、从餐厅到客户的时间有一定的预留，

努力用舒适的工作环境和激励式的政策换取骑手信任。

（3）Trustworthy。用户依靠 DoorDash 来满足对食物的日常需求。DoorDash 的每次访问都能赢得用户的信任，用可靠的方式赢得用户的好感。用户在平台上能随时观测自己的订单所处的位置，付款的小费激励外送员更快速的送餐，Door-Dash 利用种种系统化服务带来的优势，博得用户的信任和青睐。

（4）Efficient。提供高效的服务，随时随地直观地解决用户的需求。Door-Dash 的后台系统根据对司机的 GPS 实时追踪来分布任务，当确认订单后，Door-Dash 就会查看司机的任务状态，利用精确的算法和分配系统寻找距离近且暂不在配送进程中的司机并配发任务，使之任务状态跳转为"工作"。系统再计算配送员到餐馆的时间，从餐馆到交付外卖给客户的时间，交付完毕时司机的任务状态又转变为"空闲中"。

二、重视物流网络，骑手也是核心竞争力

创始人 Stanley Tang 说过，DoorDash 不局限于单纯的食品配送，配送只是其进入市场的一块敲门砖，它更专注于物流与科技的发展。DoorDash 一直以来所坚持的是持续完善技术与基础设施，正因如此，才能打造其可靠又高效的物流网络。

DoorDash 在 2013 年初进入市场时，最大的竞争者是已成立了 9 年的外卖界老手——Grubhub。在 Grubhub 简单地利用互联网取代传统的电话订餐、线下点单外带来获利，提倡餐馆自身配送的形式时，DoorDash 并没有步其后尘，而是将配送作为业务的核心环节，认为骑手的作用对其物流网络的构建是举足轻重的。DoorDash 重视骑手的程度不亚于其对消费者、合作商家的重视度，致力于满足三方的需求，让餐厅能实时追踪配送进度，消费者能清楚得知外卖到达的时间，这解决了在美国传统快递物流运输中存在的司机暂时无货可送但又需要时刻待命的问题，同时也避免了因为通知时效问题导致的餐厅已出餐，但却匹配不到配送司机的问题。

这个欧美外卖平台对骑手制定的规则，比起国内严苛的"超时扣钱""不许骑手拒绝接单"等规定宽容得多，体现了更人性化的一面。骑手在收到订单信息的 90 秒内有权利选择是否接单，拒绝接单不会影响其考核。餐厅的出餐时间不包含在对骑手的配送时间中，配送的两段路程里各有 20 分钟弹性的时间，只要不是迟到太久不至于受到惩罚。当完成一个订单后，配送员还可以有近半小时的休息，自由活动，不会因为持续地送餐而吃不上饭。平台仁慈的规则和小费的设置调动了骑手的积极性，也避免了过于严苛的政策影响其在社会上的口碑，在公众面前建立起了好的品牌形象。

三、偏门打法，低线城市进入市场

当 DoorDash 于 2013 年成立时，还没有资金来源，摸不清进场的方向，几个创始人甚至偶尔还要扮演配送员的角色亲自送餐。为了开启业务，让自己的网站能够接收订单，创始人们另辟蹊径，不是先将餐馆拉入自己的队伍，而是"神不知鬼不觉"地将当地的几个餐馆名称列在自己的平台上，当顾客下单时，系统便派出配送员到餐厅当场下单，等餐馆做好食物后再配送给客人。虽然这一做法所用的时间要慢于客人到餐馆堂食的时间，但却迅速积累了一波懒得出门吃饭的客户。在获得一定量的用户基础后，DoorDash 再邀请那些没有自己外送业务的餐馆入驻，如此一来，最初进入市场的 DoorDash 获得了业务所需的最重要的两个资源——商家和顾客。这套"偏门"打法，在 DoorDash 前没有人这样尝试过，可谓是别出新意。

同样地，竞争对手在纽约、休斯顿等一线城市遍布业务时，DoorDash 也是"不走寻常路"，从郊区和低线城市开始寻找自己的落脚点。人们普遍认为，首先，大城市人群聚集，固然支持网络化的外卖配送模式，快速的生活节奏更是让许多一线城市的白领们愿意选择点外卖来解决饱腹问题。但事实上，在郊区和低线城市内，餐馆和家庭之间的距离往往更远，对外卖配送的需求更大，过去一直都存在着市场空白。其次，低线城市家庭人口多、常常以家庭为单位订餐的特点，也让订单的客单价更高，带给订单配送的经济效益更强。DoorDash 瞄准了这两点，填补了低线城市和郊区外卖配送的缺口，迈出了成功的第一步。

美国外卖市场在 2019～2020 年随着疫情的暴发也实现了加速的发展，尤其低线城市的销售额增长更是显著。截至 2020 年 10 月，一线城市的外卖销售额近乎翻了一番，而四线城市增长了 174%。在这样的背景下，DoorDash 占据了美国郊区外卖送餐市场的超半壁江山，高达 58%，其业务从最初的小城市的业务范围扩展到遍布美国数个大城市。

四、品牌建设，DashPass 也来助力

2019 年 DoorDash 在其品牌概念的宣传上玩出了花样，其推出了"Pop – Up"概念，在美国和加拿大各个 DoorDash 业务触及的城市范围内进行了一项全面覆盖的品牌宣传，通过电视、广播、数字、社交网络和其他体验元素的媒介，展示了 DoorDash 的客户无论在何时何地——不管是聚集在员工办公室还是与亲朋好友闲逛在池边，都能在 DoorDash 上订购。2020 年 6～9 月 DoorDash 还在美国部分城市通过各种有趣的互动以及激活活动，生动展示了"Pop – Up"概念的具体内容，其战略意义在于提醒用户们即使在炎炎夏日下，DoorDash 都能提供高效的

服务。

类似于中国的外卖界巨头饿了么和美团，DoorDash 也有其会员制的订阅服务——DashPass 会员资格。每月支付不到 10 美元，DashPass 就能免去用户金额超过 15 美元的订单的配送费。对于每月经常在 DoorDash 上订餐的个人消费者来说，DashPass 的出现无疑带来了巨大的划算。据悉，一单 Doordash 的配送费基本在 1.99 ~ 5.99 美元，如果加上给骑手的小费这一项支出会更高。个人消费者平均支付 20 美元以内能满足一餐的需求，换句话来说，如果没有免除其配送费，顾客要支付其所订食物的 1/4 的金额用在配送费上，与现代年轻人"宁愿高价换包邮"的消费观相悖。

不仅每单有超 15 美元减免配送费这个带给用户的最基础优惠，订阅 Dash-Pass 会员服务还有更多的好处。例如，开通 DashPass 会员资格并存档有效支付方式后，首次订阅的用户有机会获得免单资格；会员用户自取餐便可以立减 20 美元；或者会员在持续一个月每周一天会员日里，能享受到 8 折折扣优惠或优惠券等。开通 DashPass 的方式也不只有付费一种，DoorDash 还寻找合作商为信用卡持卡者提供免费成为 DashPass 会员的机会。虽然 DashPass 给用户带来的大力折扣缩小了每张订单的利润空间，但其带来的优惠也促成了更多数量的订单。其优惠的堆叠形成了一种转换成本，当用户使用其他外卖配送平台来订餐，就意味着放弃了现有的 DoorDash 上订餐的优惠，这就在吸引新用户开通的同时又潜移默化地增加了老用户的黏性。

五、战略联盟，共创业绩新高

从 2015 年 8 月到 2016 年 8 月的统计数据来看，首先，市场研究机构 Slice Intelligence 在这一年的时间里 DoorDash 的平均订单金额为 37.28 美元，在分析的 6 个食品配送服务平台中是最高的。其次，DoorDash 金额大于 50 美元的订单占其总订单量的 20%，此数据也高于其他五个竞品平台（见图 4 - 7）。究其本质，除了 DoorDash 的很多订单来自家庭订餐的原因之外，还有很大部分也得益于入驻 DoorDash 平台的餐馆里很多是大型连锁餐饮品牌。这些受到大众广泛喜爱的餐饮品牌的加盟，让顾客在订餐时有了更多选择，喜爱的产品、丰富的选择可以助长顾客花钱的意愿，订单金额高居的情形便也不难理解了。

Chipotle（墨西哥卷饼）、Cheesecake Factory（美国高端休闲连锁餐厅）、IHOP（美国最知名的早餐馆）、Red Lobster（美加著名海鲜连锁经营餐厅）等大型连锁餐店都入驻了 DoorDash 平台，与这些全美顶级的连锁餐饮达成伙伴关系是送餐平台实现用户增长的重要战略，尤其是之前从未提供送餐服务的品牌，如小凯撒比萨在 2020 年 1 月与 DoorDash 合作前只提供堂食。Chipotle（墨西哥卷

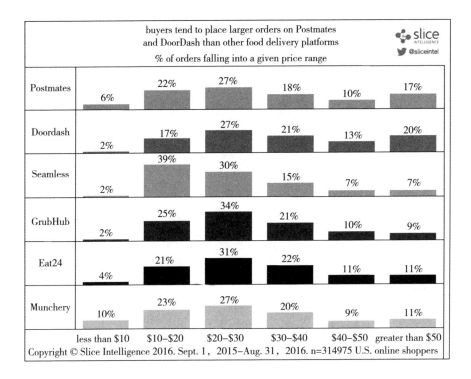

图 4-7　消费者在各大平台的购买意愿调查

饼）为促进更多客户在 DoorDash 平台上下单，推出了订购 10 美元以上 Chipotle 即可免配送费或在 DoorDash 平台上订购时使用 GETCHIPOTLE 促销码有机会可获得整单免单。DoorDash 的 COO 克里斯托弗·佩恩对他们与 Chipotle 之间的合作关系表现出极大的认可，赞扬 Chipotle 的加盟使 DoorDash 能够提供美味的食物和优质的服务，为其能够走在行业前列提供了很大帮助。

　　除了与许多餐饮品牌的合作之外，DoorDash 还在 2018 年与 Menufy 达成联盟关系。Menufy 在堪萨斯成立，并且是该州最大的网上订餐平台，拥有全美 5000 家餐馆合作伙伴的资源。DoorDash 与 Menufy 的共赢协议主要涉及物流的整合，前者为后者提供"最后一英里"的送货服务，使 Menufy 既能继续使用 PayPal、Apple Pay、比特币等习惯的付款方式支付订单，又可以享受到更高效的送货服务。Menufy 吸引用户的优点也相当明显，其电商系统提供数字菜单，确保客户支付的安全性，安全可靠的服务为 DoorDash 的客户提供更好的选择；专业的营销、分析能力也使其宣传的角度最大化。两者强强联手，一方面，扩展了双方的平台，融合了他们的优点，优化了服务质量；另一方面，由于两者市场的重叠性，建立战略伙伴关系有助于良性竞争，实现规模经济效益的提高也就难怪 Menufy

业务发展总监 Andy Lowder 声称，这次的合作是"一次完美的合作"了。

六、多算法构架，井然有序的网络化管理

DoorDash 在快捷和智能配送方面有自己的核心技术，高新技术是它提供优质服务的重要保障。DoorDash 精准的分发系统算法可以用送货员数量、估测订单量、餐馆出餐速度、接受或送达订单的时间点等的变量根据实际场景模拟出最优方案；其额度计划算法保证了配送员与预计订单的数量能够匹配，当订单来时，就能有足够的配送员到位；其每一份订单能以最快捷的路径送达，这得益于其高效的自动规划路线算法。

早期 DoorDash 的接单量还没有带来这么多负担时，DoorDash 的 ML 团队将多个模型组合已经能应对当时系统所需，可以提供一些良好的预测性能。对于实时生产系统，团队通常使用 Python 对模型进行快速开发培训，序列化为模型存储，并在模型 C＋＋评估，以提高效率。但由于每个 ML 框架都有自己的序列化格式和预测库，在训练时多个框架就存在不能序列化为单个组合模型的问题。为了更好地服务消费者，DoorDash 的工程师和数据科学家在 ML 平台使用基于域特定语言（DSL）的计算图形方法对模型进行开发和改进，创造了在 DoorDash 平台上进行个性化食物推荐和计算出更短的交付时间的模型。

直到现在，DoorDash 对数据的要求仍在不断增长，每一个挑战都意味着公司中的数据组织需要不断完善现有的技术。不管是为了面对预测内部客户的长期需求时解决方案能适用，还是立志于减少由于规模扩大和数据处理、存储、分析的需求增大而随之带来的成本，DoorDash 都在更多地投入研发资金，招聘、培养合适的人才，建立运作良好的团队，只为提高其生产力和可用性。数据平台团队通过不断地试错获得发展，DoorDash 的平台工程师认为，在许多方面的研究他们才刚刚开始。例如，在开发人员效率方面，有许多事尚未完成，他们的数据分析师和数据科学家通过对实时数据的探索努力获得想要收集的资料。在深入的统计和测试实验中，实验平台能取得更大的进展。

七、结语

正是 DoorDash 对市场机制的把握、创新的市场打法、优质的配送网络建设、对配送技术持续的研发投入以及高效的管理等方面，助其把握外卖市场的机遇，在外卖市场兴起的背景下拔得行业头筹。更难得的是，DoorDash 不管是在配送管理方面，还是在配送系统的升级上，追求的都不是一时的暴利，而是可持续的发展。DoorDash 的故事告诉了所有人，不同于传统的只关注创造盈利的公司，其不仅能成功扮演商人的角色，更是充当了维护良好的外卖市场环境的重要角色。

Snowflake：为组织打破"数据孤岛"

"Salesforce 成为比 Siebel 更伟大的公司，因为他们彻底改变了 CRM。Service-Now 成为比 BMC 更伟大的公司，因为他们彻底改变了 ITSM（IT 服务管理）。而 Snowflake 将彻底改变数仓，以我们从未想过的方式。"

——Snowflake 现任 CEO Frank Slootman

一、诞生与成长

Snowflake 于 2012 年由 Benoit Dageville、Thierry Cruanes 和 Marcin Zukowski 三位数据仓库专家在美国加利福尼亚州创立。Dageville 和 Cruanes 来自全球数据库软件霸主——甲骨文公司，曾担任数据架构师，在数据库领域具有扎实的技术背景和丰富的经验。Snowflake 快速成长，不到十年，已成为全球最具影响力的云数据服务平台之一。2020 年 9 月，Snowflake 在美国纽约交易所成功上市，并因为巴菲特在 IPO 打新认购阶段的支持而受到投资者的广泛关注。开盘当日，Snowflake 股价也较发行价瞬间翻番，市值超过 700 亿美元，成为硅谷当红独角兽。

Snowflake 是云计算领域的 SaaS（Software as a Service）公司，但与传统的 SaaS 也不完全相同。从 SaaS 字面意思来说，就是"软件即服务"，主要通过互联网提供按需软件付费应用程序，云计算提供商托管和管理软件应用程序，并允许其用户连接到应用程序并通过全球互联网访问应用程序。Snowflake 专注于数据领域，历经云数据仓库、云数据平台再到数据云等产品方案的不断发展，提出了 DaaS（data – warehouse – as – a – service）的概念，为用户提供基于云的数据仓库 SaaS 服务。Snowflake 能够将不同来源的数据整合在一个云服务平台上，打破数据"孤岛"，帮助用户进行数据存储、管理、计算、分析、共享等，更高效地洞察数据，挖掘商业价值。

Snowflake 的云数据平台建立在世界三大公有云——Google Cloud、AWS、Azure 上，主要负载包括数据工程湖、数据仓库、数据科学、数据应用、数据交换等。公有云为 Snowflake 提供 IaaS（Infrastructure as a Service）服务，保证其大规模拓展性能。经过几年的发展，Snowflake 相比传统数据库、其他云数据服务商形成了自己清晰的特点：支持数据类型种类多、兼容性强；数据弹性、可拓展性强，能应对数据量不断增长的需求；实现了三大不同云服务商数据存储之间的贯通；平台查询、分析数据的语言基础，使用基于消费的业务模型，高效快捷的产出价值；平台支持动态计算资源，能提供不同的算力，支持多位用户同时使用；提供基于数据的整体服务，大幅降低了数据运维成本；方便快捷地提供组织内外、跨越合作伙伴的数据共享等。

二、迈向数据交互和共享业务

随着信息技术的不断发展，互联网和物联网逐渐融入生活中的各个角落，也带来数据量的指数级增长。据英特尔预测，全球数据总量在 2020 年将达到 44ZB，而只有中国产生的数据量将达到 8ZB，大约占据全球总数据量的 1/5。一方面，数据量的不断积累给企业带来了管理压力，企业每年投入大量资金用于数据有效存储、安全保密等工作。有序的数据管理已成为企业正常运转的必要基石，倘若发生数据遗失很可能给企业带来巨大的经济损失。另一方面，数据已成为企业挖掘价值、业务创新、组织诊断等诸多领域的核心要素，在产品分析、制定市场策略、维护客户关系、改进内部流程等诸多方面扮演着重要作用。

云计算业务的不断发展为数据管理带来了新的突破。在云需求激增的大背景下，疫情加速了企业数字化转型过程。越来越多的公司开始注重云平台的搭建，将数据存在公有云中，希望能减少数据方面的运维成本，并对基于数据的分析工作提出了更加方便、精深的要求。对于数据分析师而言，如何快速定位所需数据、运用各类软件对其进行分析、捕捉背后规律并对其进行可视化呈现一直是其工作痛点。Snowflake 所站的核心赛道不仅是帮助企业搭建数据整合与分析平台，也扎根于商业智能分析工具领域，同时还不断扩张业务边界，迈向数据交互和共享业务。这些赛道市场广阔，在信息技术高度发达的今天拥有广阔的发展空间，长期来看，业务发展动力十足。也正是在这样的背景下，Snowflake 的业务不断发展，与一批国际巨头公司达成合作，客户规模不断迈向新的台阶。

三、全新架构：存储与计算分离

传统数据仓库主流做法一般采用计算与存储耦合（Shared – nothing architecture 的方式）。在这个架构里，每个节点有自己的存储空间和计算资源，数据横向分布在各个节点之间，在计算时每个节点都只需要处理本节点的数据。虽然在理论上这种架构方案能够降低数据在节点之间传输的时间，不同节点也不会争抢计算资源，能够很快处理数据。但这种耦合方式注定了企业无法单独增加自身的存储资源和计算能力，在实际应用过程中企业恰恰需要对存储或计算单方面进行动态调整，造成了一定的资源浪费。此外，如果企业需要对自己的数据架构进行升级或者扩容时，增加或减少节点十分麻烦，需要大量迁移数据。

　　针对传统数据仓库暴露的问题，Snowflake 提出了计算层和存储层分离的架构（shared‐data architecture）。Snowflake 的云数据平台由存储、计算、云服务三个独立的可拓展层组成。存储层基于可拓展的云存储，可以单独、有弹性地动态调整资源大小，自动对数据进行分区，管理结构化和半结构化数据；计算层能够从存储中检索所需数据，响应指令并处理数据时，也支持不同用户对数据单个副本的同时操作；云服务层主要是执行各种任务，保证系统正常运行，提供优质的用户体验。在这样的架构下，Snowflake 能够在存储层集中存储数据，在计算层多集群处理数据时，也可以自由地单独增减存储空间和计算资源。在每次计算的过程中，计算层中的计算节点会先从存储层均匀的获得数据，然后在节点中完成计算。对于客户来说，在创建虚拟数仓时，可以根据数据、使用者情况来调整虚拟数仓的数量以及每个虚拟数仓计算节点的数量。例如，当使用者较多时，客户可以增加数据仓库的数量，并在使用完毕后关闭数据仓库；当数据搜寻工作复杂时，就增加计算节点的数量。这样的做法极大地提高了云数据平台的使用效率。

　　为了避免新架构相比传统架构的性能劣势，Snowflake 在性能优化方面也进行了改进。在每个计算节点上，Snowflake 都会保存一些常用的数据，在分配任务时也会尽力减少计算层和存储层之间的数据传输。倘若在计算时某个计算节点迅速完成任务而其他计算节点任务压力较大时，空闲的计算节点会在其他计算节点的允许下帮助处理文件，以实现加速的目标。

四、贯通"三大云"，网络效应渐显

　　Snowflake 没有通过搭建底层的云设施来构建自己的云数据仓库，而是将云数据平台搭建在亚马逊 AWS、微软 Azure 和谷歌 GCP 这三个公有云上。三大公有云平台为 Snowflake 提供数据存储和计算的基础设施，Snowflake 在此基础上不断迭代自己的产品和服务，将数据的多云存储管理变为统一平台的集中存储管理。国内专注于数据中台业务的国云数据 CEO 马晓东曾对此进行点评："Snowflake 就相当于中央厨房，IaaS 厂商相当于煤气，以往想要做菜需要自己去一次性购买大量煤气，而现在在中央厨房中，煤气可以按使用次数、使用量计价，所以中央厨房在吸引更多的人来做菜的同时，也增加了煤气的使用量。"尽管 Snowflake 需要定期给提供基础服务的云服务商支付费用，但其凭借着规模效应能够获得其他公司无法比拟的折扣优惠。事实上，AWS Redshift、Google BigQuery、Azure Data Warehouse 也能为客户提供云数据仓库服务，但三家厂商存在着激烈的竞争关系，Snowflake 的兼容性、中立性是三家巨头无法比拟的。Snowflake 是世界上少有的能同时兼容三家公有云厂商的云数据平台。在数据积累量不断增

加、数据安全愈加重要的时代背景下，企业越来越倾向于把数据存储在不同平台上以便分散风险，也担心过于依赖某一云服务商而失去议价能力。在 Snowflake 上，用户既可以在不同平台之间转移数据，也可以迅速将存储于不同云的数据调到一个平台系统进行处理，极大地降低了客户多云数据的管理难度。

随着用户数量的不断增加、多云架构带来的产品便利性被更多客户所熟知，Snowflake 的网络效应优势开始逐渐显现。Snowflake 为客户提供数据分享和交换功能，可以帮助客户方便快捷的将数据分享给内部员工、外部客户、合作伙伴等。这种方便快捷的分享方式也帮助 Snowflake 积累了一批又一批的客户。Snowflake 还建立了数据资产的变现渠道，为数据拥有者和数据需求者建立了数据交易市场，逐渐规模化数据有偿共享业务。在 2019 年底疫情暴发之时，Starschema 公司曾在数据交易市场上发布了关于 COVID - 19 的流行病数据，数百个 Snowflake 用户购买了该数据来分析疫情影响，并通过自己的生态网络辐射出去，最终受益了大量生态网络内的客户。购买者还可以根据自身需求，加入已有数据或其他第三方购买数据进行分析，极大地增强了分散各处数据之间的联系，提高了数据的利用价值。

五、灵活定价方案，为客户降本增效

传统的云服务商一般采用预留资源、包季度包年的收费模式，也有少部分厂商以量计价。在传统预留资源的形式下，购买者需要先根据自身情况进行容量、算力的规划，并且一般都至少要购置一年来降低单日的使用成本。但实际上现实中存在着尴尬的状况，企业发现应用的实际访问量低于预期，实际需求远低于规划的存储需求和算力，造成大量的资源浪费。而即使采取按量计价方式，也存在诸多不令人满意的情形。倘若分析师对每一分区数据查询处理，但在写语句时没有加以限制，后台便会一直查询处理，可能突然就发现多花费了几万元。此外，云计算从创立初衷来说是帮助企业省时、省钱、省力的，提供价格实惠的存储和计算服务，帮助企业大幅减少运维人员。但实际上有部分企业把计算集群从云端迁移到本地后，会发现成本反而下降了，并没有体验到云计算真正带来的实际利益。很多公司也希望能够分时段动态调整云计算服务，在空闲时间自动关闭云服务器，能够更有效率地使用云服务。

Snowflake 在定价方案上十分灵活，真正从客户角度思考怎么能帮助客户挖掘价值、节省成本，做好数据云服务。在数据存储和计算方面，Snowflake 采取分别收费的方案，并且提供按照用量即时收费和预购使用容量两种方式供客户选择。选择预购使用容量的客户可以享受一定的折扣优惠，当容量不足时可以补充购买，没用完的容量不会浪费，可以根据情况递延，打消了客户购买存储量时的后顾之忧。Snowflake 还为用户提供了不同套餐，不同套餐内包含的功能服务不同，积分购买价格不同，积分可用来兑换不同算力的计算服务，给予客户更多个性化的选择。在实际使用中，用户可以根据不同需求建立不同的虚拟计算仓，仅需要为其消耗的资源付费，并且为了减少客户对费用的担心，Snowflake 还为顾客提供定时的自动挂起和自动恢复服务，大大提高了运行效率。Snowflake 真正帮客户实现了"零运维"，减少了必要支出，其灵活弹性的定价方案也帮助他得到了客户的青睐。在世界 500 强企业中，有超过 100 家是 Snowflake 的客户，Snowflake 也将高价值客户作为他们的销售重点。Snowflake 独特的收费模式使其收入结构与传统云服务公司有很大不同。传统云服务商收入的增量主要来源在新客户的开阔，每年老客户带来的收入一般较为平稳。而在 Snowflake 上随着老客户愈加习惯使用云数据服务，并且开始利用更多的云服务功能，其支付给 Snowflake 的费用也在逐渐增加。这种模式也使 Snowflake 能够保持更长期的收入增长，发展潜力巨大。

六、"高龄"的管理团队

与很多青年精英的创业神话不同，Snowflake 的管理团队年龄均在五六十岁。在公司管理团队中，创始人 Benoit Dageville、Thierry Cruanes 均拥有计算机博士学位，拥有丰富的技术实践经历。Benoit Dageville 是并行执行和自我调整数据库系统领域专家，在 Oracle 任职超过 10 年。Thierry Cruanes 是查询优化和并行执行方面的专家，在 Oracle 任职 13 年，在 IBM 欧洲应用数学中心任职 7 年。但不同于很多知名的科技公司，创始人并没有在 Snowflake 担任 CEO，而是仍然专注于做好产品。Benoit Dageville 在公司担任总裁，Thierry Cruanes 担任首席技术官。管理团队的技术背景以及创始人对技术的坚持保障了 Snowflake 在技术方向上始终站在最前列，保持自己的产品创新。

Frank Slootman 是 Snowflake 的 CEO，是一名职业首席执行官，在企业级软件行业拥有超过 25 年的从业与管理经验。他曾在 ServiceNow、Data Domain 担任董事长兼首席执行官，曾实现了 ServiceNow 营收从 1 亿元到 14 亿元的蜕变，并成功帮助公司上市。Frank Slootman 的管理风格还和硅谷其他公司有显著不同。在硅谷当地，大量科技公司均采用零食、饮料、按摩、健身等员工福利来吸引员工，提升员工幸福感。但 Frank Slootman 更加希望通过目标的达成、业务的进取来凝聚员工，他注重公司的成本控制，削减了滑雪、午餐等福利力度，但同时也规范了公司的管理模式，优化了公司的财务状况。在业务方面，他一直在思考如何让云服务真正地服务好客户，改进产品以充分发挥可无限拓展的存储和计算能力，真正地帮助客户省心省钱。最终，在他的帮助下，Snowflake 成功上市，并因高估值受到了人们的广泛关注。

七、结语

八年时间，Snowflake 从一家初创公司成长为超过 700 亿元市值的当红独角兽，可以说创造了奇迹。随着企业云需求的不断增加、数字化进程的持续推进，Snowflake 存储与计算分离的独特架构、贯通三大云的商业模式以及真正为客户降本增效的业务思维在未来将更具优势，将帮助 Snowflake 在云服务这个充满潜力但竞争同样激烈的市场上赢得更多的客户。正如 Snowflake 现任 CEO Frank Slootman 所说："Snowflake 将彻底改变数仓，以我们从未想过的方式。"

准时达：夏普全球供应链管理服务

"许多物流企业都在做 3PL 的角色，但他们更多地是在解决供应链的海面上的冰山，对于海下冰山巨块却很少触及。"

——准时达 CEO 杨秋瑾

准时达作为富士康科技集团授权的供应链管理平台服务公司，是全球 C2M2C（Component to Manufacture to Consumer）全程供应链整合服务先行者，核心竞争优势是面向工业制造型企业及 3C 制造商的端到端精益供应链管理服务实力，为客户提供端到端的全程供应链管理服务，为客户打通制造、供给、商贸的关键环节，连接从供应商、制造商、品牌商、经销商到客户的闭环供应链生态圈。

日本准时达（SJL）是准时达在日本的子公司，自 2016 年 8 月夏普被富士康收购后，同年 10 月富士康改组了夏普的物流部门，其中 Sharp Jusda Logistics（SJL）由夏普（SHARP）和准时达于 2016 年共同出资成立。

一、得天独厚的制造业供应链管理基因

夏普是全球知名的家用电器设备制造商，自创立以来，曾推出无数"日本首次""世界首次"的划时代产品，随着夏普上下游供应链的复杂程度不断加大，自身也面临着供应链效率和响应速度变慢，生产计划难以预测等诸多挑战。SJL 作为准时达在日本的子公司，通过软件 + 硬件 + 解决方案的方式，为夏普提供制造业端到端的全链条优化，协助夏普完成供应链转型升级，实现扭亏为盈。

2020 年，SJL 通过整合夏普各项职能的同时加强自营并扩大夏普企业物流以

外的销售，业务一直在稳步增长，截至 12 月 31 日，SJL 的营收达到 53.95 亿元（人民币）。未来 SJL 将持续把制造业精益供应链管理经验拓展及输出，在充分积累自身物流经验和能力的基础上，把管理实践拓展到更广的产业领域和国际市场，扩大夏普企业物流以外的销售业务，挑战 2000 亿日元销售目标。

得益于准时达得天独厚的制造业供应链管理基因，在其成立 SJL 后，把夏普的物流部门从原来只负责销售物流全面升级为提供从采购到生产到回收的全程供应链物流服务，这恰是物流业制造业深度融合创新发展的典型案例。自 SJL 成立以来，已降低两成夏普集团物流总成本。

二、采购执行 + 供应商管理库存 + JIT 等创新供应链服务

夏普作为全球知名企业，销售网络遍布全球，由于需要采购的原材料种类多，需要同时对接的供应商也众多，造成订单处理周期缓慢，同时，供应商交货、国际国内运输、仓储、清关、付汇等环节不统一，致使到货时效低、结算繁琐、成本高，全程供应链难以掌控。SJL 通过对夏普供应链体系进行深入的调研、分析和论证，向夏普提供采购执行 + 供应商管理库存 + JIT 等创新供应链服务。SJL 为夏普整合供应链各段的资源，做到了前置运力规划，实时库存管理，同时，通过优化供应链的渠道和采购订单管理环节来改变仓运配的结构模式，为夏普提升了供应链运作效率，大幅缩短了夏普的采购订单处理周期和整体的供应链成本支出。

同时，由于 SJL 对供应链的整体优化，夏普的下游库存也得到了优化。以前夏普公司的物流流程是商品生产出来后运输到码头，然后再到日本的销售单位，弊端是销售单位在日本仓库会有很多库存。经过研究，SJL 将夏普的物流流程转变为：该去日本的去日本，不去日本的留在码头，这样调整之后让销售单位不用再承担库存。

另外，在运输和配送业务方面，SJL 提供白色家电、液晶电视、太阳能电池板等运输和配送服务，并为夏普集团采购零部件，年运输量达到 600 万立方米。此外 SJL 还帮助夏普整合了保管国内外工厂生产的隶属于夏普事业本部库存的后方仓库和保管销售公司库存的前线仓库，通过在仓库内转换库存归属，降低了从后方仓库向前线仓库的库存转移成本。

三、全球化供应链管理能力的赋能

随着全球化产业链的变化和互联网化的到来，一个商品供应链条可能的链路包括本地工厂生产，到海外多个工厂生产，最后到在全球范围多个国家内采购，这需要的是全球化供应链管理服务能力。从原材料的全球性采购，到在多个国家

工厂生产成品制成后的对外输出，在供应链端到端的每一个环节中，都离不开全球网络资源的支撑和协同。网络的覆盖不仅能决定货量与收入，还对服务方面的覆盖率和时效也有较大影响。对于夏普这样一个全球化的企业而言，其供应链管理无疑也必须是全球化的，除具备全球化的网络和资源之外，还需要具备全球化的协同管理能力。

得益于与生俱来的全球化基因，SJL 在中国香港、菲律宾、马来西亚、印度尼西亚、新加坡以及美国、德国、荷兰和法国子公司都有海外法人，另外，在波兰有夏普的面板工厂，SJL 也计划在波兰成立新的子公司，SJL 还计划成立中国子公司作为夏普业务的窗口。SJL 在整个夏普全球化供应链管理中扮演着协调、统筹与运营的角色，对上参与到夏普的供应链计划中，协同供应链上下游参与者，对下组织各类资源，推进整个供应链体系各环节的高效运转，体现在物流服务中，则是整合各类物流服务提供者，实现采购/入厂、场内、销售及售后物流的运营与管理（见图 4 - 8）。

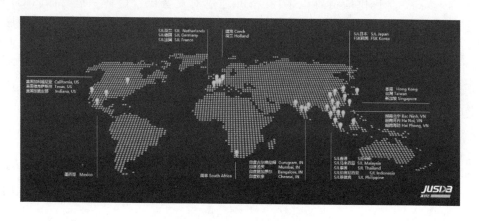

图 4 - 8 SJL 的全球化分布

在国际海空运费方面，SJL 通过和富士康等国际知名企业的物货结合，进行全球的招标，资源性的结合与调度帮助夏普每年节省了接近 30% 的国际海空运费。

另外在进口方面，SJL 每月处理超过 2500FEU 的海运集装箱和超过 150 吨的空运货物。在日本的各个港口，SJL 还可以安排因突然改变交货地导致的长距离拖车服务。在三方货运代理业务方面，SJL 年处理量为空运 3 万吨，海运 20 万TEU。还支持中国 - 东南亚和东南亚境内的跨国卡车运输，以及中欧铁路运输、海外仓库运营业务。

四、软件 + 硬件 + 行业解决方案的运营模式

夏普的很多产品有上百种原材料来自几十个不同国家，通常需要把这些原材料采购到日本去加工生产，再由日本送到各终端消费环节，这极为考验供应链的数字化管理能力，需要有数字化的全程供应链整合解决方案。

准时达的科技供应链平台管理系统 Juslink 为 SJL 的系统化管理提供了有力的支持。首先，SJL 利用 Juslink 的仓储可视化管理系统，有效协同了 WMS（仓库管理系统）和 TMS（运输配送管理系统）的实时在线管理功能，可以弹性应对现场劳动力短缺，即在仓库现场，即便新来的人也可以立即上手工作（见图 4 – 9）。

图 4 – 9　Juslin 的界面

Juslink 的强大功能之一是它可以实现制造业供应链的可视化管理和实时协同管理。

货主可以从专用的网页查看自家货物的实时库存情况，自动生成销售情况和库存状态的报表，并针对各报表获得 AI 建议。很多日系货运代理公司还在使用数十年前的系统，而 SJL 已可以灵活运用 Juslink 的尖端系统，保持高速运转，从"传统物流公司"向"高科技供应链管理平台公司"转型。

针对夏普供应商遍布全球各地，每日有大量进口业务需要通关作业，实时人工核对发货信息的长期境况，2019 年 6 月，准时达运输协同项目在夏普正式上线，帮助夏普实现从采购到运输业务的流程优化、多角色在线协同、运费在线自动核算等强大功能，完成了夏普供应链的数字化管理，实现了全球运输降本增效的里程碑。

仅上线一个月，准时达运输协同项目就快速实现了信息自动导入及系统自动核算，减少了夏普业务操作流程的节点，效率至少提升 40%～60%。另外，不同角色在平台上的协同功能则极大加快了任务处理速度，同时也重塑了作业流程标准，全程高效透明。运费的在线自动核算功能降低了夏普每月的结算人力成本，至少减少人力成本 40%。该项目的上线也有效满足了夏普对每个产品成本的严格管理，能快速追踪到每个 SKU 的成本，不仅提升了全球运输作业效率，也实现了产品各项成本的强管控。

五、SJL 的降本增效

在 SJL 为夏普提供的全球供应链管理服务中，为夏普带来的直接效益是：供应链服务人力成本优化 70%；物流采购成本优化超过 20%；作业和沟通效率提升 50%；定单交付时效提升约 30%；作业准确率提升至接近 100%。

另外，SJL 已经有四个仓库开始对外销售业务，承接了饮料、液晶面板、家庭用纸和家电等的保管业务。在运输和配送方面，利用夏普业务的规模效应获取有竞争力的价格，接到了太阳能发电系统相关商品和食品运输等业务。

SJL 成立后一直在进行各项供应链环节的改善，不仅是各据点的改进，SJL 还在国内卡车的装载率、进口集装箱直接交付到目的地。在进口方面，由于横滨大和 BC 的成立，进口去年产生的数千万日元的 CY 滞留费，2020 年下降到了 1/100。在回收物流方面，原本需要移送到日本处理的部分，变更为在 SJL 委托中国团队当地处理，大幅提高了处理效率。2020 年由于新冠肺炎疫情影响，产生了不少紧急的航空运输需求，SJL 通过和母公司准时达合作确保航空舱位，包机费用降低了 20%。1～2 月中国的工厂停工，日本进口量锐减，3 月中旬开始进口量剧增，同月的 18～31 日，SJL 处理了近 2000FEU 海运集装箱。即使是这样的特殊时期，SJL 也做到了确保临时仓库以及拖车和卡车的安全运输。

从以上经验总结分析可以看出，供应链管理的本质是把为企业、为客户、为自身创造价值的各种业务活动集成在一起，从而形成一条价值增值链。企业之间的关系已经突破企业本身的边界，在供应链协同的模式下，上下游的企业能够以更高效、更低成本、更高质量的方式共享信息、交换资源和优化上下游的生产调度，消除了传统供应链物流交割伴随的生产波动、时效低、资源不匹配等一系列问题。

六、难以复制的 C2M2C 全程供应链商业模式

长久以来，很多人印象中的供应链服务，通常都是指卡车运输、仓库管理、末端配送、空运海运等环节的整合管理，而这些环节其实远不足以代表供应链管

理。这些环节就好像是冰山露出海面以上的部分，是容易被人看到的，实际上，冰山的海面以下部分远大于露出的部分，上下相加才是完整的供应链管理体系。许多物流企业都在做 3PL 的角色，但他们更多的是在解决供应链的海面上的冰山，对于海下冰山巨块却很少触及。

SJL 为夏普所提供的全球供应链管理服务很清晰完整地呈现了从原材料端到消费者端 C2M2C（Component to Manufacture to Consumer）的全程供应链管理服务，在制造链及分销链都做了全段的整合实践，这为国家所倡导的两业融合提供了很好的案例范本，也证明了要做好供应链管理一定不能只站在自己的角度看待整条供应链，而是要将供应链上所有的参与者都串联在一起，做整个链条的解决方案（见图 4 - 10）。

图 4 - 10 SJL 的三网生态

目前我国物流业制造业融合层次不够高、范围不够广、程度不够深。而国家所提倡的两业深度融合，实则就是要求物流业与制造业在供应链全链条上深度合作、相互渗透、共同发展。因此，像准时达包括 SJL 这种专注于制造业上游（从原材料到成品）及下游（从成品到终端消费者）全程端到端供应链整合，通过与企业客户在供应链领域的深度融合，让供应链真正成为企业的核心竞争力的企业，其模式与国家所提倡的制造业物流业深度融合的精神不谋而合，而且也是业界难以复制的商业模式，因为没有一家供应链企业有准时达这种深厚的制造业供应链背景，母公司富士康作为制造业的航母，给了其难以复制的制造场域经验。

七、结语

目前 B2B 供应链管理还存在着以下六个问题：

（1）传统的供应链管理无法实现可视化、数字化，犹如盲人摸象。传统供应链最大特点是供应链各个环节呈割裂状态，自成孤岛，信息的传递存在断档，决策效率低，针对于此，我们需要借助科技化的手段打破信息孤岛，实现全流程可视化。

（2）B2B 供应链市场尚不成熟，管理效率低、琐碎、分散。据统计，目前 B2C 物流占社会物流总额的比例不足 8%，以生产和流通为主体的 B2B 物流在社会物流总额的比重则超过 92%。相较于 B2C 领域，如此巨大的 B2B 供应链市场进入门槛高，竞争不充分，市场降本增效的需求强烈，但长久以来的痛点是管理效率低下，供应链上下游市场琐碎、分散。唯有实现产业上下游互联互通才能从源头上改变这一状态，这也是国家之所以倡导制造业与物流业深度融合的深层次原因。借助于多年来服务万亿级制造企业的经历，在上下游产业链的供应链管理上准时达已有可落地的实战经验，正致力于用科技化智能化的手段实现上下游的互联互通。

（3）B2B 供应链服务往往需要高度客制化。受制于 B2B 领域的复杂性，其供应链的服务往往需要高度客制化，这极为考验供应链管理的弹性和资源整合能力，要求能应对来自于 B2B 供应链管理可能发生的任何不确定性，能提供供应链标准化的产品和服务。准时达的优势在于为世界众多 500 强企业提供过客制化的产品和服务，在对客户供应链管理的组织融合、系统整合、流程聚合，以及具体业务层面如关务、物流、仓储、系统等方面都打造过客制化的综合解决方案，未来将继续打造更多符合客户需求，推动行业发展的供应链综合解决方案。

（4）B2B 供应链的环节多，尚无全段管控能力的企业。B2B 供应链管理涉及的环节复杂，很多企业的原材料厂商遍布全球各地，供应商众多，实现多地交货挑战很大，另外，对供应链管理的时效要求高，对精益管理和库存管理能力要求也高，目前市场上的供应链公司大多只能做供应链链条某一段的服务，像准时达一样能做到全段供应链管控的企业少之又少。要解决这一现状，必须具备供应链全段管控能力的企业帮助行业提高生产、流通和资源的配置效率，从源头上实现提质增效、降本减存。

（5）供应链各环节沟通效率低，信息化程度参差不齐。上面提到 B2B 供应链环节众多，自成孤岛，这导致了上下游企业之间沟通效率低，信息化程度参差不齐，在很大程度上制约了企业的计划执行能力，更是实现产业互联最大的瓶颈。而产业互联实则需要产业链的每个环节融入信息互联的技术，从上游的产品研发、生产制造，一直到下游的分销、配送，全部实现线上化且相互之间通过数据实现无缝衔接，其核心就在于供应链的升级，实现产业集群内的互生和共赢。

（6）对人的依赖度高，决策效率慢。目前 B2B 供应链管理的一个很大的痛点是对人的依赖程度高，决策效率慢，很大原因是因为供应链管理缺乏科学的数字化工具，主要依赖众多人力来解决问题。对于企业来说，供应链管理有没有科学的数字化工具、数字化解决方案和数字化服务手段，决定了企业是否能提高决策效率，在重大危机突然来临时，能否有动态应对不确定风险的数字化供应链能力。只有拥有数字化供应链能力，才能不断减少人为的干预，降低制造业经营和交易成本。

准时达将致力于撼动社会物流成本中看不见的冰山，降低中国制造业社会物流总成本，协助实现工业互联网的互联互通，向全社会开放 20 年精益供应链管理经验，让供应链实时、可视、可共享、可调节。

Magic Leap：现实与虚幻的破壁者

科技是魔术师，可以让世界千变万化；人的大脑是最好的展示厅，只有想不到的，没有做不到的。一个龙飞凤舞、独角兽、蓝精灵和仙女成群的世界才是人类的理想世界；与其让机器聪明，不如让"人"更聪明。

——Magic Leap 创始人罗尼·阿伯维茨（Rony Abovetz）

2016 年，一只"鲸鱼"在体育馆中跃出地面，最后又落回地面并拍打起阵阵水花，在一旁的观众发出的惊呼此起彼伏，对自己所身处的世界是否真实甚至产生了质疑。"一只在体育馆中跃起的鲸鱼"的视频在社交媒体和各大报刊上广泛传播并在世界范围内引起强烈反响，这是增强现实技术（Augmented Reality）给现实世界投下的一颗重磅炸弹。而这是一家总部位于佛罗里达州劳德代尔堡、估值达到 63 亿美元的初创公司所创作的宣传视频（见图 4 - 11）。

在了解这家公司之前，需要先认识下 VR 技术和 AR 技术。VR、AR 这两个词语最先由波音公司的研究人员 Tom Caudell 于 1990 年使用，目前对这两个词有两种定义：一种是由北卡大学教授罗纳德（Ronald Azuma）提出的将虚拟的电子成像通过特殊的成像技术使人们看起来富有立体的实感；另一种使用较多的是保罗·米尔格拉姆（Paul Milgram）和岸野文郎（Fumio Kishino）提出的，即现实—虚拟连续系统（Milgram's Reality - Virtuality Continuum）。混合现实是沟通真实环境和虚拟环境的中间地带。其中，在真实环境中直接进行虚拟成像的是增

图 4 - 11　"一只在体育馆中跃起的鲸鱼"特效宣传片

强现实（Augmented Reality），而在虚拟环境中进行成像模拟的则是扩增虚拟（Augmented virtuality）。混合现实 MR 则由两者共同构成（见图 4 - 12）。

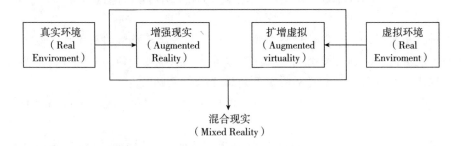

图 4 - 12　现实—虚拟连续系统

　　AR 技术是通过计算机技术和成像技术的处理，将一个虚拟的物像放到现实世界中，此刻人所看到的现实世界成为了背景板而虚拟成像在其中显现。借用 AR 技术，该公司计划直接以人眼（视网膜）代替传统的透镜式立体镜成像，创造出极近真实、可交互并且能够满足长时间佩戴需求的设备。简单来讲，VR 会展示数字化环境并与真实世界相隔绝，会有一个或多个场景针对私人订制，一般来说，是一种单人互动并且与周围的真实世界没有联系使用户沉浸到这三维动态实景中，是一种对现实世界的仿真；AR 借助增强现实技术，数字化的内容将显于现实真实世界当中，然而实际上他们无法真正地交互，但却增强了我们的感官体验，虽然使用者确实的身处现实世界并去感受虚拟电子成像。然而借助空间计算则是 Magic Leap 在做的，那么运用了这种技术就能实现数字世界和物理世界的无缝混合。罗尼·阿伯维茨不喜欢把 Magic Leap 的技术看作是另一种，或者可能是下一种突破性技术，相反，他希望看到他的大脑才是真正的魔法；人与机器的共生，在这种共生中，技术尊重生物学，反之亦然。

这种超前技术具有广泛的应用前景，同时虚拟与现实的交相融合给人带来巨大的吸引力。在 2014 年 10 月，Magic Leap 成功斩获了 Google 领投的 5.4 亿美元融资，2015 年完成了共计 8.7 亿美元的融资后被评为了全世界资金最充裕的创业公司之一，而 2016 年更是获得阿里巴巴领投的 7.9 亿美元的投资，商界大咖竞相向其砸金。这是一家勇往直前、所向披靡的"独角兽"公司，其广阔的应用前景和消费市场让所有投资者都为之着迷。市场上都对 Magic Leap 的唯一一件产品 Magic Leap One 有着良好的评价，认为该产品是市场上目前最好的增强现实产品。而投资公司们认为该产品在以后会得到广泛的应用，是人类在该领域一次富有冒险精神的突破性创新。

一、异质性企业家精神

创始人罗尼·阿伯维茨在他人眼中是一个行为怪异的人，但这丝毫不影响别人认为他是一个有趣的人。他毕业于生物医药系，谁也没想到他会在日后从事虚拟现实领域的工作。他早年曾一手创建了 Z－KAT，也就是日后 MAKO Surgical Corp（MAKO）公司的原型，这是一家制造机器人辅助外壳手术的公司。受到《星球大战》电影的影响他对虚拟世界产生了浓厚的兴趣，便于 2012 年创立了虚拟现实技术公司 Magic Leap。

TED 大会曾邀请罗尼·阿伯维茨前去演讲。但他打破常规并没给大家带来一场演讲而是在台上导演了一场节目。表演内容大致是首先出现了两只毛茸茸的怪兽随着太空漫游的主题曲伴装打架，然后他身着宇航服登场。他是想说明人类有能力将虚拟世界带到现实世界中来。他自己在台上说出了"迈出那一步其实我是有点尴尬的"，"但对全人类来说，这是一步魔法般的大飞跃"。从节目形式上来看，他选择了表演而非单纯地演讲，历届参加 TED 的演讲者从来都没有试过这种形式。而他选择宇航员的服饰登场，那是因为受到电影《星球大战》的影响，对广阔而神秘的宇宙充满向往，儿时的梦想就是成为宇航员。这样别出心裁的演讲方式，让台下的观众乐呵不止（见图 4-13）。

他的表演风格展示出了他奇特超凡的想象力，这在很大程度取决于他从幼年时起就被教导了要坦诚地表现自己，不需要对自己的行为和思想加以任何粉墨。他提出想将 Magic Leap 打造成一个大型高科技公司，打造成一个类似"苹果"公司一样的公司。而且这家公司的创立正是其自掏腰包给公司提供资金。在一个陌生领域能如此富有热情，可以算得上是企业家中的冒险家。

图 4 – 13   演讲台上的表演

二、品牌传播创新

公司所发布的几乎每一个宣传视频都极其具有震撼力，一方面是为了吸引消费者，另一方面也是为了突出虚拟世界能满足人异想天开的特性。每次公司推出宣传片都能在世界范围内引起较大的轰动，大大强化了自己公司的影响力，使产品在推出之前就具有一定的知名度。而且每部宣传片作画精美，这对产品更新速度较慢的科技开发公司来说，是一个保证自己不被市场遗忘的重要因素。

在宣传片中可以看到水母在房间中游荡，可以看到外星人从窗外跃入并手持步枪与你对战，你甚至还可以在室内操控小人玩过山车。狭小的室内里可以充斥着各种你想象不到的事物，而且他们与周围环境嵌合的十分自然，并不会认为它们只是简单的电子虚拟成像。如梦如幻的世界给人难以忘怀的感受，使人沉浸其中难以自拔（见图 4 – 14）。

所有的宣传视频几乎都达到了电影的特效级别，在宣传方面，该公司下足了功夫、用足了资金，以便在所有人心中留下深刻的印象。虽然特效的大量使用容易使部分消费者对公司的产品质量产生过高预期和对技术产生一定的质疑。

三、颠覆性技术

单就其复杂的光场技术来说，Magic Leap 的光场技术（Light Field）被称为 AR 显示的终极形式。可以简单地描述为 Magic Leap 更像是计算机科学与神经学的孩子，它充分利用了人类大脑的计算能力，打破了原本传统的成像技术原理的固有思维，人眼获得的信息不仅来自于人所观察到的电子显示屏。通过一种特殊

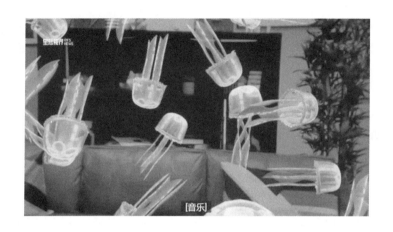

图 4 - 14　让人难以区分虚拟和现实的宣传视频

的改进后的技术光纤把"光场"投射到光学镜片上，这时再利用人脑自己的本能去判读和解码，然后利用我们大脑的视觉能力，极大地提升了显示运算和信息传输效率，进而突破传统显示瓶颈，提升了产品体验。这也就是我们之前所谓的生物和电子技术的相互促进，使产品的体验感和性能得到了巨大的改善。

在交互方式上，Magic Leap 的交互技术更显得情绪化和人性化，能给消费者带来沉浸式的交互体验，这在同类竞争产品中来说是表现得最好的。目前该公司推出的比较成熟的商品也可以说是集大成之作就是这台 Magic Leap One。其在市场上引起的反响强烈，通过对这款产品的分析，我们也就对这家公司能有更多的了解。

在 2018 年该公司推出了产品 Magic Leap One。业界人士都喜欢称 Magic Leap One 是 AR 产品，但创始人却坚称其是超越 AR、VR 的存在，即所谓的 MR。在早期市场上时只针对美国买家售卖，后期逐渐放开市场范围，市场售价为 2295 美元（约合人民币 15646 元）。他们对自己的产品拥有极强的信心，该产品并不是一个独立设备，而是由眼镜主体 Lightwear 负责供电并提供图形与计算处理能力，并加上口袋式处理单元 Lightpack 和控制手柄三部分组成。尽管怪异的外形遭到了吐槽，但更多的是对这款极具创新性和突破意义的产品产生的期待。官方宣称戴上这款设备，虚拟和现实能够在我们的视野中以类似 AR 的方式完美并存，而那些原本不存在的虚拟造物则比 VR 中的物体更有质量感和体积感。更重要的是，由于直接借助人眼视网膜进行成像，长时间沉浸在这个混合了虚拟与现实影像的世界中也不会出现眩晕感，使人们能快速地适应这个设备。那它的定位相较于 AR 更贴近于 MR 混合现实类设备。据称，这次发布的面向开发者的 Magic Leap One 已是第九代原型产品，无论从外观设计、体积还是功能上都已非常接近消费级。根据一位体验者的感受来看，Lightwear 十分的轻便。佩戴感受就像是戴上了"玩具泳镜"非常轻巧。除此之外，将电磁和运算单元从头显中独立出去之后，产品便具有了更长的续航时间和运算能力。对比于微软的同类产品 HoloLens 那样由于设备过重（600 克）而无法长时间使用，Magic Leap One 显得轻便许多，可以保证体验者的舒适体验。在性能方面后者的空间映射速度也更快，大致达到了前者的 3 ~ 5 倍。而且视角上后者的范围更大，前者范围给人一种拥挤狭小的感觉。而且显示效果惊人，由我们的视觉皮层处理，便展现了十分自然的效果。虽然眼镜中只有 50 度的可观察范围，但这也比微软设备的视野范围宽阔了不少。Lightpack 也是同样的小巧轻便，夹在口袋中时只会带来微微的发热的感觉，并不会给人体带来明显负重。这款产品给世界和科技圈带来了新一轮的震动。但产品如何，还需要经受市场和消费者的检验（见图 4 - 15）。

图 4 - 15　Magic Leap One 三大组件

智能科技行业也是朝阳产业，随着时代发展，业务范围、行业规模、市场占比、产品种类只会越来越大和越来越多。而 Magic Leap One 所从事的领域又是虚拟现实技术的前沿领域，这类领域能摆脱对现实固定资产的过度依赖而实现指数型的增长，具有很大的投资潜力。同时从竞争对手来看，目前能与之竞争的就是微软和苹果两家，此时竞争对手少，企业重置成本低，如果从长期来看绝对是具有巨大市场盈利空间的。当技术能实现突破性发展时，产品就能规模生产迅速回本。资本能对 Magic Leap 这家公司有如此好的预期，说明该产品符合时代发展的趋势。当市场上出现一个新产品时难免会受到质疑，但也会引发所有人的好奇。就像当初的苹果一样，如果初代产品向市场释放出了积极的信号，激发了消费者的购买欲望，那就能培养出一批品牌粉丝保证自己未来的销量。

四、结语

该企业之所以能走向市场，并实现如此高的市场估值。离不开创始人罗尼在公司技术应用上的不断创新，新技术的不断成熟和实现给了市场和投资人以充足的信心。在宣传视频上，企业下足功夫，以精彩魔幻的视频吸引了市场上消费者们的兴趣。而创始人本人自始至终参与产品的研发到市场运营，在未知的领域大胆探索最终造就了这个伟大的公司。

Reddit：基于网络社群互动的成功

不要在说"不"时犹豫不决。

——Reddit 创始人 Alexis Ohanian

Reddit 成立于美国的娱乐、社交及新闻网络平台，于 2005 年由弗吉尼亚大学学生史蒂夫·霍夫曼（Steve Huffman）和亚历克西斯·奥哈尼安（Alexis Ohanian）共同创立。该网站属于新闻聚合平台，主要内容来源于用户，自诩为"互联网的首页"（The Front Page of The Internet）。网站包含许多子社区（Sub-reddit），每一个子社区都是有同样爱好或主题的社群，当前汇集了超过 10 万个兴趣社区。截至 2020 年底，最受 Reddit 用户欢迎的子社区分别为搞笑、问 Reddit、游戏、可爱图片、音乐、图片、科学、世界新闻、视频和今日学习。

根据 Alexa Internet 的统计，目前 Reddit 是美国第七大网站。截至 2020 年 12 月，Reddit 月访问量达到 22 亿人次，在全球网站中排名第 16 位；每月活跃用户为 3.4 亿左右。其中，57% 的用户为男性，43% 的用户为女性；首先是 25～34 岁的用户占比最大，为 32.09%；其次是 18～24 岁和 35～44 岁用户群体，两者各占比均为 17%。来自美国的用户访问量占比高达 56%；最后是加拿大的访问量达 7%，可见该网站在英语国家尤其是北美地区很受欢迎。

巨大的流量也为 Reddit 带来广泛的投资机会，自公司成立以来，Reddit 获得了 6 轮融资，共筹集了 5501 亿美元。在 24 位投资者中，最新的投资者是红杉资本（Sequoia Capital）和腾讯控股（Tencent Holdings）。

一、社群的运作：独特的子社区和兴趣组

Reddit 作为一个新闻聚集的网络社区，包含了众多子话题（Subreddit）。用户自行选择感兴趣的社区加入，并对各个帖子进行投票、留言和评价。根据每个用户所投的支持票（Upvote）和反对票（Downvote），社区会将帖子按得票高低依次展示，得分高的内容会出现在首页并获得更多关注度。受到更多人喜爱的内容分享会被不断推至前位，不受大众喜爱的帖子会持续下沉。这种投票机制会鼓励用户分享更多的有趣、实用、有见地的内容，并进一步提高了网站的帖子质量，形成良性循环。网站注重的是对话题的关注而非发表意见的个人，社区的优先度得以保证。且 Reddit 的评论区呈树状分布，用户的互相评论不是依次排列而是根据对话分层排列，有益于浏览者选择感兴趣的评论查看，对于不感兴趣的问题可以直接折叠隐藏。

Reddit 社区的火爆还得益于名人效应的推动，在热门社区 AMA（Ask Me Anything）中，用户可以在活动中向各名人在线提问，吸引了许多企业家和明星参与。2016 年 7 月，时任共和党总统候选人的唐纳德·特朗普（Donald Trump）就 NASA（支持）和媒体偏见（反对）等话题回答了 13 个问题，贝拉克·奥巴马（Barack Obama）在 2012 年进行的 AMA 活动中回答了 9 个问题。微软创始人比尔·盖茨（Bill Gates）在平台有 6 次互动，共计 10.5 万人参与。比尔·盖茨甚至曾引发 Reddit 网友互送礼物的热潮，他在 2016 年 12 月送给一位网友电子游戏、超级玛丽和哈利波特等作为圣诞礼物。该网友在 Reddit 分享出来并表示这些礼物都与她在 Reddit 填写的个人资料相关。这些名人对于平台的参与也推动 Reddit 获得了更高的知名度。

二、适应互联网时代发展的新闻聚合方式

Reddit 代表了当前美国新闻平台以社交为依托，以用户为主导的新闻聚合方式，其特点表现为依托社交平台，依靠用户的分享传播新闻。该平台的热度得益于独特的新闻信息筛选机制，Reddit 上的用户构成传播主体，传播过程、传播内容（信息的属性特征）、传播效果（引发的评论）等都得益于用户的深度参与。此类平台弱化了自身的编辑和管理作用，降低其在社区中的参与感，从而鼓励用户自行建设并维护网络社区，成功调动了用户的积极性和参与度。因而在 Reddit 内不仅有广大的新闻分享用户，还有许多用户自发进行社区的技术维护，为网页运行建言献策。

对于即时新闻的捕捉与讨论也彰显了 Reddit 的潮流性。2021 年 1 月美国发生了令人震惊的金融事件：在华尔街，私人投资者通过互联网与专业投机者对

峙，投机公司希望做空游戏驿站（GameStop）股票而引起私人投资者组织不满。由 Reddit 的 r/wallstreetbets 论坛上的用户发起了旨在提高某些公司股价的运动，其动机是希望惩罚做空股票的对冲基金（即押注股价会下跌）。以 2020 年 1 月底为例，Reddit 的子社区"华尔街赌场"（r/wallstreetbets）就成为单日讨论数最多的板块，获得了 302053 条评论。

该事件也让 Reddit 网站名声大噪，Reddit 的联合创始人亚历克西斯·瓦尼安（Alexis Ohanian）在 1 月 28 日提及，GameStop 股票交易狂潮是美国投资格局的一个转折点。这在很大程度上源自 Reddit 这个在线平台。他认为这是一个具有开创性的时刻，我们不会回到这之前的世界，因为这些社区是互联网的副产品。无论是在哪个平台上，都是新常态。瓦尼安提到，最近几周煽动的 GameStop 卖空行为显示了互联网的破坏性，仅当月就推动这家视频游戏零售商的股价上涨了近2000%。他补充说："我真的认为这是一个新时代的开始，我们会如何看待公共市场，然后消费者如何与它互动。"

Reddit 于 2017 年首次发布了平台的视频，以 2020 年 1 ~ 11 月为例，发布视频的 Reddit 用户数量比 2019 年增长了 239%。Reddit 表示，总体而言，截至2020 年 10 月，其每日活跃用户为 5200 万，比 2019 年同期增长 44%。

"目光聚集之处，金钱随之而来"，Reddit 瞄准了视频流量的巨大潜力，于2020 年底宣布收购 Dubsmash。这是一款类似 TikTok 的短片视频应用程序，其使命是"提升代表性不足的创作者"。Reddit 首席执行官霍夫曼（Steve Huffman）在宣布收购时表示"Reddit 和 Dubsmash 都对社区的融合有着根深蒂固的尊重，Dubsmash 提升了代表性不足的创作者的精力，而 Reddit 则培养了一种社区意识，并拥有成千上万个不同主题和激情的归属感。显然，我们的任务紧密一致，而且随着我们彼此学习，我们以社区为中心的平台可以共存和发展"。

三、基于信息分类的精准广告机制

Reddit 作为一个高流量平台，广告必然是主要的盈利方式。但网络平台的广告往往会引起用户的反感和不满，如何平衡用户的情绪和平台的收益是一大难题。在 Reddit 上有两种广告模式：第一种是在浏览量高的网站和社区首页投放广告，例如，给广告商 24 小时的展示时间，被称为"顶级收购"，用户在进入该子板块时可以清晰看到投放的品牌广告；第二种是根据客户要求将广告更细致地投放进各社区的论坛中，如在 Reddit 的子社区中发布与赞助商相关的主题，称为"分层定向法"。每个子板块的广告都有所不同，信息流广告商甚至还可以根据信息分类退出自主广告投放，赞助商自主购买信息流广告服务，用户也可以对广告进行评价和评分，得分较高的广告能保持在较好的位置展示广告。第二种方法可以有针对性地面对潜在客户群体进行广告投放，赞助商也可以根据社群分类精准定位受众，用户也拥有自主权决定是否加入社区进行讨论和是否让广告持续展示，有效避免其对于广告的反感，从而起到一箭双雕的作用。

四、金币会员制的盈利策略

为了既能扩大平台的盈利渠道，又考虑到用户对广告的意见，Reddit 还推出了金币会员制（Reddit Gold），相当于该网络平台的 VIP 制度。购买金币的会员可以获得更多的权利，如关闭广告、订阅更多社区和看板、阅读更多评论、评论显示和创建专属秘密社区等。这种会员制度赋予了用户拥有更多选择的权利，以付费换取网站更深度的服务，有此类专属服务需求的用户会乐意为此买单，所获盈利也有助于网站进行进一步的功能完善和维护，开发更多功能。

Reddit 不像传统新闻网站一般通过大数据分析或人工编辑来选取热门的新闻和话题进行展示，而是将选择权交给用户。基于用户充分的身份认同也是 Reddit 维持高人气的手段，用户选择加入喜欢或认同的子社区参与互动并获得归属感。

用户自主选择分区和分享的新闻也推动了内容的高度包容性，无论是严肃新闻、政治话题，还是宠物图片分享、笑话专题，Reddit 致力于面向所有网络用户。社区类型涉猎广泛能不断吸引新用户的加入，有小众或偏门爱好的用户也可以自行创立社区，以此结交更多志同道合的网友。且年轻人是 Reddit 的主要用户群体，更重视自我需求的完善和精神价值的实现，他们在一个宽松、友好的网络环境下与其他网友讨论会增强对该社区的好感和依赖，更乐于为此平台花费时间和精力。

正是由于 Reddit 官方致力于打造一个拥有充分自由话语权的网络社群环境，使其成为具有极高用户吸引力和用户黏性的知名网站，至今仍呈上升发展态势。

五、"无需认可"

Alexis Ohanian 和 Alexis Ohanian 在创立 Reddit 之初就努力将其发展成一个有广泛讨论空间的网站，Alexis Ohanian 认为，"无需认可"是为未来的民主互联网而发出的强有力的呼吁，Reddit 这样的开放交流平台也会引起负面的信息聚集，但应该接受这样的矛盾体。而 Alexis Ohanian 则提出，企业和客户的关系并不是单方面的，希望支持更多的人在网页建立自己的社区。Reddit 能够成功并打败同类网站成为佼佼者的优势正是由于改变了传统网站的单向输出模式，转而变成网站和用户都双向提供信息的交流平台。

Steve Huffman 致力于改善并发展 Reddit 的多样性，他表示，"如果我们想要在网站上有更多女性用户，我们就需要在产品团队中有更多的女性"。为了使

Reddit 的用户背景更多元，Steve Huffman 作为领导者十分注重各方用户的意见，他每天仍花费至少早晚各一小时浏览 Reddit 网页，甚至还将 Reddit 上的用户投票高的帖子和电视上的投资建议进行比较，"在电视上，许多人一直在鼓励人们做出在我看来是错误的投资决定"。基于对用户意见的充分尊重，Reddit 曾经因为用户反馈的意见呈不满之势，下架一个团队认为不错的广告。企业管理者的包容和尊重观点深刻影响了 Reddit 的发展，也使之成为深受年轻用户喜爱的高度自由化的网络社区。

六、志在必得的坚定决心

在创立 Reddit 后的三个月，Alexis Ohanian 的母亲被诊断出脑癌晚期。他回忆起母亲对他说的第一句话是，"对不起，我知道这会严重影响你，我知道现在对你来说创办自己的公司有多重要"。Alexis Ohanian 不理解一直给予他极大支持的母亲为何要在此种情况下向他道歉。"这也使我下定决心，这次绝对不能失败，一定要取得成功，即便不为任何原因，只为他们支持我而做出的牺牲"，Alexis Ohanian 将家人的支持转换为支撑自己创业的强大动力，并在这种驱动力的鼓舞下不断努力壮大 Reddit 的规模。事实也正如他所愿，自推出 Reddit 以来网站用户数不断攀升。

Steve Huffman 也对 Reddit 的发展抱有坚定的信心，2015 年他重新回到 Reddit 担任首席执行官，在此之前曾发生一系列临时领导人和涉及不良言论的事件。Steve Huffman 回归后着手努力鼓舞员工士气和重建公司形象，Reddit 在 2015 年后又迎来新的发展时期。

七、结语

简言之，Reddit 成功的商业模式在于大胆的创新和改进。独创的子社区和兴趣组是 Reddit 发家的关键，在此基础上依托互联网发展进行新闻聚合方式的改变，它精准把握了潜在用户群体对交流网站的需求，以简洁而有趣的讨论区吸引年轻人聚集。在获得极大的发展后又进一步借力资本，紧跟新媒体发展的趋势，在短视频形式的内容创作不断兴起的当下与相关平台相结合，通过融资或合并的方式继续扩大企业的规模。

相比于其他同类网站，Reddit 的优势在于及时把握互联网时代发展的脉搏。2004 年 10 月 Digg 网站成立，该网站最初的定位是科技新闻的挖掘，随后扩展到其他门类并获得极大的流量，曾是全美排名第 24 位的网站。但 2012 年 7 月却以50 万美元的低价被收购，Digg 失败的原因正是没有及时面对社会化网络对内容发布的改变，过于注重盈利而忽视了网站功能的完善，一味地追求网络的流量而没有意识到固定用户的重要性。反观 Reddit，从 2014 年收购图片分享网络平台 Imgur 再到 2020 年收购 Tik Tok 的竞争对手 Dubsmash 进军短视频市场，Reddit 一直在跟随网络时代的热点而调整自身发展的策略。

将用户体验放在首位是 Reddit 的制胜法则，"用户＞流量"是其发展过程中所遵循的原则，在完善的用户体验过程中流量和收益也随之而来。这个成功的案例也给其他同类网站平衡网站的盈利和用户的使用体验带来启发，尤其是针对最大的用户群体的功能完善，应注重营造更具创意和自由的平台环境。

目前 Reddit 管理团队成员数量仅 20 人，但在六轮融资中共筹集了 5.5 亿美元，Reddit 能创造如此巨大的价值，充分体现了在当今网络时代下技术与用户的劳动和投入的结合。Reddit 清晰地意识到单靠平台一己之力难以形成更大的关注，在人人皆可上网的当下更好的选择是鼓励每一位用户成为内容的分享者。聚沙成塔，不同喜好的用户观点有渠道得以发表，甚至被其他广大网友所认同，这种社群的运行模式形成了大型的网络交流社区，增强了用户作为网民的参与感。Reddit 的多元化内容得益于利用用户创造的价值，而用户也在此平台得到了更好的体验和获得了有效信息，这帮助网站获得了更大的关注度。Reddit 成功的关键是互利互惠的模式，也是未来继续发展所依赖的基础。

Coursera：缘于善且营于利的慕课平台

对于那些过去永远没有机会接受诸如斯坦福大学、普林斯顿大学等高等学府的优质教育的人们来说，他们现在有了机会来亲耳聆听某领域内有非凡造诣的教授授课。这种经历对他们的学习工作和个人发展都会有积极的影响，会终身受益的。

——Coursera 创始人 Daphne Koller

"拥有一个志同道合的社区让我觉得我在其中是很重要的一部分。在来 Couresera 之前，我认为网络学习是孤独且不吸引人的。"

"Coursera 为我提供了灵活性，我可以按照自己的时间参加课程。"

"这是克服了地域、时间和金钱的高等教育模式！"

"Coursera 是我的大学，在这里我学到了之前根本不可能学到的东西。"

"Coursera 给我提供了一个探索新技能的平台。我能够从世界知名大学获得教育，而不会失去就业机会。"

"Coursera 一直是丰富我的知识并进行实践专业发展的源泉。"

"如果没有 Coursera，我将很难保持稳定的学习速度，从而获得所需的技能，尤其在全职工作期间。"

一位哈萨克斯坦学生通过在 Coursera 平台上学习了斯坦福大学的机器学习课程测试，并获得了由斯坦福大学认证的机器学习课程结业证书，从一所未开设人工智能课程的大学成功进入 Twitter 公司工作。

一位在日本福岛核电站工作的程序员运用在 Coursera 机器学习课程中学到的算法，在一定程度上缓解了地震和海啸带来的危机。

这些来自 Coursera 官网的评论和真实案例表明，Coursera 平台上的课程跨越了时间和空间的限制，让全世界各个角落的普通人都能接受精英教育。这种教育模式不仅发挥着知识可以改变命运的功用，而且也显现出将知识运用于实践能够造福社会的效果。

《纽约时报》专栏作家托马斯·弗里德曼说过："当迫切的需求突然成为可能，重大突破便会降临。"这句话说明在高等教育资源依然分布不均的当下，随着计算机技术的日益成熟，教育领域的重大变革必将来临。而慕课便是重大变革下的产物，慕课的英文为"Massive Open Online Course"，译为"大规模开放在线课程"，通俗理解就是"网课"。从 2012 年起全球掀起慕课浪潮以来，众多提供慕课的平台便风生水起，Coursera 是其中的佼佼者之一。

目前 Coursera 是全球规模最大的提供慕课学习的平台之一，其名称由"Course"和"Era"这两个单词衔接而成，意为"课程的时代"，其教育宗旨是将最优秀的课程通过网络进行传播并实现资源共享。该公司成立于 2012 年，总部位于美国加利福尼亚州的山景城，创始人是斯坦福大学的两位计算机科学教授——达芙妮·科勒（Daphne Koller）和安德鲁·吴（Andrew Ng）。

目前 Coursera 拥有 228 个合作伙伴，来自 55 个国家，提供 5977 门课程。涵盖了商业、市场营销、销售、人工智能等诸多领域，成为提供开放课程数量最多、规模最大、覆盖面最广的在线课程机构。除了学科覆盖面广之外，Coursera 还开设有特定领域内的特色课程，如创始人 Andrew Ng 开设的"机器学习"一直是最受欢迎的课程之一。

Coursera 的注册学习者数量增加迅速。在 2012 年推出仅 4 个月的时间内就有 100 多万人注册，受到全球学习者的欢迎，注册学习者遍及 192 个国家，其中，美国 38.5 万人、巴西 5.9 万人、印度 5.2 万人、加拿大 4.2 万人、中国 4.2 万人、英国 4 万人。到了 2018 年，Coursera 拥有的注册学习者人数超过 3700 万，继续保持着领头羊的地位。迄今为止，Coursera 共计吸引了 7.6 亿多学习者，其发展速度可见一斑。

一、持续不断的资本赋能

在线学习这种教育模式发展前景的广阔性和 Coursera 市场地位的优越性让 Coursera 吸引到源源不断的资金力量。Coursera 在创立之年就获得 2000 多万美元的融资，更是在 2019 年 4 月宣布完成 1.03 亿美元的 E 轮融资，估值 10 亿美元，从而跻身 10 亿美元俱乐部，成为世界独角兽，在《2019 全球独角兽企业 500 强榜单》中位列第 221 名，在 19 个教育科技行业入围名单中位居第六。其融资历程如表 4 -3 所示：

表 4 -3　Coursera 融资历程

时间	融资轮次	金额
2012 年 4 月 18 日	A 轮	1600 万美元
2012 年 7 月 17 日	A + 轮	600 万美元
2013 年 7 月 10 日	B 轮	4300 万美元
2013 年 11 月 24 日	B + 轮	2000 万美元
2015 年 8 月 26 日	C 轮	4950 万美元
2015 年 10 月 27 日	C + 轮	1160 万美元
2017 年 6 月 8 日	D 轮	6400 万美元
2019 年 4 月 26 日	E 轮	1.03 亿美元
2020 年 7 月 17 日	F 轮	1.3 亿美元
2021 年预计	IPO	—

资料来源：企查查 https：//www.qcc.com.

由表 4 -3 可知，自 Coursera 成立之年到现在，几乎每年都会进行一轮融资，且在 A 轮、B 轮、C 轮时还出现了追加融资，每轮金额逐步增加，目前共计 19 个投资商为其进行了资本赋能，经过 9 轮融资已累计获得 4.431 亿美元的资金。在最新的一个融资中，Cousera 获得 1.3 亿美元 F 轮融资，领投者是风险投资公司 NEA，其他参与的投资者包括 Kleiner Perkins、SEEK Group、Learn Capital、SuRo Capital Corp 和 G. Squared。此轮融资完成后，Coursera 的估值达到 25 亿美元。据报道，Coursera 正考虑于 2021 年启动 IPO（首次公开募股），这样将可能使其估值达到 50 亿美元左右。近十年来 Coursera 一直受到投资界的青睐，一方面说明 Cousera 奠定雄厚的财力基础，另一方面从侧面说明 Coursera 有其独到的成功之面。

二、全球化战略

Coursera 公司的最初定位是打造一个能为全球各地提供无差别教育资源的大规模开放在线平台，在成立之初便发布使命宣言"致力于向世界上任何人免费提供最好的教育"。在其创立的第二年进行 B 轮融资时，已经和四大洲的 83 个教育机构展开合作，为全世界 400 万名学生提供了 400 门免费课程。2014 年 1 月，又新增 29 所学校，90 门课程以及法语、西班牙语、中文、意大利语这四种新语言。IT 桔子官网资料显示，3/4 的学习者都分布在美国以外，中国、印度和拉美是其重点海外市场。

Coursera 的全球化扩张战略既有前瞻性又有可持续性。目前整个全球在线教育市场规模估计约 4.6 万亿美元。而现有的所有在线教育公司吃掉的只是冰山一角，况且很多慕课平台只是局限于特定国家或区域。要想占据更大份额，扩大市场规模是必然选择。虽然全球化扩张是一种企业经营战略，但在此过程中 Coursera 也帮助社会实现了教育资源在全球范围内的均等享用、均衡配置，这与其创立的初衷相契合。

三、与高校合作的善举

Coursera 与世界顶尖大学开展合作，在线提供网络公开课程。斯坦福大学、密歇根大学、普林斯顿大学和宾夕法尼亚大学是 Coursera 的首批合作院校。目前，Coursera 与全球 27 个国家的 185 所院校都保持着良好的合作关系。以中国为例，从 2013 年起，Coursera 就先后与北京大学、中国科技大学、复旦大学、上海交通大学和西安交通大学等高等院校进行深度合作，开设各类在线课程。正是由于 Coursera 与多所高校之间的深度合作关系，Coursera 的课程质量才得以保障。

Couresera 分散世界知名高校的优质课程内容至各个国家，并将课程内容语言进行本土化处理，与此同时吸收本土国家的高校课程内容进入 Coursera 的全球脉络循环圈，这样既帮助了各个国家和学校创建全球品牌影响力，又让各个地方都能享受到各个国家知名高校的优质课程，Coursera 在其中发挥着中枢调度和枢纽中转的作用。课程语言本土化的过程满足了不同国家、不同类型用户的需求，对于想学习相关外语的学习者，也可选择接受原汁原味源语言的课程熏陶。

除了课程内容本土化的努力之外，Coursera 还为学习者提供各种学习成果认证方式。Coursera 公司在 2013 年 1 月成功获取美国教育理事会（ACE）的"信用等量"认证，修完特定课程的用户可以在接受 ACE 推荐的大学中将其转变为真实的学分。更进一步地，Coursera 还另辟蹊径地与具有学位授予权的机构合作推出学位课程：2015 年，Coursera 推出首个 MBA 学位；2018 年，Coursera 与伦敦大学合作推出在线本科学位。学位认证大大满足了学习者对学位的需求，并且在线学位和传统驻校获得的学位完全等值，极大地激发了学习者的学习热情。除了学位证书之外，Coursera 还提供课程证书、专项证书、专业证书，这四种构成 Coursera 主要的学习成果认证方式。

四、与名企联合的营利

Coursera 与高科技公司寻求联合，试图为学生提供更有含金量的证书，逐步走向盈利模式。为了提高毕业项目的质量和实用性，Coursera 还与 Google、Instagram、Snapdeal、Shazam、500 Startups、Swiftkey、iHeartMedia 等多家世界知名企业深度合作，邀请这些顶级公司的专家帮助 Coursera 开发专项课程的最终毕业项目，充分发挥一流大学教学和顶级行业的视角优势，帮助学习者掌握最新的技能。

除了学生这一目标用户之外，Coursera 还瞄准了企业员工、求职者这一类用户。Coursera 尽力为各种用户提供丰富的产品和服务来获得收入，目前有"在线学位业务""付费课程"和"TOB 企业员工培训"这三大收入来源。"在线学位业务"主要是与高校进行联合，"TOB 企业员工培训"则是与各企业达成合作协议，除此之外还有其他少部分的"付费课程"，三大板块之间各取所需，职业培训又是这三大利润源中最浓墨重彩的一笔。针对求职就业的职业培训发展历程如下：

第一，2012 年 12 月起，Coursera 开始提供就业服务，帮助企业寻找合适人才，目前与 Facebook、Twitter、AppDirect 等签署了协议。这项服务从企业那里索取信息费用而不对学生进行收费，一方面寻求了企业的认可和用户的积极参与，另一方面也保证了其来自企业的利润源，发挥着学生和企业之间的桥梁作用。

第二，2015 年，Coursera 宣布与 Google、Instagram 以及其他 500 家公司进行合作，更加注重实际应用和工作能力提升的 Capstones 课程取代原有的专向课程。由顶尖公司作为课程提供方，同时提供项目的专业证书，如"Google IT Support Professinonal Certificate"、IBM 和 Honeywell 等许多大公司也都在 Coursea 上举办了自己的课程。

第三，2016 年，Coursera 推出了"Coursera for Business"，打包专门针对企业员工训练的已有课程出售给企业而获得利润。早期客户 BNY Mellon、波士顿咨询集团、欧莱雅和 Axis Bank 纷纷为此点赞，认为该课程对员工技能提升很大。因此该项目成为营收中增长最快的部分，也成为 Coursera 未来的重点发展方向。

五、把握疫情发展机遇

新冠肺炎疫情的爆发极大地推动了慕课平台的发展，可谓开启了"神助攻"模式，也为 Coursera 平台提供了一个新的契机。Coursera 首席执行官 Jeff Maggioncalda 表示："Coursera 的注册人数在疫情期间同比增长了 5 倍"。

自 2020 年 3 月以来，Coursera 向大学免费提供课程库，并提供免费版本的"Coursera for Campus"供学生使用，全球所有受疫情影响的大学都能够通过 Coursera 提供的校园平台，学习顶尖大学和行业合作伙伴的 3800 多门学科，且免费学习的时间将会持续到 2020 年夏季。这体现了 Coursera 的初心"Doing Things for Good"，以社会责任的积极承担换来了好口碑。

由于疫情带来的失业潮，很多工作者纷纷开始寻求自身专业技能的进阶提升。Coursera 便顺势发起了"劳动力复兴计划"。帮助政府为失业工人免费提供来自顶级大学和公司的 3800 项与工作相关的课程，以便于让员工学习关键业务和技术操作，从而缓解疫情背景下的失业问题。

因此在疫情期间，上网课的不仅有学生，一大批工作者也加入了上网课的行列。疫情为 Coursera 进一步增加用户数量提供机遇，相关数据显示：从 2020 年 3 月至 5 月，Coursera 注册用户增长 1000 万，速度是前一年的 7 倍。Coursera 扩大了用户的覆盖面并在高校、政府、企业三者心目中留下了好印象。

六、结语

Coursera 的发展历程为全球慕课平台提供了很多可以借鉴的经验与教训，Coursera 成长的关键因素离不开资本赋能和战略与品牌协同这两大方面，而战略就是"国际化定位，全球化扩张"，品牌的打造则得益于跟知名高校、企业的合作。与高校联合建立证书体系，学位颁发，不仅提高了课程质量，也使证书的可信度广泛受到业界认可；为名企进行员工技能培训则为职业教育打开了大门，让学习更好地运用于实践，实现有效的就业对接，这是 Coursera 在众多同业竞争中脱颖而出的两大法宝。再加上疫情背景下对线上教育的迫切需求，Coursera 既实现了盈利目标，又落实了普及高等教育优质资源的善举。

当然，在线教育平台的构建离不开技术的支持，根据 g2stack 的数据，Coursera 使用了 74 种技术产品和服务，包括 HTML5、Google 分析、jQuery、Google 字体 API、LetsEncrypt 和 WordPress 等。这些高新技术的创新为公司注入新鲜的血液，提供源源不断的新学员动力。而当技术逐渐普及，市场的重要性也不言而喻。Coursera 在 2020 全球独角兽企业 500 强的排名中较 2019 年有所下滑，很多中国的慕课平台凭借中国广大的消费市场优势在 500 强独角兽之林中如雨后春笋般占据一席之地，因此 Coursera 在市场扩大方面仍有前进空间。

虽然 Coursera 逐步踏入收费盈利的商业化道路，但企业以利润最大化为目标无可厚非，这是一个企业屹立于独角兽 500 强之林的护身之法。"Doing Things for Good"缘于善，是社会责任，"Doing Things for Business"营于利，是商业动机，一个在左，另一个在右，将共同辅助 Coursera 在市场竞争中越走越远、越走越强。

TOKOPEDIA：印度尼西亚本土化的电商楷模

"从技术障碍到非技术障碍，会有很多事情超出预期，发生这种情况时，请保持冷静，并努力成为解决方案的一部分，专注于解决所有问题，记住每一秒钟对于为数百万 Tokopedia 客户提供服务是非常重要且有价值的。"

——Tokopedia 的 CEO William Tanuwijaya.

2009 年，两个年轻小伙子发现印度尼西亚大城市商品堆积，而小城市物流难以流通，人们对商品需求相对较大，下沉市场需求旺盛。当时印度尼西亚的电商平台并不多，因而他们俩就成立了一个小小的电商平台，以推动本土数字经济发展平等化。创始人 William Tanuwijaya 和 Leontinus Alpha Edison 都是首次创业。最初，由于数据库大规模崩溃问题与融资问题使平台创立和发展一度陷入困难。现在，Tokopedia 是该国最大的电子商务初创公司，最近一个月内有 600 万次购买。它是印度尼西亚市场的数字革命引领者，是线上与线下的连接桥梁，推动着 SMEs 的增长，增强金融赋能，给印度尼西亚人民的生活带来便利。

一、持续强大的融资能力

2010 年，与 East Ventures 的结缘，使 Tokopedia 获得一笔巨额的国际风投资本，从此走上蓬勃发展之路。2013 年 CyberAgent Capital 向 Tokopedia 注入投资，2014 年软银集团与红杉资本的介入，推动 Tokopedia 公司规模的壮大与交易量的攀升。2017 年阿里巴巴集团也开始对该公司进行 F 轮投资，总投资额为 1.1 亿美元。2020 年 Tokopedia 再度赢得 Temasek 和 Google 的青睐，其中，Temasek 对其投入了 5 亿美元，而 Google 投入了 3.5 亿美元，两笔投资促使 Tokopedia 加快了自身的数字化与技术化的建设。

Tokopedia 打造的 C2C 电商平台直接连接了商户与消费者，其重视本土大城市市场与下沉市场，吸引了众多中小型商户入驻，从而刺激了交易量的增加。Tokopedia 不仅关注普通产品的交易，它还与多家本土中小型科技公司、金融服务公司、物流公司打造一体化服务，进攻电商领域的方方面面。强大的持续融资能力给予 Tokopedia 充分的底气与能量扩大其商业版图。Tokopedia 借以庞大的销售网络、内部科技的自主开发，在印度尼西亚所占市场份额逐步增长，获得了更多 VC/PE 的资金支持。

二、虚拟组织运行机制

Tokopedia 基于自身的虚拟销售网络，积极拓展其业务，主要向数字生活服务和金融服务方向打造许多衍生应用，以整合资源扩展版图。Tokopedi Mitra 的在线 App 弥合了线上与线下的隔阂，连接了许多中小型的商业客户，视其为数字合作伙伴关系；同时推出 Tokopedia 的金融技术服务，为商户或消费者客户提供金融贷款、支付等便捷服务，扶持商家发展，助力消费者购买，以打造 Tokopedia 电商平台内部的金融生态圈。通过买卖，Tokopedia 借助 TokoCabang 实行物流履行服务，集成的物流和履行系统使运输变得容易。客户可以选择其合作伙伴所容纳的包裹到达时间，而卖家可以将其产品存储在遍布印度尼西亚的智能仓库中。此外，Tokopedia 也推出了 Toko Print 数字印刷等服务。Tokopedia 专注于平台的打造，在完善平台的升级改造与技术支持同时，联合各大小城市商户的进驻，连接客户进行 C2C 的商品交易，集合了许多满足印度尼西亚民众的生活服务，从小商品的流通、手机充值、金融存贷款支持到生活中的母婴服务、婚礼服务（Bridestory），渗透平民衣食住行。Tokopedia 扩大平台的服务范围，打造超级生态系统的商业模式，正在成为印度尼西亚版的"Alibaba"。

三、独特的商业模式

Tokopedia 最初是一家 C2C 电商平台，现在逐步转向半 B2C 模式。这一模式是印度尼西亚首创，给企业带来了令人满意的效果。这一大转向还得从 Tokopedia 的密切合作伙伴物流服务方说起。它的衍生履行服务商 TokoCabang 已向公众服务超过两年，是 Tokopedia 创立 IaaS（基础架构服务）平台的一部分。它开始将 Tokopedia 的核心业务模式从原来的纯 C2C 模式转变为半 B2C 模式。TokoCabang 实行半 B2C 的概念，即仓库合作伙伴（在这种情况下为 Haistar 和 Titipaja）将从商户那里收取按月交易量计算的费用。例如，如果商品数量超过 1000 个，那么每售出一件商品将收取 2400 印尼盾的执行费，每月收取 2000 印尼盾的仓储费。这种成本被认为比商人不得不在自己的仓库中开设分支机构还要节省劳动力成本，包装成本。

TokoCabang 由 Tokopedia 指定的合作伙伴 PT Bintang Digital Internasional 以 Haistar 为品牌进行运营。是成立于 2018 年的一个电子商务的物流公司；另一个合作伙伴是 Titipaja，作为 Anteraja 的最后一英里的物流服务提供商。根据 Toko-Cabang 卖方工具包，具有最低声誉或官方商店的 Tokopedia 商家可以利用合作伙伴仓库存放商品，以便商品更快地到达消费者手中。此外，商户可以使用的一些仓库是 Haistar Gading、Haistar Kamal、Haistar Bandung、Haistar Surabaya 和 Haistar Makassar。目前 Titipaja 在雅加达的 Cililitan 可用，但该公司计划将业务扩展到印度尼西亚其他城市如万隆、棉兰、登巴萨和坤甸。

Covid – 19 大流行限制了人员的流动性，包括满足日常需求。印度尼西亚民众的购物模式从线下转向线上。在线卖家的数量有所增加。根据该公司的内部记录，截至 2020 年 5 月，三个月内有 100 万新卖家，累计达到 830 万。可以说 Tokopedia 的解决方案不同于其他 B2C 电子商务平台提供的解决方案，例如，Blibli、Lazada 和 JD. id。所有 B2C 参与者都以仓库的形式增加实物资产来存储待售物品。在每个城市的多个地点都设有仓库，这样意味着交货距离更短。交货时间将大大缩短，消费者支付的运输费用将更加便宜。

四、注重本土化特点

2019 年，Tokopedia 为印度尼西亚的经济贡献 12 亿美元，包括交易金额，就业岗位的创造以及在销售收入的上升。目前 Tokopedia 正在考虑首次募股，完成 IPO 上市。与其他企业最大的不同是，Tokopedia 在前几年一直停留在本土上市，并未迈向国际化。同样在 2019 年，Bridestory 正式被 Tokopedia 收购，这家具有印度尼西亚特色的婚礼服务企业也将成为 Tokopedia 商业版图的下一步。目前，Tokopedia 不断并购当地中小企业，讲好印度尼西亚故事，深入印度尼西亚民众生活的方方面面。绝大多数的中小型企业占据印度尼西亚市场主体，村庄商品的流通与交易是一大亮点与增长点。中小型企业（SME）是印度尼西亚经济的支柱。该国有超过 6000 万家中小型企业，Tokopedia 通过授权 660 万家中小型企业来做出了经济贡献，不仅为现有的中小企业提供了帮助，而且还通过平台创建了新一批的企业家。Tokopedia 上已注册登记有 350000 个流行商店合作伙伴，称为 "Mitra"。Tokopedia 提供技术和平台为他们提供增值服务。例如，通过 "Grosir" 功能帮助他们更快地补充库存，并且提供了营运资金，以便更快地购买更多库存；设计了 Mitra Tokopedia 应用程序，以便他们快速掌握它，该应用已被超过 200 万 Android 用户下载。

在印度尼西亚，小村庄的客户与雅加达的客户存在不同的需求和偏好，因此 Tokopedia 为他们提供个性化的服务。在中小型企业方面，各个村庄和地区设置便捷的 Tokopedia 中心，作为一个当地的数字学习和体验中心。中小企业可以在其中学习如何成为商人，如何使用该应用程序，进行在线到离线（O2O）交易，使用数字支付和金融服务等。例如，Tokopedia 正在探索与西爪哇省政府合作，通过各种举措扩大农村地区的赋权能力，其中，一项举措是在一个名为 Sukana-gara 的小村庄开设 Tokopedia 中心。

Tokopedia 专注于印度尼西亚市场，其是公司运营的一个优势。在与本地和国际许多电商参与者同台同时竞争后，Tokopedia 在东南亚市场以及全球区域逐步扩张的同时，更为专注于本地市场，对本地市场的深入了解和探索使 Tokopedia 受益匪浅。

五、客户至上的理念

2020 年 3 ~ 4 月，新冠肺炎疫情的暴发使人们对未来灾难性的日子感到悲观、恐慌，在消费者行为中，出现了"恐慌性购买"。在电商平台出现了许多匪夷所思的显现，如保健产品的销售量猛增、许多不负责任的卖家将这种现象视为实现利润最大化的机会。为避免进一步的价格差异，Tokopedia 采取了重大行动，关闭了成千上万从 COVID – 19 中获利的商店，为消费者客户赢取更多的利益，提升服务质量与参与感。2020 年 5 ~ 6 月，客户的"新常态"行为变得更加一致，即在线购买已成为民众购物的日常，群众对电子商务或数字平台也具有更高依赖性，以支持远程工作和个人卫生。Tokopedia 在逆境中扮演着至关重要的角色，它为所有用户提供了一种轻松便捷的方式来在线满足其需求。以前在线下购买的商品现在可以在具有大量商店选项的在线平台上使用，定期更新库存和供应，并以透明价格出售。

Tokopedia 恪守为客户服务的承诺，并可以在任何情况下一周 7 天 24 小时与客户保持紧密联系。现在有更多的消费者或客户依赖 Tokopedia 的电商优势，例如，终端消费者或客户在家中上班、上学或进修，需要将所有必需品送到家中，或者甚至是财务不稳定的新商人，他们都避免新冠肺炎疫情导致在线商店关闭。因此，为赢得客户和员工的心，策略和优先级已发生了重大变化。主要体现在以下五个方面：

（1）从基于渠道的客户管理向基于服务的客户管理的重大转变。自 2019 年底以来，Tokopedia 已开始向基于服务的管理转变，这是对客户互动增长预测的回应。但交互的数量却比预期的要快，在 Covid – 19 大流行期间增加了 40%。

（2）基于服务的中心对前线员工有益，因为他们能够拥有更深刻和准确的产品知识。结果，这种转变促使他们能够提高生产率，提高质量，更快地做出响应并提高客户满意度，反过来又将其提高了 5 个百分点。

（3）满足客户需求的自动化。Tokopedia 实施了三层自动化，以识别和解决客户的挑战：

1）自助服务。用户在询问 CS 之前，可以立即获得其查询的答案。这可以解决 90% 以上的发货问题。

2）聊天机器人。一种人工智能，由 3I 组成：接口（具有易于使用的消息传递接口）、智能（解决问题的能力，不仅是查询功能）和集成（通过 API 与系统集成）。它可以偏转超过 60% 的聊天会话。

3）Gandalf（API 集成的电子邮件响应）。一种工作系统，它基于一组条件规则来答复用户的票证并给出建议或操作。作为后部保护，它仍然能够偏转电子邮件票证的 30%。由于流量的新常态，这些变得很重要，而促销期间的增长达到了 400%。为了适应大流行情况，对系统进行了小改动。

（4）"主动和保护性"的客户参与和教育。除了积极参与以教育用户并减少客户投诉的数量之外，Tokopedia 还采取了一些保护性措施，即通过扫除为产品价格设定高于市场价格的卖方的平台。由于疫情，印度尼西亚群众对口罩和手消毒剂的需求激增，部分商户趁机抬价导致该类生活用品价格高涨，Tokopedia 及时迅速地打击该类商家并发布公告为每一位消费者客户或商户传递信息。不管是在平常还是在疫情严重期间，从扫除违禁物品的平台到取下不符合食品药品监督管理局（BPOM）法规的物品，此类保护措施都是定期进行的。

（5）通过客户参与中心增强客户监视的声音。客户参与中心是一个一站式的指挥中心，可以实时监视客户的声音，运营绩效和交易状态。Tokopedia 意识到其自身在渠道中看到的只是冰山一角，所面临的问题中约有 80% 没有提交至官方渠道，在大多数情况下，客户只能通过社交媒体或他人或朋友/家人向他人批评该品牌。为了解决这个问题，Tokopedia 努力保持领先一步，以从世界社会全面的角度看事物，及时做出明智的决定并采取谨慎的行动，以获得最合适的解决方案。

此外，为消费者获得更多利益与满意度，Tokopedia 推出了一项新功能，名为"Tokopedia ByMe"的功能为所有 Tokopedia 用户提供了成为"影响者"的机会，表示该功能使任何人都能推荐自己喜欢的产品并从中获利，卖家可以为他们希望他人推广的商品设置佣金。这些佣金仅在促销员成功出售物品时才支付。他们从诸如拼多多之类的中国社交平台上获益匪浅，在社交商务主题上都有许多不同之处，例如，购物者可以从其他购物者中受益。考虑到拼多多迅速成为中国最受欢迎的电子商务应用程序之一并于 2019 年上市，这一策略似乎行得通。因此，Tokopedia 的 Cynthia Limin 在一份官方声明中说："Tokopedia ByMe 使买家可以轻松地从榜样中获得推荐的物品，包括公众人物和亲朋好友，例如，亲朋好友。"

此功能的创建是基于以下观察：即时环境的建议对购物者进行各种购买非常重要。这也是 Tokopedia 平台服务的拓展的一大步。

六、结语

从成立之初至今，Tokopedia 已走过十年之余，从最初的俩人支撑到当今印度尼西亚规模最大的电商平台，离不开 William Tanuwijaya 和 Leontinus Alpha Edison 艰苦卓绝的能力与意志。当前，Tokopedia 的员工已成千上万，内部工作人员总称其自己为"NA KA MA"，意为"贸易、朋友、诚挚的合作伙伴"，真诚平淡却实在的企业理念增强了企业团队的融洽程度与合作力度，且贯彻在商业服务与合作中，也是 Tokopedia 拓展商业版图的优势特色之一。资本和技术是独角兽企业成长和发展的动能，Tokopedia 金融数字技术的迭代更新、Google 和 Alibaba 的投资支持，Tokopedia 下一步彰显着积聚野心的商业拓展意图。接下来 Tokopedia 在城市服务意欲与印度尼西亚网约车平台 Gojek 进行商业合作以共同组成印度尼西亚具有最高市值的公司，且与美国数字技术 New Relic 公司合作意欲完善平台交易追踪与保障，还有许多合作伙伴和业务拓展正在商洽中。Tokopedia 在挖掘当地市场和普及数字金融以及追求数字经济平等化的道路上，其商业版图基本上覆盖整个印度尼西亚国家生活的各个方面，未来印度尼西亚何时完成其 IPO 上市，在国际化舞台上又将有何表现，需要进一步的期待与观望。

Zoox：自动驾驶的"西部世界"

"你必须考虑哪条路会带来最好的结果，然后不管多么艰难，都坚定地沿着它走下去。"

——Zoox 创始人 Tim Kently - Klay

"Built for Riders, Not Divers" 是 Zoox 公司的宗旨，也是 Zoox 公司的理念核心。

过去汽车设计是围绕驾驶展开，一直以来自动驾驶汽车给人的第一印象是科技解放了司机。而 Zoox 却开创了共享方式的自动驾驶出行，让自动驾驶从未涉及的公共出行领域进入了大众的视野。

2014 年 Zoox 公司成立于美国加州硅谷，是一家神秘的无人车公司，创始人为 Tim Kentley - Klay 和 Jesse Levinson。Zoox 从创始之初便确定了自动驾驶与自动驾驶出租车为自己的业务核心，目前技术水平达到了 Waymo、Cruise、Argo AI

的水准。

2018 年 12 月，Zoox 拿到了加州首张自动驾驶打车服务运营牌照，先于谷歌旗下的自动驾驶子公司 Waymo，成为美国第一家具有使用自动驾驶车辆提供出行服务资格的企业。

Zoox 公司十分低调，在 2016 年时甚至找不到其官网。但 Zoox 一直是无人驾驶领域中的明星公司。Zoox 如此吸引世人目光是由于其在共享自动驾驶领域展现了颠覆性的技术和先进的设计理念。

一、颠覆性的技术

浏览 Zoox 的官网以及产品，我们总能感受到迎面而来的"赛博朋克"风，充满了科技感。网友称看到 Zoox 的产品如同看到了美国的"西部世界"。

Zoox 的首次亮相——概念车 Boz 于 2013 年的洛杉矶车展展出，一经展出便因其特殊的构车理念吸引了众多公司的注意力。2020 年 6 月 Zoox 为实现自己的自动驾驶汽车梦想迈出了实质性的一步，历经 7 年研制了一款可以搭载四人的无人驾驶出租车"Robo – taxi"。从外观上来看，车辆整体被设计成传统马车的样子，但配上科幻的模样又像是动漫人物"大白"，十分可爱；车内有两排座椅，乘客们相对而坐；内部没有方向盘。车辆最高时速为 75 英里（约 120 公里）。

Robotaxi 是创新性的集功能性、电气化、自动驾驶为一身的纯电动汽车。Zoox 首席执行官 Aicha Evans 表示：本次 Robotaxi 的亮相对公司而言具有里程碑式的意义，并且这也是该品牌迈向自动乘车服务的重要一步。在 6 月亮相之后，12 月 Zoox 将 Boz 进行量产，Boz 也成为全球第一款可以双向行驶的量产车。

显而易见，Zoox 一开始的市场定位便与其他自动驾驶汽车不同。从第一辆概念车 Boz 的亮相，创始人 Tim Kentley – Klay 和 Jesse Levinson 的目的就为打破常规的造车概念。Zoox 在设计车型之初便明确了其无人驾驶的目标，其车型使用场景直接面向 L4 级及以上的自动驾驶。这与众多无人驾驶汽车先是经营传统汽车再过渡到无人驾驶汽车有着显著区别。另外，L4 级的无人驾驶意味着节约了司机这一大笔人力成本。因此 Zoox 的市场定位最初便是公共交通或共享出行工具。

我们能够从 Zoox 车型设计中窥见其独特的市场定位，然而这样前卫的设计理念以及与众不同的市场定位背后是 Zoox 在无人驾驶的先进技术保驾护航。

二、Zoox 的三大优势

Zoox 的核心优势主要是三方面：安全性设计、城市运营效率以及乘客体验。Zoox 用不断创新的技术在这三方面追求精益求精。创始人 Tim Kentley Klay 认为：

"Zoox 前期只要专注设计好车辆的 1/4，就可以完成车辆设计中的大部分工作。"

从安全性设计方面来看，Zoox 运用了先进的自动驾驶技术来全方位保障乘客们的安全。针对大部分美国人对于自动驾驶汽车安全性的忧虑，Zoox 在这方面可谓是下足了功夫。在车厢内，每个转角都配置了叫作"传感器吊舱"的配件，"吊舱"内部由可旋转的激光雷达、毫米波雷达和摄像头共同组成。各雷达相互作用使传感器的视野范围达到 360°无死角，直径更超过 150m。其他的传感器配置可以保证在其中一个损坏后，车辆继续保持完整的自动驾驶能力，是乘客获得最佳的乘坐体验的保障。与此同时，为确保出行安全，Zoox 在全车范围内为所有乘客都配备了安全气囊，同时保护车内四名乘客的安全。Zoox 还计划在未来将提供远程人员服务，其主要职能为在突发状况下可以及时手动控制车辆并与车内乘客实时通信，让自动驾驶"带上脚铐跳舞"，最大限度地保障乘客安全。

安全理念同样贯穿在 Zoox 汽车的行驶过程中，为了保障驾驶人及周围行人等所有交通参与者的安全，Zoox 创新性地运用细致分类技术，如区分车辆、道路、行人、植被等信息，同时通过内置算法对图像信息进行进一步的深度处理。除了静态信息的识别处理之外，其开创性更在于 Zoox 的视觉感知算法能够对其他道路参与者的动态行为进行区分，例如，道路上行人是停止还是行走，是坐车、骑车抑或是滑滑板等各种交通方式，进一步地，算法甚至可以通过分析判断行人是否在打电话、交警和行人的手势，以及道路施工人员等。

从城市运营效率方面来看，Zoox 的双向行驶以及四轮转向自动驾驶汽车，可以更好地在狭小的城市道路中行驶，引领未来智能汽车的发展方向。为了在拥挤的城市道路中广泛应用，Zoox 将车型设计为紧凑型轿车，车辆长度不足 12 英尺（约 3.7 米），配有侧滑门设计，在不侵占公共空间的同时方便乘客上车。同时，在行驶方向上，该车辆是首批可以双向行驶的四轮无人驾驶车辆，在交错的城市道路中十分灵活。面对电动汽车普遍存在的"里程焦虑"问题，Zoox 提供了解决方案：进一步扩大整车的电池总容量，达到 133 千瓦时，从而延长续航时间到 16 小时。在保障续航的前提下，将汽车的最高时速设定在 75 英里，足够满足市内交通环境下的出行需要。

Zoox 内部的设计充分体现了人文色彩，致力于提升乘客的乘坐体验。由于车内采用了完全对称的设计，因此，车内每一个乘客都能获得一样的服务保障以及针对传统汽车座位不同风险不同的情况，Zoox 的对称设计也是能够保证所有乘客的安全，而这仅仅是 Zoox 对汽车的一小部分变革。在提升乘客的乘坐体验方面，Zoox 同样独具匠心，车内的座位十分宽敞，采用了优质的材料使座椅十分舒适。另外，除了座位旁边配置的集多种功能于一体的触控屏之外，乘客的座椅扶手处还配有用于放置水杯的杯托和用于为手机等电子设备充电的无线充电区域以及每个乘客手边安装一个紧急停车按键，用于在突发情况下紧急安全制动。

三、亚马逊的资金保障

Zoox 能取得如此优秀的成绩与其独特的商业模式和产品理念是密不可分的。Zoox 从 2014 年建立之初便将目标设立为十分前卫的无人驾驶领域，等到目前无人驾驶成为热门行业时，Zoox 又将目光放在了共享无人驾驶汽车，从长远来看，是要重构交通运输体系。但从 Zoox 的实现路径来看太过超前了。

超前的实现路径使 Zoox 并未能有较多成果落地继而实行资金周转。所以在 2020 年 6 月被亚马逊收购前 Zoox 已经陷入到难以为继的状态，亚马逊的收购为 Zoox 提供了稳定的资金来源。亚马逊收购 Zoox 的金额超过 12 亿美元，一举登上 2020 年自动驾驶收购金额榜首，同时这也创下了亚马逊在自动驾驶领域最大纪录。早在 2018 年 Zoox 便已进行了融资，当时估值就已超过 32 亿美元，过往融资总额将近 10 亿美元。

从 Zoox 选择的自动驾驶模式中，就能感受到亚马逊收购后的资金支持对于 Zoox 的重要性。目前在自动驾驶领域，Waymo、特斯拉、Uber 是最为代表性的三种类型。Waymo 模式专注于无人驾驶技术的算法、系统和相关硬件，所以 Waymo 没有自己的汽车厂商，只是定制代理。特斯拉是知名的传统汽车制造商，自动驾驶出行业务只是其商业版图扩张的一部分，但像特斯拉这样的车企一边出售传统汽车来稳固基业，另一边又涉足公共出行领域，其实是更为自动驾驶稳健和合理的实现方式。Uber 是共享出行的龙头企业，实现自动驾驶能最大化节约其网约车司机这一最大的运营成本。

对比上面介绍的三种自动驾驶模式，Zoox 选择了最困难的一种模式——垂直整合模式。这是 Zoox 公司 CTO Jesse Levinson 提出的自动驾驶改变汽车形态的观念的具体体现。他认为苹果的成就是源于与 Zoox 一致的软硬件垂直整合的模式，如果苹果只是在黑莓或摩托罗拉上加装了一个新的操作系统，那么就没有今天苹果在电子设备领域中的领先。

Zoox 如同苹果公司一样选择的是将软件、硬件和用户体验进行高度整合这一道路。Zoox 和 Waymo 一样，研制了自己的自动驾驶系统；在造车模式上，Zoox 将自己的研制成果运用到自己的汽车上，暂时没有通过对外销售汽车获得现金流的可能；在商业模式上，Zoox 的目标是自己成立一家出行服务商，将自己的车辆用于营业，而不是像 Uber 一样将造车服务外包。Zoox 自研自产自销，覆盖了全部的生产链，这其中必有大量资金支持，否则难以维系如此高昂的运营成本。

因此，目前 Zoox 的整体运营包括首款 Robotaix 车型（无人驾驶出租车）的发布，更多体现的是强大资本支撑的味道。然而，Zoox 要想在智能出行领域的激烈竞争中走得更远，就需要在以 Waymo、特斯拉、Uber 三家巨头为代表的三种自动驾驶模式中找到属于自己这种模式的独特优势。

然而，对于 Zoox 来说最好的消息是，亚马逊的收购并未影响 Zoox 的发展路径。Zoox 被收购后仍然是独立运作，亚马逊的收购不会改变 Zoox 的经营目标，目前的领导团队仍然是之前的成员，亚马逊不会有任何干涉。

亚马逊决定对收购 Zoox 表示是为了帮助 Zoox 实现自动驾驶打车服务的愿景。亚马逊从 Zoox 的第一辆概念车的提出就注意到了 Zoox 永远创新和客户充满热情的特征，这十分契合亚马逊。亚马逊计划收购 Zoox 后，帮助 Zoox 构建一支无人驾驶出租车车队。不过，亚马逊需要从中得到收购的利益，因此亚马逊可能会利用 Zoox 来打造自动驾驶送货车，帮助 Zoox 实现自动驾驶打车服务只是自动驾驶送货车的第一步。

电商巨头亚马逊的加入给 Zoox 的发展可谓是雪中送炭，亚马逊充裕的资金支持和完善的体系化业务使 Zoox 在自动驾驶领域潜力无穷。

四、专业团队带动 Zoox 技术不断革新

提到 Zoox 就不得不联想到创始人 Tim Kentley – Klay。彭博社曾评价说："在诸多自动驾驶汽车公司中，Zoox 可能是最大胆的。"彭博商业周刊也曾介绍这家在硅谷迅速崛起的年轻公司并指出："该公司的崛起有赖于 Kentley – Klay 这样的非传统企业家的巨大热情，尽管他是一位没有汽车行业相关经验的澳大利亚人。"

Tim Kentley – Klay（蒂姆·肯特利·克莱）出生于 1975 年，曾经是一名拥有自己独立工作室的视频制作人。在 2012 年前后，他看到了自动驾驶的广阔前景后，对自动驾驶产生了兴趣。Kentey – Klay 十分有自己的主见，在自动驾驶还尚未普及的年代就已经将自动驾驶的未来放在了智能公共出行领域。因此 Kentey – Klay 拒绝了在他看来不够激进的 Waymo 的邀请，决定要打造并运用自己设计的自动驾驶出租车队，还要推出配套的应用软件产品。

但制造自动驾驶汽车不是儿戏。Zoox 的另一位联合创始人 Jesse Levinson（杰西·莱文森）加入了他的团队。Levinson 一直跟随原是谷歌自动驾驶汽车 DARPA 挑战赛的团队负责人、谷歌 X 实验室联合创始人 Sebastian Thrun（塞巴斯蒂安·特伦）学习，具有丰富的自动驾驶汽车的经验。Levinson 的加入对于 Zoox 来说如虎添翼，他认为 Kentley – Klay 对于自动驾驶汽车有着自己独特的见解，知道如何将技术应用到实际产品当中。

两人这种理想型加技术型的组合，能够将各自的优势发挥到最大，也吸引了众多优秀人才的加入。尽管创始人 Tim Kentley – Klay 之前的本职工作与自动无人驾驶毫无关系，但 Zoox 具有极为强大的管理团队和工程师团队。公司董事会中

由原 Autodesk 软件 CEO 卡尔·巴斯（Carl Bass）、德丰杰投资机构合伙人海蒂·罗森（Heidi Roizen）等多位知名人士组成；在技术人才方面，特斯拉、苹果、谷歌、法拉利、英伟达等各大企业数百名工程师的加入使 Zoox 得以长久保持技术领域的先发优势。

2016 年，中国香港投资公司 AID Partners Capital 也向 Zoox 投入了 2000 万美元，然而，在 2018 年 7 月的一次大规模融资之后，首席执行官 Tim Kentley - Klay 被董事会没有任何理由的解雇了，前英特尔执行董事、首席战略官 Aicha Evans 成为了 Zoox 公司新一任的首席执行官。

虽然目前 Tim Kentley - Klay 已不再领导 Zoox，但他对未来自动驾驶汽车的设想还是完整地保留了下来。他一直坚信未来汽车在保留自动驾驶汽车特点的同时应将方向盘、踏板等全部舍弃，给乘客提供优质乘坐体验。他曾说："我们的目标不是销售比特斯拉好的汽车，而是试图提供更好的乘坐体验，这才是我们想要的成功。"

另外，在 Tim Kentley - Klay 前期的领导下，Zoox 整个团队都秉承着坚忍不拔的信念，并未因初期的构想看起来不着边际而放弃。在 2013 年 Tim Kently - Klay 成立 Zoox 之前团队里一个技术人员都没有，但 Zoox 是行业中第一家提出为无人驾驶重新设计汽车的概念，设计一个重点在于乘客而不是围绕驾驶的汽车。这样独特的设想也使 Zoox 的团队不断壮大，目前已经拥有了 900 人的研究团队。

从诞生起，Zoox 一直进行过很多设计尝试，但更多的是一次次的失败。Zoox 从成立到现在只有最初亮相的 Boz 原型车和后来推出的无人驾驶出租车。整整用了 7 年的时间，Zoox 才推出了一辆完整的能够量产的汽车，相比于传统车的 3 ~ 4 年的周期要长得多。

Zoox 先是经历了堪称"自动驾驶融资王"的辉煌时期，也度过了很长一段无人问津的低潮时期，有着大量的人事变动。如果没有亚马逊的支持，Zoox 很难继续发挥自己的团队专业优势，但即便是经历了谷底的黑暗时期，Zoox 团队依旧没有放弃。

天马行空想法的落实需要团队脚踏实地，不然一切都只是虚无缥缈的梦想罢了。

五、结语

2020 年 6 月 Zoox 生产了第一款完全自动驾驶的电动汽车，兑现了自己当初许下的诺言：从无到有打造一辆来自未来的无人驾驶汽车，由这一汽车为基础从而改变人们的驾车出行方式，体验智能驾驶出行。Zoox 能有今天的成就源于 Zoox 始终认为技术是无人驾驶汽车领域的决定性因素，从设计理念、资金以及团队等各个方面都体现了 Zoox 对保持技术先进性的坚定信念。

不得不说，Zoox 的商业理念放到今天，也仍然非常前卫，其对无人驾驶汽车进行重新思考和重新设计，对自动驾驶行业做出了巨大的贡献。但 Zoox 的垂直整合模式以及市场定位决定了 Zoox 短期内难以向公众交出一个显著的成果。即便是 Zoox 做好了一切准备，目前这辆双向无人车仍在专用道路上进行测试，何时进行公共道路测试，仍然是未知的。

Zoox 对于改变出行方式的愿望能够被广泛接受且承认，但由于汽车交通与智能手机这种飞速替代的电子产品不同，是一种长时间使用的耐耗品。如果再考虑城市规划、道路基础设施建设和交通安全等复杂因素，Zoox 的美好愿景在未来很长时间都难以实现。目前交通产业仍然处于新旧更迭的混乱之中，但仍以传统私家车为主。虽然 Zoox 的共享无人驾驶汽车终将是自动驾驶的主流，但只有当自动驾驶功能的私家车得到广泛普及后，Zoox 的共享无人车才有逐渐登上历史舞台的机会。

Taboola：内容发现平台

我们身处一个充满活力的行业，所以我们充满活力。我们处在一个数据驱动的行业，所以我们是科学的。当某件事不起作用或没有意义时，我们就停止做它。当某件事做得好时，我们比其他人做得更好更快。

——Taboola 创始人 Adam Singolda

这件事几乎发生在每一个人身上：经过一整天的工作，你坐在沙发上收看电视，尽管电视节目数不胜数，但你却觉得没什么可看的。——这一问题恰恰是 Taboola 的起点。

2015 年，一则新闻引发人们的广泛关注：内容推荐引擎 Taboola 获得百度数百万美元的投资，百度将助其内容发现服务进入中国市场。Taboola 创始人兼首席执行官 Adam Singolda 称，新的战略合作"将把内容发现作为一种新的广告形式带到中国"。

Taboola 的创始人兼 CEO，是来自以色列的 Adam Singolda。和其他以色列人一样，Adam 在高中毕业之后也要去服兵役。当他从军队退役时，因长时间没看过电视，他突然发现自己竟不知道看什么好，他敏锐地捕捉到：或许应该做些什么，让电视节目去寻找观众，而不是让观众被动地接受节目。作为工程师，他创造了一个基于个人兴趣发现互联网中对于个人有价值的内容的软件。这是 Taboola 的萌芽。

Taboola 于 2007 年成立于以色列特拉维夫，现总部位于美国纽约。其内容推荐平台可以让发行商基于用户资料和浏览习惯，向用户推荐其可能感兴趣的文章和视频（通常推荐内容位于网页底部），从而帮助发行商提升网站流量并通过广告获得更多收益。Taboola 与出版商和广告商的合作关系始于 2012 年。2015 年，Taboola 成为仅次于 Google 和 AddThis 的全球第三大联合广告平台，同时也是世界上最大的内容发现平台，拥有 1000 多名员工，他们的客户包括《今日美国》、《赫芬顿邮报》、《时代》、*The Weather Channel*、（天气频道）和 "Business Insider" 等，Taboola 出现在美国桌面用户电脑上的次数超过 Facebook、谷歌网站、雅虎和美国在线等网站，被评为 "仅次于 Google 的第二大网络访问平台"。Taboola 覆盖了美国 86% 的台式电脑用户，每月给超过 5 亿独立访客提供超过 2000 亿次内容推荐，单个用户平均每月浏览 Taboola 的推荐 30 次，高于 Facebook、Yahoo 及 AOL。

Taboola 在 2007～2012 年规划自己的目标，2007 年获得了 150 万美元的投资，在之后的八年里，Taboola 相继完成了 B、B＋、C、D 轮融资。2015 年，Taboola 完成了由富达基金领投的 1.17 亿美元（约合 7.26 亿元人民币）E 轮融资，该轮融资让 Taboola 的估值达到了 10 亿美元（约合 62.06 亿元人民币）。从 150 万美元到 10 亿美元，Taboola 仅仅用了 8 年时间，实现了飞速发展。2020 年，Taboola 以 140 亿元的估值列《2019 胡润全球独角兽榜》第 219 位。

一、Taboola 的创始人

Taboola 的创始人 Adam Singolda 来自以色列，Adam Singolda 的爸爸是个音乐家，他从小成长于音乐屋，看到的是音乐与激情，也因此 Adam Singolda 做事总是充满了热情。高中毕业后 Adam Singolda 在以色列服役并担任军官，七年的军旅生涯，使他获益无穷。他曾在采访中直言：军旅生涯带给他的那份坚韧与毅力，使他可以干他想干的任何事。退役之后，25 岁的 Adam Singolda 在家无所事事，他甚至不知道自己想看什么样的电视节目，但 Adam Singolda 很善于思考，他敏锐地捕捉到了这一问题。"当我们知道自己想要的是什么时，Google 是伟大的；但当我们不知道我们要什么时，这是一个绝佳的机会。"Adam Singolda 曾在采访中表达了他的观点。退役后的 Adam Singolda 曾先后担任过团队领导、经理，这使他积累了丰富的管理经验。在 Adam Singolda 看来，所有人的成功都离不开运气、朋友与导师，他也不例外。当他把他的想法告诉他的朋友时，他朋友借给他 18 万美元，帮助他把想法变成现实，这就是 Taboola 的开始。

Taboola 的第一批员工是 Adam Singolda 在部队的应用数学和计算机科学方面

的朋友，"在当时，我们有一个很棒的理念以及靠我们的努力达到惊人的技术，可是当时没有人理解推荐引擎的概念"。Adam Singolda 如是说。Taboola 创建之初，团队曾几度因没有更多的资金支持而计划关闭公司，"我很幸运，当时我的 CTO 给了我一些钱，他告诉我他相信我们正在做的事情"。

2012 年是 Taboola 的成长关键之年，这一年 Taboola 从视频推荐到文章推荐，收入从无到有，并增长至 100000 美元。这样的成长，吸引了像富达、康卡斯特、百度、LVMH、雅虎日本等大投资者加入 Taboola 的旅程。如今回想起来，当时的小团队还真是初生牛犊不怕虎。换做任何有经验的人可能会说：这是一个糟糕的概念，你不可能从中得到什么，快停手。但也正是因为没有经验，凭着一腔热情，倒逼着这样一个在生存边缘挣扎的小团队，才成就了今天的 Taboola。2012 年 Taboola 只有 30 个员工，到 2019 年，Taboola 拥有了 1300 名员工，达到 10 亿美元的收入，每月雇用 40～50 人，在全球多个国家或地区设有办事处。

二、逆向搜索引擎

通常我们使用的搜索引擎，往往是需要我们自身有明确的目标，从而主动使用搜索引擎帮助我们搜索感兴趣的内容。Taboola 则反其道而行，他提供的是一种"逆向搜索引擎"，即"使你感兴趣的内容能够直接搜索到你"，这也是 Taboola 创始的初衷。即使你不知道你想要找什么，依然有大量的信息存在于互联网之中。Taboola 的内容推荐平台根据用户的资料、访问记录及内容偏好，通过大量的算法推测用户可能感兴趣的内容，挖掘用户潜在需要的信息，以便最大限度地贴合用户的喜好，并将推荐内容呈现在网页底部。这样的"逆向行驶"一方面能够帮助网站提高浏览量，另一方面也可以引入站外内容或广告进而增加网站的收益。

目前 Taboola 拥有最大的市场网络及网络连接，每时每刻都能通过一体化推送方式将内容推送给其用户。利用数据算法，将个性化设计与用户个人的需要相联系，从而尽可能满足不同用户的独特需求，优质变现与个性化设计完美地结合，构造了 Taboola 的网络附加价值的生态环境。"让内容主动寻找用户"这样的创新模式作为一种更为容易被接受的推广方式，很快便得到了市场及用户的认可，这一模式满足了更多更广范用户的阅读需求。Taboola 在桌面系统占有的比例更好地印证了其市场接受程度。随着全球互联网的不断发展，Taboola 在桌面系统占有的比例远高于同类产品，网站用户从桌面用户转向移动用户是大势所趋，同类产品的桌面用户一般占比 30%，Taboola 的桌面用户占比却达到了 48%，和移动用户相比，桌面用户显示终端更大，一次可浏览的内容更多，同时也更容易被网页内容所打动，这是移动用户所不具备的特点。

在 ComScore 发布的 2016 年度报告中显示，Taboola 在 ComScore 媒体趋势榜单中排行第二，仅次于 Facebook。事实上，虽然 Taboola 排在 Facebook 之后，但其却有 Facebook 不可比拟的优势。Facebook 作为全球最大的内容分享平台，许多用户热衷于在 Facebook 上分享各种感兴趣的文章、图片、视频等，其中的内容则需要用户从站外引入，并非该平台内的内容。并非每阅读一篇文章就会分享到社交平台，而比起了解家人、朋友们的分享及其生活外，每个人都还会有自己的阅读习惯与内容偏好，这种天然的内在需求决定了内容分发平台的市场。Adam Singolda 表示："总的来说，世界可以分为两部分：像 Facebook 的围墙花园和其他所有人。"Facebook 作为一个封闭式的社交平台，其内容是无法直接分享到站外的，所有的内容都是由用户从站外引入。如果用户想看朋友分享以外的内容，那么需要主动去搜索，从这个角度来看，Facebook 的用户体验并不完善。原始内容发布者更需要直接寻找到受众用户，而这恰恰是 Facebook 无法做到，却是 Taboola 擅长的。

三、Taboola 的"原生广告"

如今的互联网环境，用户对于硬生生的直接广告方式接受度越来越低。通过讲故事的方式，创造出用户喜欢的内容，呈现给大众，这本质上既是内容营销，也是营销部门普遍采用的方式。Taboola 提供了一种内容营销新逻辑。Taboola 的广告逻辑根据广告主的产品，制作可能让用户感兴趣的内容，包括文章、图片或视频等，然后在新闻媒体页面尤其是文章相关推荐位置推送给用户，这样的一种广告方式我们称为原生广告。在看到初创、小型企业甚至大型知名公司使用 Taboola 在人们更容易接受的地点和时间来讲述他们的故事且销售额飙升后，Taboola 也成为了像美元剃须俱乐部、蓝杏和百家投资等神奇公司以及英特尔和 IBM 等家喻户晓的公司的成长故事的一部分。

一个典型的例子便是 Taboola 与 Nike 的合作。针对 Nike 的营销活动，首先，Taboola 会提供一些文章，例如，"如何提高跑步的公里数？""健康的生活方式""如何跑得更远？"等相关话题，然后找到对这个话题感兴趣的人群，向这样的群体推荐这类文章，同时文章的页面会有 Nike 的跑鞋推荐，如此，转化率与 CTR 都会比一般的广告形式高出许多。

在进入中国市场之后，Taboola 已经和界面新闻、《环球时报》、《上海日报》、中关村在线、FT 中文网等媒体合作，其服务的客户包括旅游族、万事达卡、雀巢等。Taboola 一边面向媒体，一边面向广告主，在中间实现自己的价值。对于媒体来说，Taboola 在帮助媒体带来用户流量的同时，也向用户推荐其感兴趣的内容，从而帮助平台提升用户使用时长，给媒体带来更多的盈利；对于品牌方来说，Taboola 的内容推广获取用户的广度更大，触及的用户更多，且能根据品牌方的不同需求，向不同的用户推荐不同类型的产品，从而获取更多不同层次的用户。

四、伙伴式企业文化

当今世界，拥有梦想和执行能力就是一切。在激烈的竞争中，公司里的每一个员工都具备主人翁精神是一个企业最重要的特质、是企业建设的重要环节。快速决策的能力、一起工作的强大且团结的团队成为公司的"竞争优势"。其他一切都是商品，商品可以复制，但公司的文化及其执行能力却无法复制。

企业文化是成功的关键。Taboola 重视企业内部文化的构建。Taboola 内部文化非常透明，企业为所有"Taboolas"提供了分享平台 TaboolaBlog，大家可以在这里积极分享一切，员工并不会觉得自己是员工，大家都是陪伴 Taboola 这段旅程的伙伴。公司里每日分享财务数据，每周做一次吐司，大家可以谈论任何感兴趣的话题。激情也是一个公司文化中的重要组成部分。Adam Singolda 曾在博客中分享："我们必须更加努力地工作，不能成为官僚主义，要坚持创新，做一个大规模的初创公司。"Taboola 内部的决策都是通过讨论做出的，大家相互之间交流、辩论，相互推动，从而做出决定。Adam Singolda 也曾在采访中提到："我的 CTO 与我一起工作超过 10 年了，我的首席运营官与我一起工作了 7 年，工程副总裁也已陪伴 Taboola 度过了 11 年。""Taboolas"既是同事，更是老朋友。

五、开拓亚洲市场

Taboola 始终秉持：建立一个发现引擎，发现有趣的、新颖的事物，并将这些美好但人们不熟知的事物介绍给更多的人，从而使生活更美好。发现就是一切。Taboola 用了 10 年构建了一个全新的推荐引擎，在帮助新闻业蓬勃发展的同时，也保持了新闻业的活力。在互联网飞速发展的今天，Taboola 将向着更多元化的内容推送渠道迈进，以适应更为开放的网络生态环境以及更为广阔的市场。

Adam Singolda 表示，比起募集资金，Taboola 更注重全球范围的市场，同百度合作将会是进入中国及亚洲市场的一个绝佳机会。事实也的确如此。百度作为中国最大的搜索引擎，与百度的合作无疑是一个正确的决定。

2018 年，全球第五大智能手机制造商 vivo 选择 Taboola 成为其长期战略合作伙伴，将其手机"右滑界面"显示 Taboola 提供的新闻内容，这一服务将面向近 1 亿亚洲地区的手机用户。Taboola 将为 vivo 的用户提供完全个性化的内容体验，帮助 vivo 提高用户参与、增加流量变现，同时这也为亚洲地区建立全新的受众来源。Adam Singolda 对于与 vivo 的合作如此说道："我们非常荣幸能与 vivo 达成合作伙伴关系，我们期待创造智能手机个性化浪潮。受众将不再仅仅局限于围墙花园的传播环境，而将被强大、优质的新闻内容直接吸引到媒体界面。"

目前，亚太地区的互联网用户使用智能手机的比例高达 93%，使用率远超欧洲。智能手机和平板电脑日渐增长的渗透率改变了人们消费媒体内容的方式，这可能是目前人们身边最私密的电子设备——我们平均每天使用智能手机的次数会超过 50 次。对于用户、新闻工作者以及智能手机制造商来说，抓住机会创造个性化内容，并让相关内容马上得到呈现才是最重要的。Taboola 进入亚洲市场，与亚洲多国主流媒体、知名企业展开合作，通过合作伙伴关系，利用其个性化平台将用户与其可能感兴趣的内容相匹配，帮助广告方更好地接触到目标用户。如今 Taboola 在亚洲地区已拥有广泛且深入的发展，并与上千家优质媒体建立了合作伙伴关系，包括新德里电视台、《今日印度》、《中国日报》、Kapook 等，其在亚太地区的环球网包括了汉语、英语、泰语、印度语、泰米尔语等多语言内容。

六、结语

2019 年 Taboola 以 70 亿美元的估值位列全球独角兽企业排行第 264 位。作为一家与全球超过 1 万家知名广告品牌合作、主流媒体之选的 Taboola 成功的背后究竟有何秘籍？以下从四个方面回答了该问题。

（1）企业文化。Taboola 创始人兼 CEO Adam Singolda 表示：企业文化造就了如今的 Taboola、造就了独角兽企业。成功的唯一方法就是建立一种允许执行的文化——忍者式执行，企业必须快速进入市场，并让人们永远成为企业故事的一部分。跟比你优秀的人一起工作，你会变得更优秀。

（2）技术先进。Taboola 拥有大量先进的推荐引擎、算法、大数据等技术，技术因创新而先进。Taboola 作为一家数据公司，最大的资产是数据。Taboola 成功的核心在于其提供的服务有大量的受众，这离不开其先进的算法等技术作支撑。技术的创新在为用户提供更好的内容体验的同时也能更好地满足广告方的需求。

（3）模式创新。"反向搜索引擎"这一概念随着 Taboola 的发展而逐渐被人们所熟知。这是 Taboola 独有的模式、是企业的独到之处，也是其竞争力的核心。

（4）正确领导。从 Taboola 创立到发展至今，其成长的每一步都离不开领导团队的正确指引。领导团队独到的眼光、长远的发展规划、与时俱进的政策等都是 Taboola 成功的重要因素。

Databricks：大数据处理小能手

简化数据科学、数据分析、数据架构和数据工程。

——Databricks 联合创始人 Reynold Xin

　　Databricks 是一家总部坐落于美国旧金山的大数据与人工智能公司，由美国伯克利大学 AMP 实验室的 Spark 大数据处理系统的 7 位创始人于 2013 年联合创设。Ali Ghodsi 是 Databricks 的首席执行官，主要负责公司的成长和国际扩张；Ion Stoica 担任执行董事长一职；Matei Zaharia 担任首席技术专家的职务；Patrick Wendell 是工程副总裁；辛湜则担任首席架构师一职；Andy Konwinski 是产品管理副总裁，目前主要领导教育团队，负责与专家教授建立联系、创建大规模的在线公开课程、开发人员认证以及其他与培训相关的活动；Arsalan Tavakoli – Shiraji 则是现场工程的高级副总裁。Databricks 通过开放统一的平台，帮助其客户在业务、数据科学和数据工程领域进行统一分析，以便数据团队可以更加快捷高效地进行协作和创新。目前 Databricks 主要提供四种产品：①Delta Lake，是开源的数据湖产品；②MLflow，是帮助数据团队使用机器学习的开源框架；③Koalas，是为 Spark 和 Pandas 创建单一的机器框架，能够起到简化使用这两种工具的作用；④Spark，是开源分析引擎，也是 Databricks 的核心产品。全球超过 5000 家企业、组织将 Databricks 作为统一的平台，用于大数据工程、协作数据科学、全生命周期的机器学习和业务分析等方面。

一、别出心裁的处理工具

　　Databricks 的联合创始人兼 CEO——Ali Ghodsi 曾说："未来数据将是新的石油，每个人都会需要它。"可见，大数据在未来人类社会发展中至关重要，而高效、优质的处理工具则是收集、利用、发掘大数据价值的一把利器。Databricks 的愿景就是尽其所能地简化大数据处理过程，使用户能够专注于将数据转化为价值，不受其他因素的干扰。

　　Apache Spark 是 Databricks 最核心的产品，也是当前在大数据处理方面最流行的模型之一，具有快速、通用、简单等特点。Spark 的分布式计算基于 Map Reduce 的计算框架，但青出于蓝而胜于蓝，Spark 不仅具有 Map Reduce 的优点，还能在中间输出并且把结果保存在内存中，这样就节约了计算时间，因此更加适用于机器学习、数据挖掘等需要迭代的算法。具体来说，与其他大数据平台相比，

Spark 的优势在以下四个方面展现得比较突出：一是速度快，总的来说，Spark 的运算速度比 Hadoop MapReduce 快几十倍以上，例如，Spark 基于内存的运算速度快 100 倍以上；二是操作便捷，Spark 支持 Scala、Python、Java 和 R 的应用程序编程接口，与此同时支持 80 多种的高级算法；三是多样化应用，Spark 包含 Spark SQL、Spark MLlib、Spark Streaming 以及 Spark GraphX 等组件，能够根据不同类型的数据为企业提供相应的一站式解决方案；四是运行环境多样化，Spark 可以与其他开源产品融合，例如，可以将 Hadoop 的 YARN 和 Apache Mesos 作为 Spark 的资源管理、调度器，并且还可以访问不同的数据，如 HDFS、Cassandra 等。

就像 Databricks 公司的联合创始人、首席架构师辛湜所说的"Spark 类似于瑞士军刀，如果你需要的话可以随时带在身上，并能够帮你解决大多数的问题"，可以看到，Spark 的性能强大、用途多样。Databricks 与 Spark 可谓是相互成就，Spark 是 Databricks 的核心产品之一，Databricks 也在加强科研，不断完善、强化 Spark 的性能，扩展其应用范围，增加其使用的便捷程度。

与此同时，Databricks 还创建了多个开源项目，包括 MLflow——机器学习平台，Delta Lake——数据库管理平台；并且收购了 Redash 作为数据可视化平台。MLflow 可帮助企业以可靠性、安全性和规模来管理整个机器学习生命周期。相比于普通的开源 MLflow，Databricks 开发的 MLflow 具有更加强大的实验跟踪、模型管理、模型部署能力，在实验跟踪、模型的灵活部署以及模型的安全与管理方面尤为突出。Delta Lake 增加了数据湖的可靠性，提高了其性能并完善了其生命周期管理；解决了有格式错误的数据提取、为合规性而删除数据等使用上的问题。并且 Delta Lake 通过安全和可扩展的云服务，加快了高质量数据进入数据湖的速度以及团队利用这些数据的速度。

基于开源的项目和平台，Databricks 提供了一个商用的统一数据分析平台，帮助各大企业、机构在跨数据工程、数据科学和数据分析领域进行创新。依靠高性能、高品质的平台与技术，Databricks 在全球范围内赢得了 5000 多个客户和 450 多个合作伙伴。

二、创新永远在路上

英特尔创始人之一的戈登·摩尔曾根据自己的经验提出摩尔定律，其核心内容就是集成电路上可以容纳的晶体管数目大约每经过 18 个月就会增长一倍。虽然摩尔定律是内行人的经验之谈，而不是严谨的科学研究，但也从一定程度上反映了电子信息科技行业的更新速度之快、竞争之激烈。因此，要想在这个行业占有一席之地，那么创新能力是必不可少的。

　　Spark 是大数据生态系统中最活跃的开源项目，拥有 500 多个贡献者，但 Databricks 在 Apache Spark 的完善与发展方面处于领导者的地位，仅在 2014 年底就贡献了超过 75% 的代码并添加到 Spark 中。Databricks 能够在其领域处于领先地位与其不断创新的精神是分不开的。

　　Databricks 精准捕捉在大数据领域存在的棘手问题，并尽力利用自身的技术来解决问题。在 2015 年美国加州旧金山的 Spark 峰会上，Databricks 推出了云托管数据平台，使客户能够更加容易、便捷地获取数据并发掘数据的内在价值。在没有这个平台之前，数据工程师、开发人员和数据科学家需要将各种复杂的基础架构、工具和系统整合到一起来满足他们日常的数据需求，因此严重地限制了他们利用大数据生产价值的能力。

　　Databricks 通过将 Spark 的功能与零管理的托管平台相结合，消除了这一关键瓶颈，帮助数据专业人员能够集中精力从他们的数据中迅速找出答案并且创造有价值的数据产品。也正是因为 Databricks cloud 的建立，Databricks 获得了 Amazon Web Services（AWS）的认可，与此同时成为 AWS 的高级技术合作伙伴，要知道 AWS 可是全球领先、应用广泛的云平台。Databricks 的营销副总裁 Kavitha Mari-appan 也表示："被认可为高级技术合作伙伴是我们与 AWS 关系的一个重要里程碑，同时也肯定了我们的端到端 Databricks Cloud 平台。"紧抓行业痛点，有的放矢，结合自身优势寻找解决方法，Databricks 为我们树立了一个模范。

　　对于核心引擎 Spark 的改进和发展，Databricks 也是不遗余力。2016 年，Databricks 通过添加图形芯片支持、集成流行的深度学习库等方式，将深度学习功能添加到 Apache Spark 中，借助这些功能，企业、机构可以避免不必要的系统复杂性，并简化深度学习应用程序的开发。Spark 开源引擎已经从最初的 1.0 版本更新到 3.0 版本，在这个过程中，Databricks 的贡献功不可没。

　　也正是由于 Databricks 不断的创新、坚持、奋斗，截至 2020 年，它已在大数据领域获得领先地位。相信对于 Databricks，这个数据不会意味着结束，而是一个新的开始。

三、"王炸"科研团队

　　"工欲善其事，必先利其器"，一个实力超群、配合默契的研发团队是一个公司能够生存、发展、成为佼佼者的关键因素之一。Databricks 的科研团队可谓是各路高手云集，携手推动 Databricks 的发展。

　　Databricks 团队中的很多成员都是开源圈子内的重量级人物，他们都热衷于"增值开源软件"。公司由来自美国伯克利大学 AMP 实验室的 Spark 原班团队创立，汇集了最具影响力的 Spark 技术专家，引领着 Spark 的发展方向，带动大数据领域的革命。工程团队中有一半员工是来自美国计算机系排名前五的博士生。在联合创始人中，包括了伯克利大学的计算机教授、AMPLab 联合创始人 Ion Stoica，伯克利大学的计算机科学教授 Scott Shenker，还有 Spark 原作者、MIT 计算机科学和人工智能实验室的助理教授 Matei Zaharia 等大数据领域的专家。

2015 年 Databricks 的首席技术官 Matei Zaharia，因其论文 *An Architecture for Fast and General Data Processing on Large Clusters* 而获得了国际计算机学会（ACM）的博士学位论文奖。这也是 Databricks 团队成员第二次获得该奖项，第一次是执行董事长 Ion Stoica 在 2001 年获得了该奖项。Matei Zaharia 的论文提出了一种用于集群计算系统的新体系结构，能够在各种工作负载中实现同类最佳的性能，同时提供一种简单的编程模型，使用户可以轻松地将它们组合在一起。

Databricks 中也不乏中国工程师的身影。辛湜是 Databricks 的联合创始人也是首席架构师。他是伯克利大学计算机系 AMPLab 实验室的博士生，专注于数据库以及计算机系统的研究。与此同时，他也是 Shark 的作者，Spark 的核心成员。

Databricks 对人才的培养与引进不遗余力。2017 年 Databricks 获 1.4 亿美元 D 轮融资，此轮融资将用于进军新领域、向国际扩张以及招聘更多工程师。Databricks 凭借高速的发展和对顶尖人才的吸引，入选了 2019 年 Linkedin 顶级初创企业名单，也是连续第二年被评为"最佳创业公司"。截至 2020 年底，这家成立 7 年的大数据初创公司拥有约 1500 名员工和 6000 家企业客户。

一批又一批有激情、有梦想、有实力的工程师汇聚在 Databricks，共创"砖厂"的未来。

四、虚拟组织的运行机制

与 Databricks 有商业联系的企业、机构在世界范围内目前已经超过 6000 家，Databricks 已利用自身的统一数据分析平台为多家企业提供大数据支持，与此同时还和多家企业、机构形成合作伙伴关系，共同开发分析平台、共享信息资源、共享市场机遇。

欧洲的壳牌公司是世界第一大石油公司，他们已意识到大数据在当今和未来社会的重要性，因此一直希望能够通过在数字技术领域投资的方式来应对气候变化并成为零污染排放的企业。壳牌的数据科学总经理 Dan Jeavons 曾说："数字技术是提高我们现有业务效率的核心。随着能源行业继续向可持续发展的新能源领域发展并主张减少对环境的影响，数据和数字技术已成为当务之急和重中之重。"在整个业务中，壳牌正在转向数据和人工智能方面发展，但由于受到大量数据和传统技术的阻碍，壳牌选择了 Databricks 作为其 Shell. ai 平台的基础组件之一。

Databricks 为壳牌的数据团队提供了一个可扩展的、完全托管的平台，且统一了壳牌整个的数据分析生命周期。壳牌利用 Databricks 提供的平台，建立了跨国库存能源管理系统，这个系统使壳牌公司能够利用其完整的历史数据集在其所有零件和设施中运行 10000 多次库存模拟，并且预测模型的运行时间从原来的 48 小时缩减到现在的 45 分钟，同时能够帮助壳牌平均每年节约上千万美元的成本。壳牌还为其 150 万客户开发了推荐引擎，通过在 Azure 和 Databricks 上运行，这款 AI 软件可以查看客户的完整交易历史记录，并利用这些信息与其他汇总数据，根据个人的喜好量身定制优惠和奖励。Databricks 提供的大数据和人工智能平台还为壳牌与客户互动开辟了新的机会，既能够让客户更加了解公司产品，又能及时将用户评价反馈给公司，省时节约，一举两得。如今，Databricks 使数百名壳牌的工程师、科学家和分析人员能够共同创新，帮助壳牌更快、更高效地提供清洁能源解决方案并引领全球能源企业。

Databricks 与其他企业、机构的商业联系并不只局限在提供数据分析平台，它还与 400 多家企业构建了合作伙伴关系，分为技术合作伙伴、咨询和系统集成商合作伙伴。技术合作伙伴是指合作的企业提供由 Databricks 平台提供支持的数据驱动解决方案，例如，阿里巴巴云、Microsoft Azure、R Studio、AWS、Infoworks 等。成为 Databricks 的技术合作伙伴，可以将本公司的产品与领先的 Unified Analytics Platform 集成，与 Databricks 共同开发和宣传 GTM 消息传递，并且通过联合营销计划创造新的销售机会，扩大市场。咨询和系统集成商合作伙伴关系是合作伙伴提供专业知识、技术技能和解决方案，Databricks 通过提供专业知识、解决方案构架、销售资源，来帮助合作伙伴满足其客户的需求。Databricks 还可以为咨询和系统集成商合作伙伴提供大数据和人工智能方面的培训，提高其专业能力。

通过多样化的商业合作模式，Databricks 在全球范围内与上千家企业、机构建立了合作关系，拓展了市场范围，增加了自身产品的市场需求，为公司的可持续发展打下坚实基础。

五、与微软的强强联手

在与 Databricks 合作的众多企业中，不得不提的就是微软了。微软是 Databricks 的技术合作伙伴，为 Databricks 提供商业平台，共同开发了 Azure Databricks。不仅如此，微软还成为了 Databricks 的投资人。

在商业合作方面，Databricks 和微软可以说进行了非常深度的战略协同，从产品结晶——Azure Databricks 中便可窥见一二。Azure Databricks 是一个与其他许多与 Azure 数据相关的服务相集成，并针对 Microsoft Azure 云服务平台进行优化的数据分析平台，主要用于处理和分析大量企业数据流，它大大简化了面向许多微软客户的大数据分析和人工智能解决方案。Azure Databricks 提供了两种用于开发数据密集型应用程序的环境：Azure Databricks SQL Analytics 和 Azure Databricks 工作区。两个工作区各司其职，为数据工程师、数据科学家、机器学习工程师等提供了简单便捷的操作、交流平台。在 Azure Databricks 设计、完善、推广的过程中，两家公司也是竭尽全力。Databricks 为 Azure 适配和迁移了全套的商业级解决方案，Azure 则不仅为 Databricks 服务提供了底层计算资源和流量入口，而且把 Databricks 无缝集成进了 Azure 的产品体系，形成了 Azure Databricks。微软还毫不吝惜帮助 Azure Databricks 进行宣传，例如，在微软官方平台上会不时介绍 Azure Databricks 的更新与进展情况。

可以说，Databrick 于 2017 年与微软的合作，对其公司发展起到了显著的推动作用。2019 年，微软继续深化与 Databricks 的合作，加入了 MLflow 项目。Databricks 有专业知识，而微软有平台，两者互帮互助。不仅帮助 Databricks 拓展了市场，提高了知名度，还能够帮助 Azure 的未来发展发掘一种新的形式。

微软不仅是 Databricks 的合作伙伴，还是投资者。微软参投了 2019 年 2 月 Databricks 的 E 轮融资和 2019 年 10 月的 F 轮融资。Databricks 则吸引了 2.5 亿美元的 E 轮投资和 4 亿美元的 F 轮投资。基于这两轮的融资，Databricks 的市场估值达到了 62 亿美元。微软 Azure 数据业务副总裁 Rohan Kumar 表示："Databricks 在大数据和数据科学领域显示出了卓越的领先地位，很适合与微软合作满足客户在大数据、数据仓库和机器学习方面的需求。这项投资建立在我们围绕 Azure Databricks 进行的多年成功合作基础之上。"可以看出，Databricks 通过自身的实力，在与微软的合作中获得了认可，也因此给自身赢得更多与微软合作的机会以及得到微软投资的可能。

六、中国市场的拓展

Databricks 十分重视中国市场的扩展，通过提供平台技术、合作开发项目等方式与中国企业进行合作，同时还赞助举办中国 Spark 技术峰会等学术交流会议，促进中国大数据与人工智能行业的发展。

Databricks 在全球拥有众多的客户，在中国当然也不例外。淘宝、腾讯、优酷、大众点评、百度、华为等公司都使用过 Databricks 提供的平台与工具，有的还成为成功的典型案例。

目前 Alibaba Cloud 是 Databricks 的技术合作伙伴，两家公司共同开发 Databricks 数据洞察。Databricks 数据洞察（DDI）是基于 Apache Spark 的全托管大数据分析平台。产品内核引擎使用 Databricks Runtime，并且针对阿里云平台进行了优化。DDI 可以满足数据工程师、数据分析师和数据科学家共享集群计算资源、协同工作的需求，同时也可以满足用户在大数据情况下对不同场景的需要。相较于国内的大数据分析平台，Databricks 数据洞察具有以下四点优势：一是性能强大，拥有 Databricks Runtime 内核，性能明显优于社区版 Spark，最高可达 50 倍提升；二是批流一体，Databricks Delta Lake 为数据湖分析提供了 ACID 事务能力，能够轻松处理包含数十亿文件的 PB 级表的元数据信息；三是协同分析，能够为数据科学家、数据工程师以及业务分析师，提供协同分析工作平台；四是数据共享，由于计算存储分离，能够减少数据冗余，进而实现多引擎间的数据共享，并且降低数据储存的成本。阿里云与 Databricks 的合作不仅为 Databricks 拓展了中国市场，也对中国大数据平台的发展起到了推动作用。

Databricks 并不满足于商业联系，还积极参加国内各大数据相关的会议、研讨会，创造与国内外同行相互交流、学习的机会。Databricks 公司联合创始人辛湜参加了 2015 年的中国大数据技术大会，并带来主题为"Spark 发展：回顾 2015，展望 2016"的演讲。Databricks 赞助了 2016 年中国 Spark 技术峰会，与此同时，三位 Databricks 的软件工程师们也参加了这次会议。

扩大海外市场是企业重要的经营战略，Databricks 显然是发现了中国这个庞大的市场，通过多种渠道与中国的企业、机构进行合作，扩大自身的影响力与知名度。

七、结语

在 2020 年中国人民大学中国民营企业研究中心和北京隐形独角兽信息科技院发布的 2020 全球独角兽企业 500 强榜单中，Databricks 以 62 亿美元居第 62 位。随着大数据时代的到来，数据的数量呈现爆炸式增长的趋势，数据的价值越来越突出，大数据对企业经营、人类生活方式等方面都会带来翻天覆地的改变。Databricks 从 Spark 开始，再到之后的 Delta Lake、MLflow，逐步构建起一系列性能更强大、操作更简便的大数据分析处理工具和平台，在大数据领域独领风骚。Databricks 通过先进的技术与理念，引领大数据领域的发展，推动人类生产、生活的变革。但 Databricks 并不满足于此，它依旧坚持不懈地在关键技术领域攻坚克难，积极寻找融资渠道，主动寻求与其他相关企业的合作机会，不断扩大市场范围。相信通过 Databricks 的不断奋斗，终将实现他们的期望。

Snapdeal：印度版的阿里巴巴

专注意味着对买家、卖家、团队成员、股东、董事会成员以及其他合伙人说"不"的信心。是你拒绝的东西造就了你。这已经深深地融入了我们的文化。

——Snapdeal 创始人 Kunal Bahl

2010 年，24 岁的库纳尔·贝尔（Kunal Bahl）和罗希特·班萨尔（Rohit Bansal）联合成立了 Snapdeal 公司。在短短的几年里，Snapdeal 从最初的折扣优惠服务网站转型为在线交易市场，逐渐发展成一个完整的电子商务网站。目前，印度网络零售市场呈现亚马逊、Flipkart 和 Snapdeal "三足鼎立"的局面，而 Snapdeal 是印度最大的以价值为中心的简洁型电子商务市场，主营移动设备和电子产品销售，拥有 2 亿上市产品和数百万客户，提供来自超过 12.5 万个地区及 50 多万家强大卖家基础的 600 多种类别的 3000 多万种产品，为印度的 6000 多个城镇提供服务。Snapdeal 的 CEO 库纳尔·贝尔表示，他的目标是将 Snapdeal 打造成"印度版的阿里巴巴"。

一、捕捉商机

留美签证申请失败后，贝尔回到印度与好友班萨尔一起探索电子商务之路。贝尔如饥似渴地研究了全球很多发展较成功的电商公司，并对印度本土市场和电子商务公司模式进行了深入的调研。

贝尔发现，印度的电子商务市场非常分散，在当时，只有一些小店和几家全国性的零售商，而印度市场的商家对于借记卡和信用卡的在线使用非常谨慎，因此投身电子商务面临着巨大的风险。自 2011 年转型为在线市场以来，Snapdeal 展开了与当时印度电商市场份额第一的 Flipkart 的长期竞争。Flipkart 是由两名印度理工学院（IITO）毕业的高材生、前亚马逊员工于 2007 年创立的，公司的经营思路类似京东，主要通过铺设物流体系做自营平台，同时为其他零售商提供在线平台。通过对 Flipkart 的考察，贝尔认识到，建立平台是实现商品多样性及盈利的最佳选择，不仅能够供出色的独立商户在线销售高质量商品，同时也可以让公司自身得到发展。因此，贝尔指出，理想的商家应当与 Snapdeal 建立长期的关系，最好是独家合作。

同时，贝尔还"取经"阿里巴巴、亚马逊、eBay 等公司。例如，为了给印度消费者注入在线零售的信心，Snapdeal 推出了"平台上只出售全新商品，提供七天免费退货"的服务。除此之外，贝尔深受阿里巴巴创业历程的鼓舞，加上印度与中国都是人口大国，印度消费者的很多情况都可以类比中国，因此 Snapdeal 的商业模式和理念与阿里巴巴非常相似。

与欧美成熟国家不同，由于物流人力成本低、店面销售成本节省，新兴国家的电商发展往往更快。IDC 负责中国手机市场跟踪报告的高级分析师闫占孟表示，印度的电商渠道潜力接近 30%，和中国市场相当，已变成了一个不可或缺的途径。而印度政府十分重视数字经济发展，2015 年推出"数字印度"计划，拟投入 180 亿美元加快"信息高速公路"的建设。这一举措促使印度电商从2015 年起呈爆发式发展势头。

Snapdeal 审时度势，抓住商机。2015 年 8 月 18 日，富智康宣布投资 Snapdeal。此时，亚马逊印度站点已开通，发展势头强劲。Snapdeal 作为印度本土电商平台，虽然实力确实逊于亚马逊，但基于本土电商的优势，其更容易获得消费者高度的认同感。贝尔看到了这次机会背后蕴含的巨大商机，Snapdeal 有机会在印度建立起最有影响力的数字商业系统，并同本国"数字印度"的战略举措相契合。

二、创新商业模式

考虑买家消费能力，Snapdeal 创新产品组合。早期 Snapdeal 的用户主要是大城市的富裕人群和在线购买的消费者，并不能满足众多印度小城镇的中低收入人群的需求。究其原因，不是买家不想买昂贵的品牌产品，而是他们的收入水平不能够满足这类消费行为。近几年来，许多较小的区域制造商和贸易商开始上线。为此，Snapdeal 构建了相对便宜的或者可能会诱使买家购买的新型产品组合，迎合众多买家的消费心理。贝尔指出，这些产品组合是最优选择，没有折扣优惠，而在 Snapdeal 平台上有近 2 亿个产品，一旦出现可比性，该类产品组合便会进行折扣处理。于是，无论是相对便宜的产品组合，还是从无到有的折扣处理，都会诱导买家消费。

充分发挥互联网和电子商务的优势，Snapdeal 寻找直销的制造商。直销有利于降低产品在流通过程中的成本，满足顾客利益最大化需求。Snapdeal 抓住该营销方式的高效率的特点，打破传统的通过批发商和零售商的销售结构，开始寻找希望直接销售的制造商。最早的电子商务平台上出售的商品都是来自交易者，他们从品牌商购买商品，然后在网上重新销售。随着互联网和电子商务的普及，印度的下一代制造商开始质疑对中介机构的需求，纷纷转而开始在线销售。因此，Snapdeal 创新入驻商家，在平台上入驻了大量的制造商。除此之外，Snapdeal 还有一个很大的亮点，就是在其网页左侧的产品类目下方会显示最近一段时间呈现上升趋势的热门搜索品类，不仅能帮助卖家及时开发优质货源，还能及时满足买家的消费需求。

化被动为主动，帮助消费者发现想要的东西。贝尔统计发现，对于大多数电子商务平台，85% 的流量来自消费者意图主导的搜索。也就是说，平台上 85% 的用户通过浏览发现产品，只有 15% 的用户通过搜索发现产品。Snapdeal 利用用户这一消费特点，将客户流量主动化。与传统电子商务公司相比，Snapdeal 不再是"我们拥有一切，来搜索，你将得到它"的相对被动式客户流量，而是帮助消费者直接从平台这里发现他们想要得到的东西，这是前所未有的。此外，Snapdeal 构建了精益供应链模型，除了专注于零库存和轻资产以外，运营成本一直也控制得很低，在某种意义上可以说，每个员工在该公司的收入与硅谷一些顶级科技公司的收入相同。

以用户体验为中心，多方面创新平台服务。自 Snapdeal 成立以来，公司一直在为平台服务注入新的活力。例如，Snapdeal 推出自有云平台 Cirrus，为用户提供个性化定制服务和无缝可靠的购物体验，同时还能保证公司业务增长和平台发展速度、安全性与稳定性的增长同步；Snapdeal 加大物流方面的投入，加强物流配送的设施建设，保证店家可以更高效地处理订单和存货；2016 年 5 月 23 日，Snapdeal 更新了其广告平台 Snapdeal Ads 的版本，新版 Snapdeal Ads 平台通过先进的广告工具帮助卖家提高品牌知名度，还能使卖家基于浏览习惯、地理位置和购买历史等信息针对合适的消费群体进行业务宣传和推广活动，促进在线业务的发展；Snapdeal 在自己的客户端里嵌入 Uber 打车功能；此外，Snapdeal 还发布了航班预订、车票预订、房间预订和订餐等多项服务，使平台成为拥有预订服务的电商佼佼者。

很少有企业家在创业阶段冒险和改变他们的商业模式，但库纳尔·巴尔已经尝试了两次。2013 年初，Snapdeal 经历了从优惠券到实体店产品的艰难转折；2017 年 7 月，Snapdeal 终止与 Flipkart 的谈判，提出 Snapdeal 2.0。

自成立以来，Snapdeal 的运营模式为 C2C，既不负责买家的商品库存，也不负责物流运输，只是一个交易平台。2013 年，亚马逊在印度正式开通电子商务服务市场，并在印度建立第二个仓储物流中心，给卖家提供平台仓储物流一站式服务，大大提高了卖货效率。由于当时印度仍约有一半的在线交易使用货到付款的支付模式，小城市和城镇的公路网络等基础设施欠缺，商品通常很难及时送到消费者手中，加上亚马逊和 Flipkart 两大电商的夹击，贝尔认为仅仅作为交易平台已经不能满足 Snapdeal 的发展。于是 Snapdeal 公司正式推出当日送达快递服务，并计划于 2014 年继续建设自己的物流平台，以便让更多第三方物流公司参与进来。

2017 年对 Snapdeal 来说是致命的一年，与 Flipkart 长达 7 个月的谈判过程中的摩擦和延误，使原本顶着亚马逊和 Flipkart 两大压力的 Snapdeal 公司更加艰难。为了在濒临破产的基础上继续运营下去，并实现扭亏为盈，Snapdeal 开始大幅度削减其运营和开支，以创建一个可持续发展的基于市场的经济业务模式。

多措并举降低成本，缩减公司亏损。为了东山再起，Snapdeal 不得不报废价值 13.64 亿卢比的固定资产，使这一数字降至 7.17 亿卢比。无形资产和非流动性金融资产也几乎全部出售，以偿还贷款和债务。除此之外，Snapdeal 还进行了前所未有的大规模裁员，贝尔和班萨尔还在公司内部发长文邮件称，公司创始人将无限期减薪 100%，各领导层也将按照一定比例减薪。

Snapdeal 2.0 应运而生。其概念是为了扩大盈利和减少成本，将非核心业务板块全部出售。它进一步强调商业模式，定位平台功能本身，不必另外开展仓储、物流等业务。在客户方面，与 Amazon 和 Flipkart 不同，Snapdeal 2.0 侧重于开拓小型客户，不仅能削减成本，还能吸引更多的小型卖家，让更多的小型卖家可以省心地卖出更多类型的产品。

创建统一的市场平台，打造全新的绿色生态体系。Snapdeal 2.0 建立了一个统一的市场平台，大大小小的零售商及其品牌都能在上面与其目标客户取得联系，其目标是建立最好、最值得信任的在线市场，努力打造一个由卖家、零售商和快递业务伙伴组成的生态体系。如今，Snapdeal 公司也取得了估值 70 亿美元的成绩。

三、拒绝软银的收购要约

前有 Snapdeal 拒绝最大股东软银集团提出的收购要约，后有 Snapdeal 与 Flipkart 并购交易失败，无论是收购还是并购，该公司创始人都选择了继续独立运营。在现代商业这个生态系统中，很难有一家初创公司在经历了过去的失败之后能够东山再起，Snapdeal 做到了。即使孤立无援、濒临破产，Snapdeal 的创始人和团队也披荆斩棘、坚持到底，他们所表现出的扭转局面的意愿和永不放弃的信念是 Snapdeal 绝处逢生的重要原因。

在新兴的印度市场中，Snapdeal 面对两大强劲敌人——亚马逊和 Flipkart。自亚马逊全面进军印度以来，Snapdeal 的业务便开始垮倒。面对亚马逊和 Flipkart 的双重压力，尽管 Snapdeal 加大了品牌宣传和市场营销力度，但市场份额仍不断萎缩。2017 年，Snapdeal 遭受了价值 464.71 亿卢比的巨大损失，已经处于破产边缘。

面临公司全面危机，贝尔和班萨尔未经股东会决议，私自决定 Snapdeal 坚持走独立运营之路。Flipkart 与 Snapdeal 的合并由 Snapdeal 最大投资方日本软银推动，软银掌门人孙正义亲自介入。当时孙正义只给了 Snapdeal 三个选择：一是与 Flipkart 合并；二是与 Paytm 合并；三是软银对 Snapdeal 的投资减计为零。显然，这三个选项对 Snapdeal 而言都是极其不利的。Snapdeal 的早期投资方 Kalaari 和 Nexus 认为公司目前的商业模式正趋于健康，虽然电商业务在亏损，但平台的物流部门 Vulcan 和移动支付平台 Freecharge 却很有盈利前景，FreeCharge 更是印度第二大移动钱包。同时，不仅 Snapdeal 投资人们非常不满软银对 Snapdeal 的估值，而且 Snapdeal 两位创始人 Kunal Bahl 和 Rohit Bansal 也对合并交易不满。因此，两大公司的合并交易面临着多方挑战。即使合并交易成功，两家公司在合并上也存在难度。Snapdeal 自营部分较少，整体更接近于淘宝、天猫的交易平台模式；Flipkart 则是类似于京东的重物流库存型模式。商业模式的截然不同，使两大公司协同起来存在困难。

最终，重重困难之下，经过六个月的谈判，印度两个最大的本土电商平台 Flipkart 和 Snapdeal 的合并交易告吹。Snapdeal 表示："公司已决定追求一条独立发展的道路，并终止所有战略谈判。"软银"拉郎配"的举措并不能使 Flipkart 与 Snapdeal 的合并产生 1 + 1 > 2 的效果；同时，在资金仅能够维持公司运营几个月的情况下，Snapdeal 2.0 应运而生，这也意味着 Snapdeal 2.0 时代的到来。

四、以价值为中心，细分市场

贝尔认为，卓越与专注是相伴而生的，对专业化的关注最终使 Snapdeal 找到了一个利基市场，并将其注意力转移到所谓的价值电子商务上。而 Snapdeal 网络流量的增长是建立在对印度庞大且不断增长的价值意识细分市场的基础上的。2019 年 10 月，Snapdeal 的月访问量突破 2.4 亿人次，创历史新高。以价值为中心的电子商务，在很大程度上是印度手机和互联网普及率、渗透率不断增长的结果。根据印度互联网和移动协会的数据，目前印度拥有约 5.04 亿活跃互联网用户，其中，约 70% 是日常用户。咨询公司毕马威（KPMG）的数据显示，到 2022 年，印度的智能手机市场预计将激增至 8.2 亿部。这表明以价值为中心、细分市场在印度电商领域的发展潜力巨大。

Snapdeal 2.0 专注于价值高的优质产品，为新兴的、有抱负的印度中产阶级市场服务，这种市场在印度是巨大的。Snapdeal 专注于四个关键领域。首先，Snapdeal 2.0 专注于价值电子商务领域。细分市场的规模是品牌商品市场的 3 倍，而品牌商品市场一直是电子商务行业在 2016 ~ 2017 年的主要关注点。对由优惠券平台转型而来的 Snapdeal 来说，选择细分市场还是品牌商品市场，是一个重大的权衡，例如，不销售最新的高利润产品，反而销售中低收入群体需求更多的利润较低的产品。显然，Snapdeal 选择的是细分市场，因为目前公司约 70% 的销售额来自服装和家居装饰，其余产品来自电子产品配件或其他物品。随后，公司开始剥离或出售那些看起来并非有利可图的业务。Bahl 认为，建立一个强大的核心业务、一个蓬勃发展的市场并拥有强大的市场地位非常重要。此外，公司还决定大幅削减其运营成本。

另外，专家们认为，Snapdeal 对以价值为中心电子商务领域的关注是有价值的。软银主管马诺伊·科利（ManojKo kohli）表示，与世界其他地区一样，价值在印度是一个持久的概念；印度德勤会计师事务所（Deloitte Touche Tohmatsu India）的合伙人 Sudarshan 认为，价值电子商务具有一定的实质性意义，因为它为非定制但无品牌的产品类别提供了商业平台，例如，同时满足富裕和有抱负市场的通用品牌。

此外，细分市场还较大程度地满足了中低收入人群的消费需求。根据该公司最新发布的报告称，在过去两年中，Snapdeal 已经将业务重点放在了更加注重价值的买家需求上，而且他们超过 80% 的用户都来自印度小城镇。细分市场在印度提供了 1630 亿美元的机会，涉及向消费者出售具有非常高价值的无品牌或知名度较低的品牌，尤其是在中低收入类别中。由此一来，那些钱少的消费者的愿望就得以满足。因为这些客户既希望在网上进行自由购买，又对价值非常敏感。他们更关心的不是他们所穿的衣服或所购买商品的大品牌徽标，而是他们所购买的商品是否在狭窄的价格范围内具有价值。

五、结语

Snapdeal 是印度唯一一家规模较大的横向电子商务公司，公司独立运营，不受制于任何一家大型跨国公司。它印证了一条在印度大规模建立盈利导向的数字业务的道路，其模式为印度量身打造，并符合有追求的买家和卖家的需求。自创立以来，Snapdeal 多次陷入困境。认识并解决问题，公开分享经验供他人参考，使 Snapdeal 达到了一个全新的高度，这在大多数印度公司中是看不到的。而 Snapdeal 的创始人和团队所表现出的扭转局面的意愿和永不放弃的信念正是 Snapdeal 涅槃重生的重要原因。

从 Snapdeal 的发展来看，Snapdeal 的成功来自以下六个方面：

（1）聚焦。在多元化之前，打造一个高质量的业务。贝尔曾说："我们是企业，要在一段时间内，建立一个强大的核心业务、一个繁荣的市场、具有强大的市场地位，这一点很重要。"好比 Snapdeal 2.0，视野和重点得到了重新焕发活力，更重要的是，更深入地了解了自己专注的事情和自己不想做的事情。

（2）保持积极的态度。在波动性和不确定性时期，重要的是被自身业务的需求所驱使，而不是对竞争对手和其他人正在做的事情表现出恐慌。当外部环境充满挑战时，最重要的是保持头脑，为更好的日子做好充分的准备。解决增长放缓、规模缩小、消除亏损做法、价格调整等问题，将有助于公司掌握自己的命运。虽然胜利很重要，但不放弃是最重要的。

（3）善于沟通协调，尊重员工。贝尔在美国留学期间曾与同学提到自己的使命是用互联网技术平台改变印度成千上万小零售商的商业模式。他认为，员工比自己更优秀，自己的任务是领导他们，只有当致命的错误发生时他才会介入。同时，他还指出，某部分在公司工作的人既是员工也是投资人，因此与投资人之间进行协调是一项必须掌握的艺术，当关键利益相关者在意图和行动上相互协调时，即使在艰难时期也能得到更好的处理。

（4）聚沙成塔，发扬"钉钉子"精神。每天推动改进，阶段目标就会实现。持之以恒的执行，比爆发性的成就所获得的结果更好。

（5）剔除亏损业务。亏损的业务不具有商业可行性，终将陷入困境，因此要及时剔除亏损业务，保证公司健康安全运营。

（6）融资不是必需，而是选择。贝尔指出，近些年，Snapdeal 并没有筹集到外部资本，却仍然做得很好，这意味着从根本上说，必须在业务和业务模式本身上做出正确的决策和落实，把业务从现金来源转向资本效率高的业务，采用灵活、基于需求的资本方法，而不仅仅是积累资本。

2019 年和 2020 年 Snapdeal 公司的估值保持为 70 亿美元，但在全球独角兽 500 强的排名已从 2019 年的第 41 名下降到 2020 年的第 52 名。虽然 Snapdeal 2.0 的推出帮助公司从谷底到复兴，有着平台运营的独到想法，但单从客户角度而言，Snapdeal 并不是唯一的购物选择，Snapdeal 依然面临着被亚马逊和 Flipkart 打压取代的风险。由此可见，Snapdeal 的进阶之路并不好走。

Unity Technologies：游戏创作的铺路者

有件事我深信不疑，我们为教育投入了很多就是因为我相信这个世界还能更加美好——尽管当下社会中还有很多烂摊子，但如果有更多创作者出现的话，其实就不会这么糟糕。

——Unity Technologies 现任首席执行官 John Riccitiello

Unity Technologies 是一家位于美国加利福尼亚州旧金山的视频游戏开发公司，由 David Helgason、Nicholas Francis 和 Joachim Ante 于 2004 年共同创建。公司的三位创始人最初是想以游戏开发为主，通过将制作出的游戏进行技术授权，从而达到盈利的目的。但有心栽花花不开，无心插柳柳成荫，他们并没有开发出一个游戏，而是开发出了用来"制作游戏的工具"——Unity 游戏引擎。该引擎在 2018 年已扩展到支持超过 25 个平台，可用于创建三维、二维、虚拟现实和增强现实游戏，同时也已被应用于电影、汽车、建筑等多领域。

为了保持行业创新优势，Unity Technologies 并没有止步于游戏引擎的开发，而是致力于建立游戏及应用开发、发布、商业化运营等整个生态链，为交互式内容的开发者提供了多平台的工具和服务。目前，Unity 拥有超过 200 万开发者的繁荣社区。正如其现任首席执行官 John Riccitiello 所言："Unity 不仅是一个强大的引擎或服务包，它还是一个了不起的多元化开发者社区，其中，许多人正在改变我们对游戏设计和生产的看法。这就是 Unity 的使命——使游戏开发民主化。"

如今的 Unity Technologies 总部位于旧金山，在加拿大、中国等 13 个国家均设有分支机构。截至 2019 年，Unity 已获得 9 回合融资，累计融资超过 12.75 亿美元；截至 2020 年 6 月，Unity 在全球拥有 3379 名在职员工；2020 年 9 月，Unity 在纽约证券交易所正式上市，市值达 180 亿美元。

一、游戏开发的"得力干将"

Unity Technologies 之所以能在游戏引擎领域独占鳌头，是因为其开发的 Unity3D 游戏引擎是一个具有交互式特点、方便用户上手使用及修改编辑游戏的跨平台综合性游戏开发工具。该引擎在三维、VR 与 AR 应用市场中扮演着重要的角色，全世界的开发者都可以使用这款游戏引擎软件来开发游戏和应用程序。风靡全球的《神庙逃亡》《纪念碑谷》《炉石传说》都是使用 Unity 引擎开发的，但 Unity3D 并不仅局限于游戏行业，在虚拟现实、工程模拟、建筑可视化、三维设计、军工医疗等领域也有着非常广泛的应用。如此庞大的市场应用范围使 Unity Technologies 成为行业领头羊，Unity3D 引擎亦成为各类游戏创作开发的铺路者。

最初来自不同国家的三位创始人将游戏开发作为公司的主营业项目，但在联合研发团队的第一款游戏失利后，他们果断地将 Unity 的公司发展方向进行变革，即把游戏研发公司变为软件公司。由此，Unity 的使命变成为世界上的游戏开发者提供基础软件，使游戏开发过程能更简便、成本更低。Unity 一直坚信并践行着这样的经营理念：世界会因有更多的创作者而变得更美好。事实上，Unity 所创造的游戏引擎在不断地更迭换代中的确成为了游戏开发的"得力干将"。

二、不断的技术创新

2005 年，Unity 1.0 在苹果全球开发者大会上作为扩展工具正式发布，一举夺得当年苹果最佳 Mac OS 系统的画面设计奖项。但其局限性也十分明显易见，即这是一款只能适配于 Mac OS 系统的游戏引擎，因此并未在业内引起过多波澜。Unity 并未满足于 PC 端，而是移动、PC 两手抓，自第一代 iPhone 上市后，Unity 在很长一段时间里都是开发苹果移动操作系统游戏的最佳工具。

2006 年，Windows 系统带来了 PC 的双核、大硬件、大内存时代。Unity 紧跟时代发展脚步，在 2009 年发布的 Unity 2.5 中更新了对 Windows 系统的支持。随着适用系统范围的不断扩大，Unity 逐渐在百舸争流的游戏引擎市场里站稳脚跟，大放光彩。

2012 年，Unity 4.0 正式面世，该引擎已经能够支持包括 Mac OS X、安卓、iOS、Windows 等在内的十个主流平台发布。在该版本中，新加入对于 DrictX 11 和 Mecanim 动画工具的支持。前者一般被用于电子游戏领域，用来显示游戏中更为丰富的多媒体元素；后者是 Unity 推出的 3D 动画系统，具有重定向、可融合等诸多特性，可以帮助程序设计人员通过和美工人员的配合快速设计出角色动画。同时，4.0 版本为用户提供 Linux 及 Adobe Flash Player 的部署预览功能。这一版本游戏引擎的推出，在极大程度上推动了有关 3D 游戏、动画设计的发展。截至 2013 年，Unity 全球用户量已经超过 150 万。

在移动电子设备快速发展的潮流中，Unity 进一步更新了对 PS、Xbox 等多个游戏平台的支持，可支持覆盖的平台超过 20 个。2015 年，Unity 推出了 Unity 5.0 引擎发布计划，全新版本的 Unity 5.0 引擎已经能够支持包括 Mac OS X、安卓、iOS、Windows 等在内的 21 个平台发布。与 4.0 版本相比，Unity 5.0 含有大量的图形改进和扩展的编辑器功能集，更加适合移动端游戏开发。在经历了十余年的软件更新换代，现在各游戏开发公司使用率最高的是 Unity 2018 版本。在最新的版本中，Unity 增加了新的渲染架构、可视化的着色器编程工具等多项核心功能。

三、打造游戏生态平台

随着 Unity 游戏引擎功能的强大化、支持平台范围的扩展化、第三方插件的丰富化，Unity 发展得越来越成熟。加之近年来游戏市场竞争激烈，各游戏公司都需要快速开发新游戏以抢占市场份额，所以好的游戏引擎成为游戏公司的"香饽饽"。Unity 游戏引擎以其操作灵活、简单易学、跨平台能力强的特性，被各类平台运用到游戏开发中。2019 年，有超过一半的移动、PC 和主机游戏利用 Unity 来制作，而苹果商城和谷歌游戏平台综合排名前 1000 的游戏中有 53% 采用 Unity 的引擎。Unity 孕育了成千上万品质高、好评多的手游，其中，包括《炉石传说》《神庙逃亡》《王者荣耀》等多款热门游戏。

游戏的 3D 时代已悄然来临，各类游戏如雨后春笋般大量涌现出来，但在游戏市场迅猛发展的背后，3D 游戏的开发者却供不应求。Unity 以此为契机，利用自己的资源商店提供了一个促进开发的游戏生态平台，注册用户可以将自己制作的游戏组件放到该平台发售，游戏开发商可购买平台上的现成组件以加速游戏的开发。开发者们在资源商店里可以快速搭建原型，共享优秀的框架，这在很大程度上提高了游戏开发效率并且降低了开发成本。与此同时，该平台也逐渐成为各类游戏研发人士、游戏玩家的经验技术交流场所。由此，全球游戏开发商以及个人开启了使用 Unity 的热潮。

如今的 Unity Technologies 不仅制作游戏引擎软件，其平台也可帮助用户创建自己的游戏。截至 2020 年 6 月 30 日，Unity 的月活跃用户数达 20 亿，每月游戏时间累计达 80 亿小时，拥有 150 万活跃创作者。在 2020 年上半年，全球创作者通过 Unity 开发了 8000 款游戏和应用。目前 Unity 已然成为了主流游戏开发引擎的领头羊，也是各个游戏开发者的"得力干将"。

四、虚拟现实的"时代宠儿"

虚拟现实（VR）是利用计算机设备模拟产生一个三维空间的虚拟世界，提供给用户关于视觉、听觉、触觉等感官的模拟，让用户感觉仿佛身临其境一般，可以及时、没有限制地观察三维空间内的事物。近年来，随着智能科技的不断进步，虚拟现实趋势也在不断崛起，而虚拟现实得以不断优化的重要技术之一便是 Unity 所开发的游戏引擎。Unity 技术成为了计算机网络发展下虚拟现实的"时代宠儿"。

利维坦计划是一项融合叙事电影和视频游戏的虚拟电影实验项目，体验者头部佩戴虚拟现实显示器，能够与周围的虚拟对象交互；透过虚拟实验室的窗户，人们可以看到鲸鱼扇动着巨大的鳍，推动飞船划过天空。这场前卫观影盛宴的创造者 Alex McDowell 使用的视频游戏开发技术正是 Unity 开发的游戏引擎。Unity 引擎使开发者不再需要在游戏中重复编写代码以建立物理定律，而可以直接在引擎中调试重力。在开发利维坦计划时，McDowell 就曾利用游戏引擎，让鲸鱼鳍自动出现在合适的地方。

Unity 引擎之所以能够推动虚拟现实发展，是因为如果游戏引擎所预测的部分正是开发者所需要的，那么他们就可以事半功倍地去做事情，这让不太懂专业技术的人也可以开发虚拟现实应用。如此一来，参与虚拟现实开发的准入门槛降低，自然能在一定程度上对虚拟现实的发展有所助益。不夸张地说，虚拟现实的不断进步离不开 Unity 技术的鼎力支持。如 Riccitiello 所言："在虚拟现实中创造任何东西，你都需要 Unity 的技术。对于我们来说，它代表着真正的大机遇。实际上，世界上的所有公司都将从事虚拟现实业务。"

在 VR 设备中，Unity 的游戏开发引擎处于主导地位。2019 年，万众期待的虚拟现实头盔 Oculus Rift 最新版面世，其自带的 30 款游戏中有 16 款都是使用 Unity 研发而来。Unity 的游戏引擎在低成本设备中占据优势，这些设备可以与智能手机绑定，让人们体验低端虚拟现实技术。Oculus 联合创始人 Palmer Luckey 表示，三星与 Oculus 基于智能手机联合开发的虚拟现实设备 Gear VR，其 90% 以上的游戏都是通过 Unity 技术开发的。除此之外，在为 HTC 和索尼虚拟现实头盔和微软增强现实头盔开发游戏的开发者中，Unity 的技术也广受欢迎。

五、Unity 让虚拟更加真实

虚拟现实的魅力是增加临场感，即让体验者能完全沉浸在虚构的场景中，成为身临其境的探索者。Unity 所提供的就是根据虚拟现实开发人员的要求，不断调整游戏引擎。在研发过程中，Unity 实验室研究员发现了虚拟现实游戏在开发过程中的两大难题：一是由于虚拟现实游戏需要一直佩戴虚拟现实头盔，所以开发者们都不得不在现实的操作状态与虚拟的景象之间来回切换，繁琐又耗时；二是由于人眼看到的虚拟场景是计算机经过精密计算而合成的，与真实场景仍有差别，所以在场景转换、画幅震动等过程中容易让体验者感到头晕恶心。为了避免体验不适感的产生，虚拟现实动画每秒必须播放 90 帧，且必须同时关注 2 个屏幕，这令计算机处理负荷加倍。基于两个难题中的前者，Unity 研究员提出了在虚拟现实环境中开发虚拟现实游戏的解决方案。也就是说，虚拟现实不仅意味着游戏发生巨变，开发游戏的方式也将发生质的变化。后者则是 Unity 游戏引擎致力突破的目标，即以尽可能有效的方式传送信息，让虚拟现实程序成为可以被大多数计算机运行的数据密集型应用。

虚拟现实的发展势不可挡，但同时也暴露了一些不可忽视的问题，如对现实世界的隔离、与人类感知外部的方式有冲突等。这些问题都需要 Unity 研发引擎进行调整，Unity 引擎将计算机生成的虚拟物体或关于真实物体的非几何信息叠加到真实世界的场景之上，实现了对真实世界的增强，使交互方式更加自然，体验者游戏感受更加良好。这就是虚拟现实程序开发者如此青睐 Unity 技术的重要原因。

六、"影、筑、车"的"发展能手"

现在的动画电影发展越来越趋近真实、越来越逼真，这都要归功于实时渲染技术的实现。Unity 中自带图形与框架导出选项框功能，支持超级采样，拥有实时渲染技术，使电影的制作省时且质高。目前，全球越来越多的影视制作团队、动画专业人士使用具有实时影视级创作能力的 Unity 打造高品质的作品。

2018 年，Unity 凭借与迪士尼合作的《大白的梦》获得首个技术与工程艾美奖；2019 年，迪士尼与 Unity 再次合作的最新版电影《狮子王》成就了一场夏日视觉盛宴，逼真的奇幻世界颠覆了人们对于实时渲染技术的想象。电影中各种动物栩栩如生，仿佛就真实地奔跑在屏幕里的非洲平原；2021 年 1 月，由 Unity 全流程制作的实时渲染动画短片 Windup 已揽获 19 项全球电影节的提名并斩获 5 项大奖，正式获得 2021 年奥斯卡参选资格。该作品在动画品质、材质表现、毛发效果以及光影渲染等方面都达到了业界一流水准，充分展示了 Unity 实时渲染的强大。

Unity 犹如一个真实的摄像头，模拟着真实镜头所拍摄的世界。并且通过 Unity，创作者可以轻松地实现下一步人物动作与面部表情的捕捉，丰富人物的表现。同时，创作者可以在 Unity 资源商店里选取需要的人物、道具、建筑等现成的工具，大大缩短了传统动画的制作周期。Unity 技术使影视动画行业的造梦能力大幅提升，为开发者们开辟了创作的康庄大道。

七、拓展应用领域

Unity 以优越的性能在业界著称，但随着游戏引擎的不断更新迭代，Unity 的应用领域逐渐超出了游戏的范畴。凭借其简单便捷的操作与可扩展的编程开发组件，Unity 开始跳出"游戏引擎"的初始形象，在更广阔的天空"大展拳脚"。现在的 Unity 正在以自己的力量推动着多个行业的发展：实时渲染使影视动画发生历史性的转变、建筑可视化使建筑设计行业迅速地进步、交互性操作使汽车等传统工业制造业加速数字化转型。

由于建筑行业工期长、投入大，仅凭一张图纸难以形象地将建筑设计传达给客户，容易导致客户验收时其主观想象与实际建筑不符，造成矛盾。所以，建筑可视化是建筑行业需要解决的难题。Unity 可以处理大量的复杂几何体，拥有高端图形功能与实时渲染技术，建筑师通过 Unity 可以轻松地创建出一个工程或建筑所需要的模型。在设计审批过程中，引入交互式内容的 Unity 可以使创建者能够实时加速测试，更改配置和决策。建筑可视化不仅可以让建筑师的设计理念得到全方位展示，更能让客户真切地看到建成后的实况以便于及时更改相关参数，帮助双方达成共识。

同时，Unity 不仅可以输出 PC 和控制台游戏机，还支持超过 25 个平台的输出，如智能手机、VR 或 AR 设备。如此一来，可将制作好的建筑 3D 图直接发送到客户手机，提高沟通效率。

随着产业互联网时代的到来，数字化已成为汽车工业必不可少的连接器和转换器，而 Unity 正是推动汽车行业数字化转型的好帮手。低成本、高效率的 Unity 实时开发平台重新定义汽车设计、加工和营销的解决方案，并给客户带来完美的可交互性操作以及极具沉浸式的体验环境。

厂商利用 Unity 引擎可制作三维的城市场景，从而以低廉的价格获得更多的汽车自动驾驶训练数据，便于对汽车进行设计更改。此外，在汽车销售过程中，由于店面限制厂商不能总是展出车辆的所有配置，这样会使客户无法观察到车的全貌，影响汽车的售卖。而 Unity 自身强大的扩展性与通过 Unity 编写的车辆配置器软件可以很好地解决这一问题。简单的互动功能不仅提高了用户触达性，更增加了客户的留店时间，从而多一分客户购车的可能。Unity 的加入，让传统的汽车工业与未来的数字化联系更加紧密。

八、结语

在游戏引擎竞争如此激烈的市场上，Unity 以跨平台能力强、性价比高、效能优等特点而笑傲群雄。Unity Technologies 公司此次成功入选全球独角兽企业 500 强名单，可谓当之无愧。Unity 的最终愿景是为开发者提供所需的所有服务，打造世界上最好的创作工具。其本身也是一直以这样的目标为初心，逐渐成长为一个集聚开发者想象力的内容创作平台。相信未来 Unity 能在深扎游戏的基础上，针对其他行业的痛点不断提供相应的支持，造福开发者以及这个世界。

Outcome health：全美最大的线上医疗决策平台

"我们希望 Outcome Health 代表'同理心'，在我们低头看手机的时代，移情内容是缺乏的，但这是每个人都应该得到的，尤其是在护理方面。我们希望我们的内容足够强大、有教育意义和相关，这样人们才会去查阅。我深信 Outcome Health 的使命，我期待着与我们优秀的领导团队合作，带领我们的业务进入下一个篇章。"

——Outcome Health 首席执行官 Matt McNally

Outcome Health 是一家创立于美国芝加哥私人持股的健康医疗科技公司，它通过将教育内容引入医生的办公室，以便改善患者的健康状况。该公司的业务涉及患者教育、市场、医疗保健、科技和行为改变等领域。通过与非营利组织、健康倡导团体、领先的内容创造者和品牌赞助商的合作，该公司认证的数字网络在全美国被广泛应用于 40000 多个医疗卫生系统，为医护人员和患者提供最相关和最需要的健康信息服务。Outcome Health 的产品，包括墙板、平板电脑和电视等，既具有教育性，又具有交互性。通过在产品上投放客户公司医疗产品及服务的广告，一方面为病人提供学习医疗健康知识的多样途径，另一方面又为客户公司创造潜在的商业价值。从这个层面上来讲，Outcome Health 堪称医疗健康领域兼顾经济效益与社会效益的典范。

Outcome Health 起初叫作 ContextMedia，成立于 2006 年，直到 2016 年才被重新命名为"Outcome Health"，以更好地符合其渴望为世界上每个人创造最佳健康结果的愿望。该公司前身 ContextMedia 是一家专注于生产候诊室银幕和平板电脑的企业，该产品主要用于病人教育以及医药营销方面。其最初的发展模式是在医生的办公室里播放一些视频片段，内容涉及饮食小窍门、运动以及生活方式调整等。病人在等待就诊的过程中，通过有意识地观看这些视频来增强健康意识，提高健康水平。在近些年的业务拓展中，Outcome Health 开始逐步从硬件向医疗健康服务方面发展，通过与客户公司开展广告合作来提高收入。近几年的业务重心放了医疗服务提供者及健康服务提供者信息网络的搭建上面。2016 年 11 月 16 日，Outcome Health 收购了另一家同样从事诊疗期患者媒体服务的公司 AccentHealth，由此成为了全美最大的线上医疗决策平台，并在之后通过与不同疾病协会及相关服务公司合作，积累了相当数量的医护使用者和专业的知识信息，为其与患者端加强互动搭建了坚实的基础。有关资料显示，ContextMedia 在投入一年后开始盈利，2010 年后，利润以 100% 速率增长。值得注意的是，ContextMedia 视频上每年有 5000 万观众，不仅如此，该公司还服务于美国 4000 家医院、私人诊所以及像耶鲁大学、斯坦福大学、哈佛大学等名校的候诊室。可见，该公司在业界具有一定的影响力和知名度，服务范围较广。2017 年 6 月 2 日，Outcome Health 获得了来自投资方包括高盛旗下的风险投资基金，谷歌的 Alphabet 旗下一只股权投资基金 Capital G 以及 Balyasny 资产管理公司旗下的一只股权投资基金的 A 轮融资，数额高达 5 亿美元。目前 Outcome Health 的市值估值超过 50 亿美元，成为医疗健康领域发展迅猛的独角兽企业。

一、创新产品不断推出

技术领域的不断突破与创新，给 Outcome Health 的发展奠定了坚实的技术基础。Outcome Health 作为一家医疗科技公司，充分运用智慧医疗科技手段，推出了一系列创新性医疗产品以及盈利模式，为公司发展提供了持续的内在推动力。

创新性医疗产品。图 4-16 展示了 Outcome Health 的各个护理体验点，向患者、护理人员和医疗保健专业人员展示了与健康相关的内容。图 4-16 中所示的 5 个体验点从左到右依次为：病人专属 Wi-Fi、候诊室电视（WRTV）、候诊室海报（WRP）、诊疗室墙板（WB）、检查室平板电脑（ERT）。Outcome Health 开发的各类医疗创新产品的具体介绍如下：

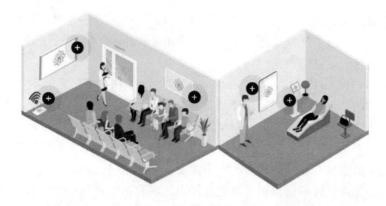

图4-16　护理体验点

（1）病人专属Wi-Fi。由图4-17可知，连接稳定且安全高效的病人专属Wi-Fi可帮助患者在候诊室获取相关的健康信息。通过病人的Wi-Fi可以连接到医生办公室或附近的高意向病人候诊室。在一些较小的办公室，Wi-Fi也可以连接到检查室。

图4-17　病人专属Wi-Fi

（2）候诊室电视。由图4-18可知，候诊室是为患者提供护理体验的入口。通过候诊室的电视为病人和护理人员提供强大的"图书馆"，内含由100多个医学协会和合作伙伴提供的11000多部视频内容，主要为一些特殊种类和教育性质的健康宣传内容。

图 4 - 18　病候诊室电视

（3）候诊室海报。由图 4 - 19 可知，候诊室海报是企业的内容专家专门为病人制作的印刷品，可为患者提供丰富详细的信息，帮助患者对重要话题有更深入的了解。因为海报是静态的，便于患者按照自己的节奏阅读和消化内容。

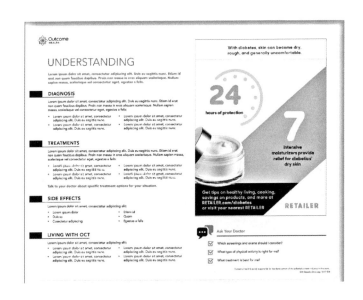

图 4 - 19　候诊室海报

（4）诊疗室墙板。由图 4 - 20 可知，诊疗室的墙板是医生与病人更有效沟通的互动平台，医生也可以利用检查室的墙壁来说明病人的病情并制定更有针对性的治疗方案，为病人量身定制健康的相关内容。

图 4 – 20　诊疗室墙板

（5）检查室平板电脑。由图 4 – 21 可知，诊疗室平板电脑是为患者设计的深度交互式平板电脑。数字化平板可为咨询室的患者在与医生交谈时在关键时刻提供个性化信息，如手术信息、条件、治疗方案和健康评估等，使患者能够更多地掌握自己的健康状况。同时，医生在诊疗室平板电脑上向患者播放相关视频，加强医患互动。

图 4 – 21　检查室平板电脑

二、商业模式创新

Outcome Health 的利润主要来自在公司设备上投放客户公司的广告所获得的收入。广告放置有以下选项可供客户公司选择：视频、标准、互动横幅、大型数字显示、印刷海报以及其他创意内容。Outcome Health 与客户达成合作意向后，在经过批准的投放位置上投放创意广告，在 Outcome Health 的网络上运行。Outcome Health 通过实行严格的标准和程序，以确保公司每一天以尽可能高的精确度和效率来运转。此外，Outcome Health 还提供专门的客户服务团队、月度报告、独立的活动审计和第三方评估来保障客户的权益（见图 4 – 22）。

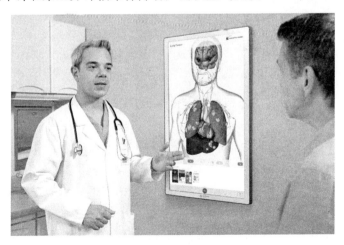

图 4 – 22　创新推广模式

　　Outcome Health 公司与尼尔森公司（Nielsen）合作，对其办公室内容和广告网络进行了首次受众测量，其中包括用于获取患者信息的数字墙板和平板电脑。目前尼尔森（Nielsen）在 Outcome Health 医生办公室网络的 16 个专业中测量了患者和陪伴者的参与度、等待时间和情绪。这一举措有助于 Outcome Health 在量化受众和参与度方面更加精准，从而制定更加有利的推广模式。

　　Outcome Health 作为一家医疗服务公司，其宗旨在于为客户提供医疗服务，传播医疗健康知识。Outcome Health 通过提供优质的医疗服务、打造温馨的企业文化、培育高度的社会责任感来展示企业形象，进而树立优质的医疗服务品牌（见图 4 – 23）。

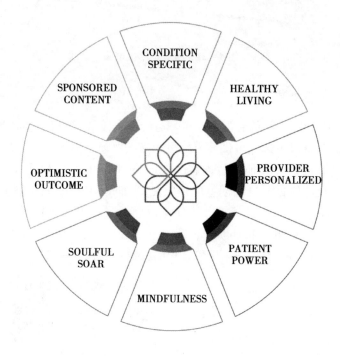

图 4 – 23　内容生态系统

　　Outcome Health 的内容生态系统对患者和护理人员进行教育，增强他们的能力，帮助他们保持正确的心态，并在关键时刻振奋他们的精神。从图 4 – 23 展示的内容生态系统中，我们可以看出这种教育是全方位的，目的在于帮助患者和护理人员全面发展。主要包括八个方面的内容，分别是健康的生活、个性化的供应、耐心的力量、持续的关注、高涨的热情、乐观的结果、支持的内容和具体的条件。

在 Outcome Health 的官网上，设计了科普医疗健康知识的海报专栏。这里有着大量兼具教育意义与设计美感的海报，使用户对官网的每次访问都更有收获。图 4 – 24 展示了 Outcome Health 官网在 2021 年 1 月 23 日的海报专栏。以第一张关于哮喘的海报为例，该海报首先描述了哮喘在美国的分布之多，仅在美国就有近 4000 万名确诊患者，其次从哮喘的定义、症状、诱因等角度介绍了这种病症，并且告诉人们如果有相关症状，务必要及时告知医生。类似这样的科普海报在 Outcome Health 的主页上还有很多，并且处于实时更新的状态，便于用户获取更加丰富生动的医疗资讯与健康知识。

图 4 – 24　官网的海报专栏

三、温馨的企业文化

Outcome Health 在 2019 年 4 月 10 日宣布了其全国平台上的一项新的内容战略：关注同理心和教育，内容开发的新方法与公司的承诺一致，即作为 Outcome Health 的员工，我们有能力真正改变我们所爱的人和我们自己的护理体验。通过在候诊室、检查室和输液中心展示与患者密切相关的医疗资讯，加强医患互动，支持并改善护理点的医患关系。

Outcome Health 公司的内部创意工作室配备了故事讲述者、创新者、艺术家和战略家，他们对健康医疗充满热情。内部创意工作室的使命是将复杂的想法转变成引人注目的故事，用适当的语气和信息吸引观众，最终在一个重要的平台上通过内容使故事生动起来。

Outcome Health 的官网上充满着这样温馨的语录："有一个能让我们更好地与患者互动的工具是件好事"，Outcome Health 的任事股东叶家祥如是说。"不要放弃，永远不要放弃。只要有希望，就有机会"，这是一名肺癌幸存者 Maureen Welborn 发自内心的感慨。这一切都与 Outcome Health 公司的理念相契合，即 Empathetic Content When It Is Most Needed（在最需要的时候表达同理心）。Outcome Health 致力于以一种赢得所服务患者的信任、尊重客户和合作伙伴的方式开展业务。诚信是企业生存和发展的基石，Outcome Health 业务的基础是诚信，公司所做的每一个决定都反映了对诚信的坚守与承诺。Outcome Health 期望所有的合作伙伴都能够遵守适用于公司的所有法律、法规和行业标准，每个在 Outcome Health 工作的人都被期望以诚信和符合公司价值观为基础做出决定。

四、高度的社会责任感

"Outcome Health"的中文含义为"结果健康"，但这一"结果"并不局限于治疗结果。还有更广泛的社会效益。一个企业不仅要追求经济效益，同时也要兼顾社会效益，学会主动承担能力范围内的社会责任。高度的社会责任感是 Outcome Health 取得成功的关键因素之一。自成立以来，Outcome Health 便致力于与非营利组织、健康倡导组织和领先的内容创造者进行合作，包括美国公益广告协会（Ad Council）、克罗恩氏结肠炎基金会（Crohn's & Colitis Foundation）、美国肺脏协会（American Lung Association）、美国心脏学院（American College of Cardiology）等在内的众多机构。

在新冠肺炎疫情愈发严峻的关键时期，Outcome Health 不仅积极科普相关的预防知识，更呼吁建立更加广泛的社区服务体系，帮助美国民众共同抵御新冠病毒。Outcome Health 在推送中阐述了推动医疗体系改革的必要性："疫情的蔓延给我们的医疗体系带来了难以想象的压力。巨大的压力加上我们对医疗体系的极度依赖不仅暴露了该体系的缺陷，而且正迫使医疗行业进行变革。信任、联系将主导病人和医疗保健专业人员在新的'医疗点'空间中的互动方式，就像其他草根推动改革的运动一样，医疗保健也将如此。"在另一篇推送中，Outcome Health 呼吁通过完善社区服务体系来抗击新冠肺炎疫情："King 博士有句名言：'每个人都可以成为伟大的人，因为每个人都可以为他人服务。'在我们现在正经历的这种时刻，当不同肤色社区之间的健康差距因新冠肺炎疫情的大肆蔓延而加剧时，社区服务显得极为重要。如果你有能力，那请致力于让你的社区成为一个更好的地方。"（见图 4-25）

图 4 - 25　Outcome Health 呼吁建立社区服务体系

五、结语

独角兽企业是数字经济先锋、是科技创新企业的典型代表，也是衡量一个国家或地区创新能力、创新活力和创新生态的重要标志。全球独角兽企业 500 强评价标准有五个方面：一是公司估值在 70 亿元人民币（10 亿美元）以上；二是拥有独创性或颠覆性技术；三是拥有难以复制的商业模式；四是成立时间 10 年左右；五是符合现行政策导向，不存在重大负面舆情。中国人民大学中国民营企业研究中心和北京隐形独角兽信息科技院（BIHU）联合发布的《数字经济先锋：全球独角兽企业 500 强报告（2020）》显示，Outcome Health 在 2020 年全球独角兽企业 500 强中居第 46 位，在医疗健康领域的表现十分突出。而 Outcome Health 的优异表现与其创新技术的应用与战略品牌的协同是密不可分的。

Outcome Health 对于域名十分重视，视其为品牌的象征。2016 年 8 月 30 日，Outcome Health 在 BuyDomains 平台以 3488 美元（约合 2.3 万元人民币）秒下域名 OutcomeHealth.com，并且在不久后就启用在了官网上。2017 年 5 月初，Outcome Health 在获得 5 亿美元融资之后，便从 QuintilesIMS（昆泰医药）手中收购品牌域名 Outcome. com，一方面是出于品牌升级域名考虑，另一方面也有利于进一步扩大公司的知名度。

Outcome Health 取得成功的原因无外乎以下三点：创新技术的更新迭代与快速应用是企业发展的硬实力，为企业发展提供了持续的内生推动力；而战略与品牌的精准定位与协同作用是企业发展的软实力，有助于企业自身形成强大的竞争优势；前沿技术与优秀商业模式的完美结合帮助 Outcome Health 实现快速发展。同时，Outcome Health 高度的社会责任感展现了其高远的格局，有助于企业登上更高的平台，并实现长远发展。

"智慧医疗"是指通过打造健康档案区域医疗信息平台，利用最先进的物联网技术，实现患者与医务人员、医疗机构、医疗设备之间的互动，逐步达到信息化。人工智能的运用和医疗保健领域的数字化趋势，有助于改善患者护理水平，同时降低或简化医疗保健成本。Outcome Health 无疑是利用科技手段增强医患互动的典范，充分利用病人专属 Wi-Fi、候诊室电视（WRTV）、候诊室海报（WRP）、诊疗室墙板（WB）、检查室平板电脑（ERT）五大创新设备来提高针对性改善患者的护理体验。传统医疗模式向智慧医疗模式转变还需要一个过程。未来的医疗系统将建立健康医疗数据互联互通的共享平台，不仅为普通人提供生命健康管理服务，同时也将改善医生的就业生态、患者就诊生态和慢性病管理的生态。Outcome Health 在为患者提供优质医疗服务的同时，也在积极传播健康的生活理念与优秀的企业文化。Outcome Health 顺应了"智慧医疗"的发展趋势，充分利用科技手段增强医生与患者之间的互动，兼具高度的社会责任感，在未来具有良好的发展前景。

Vice Media：专注青年的内容生产者

我办公室里放的标志上写着："勇者无畏"它总是带给我灵感，似乎抓住了这家公司的精神。

——Vice Media 首席执行官 Nancy Dubuc

2017 年 6 月，在获得私募股权公司 TPG 4.5 亿美元的投资后，Vice Media 的估值达到了 57 亿美元，成为数字媒体行业的领头羊。是什么让 Vice Media 从一众新媒体公司中脱颖而出？答案是：它精准定位于青少年群体，并制作与青年受众诉求相契合的内容，建立只属于青年的文化"聚集地"。

Vice Media（VICE）是一个涵盖多种业务的新媒体集团，其业务范围包括视频、杂志、新闻、电视、电影、音乐出版、创意支持等，前身是加拿大一本名不见经传的音乐文化杂志——*Voice of Montreal*，最初由 Suroosh Alvi、Shane Smith 和 Gavin McInnes 于 1994 年在加拿大蒙特利尔创立。1996 年杂志改名为 *VICE*，*VICE* 一词在英文中有原罪、恶习之意，这本杂志的风格亦如其名——另类、反叛、非主流。虽然 *VICE* 的独特基因已经形成，但此时的 *VICE* 还是以报纸杂志为内容载体的传统媒体。2006 年是 *VICE* 一个重要的转折点，创始人 Shane Smith 意识到数字化是媒体未来的发展趋势，他认为视频是最适合生长在网络时代的青年们消费的内容。从 2006 年起，*VICE* 开始进行数字化转型，着力点是培育数字视频类产品。当数字化转型席卷了整个 *VICE* 后，它又通过短视频实现持续扩张。

目前 Vice Media 已由一个小规模、年轻人为主、另类的网站和杂志平台转型为多元化的电视及电子媒体平台。新闻服务 VICE News、电视频道 VICE ON TV、原创制片工作室 VICE STUDIOS、创意机构 VIRTUE 和数字平台 VICE Digital 是 Vice Media 的核心业务。虽然 VICE 在传播介质上开展了诸多尝试，但视频仍然是其主要发力点，在基于 VICE 网站进行视频运营外，Vice Media 还与传统有线电视及数字媒体开展广泛的视频业务合作：在传统有线电视业务上，VICE 已在 30 多个国家获取了电视播出许可；在数字媒体合作方面，VICE 在 Youtube 有 Motherboard、THUMP、The Creators Projects 等 11 个频道，并与 HBO、Discovery 等多家媒体合作，共同播放其制作的内容。

一、精准定位，明确受众

大多数成功的创业型企业一开始并不在大市场开展业务，而是通过识别较大市场中新兴的或未被发现的利基市场开展业务。"利基市场"是基于特定群体提供的高度细分化、专业化的需求市场。Web 2.0 时代的深入发展使信息传播及获取速率提高、匹配精确度加强。在这样的背景下，针对小众群体、关注小众文化的细分媒体已成为互联网时代媒体的新发展方向，把握好利基市场对初创文化传媒企业尤为重要。找准利基市场，特别是传统媒体缺位的市场，借助互联网、大数据，并通过专业化的内容引导，可以吸引精准、垂直的小众用户群体的关注，由此建立的细分用户的媒体拥有传统媒体无法比拟的用户黏性和忠诚度。

Vice Media 成功的开端在于找准了"利基市场"，以青年用户，特别是互联网中成长的新一代青年为利基。精准且小众的用户定位是 *VICE* 商业模式的突出特点之一，也是其商业模式链条的开端，这种商业模式不仅适应了 Web 2.0 的发展趋势，还填补了文化传媒企业在"Z 世代青年"这一小众市场的空缺，*VICE* 商业模式用户定位的特殊性使其得以快速吸引大量的特定的受众，形成盈利基础。

Vice Media 的定位是青年群体，其官方网站一篇名为 *The VICE Guide to VICE* 的文章清晰地展示了 Vice Media 的定位。"VICE 相信世界是年轻的"这概括了 VICE 的世界观。在这样的世界观引领下，VICE 用年轻开放的眼光看待世界，无畏的支持青年发声并给予他们展现观点的平台，以此创造青年的"精神圣地"。"观点""青年""创造性""多样性""个性""包容"这些关键词概括了 VICE 的风格，与传统媒体不同，VICE 不再面向大众，而是面向特定的用户群体——青年。

通过明确受众，Vice Media 得以向青年群体精准输出有针对性、专业化的受青年群体欢迎的内容，从而获得了一大批黏性用户，培育出稳定的"初级受众群"，由此具备由一个小规模杂志转型为多元化数字媒体平台的用户基础，并以这个独特的市场作为基础吸引融资，获得广告收入，并通过包括视频节目、纪录片、在线广告、唱片发行、在线出版等多种业务创收。在青年这一用户定位的基础上，Vice Media 扩展数字版图，根据细分垂直内容建立数字平台——时尚杂志 ID、艺术文化平台 Garage、独立现代制片厂 Pulse Films、时尚生活方式网站 RE-FINERY29。细分网站的建立实现了 VICE 对青年多层次需求的满足，VICE 的定位在青年这一对象的统摄下更加精准、更具层次性。

2016 年 Media Kit 显示，超过44%的 VICE 用户拥有大学学历，而家庭收入在 10 万美元以上的用户占比高达40%。另一项调查显示，有超过 3/4 的 VICE 全球用户年龄在21~34岁，这些用户平均每天花费在网上搜索时尚、音乐、科技等方面的资讯可达两个小时，80%以上的用户会向别人推荐自己满意的产品或服务。VICE 精确地将收入丰厚、教育程度较高、最受广告商欢迎的年轻群体吸引过来，并使其成为"死忠"用户，这无疑是 VICE 在全球媒体市场激烈竞争中立于不败之地的根基，正是这些用户，为 VICE 带来了丰厚的广告收入和融资。

二、与青年诉求高度契合的内容生产

与青年诉求高度契合内容生产是 Vice Media 商业模式的核心。VICE News 的欧盟交流部高管丹米勒认为，做媒体最重要的是要清楚目标受众的阅读习惯。只有内容与受众心理需求达到较高契合，才能吸引忠实的用户。作为面向年轻一代的媒体，Vice Media 正是通过把握青年诉求、打造与青年高度契合的内容并成为青年文化的引领者，从而收获一批黏性用户，并持续创造效益。

青年处在探索自我和世界的阶段，在这个自我与世界交互的阶段不可避免地会产生认同危机，青年需要寻求面对或是对抗危机的方式，他们倾向于抵抗和解构处于社会主流地位的意识形态和文化内涵，并致力于创造出另一套个性化的价值体系来获得集体认同感，这种价值体系实质上是一种区别于社会主流的青年文化。Vice Media 懂得青年需要什么，在内容的打造中顺应该时期青年的诉求，同时致力于创造能获得青年认同的 VICE 文化并引导青年。Vice Media 不仅以受众喜欢的方式向他们传递、交流观点，更让受众了解 VICE 在表达什么样观点，传递什么样的价值，以此创造与主流媒体"长辈凝视"下构建的青年文化不同的"VICE 青年文化"。这与青年创造"青年视角"下的青年文化的需求相一致，也满足了青年在认同危机产生时寻求归属的心理诉求。VICE 由此吸引受众，唤起受众的好奇心及求知欲，将契合受众心理需求的深度且精良内容生产出来。

接下来，以 VICE News 为例，我们将初步了解 VICE 如何打造与青年诉求相符的内容。

VICE 大胆选择争议性、冲突性的话题并从青年的独特视角挖掘评论事件。在 VICE "你会获取渴望了解的甚至连传统媒体都不愿透露的新闻"。VICE 从不避讳政治、宗教、黄赌毒等敏感选题。选题如《为美军工作阿富汗翻译获取签证的斗争》《伊斯兰国家真正被争夺的是什么》《墨西哥贩毒集团》往往是持中立态度的主流媒体难以涉及的，VICE 在填补这些领域的内容空白的同时满足了青年对争议话题事件深度思考的诉求。此外，VICE 的新闻选题视角极具个性，在关注主流新闻事件时，VICE 总有与主流媒体大相径庭的关注点。例如，在报导 2016 年"美国大选"这样一个主流媒体和舆论关注的重要议题时，VICE 却并不在意大选的结果或是候选人的政治主张这类主流舆论关注的话题。VICE 总有让人意想不到的视角，他们不关心希拉里是否当选，转而关注希拉里的女性角色；他们也不关注特朗普是否当选，而是以第一视角介绍了纽约街头一场反对特朗普的活动；他们还特别关注"第三种声音"，在一篇报道中，VICE 介绍了一群美国的"社会主义者"和他们颠覆资本主义的愿望。

VICE 的表达方式十分主观，另辟蹊径采用目击者视角作为新闻的切入点，这种"个性化"第一人称的视角区别于主流媒体力图追求的冷静旁观的客观视角。这种视角也是年轻群体更愿意选择的，比起作为一个旁观者，他们更愿意深入事件中心，作为一个当事人，拥有自己的独立的真实的见解。VICE 全球 CEO 安迪·卡博认为 VICE 吸引用户的方法非常纯粹："买一架相机，去一个从未去过的地方，拍一张那里发生的新闻照片，回来给大家呈现你看到了什么。"VICE 是这样一个坚持朴素新闻的媒体，它给予每个人发表见解的权利，这样的 VICE 与年轻一代的诉求不谋而合。对于千禧一代，VICE 表示，他们并非有意走前卫路线，而是选择相信那些有趣的故事并且成为一个优秀的故事讲述者。

多元的内容选择和主观的表达方式是 Vice Media 致力于保护青年发声空间，营造包容的文化环境的企业价值观的体现。VICE 的价值观使其创造的文化环境于青年而言更具归属感，从而足以收获一批黏性用户。

三、沉浸式新闻

叙事方法极大影响内容的呈现和报导对价值的引导，"沉浸式"的叙事方法使 Vice Media 区别于其他媒体，这种叙事方法形成了独特的内容表达方式，是生产满足青年求知愿望内容的商业模式中不可忽视的组成部分。

"沉浸感"重视参与者的在场体验和个人视角，使个人融入事件，并采用个性化的语言表达方式。VICE 全球 CEO 赫西·西蒙表示，不论新闻发生地在哪，VICE 所有频道生产的内容都期望能带给受众直接的沉浸感。"沉浸感"打造的意图是呈现真实的事件。无论何时，受众都希望能看到真实的新闻，青年有着强烈的求知热情，对于真实呈现事件的需求比其他群体更大。新一代青年早已对主流媒体宣扬的是"号称"客观以及真实的新闻嗤之以鼻，主流媒体为了传播和舆论的效果，需要对真实的新闻材料进行包装、剪辑，在这个过程中可能会产生与事件逻辑全然不同的内容，虽然他们宣称客观，但他们往往生产"伪真实、伪客观"信息。

VICE 在报道方式上另辟蹊径，采用沉浸式新闻，在前期让报道者深入新闻事件现场，用第一视角观察记录，报道者通常没有预订的采访议程，受访者也在最真实状态下受访；在后期制作中 VICE 最大限度避免剪辑，其节目时长一般在30 分钟左右。这种类似纪录片的长纪实新闻视频还原最本真的新闻场景，最大限度地保留了新闻素材的完整性、真实性，力图给受众最强烈的个人体验。一位 Vice 的用户坦言"在24 小时无间断缺乏个性枯燥无聊的重复播报对比下，我们这些习惯了大众媒体模式化新闻的人，很难不被 Vice 鲜活而且第一手的新闻所打动。"

为了让受众获得逼真的报导体验，给受众带来沉浸感，报道者进入事件中心，深入新闻人物的生活，通过亲身体验事件人物所处的环境和生活并将自己真实的观点传递给受众。在《保加利亚的处女新娘集市》这篇新闻视频报道中，为了最大限度地呈现保加利亚古老的婚俗，VICE 的特派记者进入一对待嫁姐妹——Pepa 和 Rosi 的家庭，与两位待嫁新娘朝夕相处。在与家庭的相共同生活的过程中，记者通过新娘母亲 Vera 的讲述深入了解保加利亚新娘出嫁时被出售所蕴含的古老文化，而且全身心融入保加利亚的文化环境中，记者和主人公一起打扮、挑选礼服直至出售。记者深入报导对象的文化环境，感受文化、寻找文化，达成理解，并在这个过程中重塑对婚俗的认知。值得注意的是，报道者在亲身参与整个事件的过程中提出疑惑，表达看法，报导也没有固定的采访问题，这完全不同于传统的新闻媒体记者刻板的采访方式。Vice 的方式是通过相处中的深度交流，使受访者放下心中防备，敞开心扉，从而使记者带领观众进行深入的、自然的、力图刬除偏见的感知和思考。

VICE 创始人 Shane Smith 在接受 The Economic Times 的采访时表示，我们靠近新闻事件，是以记录的角度而并非寻找爆点的角度。VICE 在新闻采访过程中是真切地与新闻环境、新闻人物融为一体，先身临其境地体验，在感受之余将自己的观点真实告诉受众，这使受众更加容易理解和感悟视频内容，记者的自身感受加之环境呈现，满足了青年求真、求知的愿望。

为了打造沉浸式体验，Vice Media 还与技术联姻，在视频制作中引入 VR 等技术手段。2014 年底，VICE 创造性地运用 VR 技术将新闻、艺术与科技进行融合，使受众拥有 360 度实时的"目击者"沉浸式视角。2015 年 12 月，VICE 与谷歌眼镜合作，应用 360 度全景摄像和 VR 技术对纽约一场抗议警察杀害两名平民的百万人大游行进行了报道。2016 年 6 月 16 日，名为《在 360 度全景视频里观看时装大秀》的视频在 VICE 的创想计划里发布，该视频使用 VR 技术与 360 度全景视角对新一季澳大利亚时装秀进行直播并将这一时装秀的精彩环节剪辑成 3 分钟短视频进行呈现，充分满足不同受众的观看偏好。由于该新闻使用全景视角，观众用裸眼观看也可以在一定程度上达到与现场观看相同的在场沉浸感。而一旦观众带上 VR 头盔，就能获得逼真的沉浸式体验，仿佛置身秀场最中心。VR 技术带来的沉浸式报导具有普通报导无法比拟的优势，技术使沉浸体验具备了实时交互性，VICE 全新的 VR 沉浸式报导突破空间限制，使观者直达事件中心，获得前所未有的参与感，身临其境完全沉浸在新闻现场的氛围中。

四、朋克人的朋克媒体

Vice Media 商业模式在内容生产中的独特性不仅体现在内容选取和表达上，还体现在内容生产者（传播者）特质与青年文化的高度契合上，使内容生产在根源上便具有强烈的青年意识。

福布斯在 2014 年的文中称 VICE 是"朋克人的朋克媒体"。Vice Media 的内容生产者本身便具备这样的气质，生产者由渴望表达、有创造力的青年组成。如果 VICE 个性化、叛逆的表达方式只是一种商业选择，内容的生产者与青年文化保持距离，那就不可能生产出与青年亲密无间的内容产品，也不可能创造独特的 VICE 文化。

Vice Media 的创始人之一 Shane Smith，可谓奠定了 VICE 极具个性的基因。创立 VICE 前，政治经济学出身的他是个出色的推销员，看到他的职业和教育经历估计没有人会把他的未来和媒体行业联系在一起，可他确实成立了 VICE。Shane Smith 大概从来不会安分，他永远在体验、尝试，曾流浪至饱受战乱摧残的南斯拉夫，又一度成为路透社和《布达佩斯太阳报》的自由撰稿人，同时他还从事外汇投机的副业。如今的 Shane Smith 虽已进入不惑之年，但行事风格却还似年轻人一般直率、反叛。他这样描述自己的生活态度："我可以阳春白雪，但也可以酒气冲天。让我们在品尝烤乳猪的同时，干掉 14 瓶红酒。"这样一个有着传奇经历、率真、勇于挑战的创始人与 VICE "反叛""反文化"的精神内核出奇的统一，他也把自己的传奇经历和天才构思注入了 VICE，并与全世界年轻有趣的受众产生强烈共鸣。

在 VICE 的办公室里，到处都能见到独具个性、衣着大胆的年轻人。一位记者这样记录了 HBO 管理层来到 VICE 商谈合作的场景："HBO 的高管外套时髦，但在 VICE 的办公室里，他们就像一群来自另一个国度的谈判代表。"VICE 的内容生产者极具个性的气质源自于他们独立的思考和敢于冒险、追求真相的特质，在制作 2015 年的新闻《探秘哥伦比亚的毒品产业》时，记者来到哥伦比亚麦德林——这个被称为"世界可卡因之都"的地方。为了拍摄第一手素材，向外界展现令人闻风丧胆的大型毒品组织的真实情况，VICE 的记者不顾生命安全，交出手机并被蒙上眼睛，将性命交付在一帮亡命之徒手上，以此换取拍摄的条件。这些年轻的内容生产者不应只以"叛逆、小众、反潮流"这些标签来概括，事实上他们拥有难得的求真、求实的青年精神和勇气，通过他们的一次次拓宽认知边界的努力，无畏、求真的精神也被带入了 VICE 的节目中，并与青年受众形成深度联结。

为了进一步贴近青年，将 Vice Media 打造成反映世界青年多样性的公司，公司在 2020 年发布了"多元化、公平、包容"（以下简称为 DEI）战略。该战略试图通过构建符合 DEI 价值的企业文化、工作制度、内容评价标准和人才队伍，创造与青年文化相契合的多元、公平、包容的内容生产环境。在 VICE，来自世界的员工都拥有和 CEO 直接交流的机会，也通过技术渠道打通了来自不同地区的员工之间交流的渠道。通过 DEI 战略，VICE 内部的青年价值得到强化，从而使其内容制作与青年步调保持高度一致。

VICE 的独特文化吸引着有理想、敢于追问、敢于探索、敢于表达的年轻人主动加入 VICE 生产新闻，一部分受众深受 VICE 文化吸引从而转为内容生产者，这使 Vice Media 的经营形成了良好闭环。有数据显示，VICE 团队的采编人员遍及世界各地，而他们的平均年龄为 27 岁，这正处于 VICE 受众的年龄区间。独具青年气质的团队和青年受众不断互动，有时还能相互转化，受众与内容生产者共同构出不同于主流文化的 VICE 青年文化，这正是 VICE 拥有源源不断的动力所在，也使 VICE 成为支撑全世界青年文化的一股重要力量。

五、结语

从名不见经传的小报华丽变身为如今的文化传媒独角兽，Vice Media 的初心从未改变。其成功源于独特的商业模式，该商业模式的核心在于精准定位和与青年相契合的内容塑造。Vice Media 精准针对青年进行内容生产，其内容选择、表达方式、企业价值和生产者气质均与青年文化需求相统一。这使 Vice Media 始终精确把握青年文化内核，并通过打造"VICE 文化"使青年生产者和青年消费者不断发生互动和转换，使 Vice Media 的内容创作始终与青年的步调保持一致。在新冠肺炎疫情席卷世界背景下，Vice Media 对疫情中的青年做了大量调查和记录，关注疫情中的青年文化。有人问 Vice Media 未来的发展方向是什么？Vice Media 的回答是将发展方向的决定权交给青年。"Vice Media 对未来十年的塑造取决于'Z 世代读者'的文化诉求"。VICE 一直致力于理解青年，也更注重展现青年的状况和思考，在未来也将如此。Vice Media 在接下来仍将继续关注青年，持续创造针对青年的文化产品，并推动青年文化的发展。

Chime：金融服务大众化[①]

你可以拥有符合消费者最大利益的产品结构，通过 Chime 这样的产品来对抗大型银行那些从人们不幸中获利的产品。

——Chime 创始人兼首席执行官克里斯·布里特（Chris Britt）

Chime 是一家美国金融科技公司，成立于 2013 年，也是美国最大的数字银行初创公司，通过移动应用程序提供免费金融服务。Chime 没有实体分支机构，也不收取月费或透支消费所产生的费用，以此在与其他金融机构的竞争中获得优势。Chime 还提供各种免费的银行产品和服务功能，其中包括不需要最低余额就可以留存的支票账户；自动储蓄的功能；工资的提前支取服务等。2019 年 9 月，Chime 推出了 SpotMe，一种免费的透支服务，客户可以在不产生透支费用的情况下最高获取 100 美元的透支额度，在达到透支额度后，虽然不能继续进行透支购买行为，但也不会收取传统信用卡的利息费用。2020 年 4 月，为了应对新冠大流行的经济压力，Chime 向通过 IRS 电子报税的用户通过 SpotMe 提前发放 1200 美元的救济资金。在政府付款日的前一周提前处理了超过 3750 万美元的刺激付款。

---

① 执笔人：赵宇男。

2020 年 7 月，Chime 推出了 Credit Builder，此信用卡旨在帮助消费者建立自己的信用记录。

一、美国数字银行的第一选择

通过简化和降低理财门槛，以期更好地服务用户是 Chime 的重要特色之一。Chime 为了方便用户，提供了完整的支票账户解决方案，这使支票账户不再需要繁文缛节的流程来进行办理。Chime 非常注重首次体验，认为潜在客户的第一次体验是客户入门，体验到 Chime 服务的重要过程之一，所以 Chime 的账户注册和使用都非常便捷，所有流程都可以在线上进行办理。Chime 在稳固的建立起用户忠诚度后，已经将这种忠诚度转化为实际的用户数量，并且已经获得了巨大的成功：成为美国人在美国数字银行里的第一选择。

这样的用户关切和需求洞察来自于其总裁克里斯·布里特和首席技术官瑞安·金在行业内的履历积淀，Chime 的总裁克里斯·布里特以前就职于世界上最大的预付借记卡公司 Green Dot 和全球第二大卡支付组织 Visa 并担任高管。由于第一大卡支付组织的中国银联的市场体量主要由中国市场的庞大基数决定，在世界上其他地区的渗透能力有限。所以 Visa 仍然被认为是世界上其他地区主要的银行卡公司，Visa 在全球卡支付总额中占据了 50% 的市场份额。通过长期在金融行业的实践，克里斯·布里特敏锐地发现了存在于现有银行体系中的积弊，于是他联合了志同道合具有丰富经验和技术力量的瑞安·金（瑞安·金原来是 Plaxo 的工程副总裁，现任 Chime 的首席技术官和 Chime 的副总裁一职）。两位创始人都专注于新的银行业务方法，这种方法不依赖银行手续费，也不依赖客户的财务失误而获利，通过直接帮助用户改善财务情况来吸引新用户。

美国的金融服务业在金融危机后发生了巨大的监管变化，Chime 的重要客户就是那些在金融危机之后挣扎的最艰苦、无法在经济上负担银行关系费用的人，而这些人大多有相似的背景和出生时间，所以也可以说 Chime 的主要用户是千禧一代。同时，千禧一代的成长背景，是生活中的各项服务都迅速线上化、网络化的。对于金融服务线上化的领导者 Chime 的存在自然是欢迎的，Chime 充分的匹配了快速变化的消费者偏好，这背后是顺应数字化变革趋势的睿智洞察，是以用户为本的实际体现。Chime 也在不断实现核心价值主张中变得越来越受欢迎。

二、另辟蹊径

信用卡消费是透支消费的重要组成部分，在美国的银行体系中，透支费用是银行卡服务收入的重要来源，用户每年都需要向大型银行支付数额巨大的透支费用。以 Chime 为代表的、新兴的美国挑战者银行看到了这样巨大的改进空间，于是纷纷涌入了竞争的角斗场。从客户账户中扣除透支费用成为了 Chime 等新兴挑战者银行的首要目标，Chime 还致力于取消月费，对于没有从工资单中选择每月直接存款的消费者或没有从工资单中选择最低余额的消费者来说，月费也是强制性支出的一部分。

随着透支费用和月费的取消，挑战者银行们的竞争也逐渐转向深层次，Chime 凭借资本规模和技术积累等要素，在市场上进行快速的扩张，Chime 从它的移动银行界面开始发力，帮助用户建立更好的财务习惯，Chime 的界面可以快速、清晰地显示所有没有完成支付的和已经过账的交易。除此之外，Chime 还从其他金融科技公司汲取各项创新功能。例如，薪资预支、移动支付以及自动运行的储蓄工具。虽然 Chime 不是率先推出这些服务的公司，各类银行也都有类似的服务，但 Chime 凭借着资本规模庞大建立的价格优势，将最丰富的金融科技捆绑呈现给消费者，这一举措使 Chime 建立了声誉，吸引了客户。

Chime 不从透支费用或在月费中获利，那么公司的收入从哪里来呢？公司怎么盈利呢？这就是 Chime 与其他银行不同的地方。从历史上来看，金融机构的收入主要有三种方式，即银行手续费、存款利息差还有贷款利息收入。手续费是覆盖银行日常业务办理成本的重要部分。存款利息查来自于机构收入与向零售客户支付利息的差额。贷款利息收入主要来自于个人贷款、汽车贷款、住宅贷款和商业贷款。在卡支付过程中发生的费用是第四种收入方法，也是更现代的收入方法，这个方法就是 Chime 收入的主要增长途径。

客户每天都会使用 Chime 银行发行的借记卡购买各项物品和生活服务，在每一次购买行为中都会产生商户处理交易的费用，而这些费用是由商户来直接支付的，Chime 的服务费用从最终授权购买的总额中扣除，购买者不需要支付任何其他的额外费用。在一次信用卡消费中，参与的主体有消费者、零售商、需方银行、开卡银行（如 Chime）以及 Visa。例如，开卡银行向消费者贷出 100 美元进行消费，其中零售商得到 98 美元，另外的 2 美元作为销售成本被银行吸收（1.5 美元需要支付给开卡银行，也就是 Chime 这样的卡片发行主体，0.5 美元用来支付交易所产生的服务器费用）。Chime 的收入来源非常清晰，消费者消费的数量越多，Chime 的收入也会随之增加，根据购买类别的不同，Chime 的在交易行为中的收益率占支付总额的 0.5%～2%，即使我们按照每个持卡人每天 20 美元或每月 600 美元的保守额度进行计算，拥有 50 多万客户的开卡银行每个月也能产生超过 150 万美元的收入。而截至 2019 年底，Chime 的用户规模也已经超过了600 万美元。

用户数量的扩大和消费支出的刺激都给 Chime 带来了巨大的收入增长空间，但通过消费交换行为所产生的收益获利的收益方式并不稳定，因为消费者的选择偏好非常容易根据金融机构提供的奖励而发生变化，也就是说，一旦金融机构之间发生用户竞争，没有主要银行业务关系的，缺失贷款利息收入的 Chime 必须严格依赖于提高用户忠诚度来获得优势。

三、持续的资本赋能

Chime 的开创性举措和对信用卡市场革命式的创新实践，离不开资本市场持续的资本赋能，在 2013 年克里斯·布里特刚刚创立 Chime 时，种子轮融资的数量就达到了 380 万美元，虽然这笔钱在后期来看微不足道，但对于当时的克里斯·布里特，这笔钱无疑是让其想法真正落地的关键。在 2014 年末，交联资本牵头又对 Chime 增加了 800 万美元的投资，2016 年，纵横创投牵头继续对 Chime 投资了 900 万美元，之后鉴于 Chime 在美国市场中的亮眼表现，又吸引了 B 轮牵头投资者国泰创新牵头的 1800 万美元。投资者们也渐渐发现这个在银行中逐渐崭露头角的挑战者企业，Chime 正如其名一样，为投资者逐渐响起了对于传统银行业变革的钟声。从 2018 年开始投资者们注意到 Chime 的巨大潜力，大量的投资也潮水般涌来，从 2018 年 Menlo Ventures 牵头的 C 轮投资暴涨到 7000 万美元开始，资本到来的钟声正式敲响，单是 2019 年 DST 全球就牵头了共计 9 亿美元的两轮次投资，2019 年 3 月，在 Chime 筹资数量达到 2 亿美元时，公司估值就达到了 15 亿美元，而当 2019 年 12 月的 E 轮融资到来时，Chime 的估值就已经飙升到 58 亿美元。这些风险投资的增加还表明，即使前期的 Uber、WeWork 和 Lyft 等公司非常烧钱，投资者仍然对支持初创公司非常感兴趣，根据 CB Insights 的数据，Chime 在 2019 年 12 月筹集的 5 亿美元是自从 Nubank 筹集 4 亿美元以来，对于数字银行最大的一笔投资，在 E 轮融资中，除了有 DST Global 牵头之外，还包括 General Atlantic、ICONIQ、Coatue、Dragoneer、Access Technology Ventures 和 Menlo Ventures 等投资机构的参与。E 轮融资的收入主要用于雇员的进一步扩张，开发新的金融产品。Chime 在芝加哥的办事处就是扩张的重要部分之一。Chime 还将利用这部分资金进行各类的金融科技收购，对于 Pinch 的收购就是其中一例。这些收购的目的都是为了体系化的建设 Chime 团队，而购买互补产品和服务，雇用更多优秀员工，就是完成 Chime 体系化建设的重要部分。为了保持 Chime 的领导地位和更迅速的企业成长，Chime 在 2018 年就扩展到了信用卡和投资服务，Chime 最终的目标是可以体系化的提供现有银行可以提供的全部服务，但是不同的是 Chime 的服务将有更大的价格优势，这本身就是金融技术浪潮的一部分，这些技术可以节约非常庞大的费用，而这些令人厌恶的、不必要的费用却一直在吞噬储蓄和投资回报。

Chime 在行业中的领导地位是确定的，但还面临越来越多的竞争，其实克里斯·布里特并不很担心来自于新型金融技术机构的竞争，他认为传统银行才是 Chime 真正有威胁的竞争对手。克里斯·布里特说："大型科技公司和其他初创公司都在准备进入 Chime 的市场，证明了新金融服务的吸引力。可归根结底，金融市场由前五名的银行控制，那些对五大银行不满的用户，才是我们大多数用户的来源。"

最新的一轮 F 轮融资中，Chime 筹集了 4.85 亿美元。这是新冠肺炎疫情暴发之后的新一轮融资，截至 2020 年 9 月，Chime 的估值已冲破 145 亿美元的大关，正式超越了 Robinhood，成为了美国最有价值的金融科技初创企业。2020 年新冠的流行推动了各类服务线上化的发展进程，投资者们看到了人们不想进出银行，不想接触现金，越来越智能化的生活状态，这正是 Chime 所希望改变的领域。疫情期间，Chime 每月增加十万个账户，庞大的用户增长数量催动着 Chime 快速成熟。在未来的 12 个月内，Chime 将会成为 IPO 准备就绪的公司，首次公开募股前的公司越来越受到大投资者的关注，大投资者们寻找着从市场中脱颖而出的优质企业，最新一轮投资的投资公司包括 Coatue、Iconiq、Tiger Global、Whale Rock Capital、General Atlantic、Access Technology Ventures、Dragoneer 和 DST Global。克里斯·布里特认为，这些投资者们发出了很好的信号，因为他们很多都是后期私人和公共投资者的组合，拥有良好的业绩和精明的投资眼光，这会为后期 Chime 进入市场提供极大的竞争优势。投资者们看到的 Chime 更像一家消费软件公司，Chime 的盈利方式更多基于交易、基于处理、具有高度可预测性、高度的重复性和高利润的特点。

四、潮流引领者

作为新兴的挑战者银行，Chime 着眼于未来的广阔增长空间。在全球范围内，每个人都可以轻松地进行数字化交易，共享财务信息，有调查显示，超过 50% 的人在 FinTech 上拥有在线账户或愿意在未来的一年内开设一个账户，世界各地的监管机构也正在为新兴的挑战者银行创建灵活的支持性政策。现有的挑战者银行已在过去的五年中证明了其不可忽视的潜力，并且准备通过提供超出他们最初的核心产品范畴的跨功能产品和服务，以此来启动下一次的创新热潮。传统银行和金融机构也注意到了金融科技公司和数字银行的价值，他们开始与金融科技公司和数字银行展开合作，增强自己现有的产品体系，维持和加深现有的客户关系。

对于 Chime 而言，发展的重点将继续放在提供尽可能简单的银行服务上，除此之外，低成本服务也需要是奋斗的目标之一，新的补充服务将直接帮助客户拥有健康的财务状况。凭借着最近猛涨的估值和投资，公司并购和人才发掘是

Chime 的头等大事，为了保持其在行业中的领导者地位，Chime 必须率先寻求引领变革的产品，无论是学生群体，还是退休人员，处于不同生活阶段的各类客户群体都需要被重视，他们的需求都应该尽力迎合。在未来，Chime 将与其他成熟的金融科技走向相同的道路，Chime 将会添加分层次的产品体系和新的信贷产品，更好地利用其多样化的用户群体获利。

值得一提的是，2020 年 7 月，Chime 推出了一款新卡，新卡的发行旨在帮助消费者通过日常交易建立信用记录。这就是 Chime 着眼未来的重要表现之一。2018 年，美联储的一项调查显示，借记卡消费占所有非现金交易的 50%。Chime 看到了年轻一代的消费者更习惯于使用借记卡而非信用卡，因为千禧一代认为借记卡更加安全，也不太可能负债。然而传统的借记卡消费并不能帮助消费者建立信用记录，当消费者需要筹集资金购买较大的商品（如房屋）时就会受到信用记录的限制，这使习惯使用借记卡的消费者为了信用记录去承担信用卡的费用，这本身就是可以避免的额外支出。Chime 看到了消费者的需求，推出了这一款卡片。Chime 首席执行官兼创始人在发布公告时表示："美国人已经接受借记卡来对自己的消费进行某种程度上的控制，但这样的行为限制了他们建立自己的信用评分的能力。"他说道："我们创建 Credit Builder 来帮助我们的会员保持消费上的控制能力，同时通过日常的消费安全的建立起自己的信誉。"

Chime 一直在思考如何更有效地满足新一代消费者的需求，2018 年秋季，Chime 收购了提供信用评分改善服务的 Pinch，这家初创公司以一项名为 PinchRent 的服务而闻名，这项服务向信贷机构报告租金情况，帮助它的客户提高信用评分。Pinch 旨在帮助年轻人建立更好的信用，Chime 在收购 Pinch 时借鉴了其宝贵的经验和团队的专业知识，从 2019 年 6 月开始，Chime 就对 Credit Builder 进行测试，Credit Builder 的注册者数量已经超过了 20 万，Chime 援引 TransUnion 的数据，在测试期间，Credit Builder 帮助用户将其信用评分平均提高了 30 分，同时还帮助了 95% 的没有信用记录的会员首次建立了信用评分，Credit 上的讨论和来自其用户的报告也支持着 Chime 关于该卡提高信用能力的声明。

Chime 对于未来的把握是其成功的关键要素，信息化、现代化的服务趋势不可阻挡，Chime 的出现正是美国金融业需要变革的体现，一切事物在发展中前进，把握住了发展潮流的 Chime 正在阔步向前。

五、结语

罗马不是一天建成的，Chime 的成功也并非偶然：无论是 Chime 公司 CEO 克里斯·布里特独到的战略眼光和 Chime 的企业发展方向，还是 Chime 自进入资本市场以来受到众多资本的青睐的事实，抑或是 Chime 所把握住的，2020 年新冠肺炎疫情带来的千载难逢的线上化服务发展潮流等机遇。

　　Chime 和众多挑战者公司一道，对于美国过时的银行体系发起挑战和冲击，在挑战的过程中，Chime 通过其对于消费者利益的重视得到了用户的认可，通过特有的收益对象来避免从用户方面直接收取费用，即售卖商品的商家对于 Chime 进行给付。这样的方式有效提升了消费者的使用体验：消费者不直接向银行转账，自然就会产生银行是服务者，Chime 站在消费者这边的感觉。企业战略和品牌协同在为顾客服务上，自然会更有力量，这是 Chime 成功的因素之一。

　　此外，资本的持续赋能也是 Chime 得以在市场竞争中持续发力的根本来源之一。受制于企业收入模式的创新，Chime 的品牌战略的执行，以及品牌的大规模推广都需要资本的前期投入才能实现。此外，挑战者银行们的竞争和市场份额的争夺也需要资本的力量来决定最终的结果。无可辩驳的是，Chime 以其优异的市场表现赢得了众多资本的青睐，资本的雪球越滚越大，Chime 随着这些力量的涌入，也逐渐绽放出了更闪亮的光芒。

　　最后，即使是 Chime 的幸运也使人艳羡，作为一个推动银行服务线上化的企业，2020 年新冠的流行使 Chime 的用户规模快速地扩张，这样的黑天鹅事件将未来可能持续若干年的服务线上化进程迅速加快。不过值得一提的是，Chime 在疫情中保证了服务器的运行质量和金融服务的流畅运转。在机遇来临时，Chime 用坚定的姿态拥抱了机遇，这才成就了 2020 年独角兽公司中估值巅峰的 Chime。当 Chime 在资本市场获得，"春风得意马蹄疾，一日看尽长安花"之时，我们应当从 Chime 身上学到了很多东西。

第五章

中国隐形独角兽 500 强经典案例

山东建投科技：远见成就未来

　　建投数据科技（山东）有限公司（以下简称"山东建投科技"）成立于 2015 年，其前身为创始于 1993 年的建投华科投资股份有限公司青岛分公司，是中国建银投资有限责任公司的三级控股子公司。山东建投科技总部位于山东青岛，公司注册资金为 3200 万元，现有员工总数为 577 人。

　　山东建投科技秉承"远见成就未来"的企业理念，以"内涵式增长和外延式扩张并重，战略性扩张和战略性内控协同"为基本发展思路，用数据为客户创造价值。公司全力推进在大数据、云计算、人工智能、物联网、软件开发、5G、系统运维、智能交通、智慧城市、智慧农业、智慧教育、智慧医疗、新零售以及品牌营销等领域的业务拓展，驱动企业数字化转型，赋能政府以及新业态数据企业，助力其数字化转型。目前已通过 CMMI5、ITSS2、安防一级、AAA 信用认证、双软认证、高新技术企业以及 ISO 系列等多项资质，电子与智能化工程专业承包二级等多项国际国内体系资质认证，并获得 7 件专利、103 件软件著作权和 1 件商标，不断积累企业核心竞争力。

　　在新时代新理念下，山东建投科技积极谋划前瞻性战略目标，布局新领域新区域，公司业务遍及山东、北京、新疆、西藏、江西、广西、云南、山西、贵州、陕西、上海等省区市以及马来西亚等东南亚国家，现已逐步发展成为一个"立足青岛、布局山东、辐射全国、走向国际"的行业领先的金融信息科技型企业。

一、以实力领跑数字经济

　　山东建投科技专注于数字化背景下的大数据、区块链、物联网、人工智能、超算云等领域技术创新，不断提高核心竞争力。

　　（1）以大数据技术为支撑，面向行业深度应用。依托自主研发的中台技术，助力企业、行业数字化转型和城市智慧化升级，围绕产业互联网的工业和农业领域、互联网金融以及海洋水声信号分析等提供解决方案和产品，目前已开发海尔卡奥斯工业互联网平台线上交易中心、青岛市中小企业服务平台、银行大数据治理平台，银行审计系统、银行电子渠道预警系统、网络安全态势感知系统、海洋航行安全、海洋环境大数据等。

　　（2）以区块链技术为突破，破解数据节点阻碍难题。积极推动数据安全可追溯的可信智慧城市建设，我们为各级党政机关、企事业单位、军队等用户提供可靠的信息安全产品。多项产品通过国家保密局的测试已进入信创产品名录之中。在农业领域实现"区块链＋"技术应用，开发基于区块链技术的食品安全溯源管理系统，"源头可追溯，过程可监控，消费可召回"的"互联网＋"智慧监管新模式。

（3）以物联网技术为核心推动新技术应用。自主研发 OBU 车载电子标签，进入交通部认证全国九大供货商序列，业务覆盖 8 个省份。融合 ETC "车牌识别＋移动支付"技术创新智慧停车模式。拓展"5G ＋金融"场景创新应用，助力青岛市银行成为全国首家全网点覆盖5G 的银行。

（4）以超算技术为引领，推动信息产品国产化替代。提前投入研发资金，智能算法依托神威太湖之光算力，打造芯片、服务器、智能感知及应用软件的全链条信息产品的国产替代服务。

山东建投科技以实力领跑数字经济时代，以高新技术赋能城市发展。公司先后获得中国软协会员单位、山东省瞪羚企业、山东省大数据重点骨干企业、山东省高新技术企业、山东省优秀软件企业、山东省软件行业协会副会长单位、山东省安防技术防范协会会员、青岛市大数据高成长型企业第一名、青岛市高科技高成长企业、青岛市专精特新示范企业、青岛瞪羚企业、青岛市金融科技促进会（筹）会长单位、青岛市区块链产业商会常务副会长单位、青岛市软件行业协会副理事长单位、青岛市物联网协会副理事长单位等荣誉称号，进一步彰显企业社会价值。

二、自主研发与产学研相结合

山东建投科技把创新作为企业发展的生命源泉，积极与各研究院所、高等学校等合作建设，强化基础技术储备；加大对高端技术人才的引进与培育，始终坚持"重视人才、用好人才、成就人才"的人才理念，不断引进高层次专业性人才，人才队伍不断壮大，高学历占比逐年提高；加强知识产权创新和研发能力储备，获得 100 余项的软件著作权证书。

山东建投科技具备 400 余人的技术团队，依托先进的研发队伍以及丰富的行业实施经验，特别在金融科技领域，公司具有近 20 年的金融行业经验，同时在"数据"治理方面，依托公司自主产权的大数据平台产品、数据治理平台、互联网营销平台，在金融领域实现了数据的智慧化管理。同时，在赋能金融领域发展的基础上，在其他领域如教育、政务、交通、工业互联网等领域推进研发项目，实现与物联网技术、5G、大数据等技术的融合，打造软硬合一的产品。

山东建投科技积极与本公司集团内研究机构建立合作，共同推进项目与研究课题的建设。建投研究院作为中国建投的直属机构，负责开展宏观经济、股权投资和资产管理研究，对内提供智力支持和软实力保障，服务集团战略发展和全球化投资。公司通过与研究院的合作，提升了公司发展方向的明晰性，对推进智慧化项目的盈利模式提供了理论支持。

山东建投科技和青岛农业大学理学与信息科学学院在共建大学生教育实训基地、研究院建设、实验室建设、专家工作站建设、科技成果转化、智慧农业建设等方面建立了合作沟通机制。

山东建投科技与青岛协同创新金融研究院共同筹建金融科技联盟，共同推动相关领域的技术攻关、标准研制、课题合作、政策研究、成果转化以及具体行业应用场景模型研发推广等方面工作；共建大学生教育实训基地，围绕国家发展新一代信息技术的战略要求，以社会实际需要作为出发点，结合企业用人实际，双方共建新一代信息技术教育培训体系，以"高校师资 + 企业师资"相结合的方式实现学分互认、师资共享，打通职业技术等级认证及培训价值链。双方共同组建"青岛市人工智能研究院""青岛市区块链研究院"，双方结合自身技术及行业应用优势，共同推动技术攻关、标准研制、课题合作、政策研究、成果转化以及具体行业应用场景模型研发推广等方面工作。

山东建投科技与青岛大学建立合作，立足山东建投科技发展现状，基于用户需求提供智能化服务公司战略需要，以"引进人才，加快创新"为战略，以塑造"为金融企业提供整体 IT 解决方案，为金融企业提供持续的增值服务企业博士后工作首选单位"为目标，最大化整合有效资源，提升企业自主核心技术竞争力，围绕着以大数据、云计算为依托的金融、物联网、人工智能、区块链等方面整合各类优势资源，培养数学、算法模型方面博士后 2 人，培养区块链方面硕士3 人，培养人工智能方面硕士 5 人，加强硕士与博士人员工作的国际交流与合作，把产、学、研三者结合起来，加强基础理论和重大理论的研究，增强企业与高等学校、科研院所的合作，培养和造就适应国民经济和企业发展需要的高级科技人才和管理人才，加快科技成果的开发和转化，不断提高企业技术创新和管理创新能力，增强国民经济建设的良性互动。

三、多样化业务助力企业多元化发展

1. 金融科技软件开发服务

公司多年深耕银行金融科技，沉淀了大量的成熟信息管理系统和 Saas 服务产品，在引领银行变革和提供产品服务上始终保持创新驱动，在金融科技领域实现了 Iaas、Paas、Saas 的全链条服务。专注于金融行业，向银行以及金控等客户提供规划咨询、解决方案设计与实施、软件开发与测试等服务，同时可提供商业战略、市场拓展、服务创新和绩效提升等服务，向客户提供最佳的 IT 支持。

先后成功研发和推广了瘦核心业务系统、银企综合对账系统、ODS/数据仓库、银行回单系统、智慧厅堂/银行/网点、微信/直销/社区银行、全渠道营销整合平台、网点评价系统、供应链金融平台、智能 CRM 系统、授信业务管理系统、聚合支付平台等核心产品。

2. 大数据产品及服务

山东建投科技专注于数据领域 20 多年，拥有一批优秀的数据咨询专家、算法工程师，专注为客户提供数据咨询及服务规划。公司将大数据业务发展聚焦在金融大数据、海洋大数据、工业互联网及教育领域大数据四个方面，在金融大数据领域，打造系统性的外部数据管理平台建设体系，采用产品平台＋定制化开发的模式为青岛银行等客户量身定制了外部数据管理能力；海洋大数据领域，利用大数据、人工智能和深度学习算法来解决海洋声呐数据的智能识别与应用，并与中科海讯海洋信号数据分析与应用项目进行运用，该项目利用公司积累的算法模型从一个特征值进行了数据的聚类分析，并以大数据可视化的方式对结果进行了展示；在工业互联网大数据领域，成功中标海尔卡奥斯营销中心项目，以搭建数据中台的方式助力企业打破数据孤岛，实现业务串联，快速实现企业的数字化转型；在教育领域大数据方面，通过以大数据和智能 AI 等技术的应用，公司已成功落地并积累了多项创新产品，转化远程教育、教育信息化、教育云数据中心、校园智能安防监控中心系统、同步课堂建设方案、教师应用平台及学生管控平台、云课堂 O2O E－Learning 等多项创新成果的推广，积累了公司丰富的教育行业的开发与实践经验。目前公司继续深入推进"教育＋大数据"模式，沉淀积累创新产品，以覆盖更多的区域，加快智慧教育项目的落地实施，推动智慧教育产品的布局，并积极融合 5G、人工智能、云计算等新技术，将创新产品及解决方案进行落地，赋能智慧教育建设。

公司可为客户提供数据项目实施落地服务，具体产品包括大数据管理平台、大数据研发平台、大数据治理平台、大数据风控平台、人工智能平台（AI）、AI 企业知识图谱、智能语音分析平台、AI 声纹识别系统、AI 投资管理平台、基于大数据 HR 平台、基于大数据安全态势、感知平台等。

其中，公司拥有自主产权的大数据平台产品、数据治理平台、互联网营销平台以及风控等优秀产品。自主研发的大数据管理平台依托 Apache 的优秀开源 Hadoop 生态体系，打造数据中台，打造产业数字化生态，并实现高度定制化。在其基础上，进行二次封装，形成一个稳定的、不依赖于底层的、操作可视化的大数据管理平台。

3. 新零售业务

在新零售业务领域，秉承"践行数字化发展，成就新经济商业生态"的理念，依托集团战略布局，赋能中国企业，实现广泛的社会价值。"行业方案沉淀、核心方法论凸显、中台产品展露、项目咨询输出"这四点是新零售事业部的核心成果，从 0 到 1 搭建了多行业（零售、医药、快消品、汽车、教育、家电等）企业级数字化解决方案，目前已领跑行业，逐渐形成差异化和竞争壁垒；团队对行业新趋势新需求重新感知并结合多年项目业务落地实践，构建起一套切实可行的数字化转型方法论；融合了区块链、云计算、大数据等技术，打造以业务中台、数据中台、技术中台为支撑的数字化平台服务与产品，为商业数字化生态赋能，打造新零售新流通业态。

核心产品聚焦在零售流通领域前端交易平台，会员与积分、福利平台、企业级中台系统的开发和咨询服务，并提供运营作业、AI 智能呼叫中心、银行产品的互联网运营服务。利用通信技术把机器、人员和物联系在一起，形成人与物、物与物相连，实现物联网和智能化网络。基于银行级大数据服务能力，为企业提供数据中台产品，数据治理、数据分析、挖掘和算法服务。与客户长期服务，深度合作，合作的项目有海尔巨商汇 B2B 业务平台、海尔智慧终端门店系统、海尔智家积分新生态、海尔卡奥斯营销中台，腾讯微众银行零售平台、银联云闪付、汇通达农村生态电商平台、史泰博在线营销平台、海信大数据平台、金王众妆新零售平台、学农网农民线上帮扶数字化平台、产教融合惠农平台等，在数字化转型大潮中推动山东建投科技与合作企业双双实现行业价值与社会价值的同步提升。

其中，山东建投科技自主研发业界领先的"规则引擎方式的低代码开发平台"2.0 版本，平台大大提高了企业对新业务需求系统的研发效率，基于规则引擎实现前后端业务逻辑，无须生成代码，非研发人员也可以参与业务实现。工程体积较小，维护成本较低。所见即所得的配置，只需要点击发布，前后端逻辑可以立即贯通，不需要二次发布工程。真正做到中心化能力支撑业务发展，提升项目交付速度、增加客户满意度、降低研发成本。

公司的数据中台产品，帮助企业搭建智脑，借助 AI 智能算法与机器学习、深度学习，完成智能化企业管理，提供决策建议与服务，全链路、自动化指导业务完成变更。领先的数据中台能力，现有 6 大类 37 个二级分类共计 214 个客户画像规范指标。标准的主题领域资产 80 + 数据模型。对外统一的数据资产服务标准；内置聚类、分类、回归、时间序列、关联、综合评价、推荐七大类机器学习算法；支持多数据源采集，可为企业实现全局数据、客流数据、服务数据、客群数据、营销数据、门店数据、经营数据的多维度数据构成数据平台。利用公司的技术优势，为客户实现沉淀用户数据，借助标签，构建用户画像，依托用户池的大量数据，实现精准营销，通过存续运营持续获取增量。另外，公司 BBC 平台、积分商城平台都具有数据化优势，可为客户增加用户黏性，持续运营用户。

利用 AI＋大数据辅助企业精准投放广告，针对广告回收的销售线索进行分类分级，然后再针对这些线索采用智能外呼机器人进行数据清洗和销售活动招徕，形成从广告投放再到订单的市场营销流程闭环。

RPA 产品可实现机器人流程自动化，可代替或协助人类在计算机、RPA 收集等数字化设备中完成重复性工作与任务，针对此产品特性，结合客户人员需求，可以虚拟机器人代替员工工作，优化客户相关流程类业务工作，提高业务效率，节约资金成本。

4. 智能交通业务

山东建投科技于 2015 年开始布局智能交通领域，并紧抓国家政策，自主研发了 OBU 车载电子标签，顺利通过了交通部认证。在提升产品技术含量的同时，积极进行市场的拓展，智能交通业务拓展区域也由青岛市区域逐步扩散至全国贵州、湖南、江西、陕西等多个省份。公司也由传统的服务商转变为拥有自主研发产品的供应商，2019 年，山东建投科技成功进入全国九大 OBU 供货商之列。主要客户为中国建设银行、中国银行、中国工商银行、中国农业银行、交通银行、中国邮政集团、中国邮政储蓄银行以及国有企业等。

山东建投科技积极推动智能交通业务领域的延伸，推进在 ETC 智慧停车系统的研发与推广，并与中国建设银行四川省分行等建立合作。公司自主研发的 ETC 智慧停车系统以 ETC 技术的"自动识别＋电子支付"特性为核心，全面融合车牌识别与移动支付技术，创新打造双模识别、云端管理的智慧停车运营管理模式。同时，项目积极推动 5G 网络在交通领域的应用，以提升 ETC 智能设备的延展性。

5. 智能安防与智慧楼宇服务

公司在智能安防与智慧楼宇服务领域中，涵盖产品、设计、开发、实施与运维，可提供定制化的综合性安防与楼宇信息化服务。具备承接承揽大型企事业单位安防工程、弱电布线及楼宇智能化等业务的丰富经验和雄厚实力，致力于为客户提供一流的专业智能化的安防服务，业绩覆盖全国多个省份。

以视频会议系统、防御驱散系统、智慧金库系统等信息化安防系统为基础，实现智能安防业务的转型升级。经过多年的业务合作与积累，公司已经与世界最大的视频物联网安防产品提供商海康威视签订了全面战略合作协议，实现全面的合作，在技术的支持沉淀和产品的深度熟悉方面具有极高的合作互信默契度。智能安防领域产品包括多点联防视频监控、智能车辆识别系统、多维生物识别系统、无人值守金库方案、普密/商密/电子印章、安全态势感知系统、门禁远程管理解决方案、监控中心解决方案、APT 攻击监测系统、联网入侵报警系统、联网

IP可视对讲系统、多客户端监控系统。公司持续推动安防业务向智能安防转型升级，不断提升业务技术含量及施工水平，使实施项目和产品达到更加数据化和科学化。

山东建投科技可提供办公楼智能化项目建设，实现楼宇的智能化管控，提升各功能分区的运营效率，以人脸识别、世界领先科技的手掌脉络识别的多类型生物识别智能访客系统、安全防控系统等多功能系统的数据串联，实现办公楼宇的现代化、信息化、人性化、安全化。

经过多年的创新发展，山东建投科技已经积累了丰富的研发经验与实施案例，并与IBM、HP、EMC、Oracle、DELL、HDS、Citrix、H3C、华为、曙光、浪潮等国内外知名厂商长期合作，提供基于新技术架构的云计算、虚拟化、大数据、结合互联网在内的全方位一体化解决方案。未来公司将继续加大对于技术与产品研发的人员投入与资金投入，保持研发投入保持在年营业收入的13%以上，同时积极引进高水平研发人才，不断提升公司的技术实力。为保证研发成果的转化，公司将成立大数据研发实验室，针对大数据领域的研发方向开展技术研发，不断增强研发基础实力，在实验室研发项目管理、产学研合作、产业峰会等方面进行优化，有效整合各方优势资源，提升公司整体技术实力。

四、结语

模式创新。公司以金融基因优势推动公司向场景金融方向发展，将信息流和资金流合一融接百业。利用公司在金融领域的沉淀及深度理解，面向多场景开发出基于金融入口的产品线，以点带面形成产业矩阵和合作生态，灵活运用商业模式完成市场变现。

战略品牌。公司品牌定位为，致力于成为以科技创新推动数字化发展进程、促进社会进步的国有控股数据科技公司。品牌口号为：远见成就未来。口号释义为：因极致专业，方洞见未来；以远见卓识，成价值无限。凭借在软件科技领域的专业能力和远见卓识，利用全球资源，助力中国产业转型升级、提质发展，持续推动科技发展与社会进步。

公司外部，基于"生态法则"共识，聚焦金融科技、智慧城市、智慧农业、智慧教育、智慧医疗、新零售等场景下的增量市场机会，构建上下游企业合作共同体，提升面向客户端一站式解决方案能力，实现参与者共享共赢的正和效应。

未来，公司将继续紧抓市场机遇，借助青岛市在智慧海洋蓝色经济和打造工业互联网之都的政策指引下，发挥各方资源优势，寻找与大数据、5G和区块链等新技术的契合点，深化业务创新。构建新型信息科技现代化的业务与合作模式，通过新技术、新产品的落地实施，抢占新兴市场机遇，推动公司业务在更高层次上转型升级。

卖好车：用产业互联网改造万亿级汽车流通行业

大行业，一定是长路径。如果一招就能改变汽车这么大的行业，那就不是汽车了。公司选择的路径很长，那最大的挑战，就是能不能耐得住寂寞，在不断复盘修正道路的同时，还要对路边的诱惑充分认清。

——卖好车 CEO 李研珠

从 2009 年开始，中国就超越美国成为全球第一大新车市场。乘用车年销量从 21 世纪初的百万辆成长到如今近 2000 万辆规模。

随着市场需求量的增长，中国车商群体急剧增加，4S 店数量从 2006 年的 1.38 万家增长到 2020 年的 2.98 万家。同时中国有全世界最大规模的经销商集团，2020 年营收超千亿元的企业有 2 家，过 500 亿元的达 7 家。此外还有 8 万多家分布在下沉市场的二网三网、综合展厅等中小车商，各级车商共同构成了一个多层次、立体化的分销网络。

然而，在庞大的市场规模下，车商群体也面临着重重难题。流通行业处于产业链下游，目前国内大部分车商的主要利润来源为新车购销价差和厂家的年终返利，这也导致车商和上游整车厂的议价能力弱。整车厂的业绩压力迫使经销商超额拿车，同时产业政策也传导了市场调整所产生的风险，车商群体面临着较高的资金压力和经营风险。

2018 年车市首次出现负增长，到 2020 年，中国车市已连续三年负增长，汽车市场的下滑直接导致了经销商处境持续恶化。汽车流通协会报告显示，2020 年仅有不到四成的 4S 店实现盈利，完成全年销售目标的 4S 店占比仅为 34.7%，2020 全年有 2000 多家 4S 店选择退网。

汽车分销行业面临的另一个难题，是产品流通效率低下。数据显示，中国汽车平均单车流转次数是 4~5 次。除 1 次主机厂物流以外，其他均以散车物流形态流通。但汽车占用资金大，而且对物流、仓储要求都很高，所以各级车商很难摆脱地域限制，在一次批发后，汽车很难再分流通得更远。

汽车流通的低效率给整个行业带来的是汽车作为一种商品不能实现最优化的市场配置。对厂家和 4S 店而言，难以实现高效的分销渠道搭建，同时产品流通效率的低下也加重了 4S 店等大车商的资金和成本压力。对中小车商则是符合多样化需求的车源难找，物流、仓储成本高和流动资金压力大等经营困境。和电商出现之前的中国实体零售业类似，汽车流通行业面临的是模式重、门槛高、信息不透明等一系列问题，低效的流通体系浪费社会资源的同时也阻碍了行业的进一步发展。

卖好车 CEO 李研珠发现了中国汽车行业虽然拥有跟美国同级别的体量，但效率仅有美国一半的问题。为此，卖好车 CEO 发现中国汽车行业还有大幅可拓展的上升空间，提出了重要的战略想法，能不能用互联网的方式去解决这些行业痛点，提高整个流通行业运行效率？互联网行业出身的他，本能地会用互联网思维去考量这一问题。

一、用产业互联网改造流通行业的逻辑

2015 年前后，以车享网为起点，汽车行业电商迎来新一波发展高潮。从上汽、广汽、东风为代表的主机厂，广汇、庞大、利星行为代表的经销商集团，再到淘宝、京东等传统电商巨头以及各类汽车后市场电商创业公司。汽车电商进入一个千帆竞渡、百舸争流的竞争时代，各方在不同领域和方向上进行着新消费方式的探索。多数汽车电商平台的底层逻辑是随着网购和线上消费模式的普及，互联网必将彻底重构汽车流通和各类用车、养车场景。在线电商会像多数行业一样，颠覆以 4S 店为代表的原有线下汽车分销渠道。

2016 年 2 月，定位于服务车商的汽车流通平台卖好车正式上线。在汽车电商领域，卖好车起步并不算早，不过和多数同时期友商的 2C 模式不同，卖好车选择的是一条用产业互联网重构汽车流通渠道的 B2B 道路。而卖好车选择这一独特的切入点，与卖好车 CEO 李研珠的产业整合眼界分不开。

李研珠是淘宝早期的员工之一，曾出版过电商畅销书《玩法变了——淘宝卖家运赢弱品牌时代》。对电商，李研珠有着和当时的汽车同行们不一样的看法。他认为，电商的铁律是从供应链挖利润，对消费者做营销，对资金流做控制。如果一个电商平台不经手供应链、不落地服务、不走交易，那么其商业逻辑和垂直网站卖销售线索没有本质区别，不是真正意义上的电商。

同时汽车产品本身重资产、长周期的属性决定了其深度的供应链以及不可能脱离线下的重资产模式。而对一个初创公司来说，一开始就要同时抓住供应链、C 端消费者和资金流三个环节显然是不可能的，因为这意味着前期要有天量的资金和人力投入。

汽车是个大产业，不可能一招就彻底改变这么大的行业，李研珠在后来总结到，"要撬动这么大一个行业的整体性变革，一定是长路径、深布局，而且要有战略定力。"在经过深思熟虑和对商业模式充分的推演之后，他确定卖好车"以数字化和产业互联网为基础，从供应链金融切入，把交易服务的规模做大，用交

易业务换取交易规模，最终形成渠道转变"的整体发展路径和战略。

腾讯董事会主席兼首席执行官马化腾曾说，"互联网的下半场属于产业互联网，产业互联网正逐渐渗透到各产业价值链中去，通过对生产、交易、流通等环节进行改造，形成极其丰富的全新场景，并提高资源配置效率，产业互联网将对实体经济产生全方位、深层次、革命性的影响。"

对汽车流通这样一个行业来说，如果不提升内部效率，仅靠消费互联网带来的，只是多出一个线上销售渠道的效果，这并不算是真正意义上的渠道升级和变革。用产业互联网推动汽车流通资产的数字化，从行业内部优化资源配置，提高商品流通效率，解决这个行业目前存在的一系列痛点。并在适当的时机逐步向上下游拓展，最终推动整个汽车流通渠道的整体升级，这或许才是更科学合理的模式。

二、建设智能化仓储物流与产业互联网的落地

在确定战略方向后，卖好车开始一系列布局。构建产业互联网的第一步，是要实现数字化，即车辆、渠道等流通资产的数字化。卖好车的策略是围绕汽车流通过程中必不可少的仓储物流业务环节，开发出"好车物流 + 好车仓储"这样一个典型的互联网 + 智慧物流仓储平台。通过好车物流/好车仓储，卖好车把流通过程中的一台台实体汽车数字化，变成了在线商品和数字化资产。

好车物流/仓储前后经过多轮技术迭代，最新一代的系统在运输和仓储等全流程场景中普及了感应器、道闸、RFID 等智能硬件感应设备，同时在软件层面不断更新仓储管理系统、视频监控系统以及在此基础上的物流、仓储、金融 SaaS平台，好车仓储则被建设成一个集仓储网络、数据网络、交易网络和智能监管于一体的"三网一智能"逻辑结构的智能仓储平台。

通过在软硬件层面的迭代创新，好车仓储实现了从初代系统的人工监控盘点，到现在的秒盘。好车仓储中普及的 PDA 感应设备平均 7 秒就会更新一次数据，TMS 2.0 物流运输管理系统也解决了车辆在途监管的问题。新系统能保证车辆资产达到实时在线的状态，这也大幅提高了流通资产的数字化效率。

好车物流/仓储给汽车行业带来的不只是数字化资产，还有汽车流通效率的大幅度提升。借助区块链、物联网、大数据和 SaaS 云等核心科技，卖好车能不断优化仓储物流作业流程，最终实现管理模式的数字化升级。相比传统流通平台，好车物流对流通效率的提升能够达到 60% 以上。通过技术创新和基础设施搭建，卖好车不仅有效地提高了整车的交易和流通效率，解决了传统整车物流又贵又慢又封闭的行业痛点，也搭建成国内首家汽车流通数字化供应链。

三、从智慧物流到信息流现金流——新基建开始

在李研珠的整体规划中，产业互联网和汽车流通数字化是基础资产，也是卖好车战略的第一步，接下来是如何用这些流通数字化资产去提高供应链效率，甚至重构汽车供应链。在此，卖好车选择以供应链金融作为首个切入点，因为汽车本身的重资产属性导致各级车商对于金融产品都有着强烈的需求。

基于汽车流通数字化资产，卖好车实现了对汽车供应链金融产品服务流程的大幅度改造升级。卖好车的思路是通过数字化仓储物流体系，再用数字签章和区块链技术去证明交易的真实性。传统银行金融产品基于个人过往的征信体系，这种方式存在着流程慢、覆盖面窄的问题，而且难以满足瞬息万变的市场环境下各类型中小车商旺盛的金融需求。

而卖好车则是典型的"控物"逻辑，通过明确流通过程中价值最大的汽车资产信息来控制金融业务风险。经过不断的实践创新，卖好车逐步摸索出一套完整的大数据风控体系。用汽车流通资产的内部数据 + 外部数据进行多方验证，通过智能化数字供应链不断升级管理机制，进而规避金融交易的系统风险和操作风险。

卖好车的数字化供应链给汽车行业带来的不只是供应链金融效率的提高，也是整个汽车产品流通效率的提升。在卖好车的数字化供应链中，上游的车源方把车放进卖好车的仓储物流内，就能生成在线商品及在线资产，直接展示在有采购需求的小车商面前。在这个过程中，卖好车更高效连接了上游资方、4S 店车源方和下游需要采购车源的小汽车经销商。通过构建基于 AI 技术的行业大数据平台，再通过平台去高效连接产业链上下游各方。

从智慧物流到信息流、现金流，卖好车的产业互联网模式也经受住了重重市场验证。2016 年，卖好车供应链金融启动第一年，卖好车交易额就达到百亿元。2017 年，卖好车业务量更是实现了 45% 的大幅增长。

这中间除了外部环境向好、市场需求旺盛的因素之外，更重要的是，通过供应链金融 + 仓储/物流的商业模式和创新产品，让卖好车切入了一个蓝海市场，同时真正解决了广大中小 B 车商发展过程中资金短缺、仓储不透明、物流运力不足的痛点，得到广大车商用户的肯定。

李研珠认为，在卖好车的产业互联网商业模式下，仓储物流的覆盖面积直接决定了卖好车业务拓展的上限。从 2017 年早前开始，卖好车不断拓展物流业务范围，同时又全面启动自建智能化仓储项目。通过持续的基础设施布局，夯实了业务扩张基础，并最大限度地规避外部市场波动带来的风险。

作为一个 B2B 3.0 模式的汽车流通服务电商平台，仓储物流不仅是基础设

施，智能高效的数字化供应链系统也让卖好车在和其他汽车电商的角逐中形成了明显的竞争优势，并构筑起一条坚实的护城河。

2018 年 3 月，卖好车完成了 5000 万美元的 B + 轮融资，融资由凯欣集团领投，已有股东北极光创投、梧桐树资本、LBI 跟投。在众多资金加持下，卖好车持续完善仓储物流等基础设施的铺设力度，同时提高 WMS/PMS 等软件系统的核心算法，通过机器学习和海量的供应链数据，充分增强产业互联网数据的商业价值，在此基础上为广大车商用户创造出更好的服务体验与使用场景。

到 2018 年中，卖好车已经基本完成基础设施的铺设。在完善的基础设施支撑下，卖好车的平台能力已基本可以满足全国各类车商的金融和仓储物流需求。和阿里巴巴通过淘宝、支付宝、菜鸟物流等数字化手段彻底改变中国零售行业的思路一样，通过不断的市场实践，卖好车逐步形成了好车在线、好车金融、好车物流、好车仓储等一系列针对不同需求车商的完整供应链产品线。

在仓储物流基础设施和完整产品线的系统支持下，从 2018 ~ 2019 年，卖好车业绩飞速增长，不断扩大交易服务的范围和规模。

其中，好车在线实现覆盖全国 30 家以上主机厂、50 家以上经销商集团、全国超过 10 万家经销商，真实在线车源超过 10 万台。通过好车在线平台，车商能在 15 分钟内找到符合需求的车源。好车金融累计服务车商超过 4 万家，借助先进的技术手段，在通过审核后，最快能在 10 分钟内实现出款。

好车物流拥有物流线路超过 18000 条、覆盖全国 300 多个核心城市，运输能力达 6000 台/月。好车仓储则覆盖了全国 96% 地级市、拥有超过 300 个汽车仓库，能同时监管超过 5 万台在线车辆。通过数据、标准和协同的方式赋能经销商、合作伙伴、整个新车生态系统，降本提效，并提升消费者服务体验。

2019 年，卖好车在线交易金额过千亿元，细分市场占有率超过 50%。从服务的新车交易量上来看，成立仅六年多的卖好车已达到中国第七大经销商集团交易量规模。

通过信息流、智慧物流、现金流帮助汽车流通产业上下游解决了一系列难题，用数字化技术和一整套供应链解决方案提高了整个汽车流通行业的运行效率，这是一个年轻公司的行业整合贡献。帮中小车商解决车源、仓储物流和金融贷款等基本经营难题；帮大车商消化库存，降低资金和库存压力；帮厂家实现快速低成本的渠道下沉。在此基础上，推动了汽车流通渠道的整体轻量化和健康发展。

至此，卖好车已实现了"以数字化和产业互联网为基础，从供应链金融切入，把交易服务规模做大"的战略布局，接下来如何进一步扩大交易服务规模？

此时，李研珠指出，进一步深入下沉市场，开发更符合小车商需求的交易业务，用更人性化的交易业务进一步扩大交易服务规模。

四、在库真车是产业互联网数字化的体现

2020 年 4 月中旬，疫情肆虐、资本市场全线下跌，卖好车的企业估值却持续上涨。此时，卖好车完成新一轮 2000 万美元的融资。4 月下旬，卖好车又开启了与中国建设银行的战略合作，获得 10 亿元人民币的金融授信资金，用来持续发力汽车供应链业务，卖好车也是唯一一个跟国有四大行合作的平台型供应链公司。

卖好车通过打通自身数字化供应链系统和中国建设银行内部的金融系统，开发出了一套更加高效的汽车供应链服务体系。小车商在卖好车的平台上找到所需车辆后匹配对应的物流仓储服务，可以缴纳少量定金并发起金融需求。系统经过卖好车的大数据风控评估后会自动对接到中国建设银行的云贷平台，可以实现 1 秒放款。

在充足的资金和系统支持下，卖好车持续推进产品线创新，进一步扩大业务规模。从 2020 年第三季度开始，卖好车相继推出了"极速代采"和"在库真车"。

"极速代采"和"在库真车"主要面向的是下沉市场的中小车商，产品定位是打造"广大中小车商的云仓"。通过一站式的车源采购服务和轻量化的采购方式，可以充分解决小车商在车源分销过程中的信任问题，同时帮助缺少基础设施的小车商解决车源和仓储物流等难题。

其中"在库真车"是卖好车推出的车源交易线上化服务，通过更多真实车源，把在库车辆做成能够直接线上交易的商品，进一步提高车商采购车源的便捷度，降低车商经营门槛。"极速代采"则是卖好车推出的车源代购服务，车商只需 30 秒填写信息，提供相关资料后，最低支付 5000 元的定金，就能在全国 2 万家 4S 店采购车源。通过自身搭建的高效智能物流网络，卖好车平台能够每天反馈车辆的运输进度。在商品车落地后，平台会通知客户提车，也支持车辆物流到店。

在库真车是汽车行业内唯一把库内资产商品化，做到实车在线的一款产品。"在库真车"和"极速代采"解决了以往小车商车源难找，在线资源不明朗，无法实时在线交易以及车源分销配套服务分散的窘境，通过卖好车的极速交付体系更高效地联动上下游。

在 2020 年第三季度车市逐步回暖的大形势下，"极速代采"和"在库真车"的推出也有效地支持了广大中小车商的业绩。"在库真车"和"极速代采"上市以来，受到了广大中小车商的欢迎。短短 3 个月，"极速代采"上线就为 1500 多家车商提供了车源采购服务。

李研珠认为，"在库真车"和"极速代采"不仅是面向下沉市场的创新产品，也是卖好车落地交易业务的重要一步。至此，卖好车已完成对供应链、服务和交易这三大电商要素的全线布局，并搭建起一套完整的 B2B 汽车电商闭环。

卖好车的未来该走向何方？李研珠说："摆在卖好车面前的路有两条，做旧时代的修补者或新时代的开拓者。我们已经完成了全线布局，我们本身就是开拓者。"

五、汽车产业互联网落地新零售

2016 年的阿里云栖大会上，马云第一次提出了"新零售"概念。它是指企业以互联网为依托，通过运用大数据、人工智能等先进技术手段，对商品的生产，流通与销售过程进行升级改造。进而重塑业态结构与生态圈，并对线上服务、线下体验以及现代物流进行深度融合的零售新模式。随着互联网的发展和人群消费习惯的转变，新零售可能是多数消费品未来的销售模式。

在近两年的一些行业论坛上，李研珠一直强调的一个观点是汽车新零售的实现离不开产业互联网和数字化，产业互联网是基石。单纯的在线销售汽车不是汽车产业的新零售，如果没有渠道数字化，供应链效率不提升，那就不是真正意义上的新零售。

此前一直被认为汽车是互联网最难颠覆的行业，和大宗消费品相对缓慢的消费习惯转变以及脱离不开线下网点的长使用周期有关。但随着内外部市场环境的变化，汽车越来越像电子产品。同时年轻一代消费群体的崛起，线上服务线下体验以及共享、租赁等新消费形式的需求量开始爆发，搭建一条面向未来市场的汽车新零售渠道的时机已经成熟。

2021 年 1 月，卖好车正式上线车商会员体系。与以往的单项产品不同，会员制度的优势是能够为广大中小车商提供一站式供应链服务的最优惠解决方案，最大限度降低中小车商经营成本。

2021 年，卖好车的重点工作是通过会员制及背后完整的供应链服务能力与终端车商产生强链接。这种强链接的最终目的，是将这些在车市中原本处于边缘地位的小车商整合成为一个完整的汽车分销渠道。同时通过数字化供应链、大数据、人工智能等先进技术不断为其赋能，最终打造一条高效率、更加灵活且轻量化、能满足未来多样化汽车消费需求的新零售渠道。

六、结语

李研珠认为，未来汽车流通渠道的发展趋势，首先是基于产业互联网实现的高效流通效率；其次是通过大数据、人工智能等高科技手段，满足未来消费者多样化、个性化的汽车消费需求。对卖好车来说，这条通向新零售的道路除了产业互联网和供应链资产外，下一步是如何整合线下的车商群体，推动汽车分销渠道的整体升级转型。

瀛之杰：重构汽车营销价值链

上海瀛之杰汽车信息技术有限公司（以下简称"瀛之杰"）创立于 2008 年，总部位于上海浦东新区。经过 10 年的发展，瀛之杰已成为国内汽车行业最具洞察力、前瞻性和线下运营能力的企业级互联网服务商之一。

瀛之杰始终坚持以持续发展为基础，以"解决方案创建，互联技术创新"的双创理念制胜于市场，通过不断地研发投入"大数据""云计算""人工智能"等前沿科技，培养创新人才队伍。

截至 2018 年底，瀛之杰独立开发设计并拥有所有权的技术和产品供给 15 项（含著作权），包括瀛之杰汽车新零售经营质量分析决策系统、瀛之杰汽车 4S 店全价值链运营管理平台等。

一、硬核技术助力数字化转型

瀛之杰技术与产品的硬核主要包括以下五个方面：

（1）该公司基于十几年的咨询和解决方案经验，深度了解终端场景和消费者体验，积累了大量行业数据和对标数据库，打通信息孤岛，利用核心技术实现底层数据库共享。其中，瀛之杰设计开发的"易脉车"是国内首个集低成本零售体系、高周转库存体系、高效率集客与用户转化体系，以及数字店面于一身的软硬件集成平台。提供该公司独创算法的人脸识别＋流量管理＋客流分配＋成交的软硬件体系，已为汽车行业客户实现了落地应用。

（2）该公司设计开发的以用户场景为核心的数字零售和体验平台。瀛之杰基于长期咨询解决方案的最佳实践形成了总部、区域、终端三位一体的新零售管理平台，有效避免不同 4S 店陷入各自为战的低效率营销中，实现了软件＋硬件融合，提升营销竞争力和用户体验。瀛之杰设计开发的汽车品牌区域化解决方案是行业内高度领先的优势解决方案。

（3）该公司每年为近 6000 家次 4S 店进行评估、培训、辅导及绩效改善等服务，拥有全价值链和全生命周期的线下服务能力。近年来，瀛之杰为汽车经销商赋能"新四化"，即渠道轻量化、管理集成化、资源共享化和营销蜂窝化的理念，通过"易脉车"云平台覆盖率超过 3500 家经销商，累计实现潜在用户链接超过 3.2 亿次，累计 B 端用户日活数超过 69.8 万人次，累计 DAU 超 2.2 亿次，实现年度销量超过 35 万辆。

（4）该公司凭借深刻的行业洞察与领先的技术手段，形成了独有的技术产品体系和商业模式，能够贴合线下场景的深度需求，助力汽车行业新零售及数字化的快速转型与变革。截至 2018 年底，瀛之杰已为多家主机厂商实施了展厅智能化设备的升级改造，通过基于营销场景的业务设计，辅之以体验良好的高科技设备选型，并匹配瀛之杰专业化的后台数据埋点与分析能力，为汽车厂商形成了自动化、智能化的全新展厅信息流体系。

（5）该公司利用自身丰富的内容资源，形成了领先的汽车行业专业人才在线教育平台。该平台融合了瀛之杰领先的课程知识资源，并匹配体验设计优秀的IT 技术开发，从而成为知识深度、参与广度和互动热度行业领先的在线教育平台。

二、可持续发展商业模式实现自身竞争力提升

瀛之杰建立了具有自己特点的可持续发展商业模式，用以支撑自身发展。该公司的商业模式主要包括以下五部分内容：

（1）瀛之杰创新模式的核心，是"内容＋技术＋终端＋应用"。终端方面基于 SaaS 技术和数据驱动赋能终端提升终端效率；应用方面通过领先的企业级B2b2C 模式融合五大 SaaS 产品体系全面提升用户体验、渠道效率及盈利水平；数据方面基于新零售用户体验点，通过平台监测数据结果开展全价值链业务。

截至 2018 年底，全国已有超过 10 家汽车厂商在使用瀛之杰所提供的各类SaaS 或定制化系统产品服务。该公司的各类垂直产品正在帮助中国汽车行业打造体验领先、管理领先、效率领先的综合竞争力。

（2）瀛之杰的商业使命是通过可视化的工具和数据洞察，将创新策略和最佳实践快速整合成为业务解决方案，以"渠道效率提升"和"造就卓越用户体验"为核心，致力于成为汽车产业客户成功的可信赖伙伴。

目前，瀛之杰已通过自身千万级的销售用户数据库，完成了客户意向智能评分体系的系统建模，并通过百万级的训练数据实现模型的不断完善精准。

（3）瀛之杰的商业价值定位是"重新定义汽车渠道价值""重构汽车营销价值链""重塑用户的出行体验"。

在该公司看来，重塑不意味着颠覆，而意味着持续的赋能。瀛之杰通过完备的解决方案体系和系统化工具体系，帮助各个主机厂实现全价值链业务的质量持续改善和体验的持续升级。

（4）瀛之杰的目标市场是覆盖 BDC 端，包含中国主流合资及自主品牌主机厂、汽车经销商集团以及经销商渠道，并逐渐向 C 端渗透。

在 10 余年的专业化服务中，瀛之杰形成了完整而成熟的 C 端用户经营与服务经验。当前，面对主机厂逐步开放的经营意识，该公司开始越来越多地参与到直接的用户经营中，通过瀛之杰的系统产品和行业资源整合能力，为 C 端用户持续提供了优秀的利好产品。

（5）瀛之杰的市场竞争力来源于对自身的不断突破，并对标北美汽车零售解决方案的领先供应商 COX AUTOMOTIVE。

该公司认为，市场的扩大与繁荣源于竞争但形成于合作，所以瀛之杰力争与行业及跨行业领域领先的企业进行合作实现共赢，希望"以合作促创新，以创新促繁荣"，促进自身与合作伙伴的共同发展。如在电商领域，瀛之杰与京东达成合作，在软件技术领域与东软集团进行项目制合作，在出行领域与微租车进行合作等。

三、新四化赋能汽车行业营销价值链

未来五年，瀛之杰在自身业务及市场上将持续推进汽车新零售领域的新四化，即渠道轻量化、管理集成化、资源共享化、营销蜂窝化。

（1）渠道轻量化。分为两步：一是帮助渠道 B 和 b 端优化物理空间，不要让物理空间那么大；二是帮助主机厂和经销商探索经营资金优化的方案，帮助经销商减轻经营与库存压力。

（2）管理集成化。助力客户以用户为中心搭建运营组织架构体系，通过新的管理及组织模式帮助客户创造良好的用户体验。以客户体验为驱动，以运营为后台保证，优化合作伙伴企业的组织架构，从而形成新的管理集成化模式。

（3）资源共享化。不仅是帮助主机厂及品牌改变现在以主机厂为中心呈单向网络化的现状，也是打通 M2B2b，促进流通效率的提升。

（4）营销蜂窝化。是帮助主机厂整合营销资源，并且推动经销商学会借助及利用主机厂整合营销资源，也就是说每个经销商不是自己在战斗，而是将所有的媒体、流量渠道等都纳入自己的营销体系，然后根据自己区域的特点加以利用。

从未来五年具体业务发展来看，瀛之杰将通过"内容＋技术＋终端＋应用"的方式主要发力于三大板块：帮助汽车主机厂赋能他们经销商的渠道，让渠道库存周转的效率更高，客户服务的满意度更高；帮助很多三四五线城市建立更多的新零售店；帮助更多的金融公司开发汽车新零售业务，帮助他们在不同的区域创造新销售。

在未来五年，瀛之杰也将致力于成为汽车行业领先的营销价值链解决方案提

供商，助力中国汽车行业营销体系综合竞争力世界第一。

以瀛之杰现有的业务优势和行业资源为基础，建立独立的渠道各板块业务研究中心，为行业输出国际领先的综合性渠道解决方案，并通过与各主机厂的深度合作及多样化技术手段，帮助各个品牌实现解决方案的快速落地与快速固化。

基于瀛之杰各类 SaaS 服务基础，建立各细分价值链的数据库体系，并以大数据及人工智能算法为依托，形成具备深度业务理解能力的大数据服务模式，为传统主机厂和新能源造车势力提供融合业务语言的大数据服务，并实现数据变现。

瀛之杰已具有行业领先的系统产品研发部门，未来将进一步加大在这一领域的投入，在未来五年内协助各主机厂完成全面的信息化系统升级换代，并作为深度业务定制方和技术提供方，为主机厂提供综合性的信息化服务。

通过瀛之杰的自身对外投资和与出行服务商的深度合作，形成从车载硬件、出行软件、分时租赁、长短租、充换电、用户经营等完整的出行解决方案体系。

基于清晰的发展目标，瀛之杰将加大投入，致力于自身竞争力的不断提升。

瀛之杰将在管理上始终保持创业型的组织架构及管理模式，逐渐形成强大的前中后台合作形式，将瀛之杰过去十几年形成的中台与后台能力模型提炼出来进行复制，扩大企业的规模与生命力。

瀛之杰将加速汽车行业"大数据""智能技术"的投入，扩大技术研发及数据部门的团队规模，通过新技术和数据驱动汽车行业的客户在新零售数字化时代的成功变革。

瀛之杰将以"瀛之杰""易脉车""智云车联"三个品牌作为原点，逐渐扩大和发展自己的"品牌树"，进一步将自己的品牌影响力和品牌布局延伸到汽车流通领域的各个角落。同时，瀛之杰将持续进行行业与跨行业的品牌合作，形成自己的品牌生态合作圈，为推动中国汽车行业发展提供可靠的品牌支持。

瀛之杰计划未来五年销售收入达到人民币 10 亿元，并且通过市场调研与观察对一些原有的 ERP 企业和与瀛之杰生态链相关的软件及出行企业进行投资和合作。

四、结语

瀛之杰未来将致力于挖掘汽车行业用户场景，强化自己专属的竞争力体系，为 BBC 端持续提供领先的"内容＋技术＋终端＋应用"的解决方案，实现汽车零售市场及后市场产业链的构建，贯通汽车生态圈，为客户和行业创造非凡价值。

一浦莱斯：智能铆接技术的领先者

一浦莱斯精密技术（深圳）有限公司成立于 2003 年，是一家致力于汽车轻量化智能铆接装备质量追溯系统及专利紧固件技术开发，设备制造和应用的高新科技企业。公司以创新锁铆铆接为代表的铆接技术，主要解决各种工件间的高质量高效率铆接问题，在国际上处于技术前沿地位。并在国家政策支持下，助推高端装备发展以锁铆铆钉为核心的紧固件生产体系，达到国际生产水平。

2004 年，公司成功开发出在线压力装配质量管理软件 V1.0，并开始为东风发动机公司提供伺服电子压力装配设备；并于同年为一汽大众公司提供铆接设备培训和维修服务业务；2012 年，获得国家级高新技术企业；2013 年，通过汽车行业管理标准 ISO/TS16949 认证；2015 年，公司产品出口德国 WEBAC 泰国工厂；2016 年，推出 ERP 管理体系，并在马来西亚、澳大利亚开拓国际代理商业务；2018 年 2 月，子公司广东一浦莱斯铆接技术有限公司于广东省阳江市成立，占地 2 万平方米，筹资 1 亿元，主要进行汽车领域的核心锁铆装备、在线质量管理系统以及核心紧固件的生产，公司的生产工艺、流程设备和装配设备已经自主开发完成，并建立"同济大学——EPRESS 铆接技术和智能装备联合实验室"和企业博士工作站。

公司立足于为客户创造价值，为客户提供优质、增值服务，与全球客户、合作伙伴共同发展，并为员工创造个人事业发展平台。作为国家级高新技术企业，一浦莱斯拥有汽车车身轻量化自主核心工艺和核心装备技术，在多种汽车轻量化材料组合锁铆 SPR 技术领域达到国际水平，属于工业 4.0 和中国智能制造 2025 技术，并计划三年内在新能源汽车行业推行铆接技术标准，并将业务拓展到欧美等国际市场，五年之内成为公众上市公司，进一步达到国际领先水平。

一、顶尖人才加持，产学研深度融合

一浦莱斯公司注重人才的国际化、专业化和多样化。公司的核心工作人员包括 2 名工艺与设备硕士研究生，2 名德国留学回国人员，15 名资深机械设计与金型设计工程师，12 名铆接试验和试制及质量保证技术人员。该公司秉持开放的人才战略，在为高校、研究院及汽车厂培养人才的同时，也有选择地吸收骨干人才加入公司助推公司发展。

公司创始人王云庆先生在多年的海外学习工作经历中积累了开阔的技术和商业视野，是中国锁铆铆接工艺技术的创始人和专利证书持有人、中国锻压协会专家库专家、中国汽车工程学会中国汽车轻量化联盟连接工艺与装备专家。在 2012 年，王云庆带领团队获得"国家级高新技术企业"认证和奖励；2013 年，带领企业团队获得"汽车行业质量管理体系 ISO/TS16949"认证；2017 年，带领企业团队在中国汽车工程学会暨汽车轻量化联盟十周年年会上正式发布"轻量化铝合金车身铆接 SPR 4.0 解决方案"。

此外，公司与同济大学成立了智能铆接技术和装备联合实验室、博士后工作站，并与"德国洪堡学者"闵峻英教授团队紧密合作，在下一代车身连接技术上取得初步成果，并正在申报成立广东省汽车轻量化铆接工程技术中心工作。

在社会人才培养方面，该公司还反向输出技术和装备给高校和研究院，帮助、支持多个研究团队研究铆接机理以及结构分析等项目，并提供技术装备、质量评价体系，与长安、长城、前途、一汽东风等汽车品牌建立创新铆接工艺装备试验室、工艺技术中心及试制中心。

二、技术积淀成就高规格的核心产品

15 年来，一浦莱斯技术研发团队一直致力于创新铆接工艺技术的研发和应用。在建立基础工艺模型后，公司先后筹建创新铆接试验室，开发设计了多种铆枪和铆钉，并订立了创新铆接技术的新标准。目前，公司掌握的核心专利技术有：RTBG——创新锁铆铆接技术；EPBG——数控压力驱动技术；BRBG——智能锁固拉铆技术；FSBG——EPRESS 专利紧固件；在线装配质量监控和管理技术。

截至 2017 年底，一浦莱斯共取得国家专利 19 项，计算机著作权 15 项，已经通过审核在途专利 4 项。

在结合上万份试验报告的基础上，创建了中国唯一的、全面的轻量化材料组合锁铆铆接力学性能大数据库。在大数据库的支持下，公司进一步掌握机器人锁铆系统和伺服压机、可拆卸冲铆结构和冲铆设备、锁铆螺栓和锁铆螺母、伺服电子压力机和板材锁铆连接结构等六项核心专利和计算机著作权。锁铆铆接工艺和装备及其质量管理系统为代表的技术产品，对传统拉铆铆接进行了颠覆性创新，不仅填补了中国相关铆接技术的空白，而且达到了国际先进水平。

15 年的技术积淀，一浦莱斯培养了一批创新型技术专家和技术能手，他们分布在公司试验试制、设计开发、智能设备制造和质量检验等重要工作岗位上。这也意味着，一浦莱斯为中国新能源汽车轻量化车身制造企业培训了一批创新铆接工艺技术人员和试验人才，为新能源汽车工业提供高品质的智能铆接装备及核心紧固件。

此外，一浦莱斯还具备智能拉铆工具的质量监控和追溯管理功能，目前已达到国际领先水平。在贸易全球化的市场格局中，一浦莱斯的竞争对手有美国 Atlas Copco 和 Emhart 集团、德国 KISTLER 公司 TOX 和 PROMESS 公司。在与这些全球前沿企业进行对比的过程中，一浦莱斯不断地完善、强化了自身技术，并制定了符合中国国情与企业战略发展实际需求，以为汽车发动机、变速箱、电机、水泵、高密度电池等提供装配解决方案为主的生产策略，并开始进行全球拓展。

三、颠覆传统工艺，助力中国制造

一浦莱斯掌握的核心专利技术和技术标准，颠覆传统工艺，能为新能源汽车轻量化车身制造带来革命性进步，同时高度契合了中国高端制造战略，与新经济发展方向完全一致。尤其是当交通装备行业正面临前所未有的发展机遇，轻量化乘用车、商用车、客车、物流车及轻量化轨道交通车辆，百花齐放、交相辉映。一浦莱斯的代表用户有中兴通讯、东风汽车、大洋电机和德国威巴克集团公司和博世集团公司等，专门为汽车发动机、变速箱、电机、水泵及高密度电池等提供装配解决方案，并开始进行全球拓展进程。

公司以研发中心为核心，在职能部门的配合下针对国内市场、国际市场、网络市场分别进行线上、线下销售。

在国家高端装备制造计划的指引下，一浦莱斯在智能锁铆装备、数控压力驱动技术和专利紧固件技术上不断取得突破，力图成为具有核心技术竞争力的智能装备系统制造商和紧固件运营商。

智能铆接技术作为汽车轻量化的最新解决方案。公司拥有的专利技术和技术标准，颠覆传统工艺，为新能源汽车轻量化车身制造带来革命性进步。在国家政策的驱动下，一浦莱斯的主营业务高度契合了高端制造战略，与新经济的发展方向高度吻合。从行业发展来看，自 2017 年以来中国交通装备行业面临前着所未有的政策考验，也同时潜在着丰富的发展机遇，轻量化乘用车、商用车、客车、物流车及轻量化轨道交通车辆等潜力车型将获得更大的政策支持和市场热度，这也为一浦莱斯提供了新的发展空间。

为了满足新能源汽车、客车和动力电池行业的发展，一浦莱斯将重新布置公司产业链，配合汽车工业对汽车组合、装配工艺的核心需求，重新配置公司产业链，将现有创新铆接实验室与铆接技术中心合并，成立轻量化连接技术研究院，并与同济大学、中科院上海光机所成立智能铆接联合实验室及激光铆焊联合实验室。一浦莱斯还将在现有在线质量监控和质量追溯管理系统之上，聚焦 QCMON 质量监控、QATA 试验报告大数据、QAMGR 质量追溯管理及 VR&AR 模拟等重大技术突破，进一步完善新能源汽车轻量化智能装备工厂配置，生产核心智能铆接装备，并计划 2023 年创造营业额 10 亿元。

四、结语

在此基础上，一浦莱斯还将建设以数字化、轻量化为技术特点的汽车轻量化智能成套装备 OEM 工厂。工厂占地约 30000 平方米，计划投资 3 亿~5 亿元，计划投产后每年营业收入 100 亿~150 亿元，并落户京津冀或长三角周边城市。

迅玲腾风：创造五个世界第一的微型燃气轮机制造商

迅玲腾风汽车动力科技（北京）有限公司是腾风集团子公司，是腾风集团中负责微型燃气轮机相关业务的企业。腾风集团是在国家创新与发展战略研究会的指导下成立的一家专注于高新技术研发与产业化的集团公司，系"国家高新技术企业""中关村高新技术企业""国家知识产权局审查员实践基地"；目前已申请国内、国际专利近 200 件，其中，已获专利 62 项，有 94 项处于审查状态。

腾风动力计划在以下五个方面创造出世界第一：

（1）世界第一款 15 千瓦级高效率微型燃气轮机；

（2）世界第一款汽车可用、可低成本大批量生产微型燃气轮机；

（3）世界第一款使用每分钟 14 万转长寿命空气轴承的微型燃气轮机；

（4）世界第一款在一年内完成设计研发点火发电的微型燃气轮机；

（5）世界第一辆乘用车级"微型燃气轮机增程式电动汽车"。

一、21 世纪能源与动力系统的关键技术

腾风集团主营业务围绕着微型燃气轮机开展，涉及微型燃机增程器开发、微型燃气轮机移动充电车开发与制造、微型燃气轮机增程式电动汽车等。

微型燃气轮机技术是 21 世纪能源与动力系统的核心关键技术，是高端制造领域"皇冠上的明珠"，是衡量一个国家工业基础先进程度的重要标志。燃气轮机难以批量化生产。据业内估计，迄今为止，全球各工业强国生产的各种规格的燃气轮机总数不超过 10 万台。

虽然中国汽车发动机技术水平已较之前有了长足进步，但横向对比其他汽车强国，我国在发动机核心技术领域的实力依旧不强，这在很大程度上制约了我国汽车工业由大到强的转变。

随着汽车电动化发展的开始，纯电动汽车"充电难"、续航里程短、充电桩设施不足等"痛点"，影响了电动汽车的普及速度。针对纯电动汽车的这些问题，业界有许多尝试，包括开发高能量密度的动力电池，采用可更换电池的技术

路线，发展增程式电动汽车等。腾风集团认为，最可行的是发展增程式电动汽车，为电动汽车配上能在车上发电的动力源。

但当前的活塞式发动机设计的初衷是用于动力传输而非发电，它不仅发电效率低，而且需要的辅助设备多，其特有的"贫氧燃烧"方式让它无法摘掉燃烧不充分的污染帽子。腾风集团经过调研认为，最适合发电的发动机首选"燃气轮机"，因为全球发电厂均选择这种技术路线。然而汽车属于运动载具，空间有限，又需要轻量化、低成本、大批量生产。

该公司判断，对电动汽车而言，最适宜的选择就是"微型燃气轮机"。验证模型显示，以单位重量效率计，微型燃气轮机是各类发动机中发电效率最高的机型。燃机轴功效率为 32%～34%，电效率为 30%～32%，联合循环总效率为45%～50%；而通过提高涡轮前温度和联合循环等手段可以将发电效率提升到45%～50%。还可回收电池、电机等冷却水中浪费的能量，集成系统效率可以达到 60% 以上。

基于这种认识，腾风集团于 2011 年开始开发微型燃气轮机，经过 7 年时间孜孜不倦的自主研发，腾风集团下属子公司迅玲腾风攻克了微型燃气轮机最核心的空气轴承技术，可批量化生产的 Tx15 微型燃气轮机于 2018 年 11 月 1 日点火成功，系完全自主设计、自主研发，将从根本上解决微型燃气轮机低成本、批量化生产难题，填补了国内、国际空白。

搭载腾风集团开发的微型燃气轮机具备以下六个特点：①低温、富氧燃烧。这使其排放水准可以优于"国六、欧Ⅵ"标准，真正接近"0 排放"。②发电效率高，最高可至 50%。③生产成本低。经测算，实现量产后，微型燃气轮机的成本能降低到 1 万元以下。④终身免维护。由于采用混合式非接触轴承，各零件之间实现了 0 摩擦。⑤体积小、重量轻。先进的设计思路，使基于它开发的发电系统的重量能控制在 42 千克左右，大幅减少了底盘和车身载荷，实现车辆轻量化，显著提升功重比。⑥可使用甲醇和氢等可再生清洁燃料。不仅能使用汽油，还能使用气、生物制燃料等，并且对油品质量要求极低。

二、以微型燃气轮机助力产业变革

1. 下一代增程式电动汽车

2016～2018 年，腾风集团基于自主专利技术，成功研制的世界第一辆乘用车级"微型燃气轮机增程式电动汽车"，连续 3 年受邀参加日内瓦国际车展，接受数百家国内外主流媒体的现场采访并引起轰动。

这种"自带发电机的电动汽车"续航能力近 2000 公里。中国工程院院士、世界电动车协会执行主席陈清泉称赞迅玲腾风研发的微型燃气轮机增程式电动汽车，是汽车动力系统新的基因，是汽车动力系统的革命。

搭载迅玲腾风开发的微型燃气轮机的增程式电动汽车具备以下五个优势：

（1）自行发电续航无忧。增程式电动汽车无须寻找充电桩充电，其车载增程器可以通过燃烧燃料实现自行发电，令电动汽车无论是行驶途中还是停止状态都可随时自充电。

（2）热效率远高于传统汽车。配置"超高速空气轴承"微型燃气轮机的增程式电动汽车，在理想的路况条件下，用 80 升燃料可续航约 2000 公里，其热效率比世界顶级水平量产汽油发动机动力系统总成高出一倍以上。

（3）根本性缓解电动汽车电池二次污染问题。航空动力增程式电动汽车电池用量仅为纯电动汽车的 1/5，不仅大幅降低了纯电动汽车的成本，也从根本上缓解了纯电池电动汽车大量使用电池导致的二次污染问题。

（4）全生命周期最环保。微型燃气轮机的热力学原理与火电站相似，它是各类动力装置中污染排放最小的，并且综合评估也低于纯电池电动汽车。

（5）自动形成分布式能源网，与集中式电网形成协同作用。装载了微型燃气轮机的电动汽车，在接入电网时可以对电网进行馈电，是重要的分布式电网组成单元。

2. 微型燃气轮机快速充电车

电动汽车充电难是公认的大问题。截至 2018 年 9 月底，全国纯电动汽车保有量已达到 221 万辆，需要大量的充电桩配套设施，而国内仅有充电桩 44 万个左右，距离国务院发布的《关于加快电动汽车充电基础设施建设的指导意见》中 2020 年的国家目标 500 万个充电桩相去甚远。此外，已有充电桩充电速度慢、设施问题多导致利用率极低等现象普遍存在。

微型燃气轮机快速充电车属于车载一个"微型发电站"，每箱燃料可为各类电动汽车充电高达 256 度；直流快充速度高于电网直流快充桩一倍；燃料用完后只需到加油站 5 分钟再加一箱油就又可以发出 256 度电，充电及运营效率极高。相当于用移动充电桩（快速充电车）替补了让政府头痛的固定充电桩。

3. 分布式能源终端

分布式能源指安装在客户端的发电/热电联供系统。在电网难以覆盖的地区（如岛屿、山区）或电网损坏区域（如地震、洪灾、战争区域等），微型燃气轮机凭借其发电效率高、功率密度高、体积小重量轻、长期免维护、环保性能优异、多种燃料可选等特点，可成为补充性供电、供热的最优选择。

微型燃气轮机的热电联供效率高达 85% ~ 90%。腾风批量化生产的微型燃气轮机可在应急救灾中发挥紧急供电供热作用；可为住宅小区、酒店、医院以及城市中的能源孤岛等提供热力、电力；可在军用装备用电、单兵设备用电、岛屿及边缘地区守卫用电等方面发挥作用，可在"一带一路"电网落后地区发挥灵活供电、供热作用。

三、国际一流技术水平

迅玲腾风将在 1～2 年建设国际一流水准"超临界航空动力实验室"，既服务于航空发动机的攻坚创新，又服务于新型汽车动力系统的高端创新和产学研一体化。

未来五年，迅玲腾风将着重完善 15kW 为燃机的量产设计以及其零部件如点火系统、回热器、空气—电磁混合式非接触轴承、发电机和控制系统的量产设计。同时，对 1mW 以下的微型燃气轮机进行系统性的研发。其中，15～30kW 主要用于车辆、无人机增程，60～200kW 主要用于分布式能源。200kW 通过串并联又可用于兆瓦级分布式能源机组。

（1）Tx 系列发动机，高效率、低污染排放的多燃料微型燃气轮机增程器，功率等级 5～100kW，应用领域：摩托车、乘用车、物流车、商用车等新能源市场。

（2）Tg 系列发动机，高功率密度、高可靠性，功率等级 5～300kW 微型燃气轮机，应用领域：中大型无人机、小型飞行器等航空领域，装甲车、单兵电源、启动电源等军用装备。

（3）Tq 系列发动机，超微型便携发动机，100W～5kW，应用领域：微小型无人机、特种设备电源。

（4）Tc 系列功能系统，超高热效率、低污染排放的分布式冷热电功能系统，功率等级 60kW～3MW，应用领域：园区、厂区、岛屿冷热电联供。

四、率先布局微型燃气轮移动充电车

迅玲腾风已攻克微型燃气轮机低成本、大批量生产的技术难关，研发了世界第一款 15kW 级高效率微型燃气轮机，也是世界第一款车规级低成本量产微型燃气轮机。作为电动汽车增程器的微型燃气轮机，可以低成本、大批量生产是汽车工业的基本要求。

腾风发动机项目第一条生产线设计产能为 10 万台，第二条生产线 40 万台，5 年内达到总计 100 万台生产能力，形成 300 亿元产值，将是全球最大的微型燃气轮机增程器（发动机）生产基地。

微型燃气轮机的主要顾客是新能源汽车厂商、其他交通工具制造商及分布式能源供应商。

为了解决全国已有的 221 万辆纯电动汽车充电难问题，腾风发动机技术将率

先推出"微型燃气轮机移动充电车"。总投资 15 亿元，建成 20 万辆"微型燃气轮机移动充电车"生产线，将形成产值 500 亿元。

以北京市为例，2018 年纯电动汽车保有量 18 万辆，基本满足消费者需要至少有公共充电桩 10 万个。如果组建 1~2 个微型燃气轮机快速充电车公司，基于其快速充电、自主移动上门服务及充电效率高的优势，估计购置 2 万~3 万辆微型燃气轮机快速充电车就能基本满足当下 18 万辆电动车的户外充电需求，借此可以大大缓解政府建设公共充电桩繁重的基建投资压力，也大大缓解电动汽车对城市电网负荷构成的沉重压力。

五、结语

汽车整车项目通常投资巨大，投资成功后商业利益巨大，产值可达千亿元，对经济的带动作用也特别突出。腾风微型燃气轮机增程式电动汽车项目前期将主要采取与主机厂合作模式，发挥迅玲腾风新型动力系统的技术优势，结合主机厂发展新能源汽车的需求，强强联合，根据具体情况，适时推出条件成熟的微型燃气轮机增程式电动汽车项目。迅玲腾风公司在其中将扮演增程器供应商的角色。

金润电液：为中国自动变速器装上自有"心脏"

金润电液控制系统有限公司（以下简称"金润电液"）成立于 2010 年，主要从事电液控制系统（模块）的研发、生产、销售及技术咨询业务。公司主导产品是传统节能汽车自动变速器和新能源汽车动力传动系统电液控制模块及工程机械自动变速器液压模块，总资产近两亿元。

金润电液下设三个子公司：江苏金润汽车传动科技有限公司（以下简称"江苏金润"）、湖南金润电液控制系统有限公司（以下简称"湖南金润"）、山东格林威克电液传动科技有限公司（以下简称"山东格林威克"）。其中，湖南金润侧重于电液控制系统的产品研发、试验验证、测试装备研发与制造等业务，江苏金润侧重于产品工程化设计、样件试制、量产毛坯压铸和阀体机加及总成装配和下线测试，山东格林威克侧重于阀体总成（液压控制模块）的装配及下线测试。

截至 2020 年底，金润电液已申请专利 47 项，其中，发明专利 14 项，实用新型 33 项；已授权专利 28 项，其中，发明专利 2 项，实用新型 26 项。计算机软件著作权登记 17 项。

一、强大团队支撑，打造实力雄厚的创新型企业

截止到 2020 年 12 月 31 日，金润电液现有员工 136 人，其中，技术人员及管理人员共计 57 人，本科及以上学历者占员工总数的 34%，团队核心成员拥有10 年以上的从业经验。

（1）公司发起创始人薛殿伦，博士、副教授，在自动变速器行业有 20 年从业经历，是湖南容大智能变速器股份有限公司发起人之一，现任公司董事长兼总经理，同时兼任中欧协会齿轮传动产业分会副秘书长。

（2）公司联合创始人徐向阳，博士、教授，公司首席科学家，是国内外知名的汽车传动领域专家。长期从事车辆工程领域的教学科研工作，带领团队设计开发了世界首款前置前驱 8AT，作为第一完成人获得 2016 年度国家科技进步一等奖。

（3）公司执行副总刘宝昌，研究员级高级工程师，拥有 20 多年的汽车变速器产品研发、汽车变速器零部件及总成的生产、质量、工艺管理工作、发动机及变速器的制造工艺系统管理工作经验。

（4）公司技术总监倪石龙，硕士，在自动变速器液压系统领域有近 10 年的研发经验，同时担任湖南金润法人代表并兼任执行总经理。

（5）公司工艺总监兼质量总监蒋为发，本科，具有 10 年以上液压阀体工艺设计及生产制造经验，同时担任山东格林威克法人代表并兼任执行总经理。

（6）公司财务总监王永红，拥有中国注册会计师、中国注册资产评估师、中国注册税务师、高级会计师职称，熟练掌握国家会计政策、审计准则、税收法律等相关知识。

（7）公司行政人事总监台德广，经济师，具有 10 年以上变速器行业的人力资源管理及企业管理经验。

（8）公司董事长助理唐大泉，高级工程师，具有超过 30 年的从业经验，协助总经理分管营销及项目管理工作。

二、不断突破，以独有技术掌握核心竞争力

金润电液所处的电液控制模块市场，是工程机械、精密机床、航空航天等领域内的核心、共性问题。液压传动是现代工业传动的重要形式之一，目前正逐步替代机械传动成为现代工业装备中最重要的能量传动方式之一。发达国家 95%的工程机械、90% 的数控加工中心和 95% 以上的自动线都采用了液压传动技术。

2020 年，全球液压元件市场规模已经超过 2000 亿元，中国液压件市场规模超过 700 亿元，占全球液压件市场的比重超过 30%，仅次于美国，位居全球第

二，但我国中高端液压产品基本依赖进口及外资企业。以汽车自动变速器电液控制模块为例，市场规模达到 1600 多万套，但博格华纳、电装、马瑞利、东测等外资企业占据近 80% 的市场份额，本土企业由于起步晚，不掌握关键核心零部件，在高端市场上缺乏竞争力。

2008 年之前，我国自动变速器企业在研发过程中受限于电液模块产品配套资源匮乏，为解决这一问题，金润电液在电液控制系统研发到总成量产的全过程投入了大量人力物力。要想在电液控制模块市场上取得突破，就必须具备自主开发、完全独立自主知识产权、产学研融合的电液控制系统全过程研发能力。金润电液并通过与北京航空航天大学、湖南大学的理论研究成果相结合，与下游用户企业的共同试验验证，形成了全过程能力、专有技术以及专利技术等共同形成的核心竞争力。金润电液从以下两个方面入手解决上述难题：

（1）搭建高水平的核心团队。金润电液的核心团队成员大多在自动变速器行业具有一定创业经历及 10 年以上的专业研究经历，曾主创或参与 CVT/AT/DCT 变速器电液模块的自主开发及产业化。公司聚集、培养了一支具有理论高度和实践经验的核心研发、产业化团队，掌握了 AT、AMT、DCT、CVT 和混合动力及纯电驱动等各种自动变速器电液模块的研发技术，并已实现配套服务。

（2）系统化、集成性服务能力。由于电液控制系统技术系统性和强关联性，企业缺少自主研发能力将会沦为"加工工厂"。经过几年的发展，金润电液已具备从概念设计到元件分析计算、系统仿真、强度优化分析，再到快速样机开发、测试及故障诊断以及系统集成和总成量产能力。

经过多年的努力，金润电液已成为国内自动变速器电液控制模块的领先企业，主要在以下三个方面领先：

（1）是国内首家自主阀板总成创新型研发制造企业，在自主品牌同类产品中市场占有率第一，并开始为外资企业配套。

（2）掌握了电液控制模块正向研发的核心技术，可为整车厂提供电液模块产品研发、试验测试设备和总成制造试验验证全过程服务。

（3）具备与整车企业协同开发能力，能为其提供技术支持。

2017 年金润电液获得国家工业强基工程立项支持，并于 2019 年顺利通过国家验收。技术实力的提升，使金润电液的市场竞争力持续增长，也使其初步具备了参与下一阶段高端市场竞争的实力。

三、谋求大力发展，不断精进引领行业协同进步

金润电液将自己定位为以市场为导向的技术驱动服务供应商，为此该公司从三个方面入手构建自己的核心竞争力，谋求实现更大的发展。

（1）该公司积极构建"伙伴式"产业链生态圈。金润电液可以为用户提供专业化、系统化、全周期的伙伴式服务；不仅能够为整车厂商提供产品研发系统解决方案，也能提供配套产品总成，同时还能提供试验测试服务和测试设备。通过为客户提供深度的专业服务，逐步形成对客户的引领能力，成为客户不可或缺的合作伙伴。

（2）该公司以市场为导向进行产品前瞻性研发。在车用高精度液压执行机构这一细分领域，一款产品从出现到被市场大规模应用，至少需要 5 年以上，甚至 10 余年。要想在这一市场上获得发展，企业必须要有高度的前瞻性，风险把控能力，并能与用户同步发展。金润电液现阶段取得的成绩，正是得益于 10 余年前对电液控制系统广阔市场的预期和大量的技术研发投入。也正因为如此，该公司对于下一阶段的前瞻性研发也将延续市场导向的理念。为此，该公司连续多年加大对研发投入，研发投入占收入占比已超过 10%，在汽车零部件产业中处于领先地位。

（3）该公司计划从汽车产业向其他产业的高端液压领域渗透。根据公司规划，金润电液的发展是起步于汽车行业，下一步的发展将逐步向其他电液控制系统领域辐射渗透。

目前国内液压行业存在的两个问题：一是中低端产品产能过剩，在低价位市场上竞争激烈；二是精密机床、高端工程机械和电液控制阀短缺，长期依赖进口。

金润电液在车用电液控制系统领域取得的突破，具备向精密机床、高端工程机械等相关领域辐射的能力。在该公司制定的下一步发展计划中，金润电液拟形成一个多品类、多产业收入的高科技企业。从汽车领域向非公路机械、军工、航空及高端精密机床，由电子控制液压执行向电动（机）控制液压执行和电动（机）执行机构，从狭义执行机构向广义执行机构拓展辐射。

经过多年努力，金润电液得到了用户的认可，过去 3 年主营业务年增幅均高于 35%。目前金润电液是上汽变速器、法士特、盛瑞传动、湖南容大等客户的核心供应商，已有近 10 款产品实现了量产，为上汽、奇瑞、长安、一汽等国产自主品牌汽车企业的 20 余款车型的自动变速器配套，累计生产销售近百万套，实现了核心零部件的"自主替代进口"。

更为重要的是，从主营业务收入构成来看，该公司的增长集中于知识型和技术型收入：2015 年，该公司主要收入来自于技术含量相对较低的阀板，其收入占比达到 95%；而到 2020 年，该公司阀体总成和研发的收入成为公司主要营收来源，占比接近 90%。

四、确立"521"发展目标，实现企业自身突破

金润电液确定了"521"的短期发展目标以及面向 2025～2035 年的中长期发展规划。

在短期发展目标中，该公司计划用五年形成电液控制模块年产能 200 万套，实现年销售超过 10 亿元，成为中国汽车自动变速器电液控制模块的技术开发、产品制造和系统集成的专业供应商。

为实现这一目标，金润电液计划在自动变速器电液控制模块领域投资 3.75 亿元，分三期实施，到 2025 年形成 200 万套阀体毛坯压铸和阀体机加及总成装配能力。

（1）一期工程。2010～2019 年。已完成投资近 9000 万元，目前已形成 50 万套阀体毛坯压铸、40 万套阀体加工能力及 40 万套总成装配能力。

（2）二期工程。2020～2022 年。计划在三年内新增投资 12000 万元，新增阀体毛坯压铸 80 万套、阀体加工 70 万套及总成装配 70 万套的产能。预计到 2022 年底，该公司将拥有 130 万套阀体毛坯压铸及 110 万套阀体加工和总成装配测试能力。

（3）三期工程。2023～2025 年。计划新增投资 16500 万元，新增阀体毛坯压铸 70 万套、阀体加工和总成装配 90 万套的产能。到 2025 年底，金润电液将拥有 200 万套阀体毛坯压铸、阀体加工及总成装配测试能力。

上述发展计划完成后，金润电液在 2025 年时主营业务收入将超过 15 亿元，其中，汽车自动变速器电液控制模块占 80%。

在中长期发展目标中，金润电液公司研发的电液控制模块产品，是我国汽车、工程机械、军工车辆、航空及高端精密机床等支柱产业核心零部件的瓶颈。经过数年时间的潜心研发，该公司在市场上实现了零的突破，实现了核心零部件的"自主替代进口"。

五、结语

展望未来，金润电液将继续秉持着"实业强，国家强"的信念不放弃，勇于探索，勇于创新，做大做强，助推民族自主品牌汽车及其自动变速器实体产业的快速发展。在产品覆盖面，将从节能汽车自动变速器产业向新能源汽车（包括混合动力）动力传动系统及线控制动和转向系统领域，由汽车领域向特种车辆、非公路机械、航空及高端精密机床领域，由电子控制液压执行模块向电动（机）控制执行模块拓展辐射。

预计到 2025 年，主导产品——自动变速器电液控制模块项目形成 200 万套

产能，实现销售收入 15 亿元，进入中国汽车动力传动零部件企业 100 强，成为汽车动力传动系统电液控制模块的领先企业；到 2030 年，电液控制模块产品延伸到工程机械、特种车辆等领域，实现销售收入 30 亿元，进入中国汽车零部件企业 100 强，成为车辆电液控制模块的领先企业；到 2035 年，电液控制模块产品延伸到工业控制、自动化装备等领域，实现销售收入 50 亿元，进入中国汽车零部件企业 50 强，成为智能电液控制模块的领先企业。

河狸家：国内领先的美业新经济企业

从人口到人才，就是下一波红利的转移方向。"技术 + 产品 + 人"中的人是人才的人，手艺人的人，而不是人口的人。

——河狸家联合创始人梁吉庆

除了人类以外，小河狸是自然界可以通过建筑物改善生态环境的物种。河狸的手艺是筑水坝，使河流的动水区变为静水区，惠及两岸无数物种……所以美国麻省理工学院（MIT）将小河狸作为吉祥物。而今天的河狸家，充当起小河狸的角色，为无数家庭带来便捷服务、御宅生活。

河狸家公司成立于 2014 年，是首家切入美业 O2O 领域的企业，目前已发展为国内领先的美业新经济企业。河狸家业务从起初单纯的美甲服务拓展至美睫、美容、医疗美容、理疗、美体、化妆造型、美发、健身等 12 大主营业务。在北京、上海、广州、深圳、南京、成都、天津、武汉、杭州、重庆、西安、苏州 12 个城市为超过 1000 万用户提供服务。从线上到线下，从上门服务到到店体验，有完整的全线连锁品牌生态闭环。根据用户对个性化服务的需求提供定制化服务，从服务类目到服务艺师都可享受自由定制的星级服务。用户可以通过河狸家 App、河狸家官网、支付宝、河狸家天猫旗舰店、河狸家医疗美容旗舰店、盒马 App、阿里巴巴会员、到家品牌"勤鸽"等平台，一键预约上门或到店形式的各类美业服务。

河狸家平台上有超过 70000 手艺人获得灵活的工作和收入机会。手艺人人均收入达到 10000 元以上，领跑众多美业服务平台。河狸家致力于与美业行业、化妆品产业等伙伴积极协作，以模式创新推动服务业数字化、推进消费升级、解决就业挑战。

一、以数字化推动产业融合

以内循环为主体，促进国际国内双循环的新发展格局推进十分必要。近几年，尽管国内服务业有了快速发展，服务业在 GDP 中的占比超过 50%，但依然低于世界水平，在这其中，河狸家看到了巨大的市场发展空间和机会，即内循环的全新阵地，随着经济增长，消费者对于服务业有更多具体的需求，更细致、更个性化的需求，河狸家这样一个以数字化和科技化为背景的互联网公司，可以呈现更高效、更可靠、更让消费者定心的服务。

面对 2020 年疫情影响下的各种不确定性，河狸家在大挑战中看到了机会，消费者用户在这样的时刻对自己的健康、美丽、生活质量有更高的期望和要求。大家消费方式和生活习惯发生了改变，拓展了传统线下服务业的营销渠道，更是优化了消费者的体验。而且为了美业的振兴，河狸家也走出了新的一步，通过与线下美业商家的互惠互助计划，河狸家已带动数千家线下美业复苏，帮助他们全面进行数字化转型和升级。

自河狸家成立以来，积累了庞大的用户数据，在商家入驻平台后，为商家绘制消费者画像，搭建用户消费模型，帮助商家精准地了解消费者的消费习惯和真实的需求，增加商家的曝光率，从而提升消费者到店消费的频率。

目前，我国美容行业中大型连锁美容企业市占率为 7.5%，分店超过 100 家以上的美容企业仅为 5%，比起欧美连锁超过 48% 的比重，中高端美容行业存在很大的整合空间，未来有望通过资源整合来进行服务质量的提升和企业规模的扩大。

由于现在服务业线下店整体的数字化水平相对较低，因此多以传统的手工登记的方式记录消费者的消费信息，难以将服务系统化、统一化；宣传方式局限于店铺的方寸之间，无论是从资金上还是场地上都难以突破；员工管理、店铺管理、资金走向等问题日益突出。线下美容企业借助平台的各种数字化管理工具可以提升商家线上化率，培育一种线上预约、线下消费的新服务模式，在提升消费者便利度的同时提升商家的盈利能力。河狸家平台的数字化工具将每个环节拆解重构成最优效率的组合。对于服务业这样的劳动力密集型行业来说，内部业务流程系统化，实现消费者信息线上化，店铺宣传方式灵活多样成本低见效快，利用管理工具将店铺员工管理系统化，提升整体店铺的服务水平，大幅提升效率，实现盈利增长降低人力成本以保障岗位和人员稳定。

河狸家坚信以数字化推动产业融合定将成为趋势。未来，河狸家将用数字化和科技化与产业、行业深度融合，在融合过程中为消费者创造价值，升华消费者对服务业上的消费，扩张市场规模和空间（见图 5-1）。

图 5 – 1　河狸家商场宣传图

二、供给侧的资源配置

河狸家经过长期的实践发展，确实当公司能长期坚守在相对信任门槛比较低的那些品类里面一直耕耘，站在消费者的角度，坚持长期主义，就能获取在那些信任门槛比较高、附加值也比较高品类里的消费者信任。所以，河狸家把整个服务升级看成是信任体系的重建过程。

这是河狸家的一个基本发展脉络，基于脉络产生判断，这个判断也是面向未来的，就是所有行业新的信用体系建设的过程，基本上约等于这个行业产业互联网形成的过程，而且在操过程中，信息越公开，信用就越宝贵。

在这个过程中，也有另一个角度的生动例子，就是大家用最多的交易电商平台——淘宝的信用体系，用户的开放式评价积累起来的星钻皇冠信用体系，正是因为有了这样一个信用体系，才不断地衍生出包括信息流、资金流，乃至物流三位一体的产业互联网的综合平台生态，是个巨大的商业操作系统的平台生态。河狸家带着这样的对于实物交易的理解，不断探寻服务产业互联网成功的轨道。想要建立一个有长期生命的业务形态，站在产业互联网的角度，要考虑通过提高产业内供给侧的资源配置的效率来降低或是优化整个供给的综合成本。

在这样一个基本判断下，河狸家坚持 7 年在做的一件事，就是重构美业服务的服务供应链，重新解构人货场的关系，这里面指的人货场其实跟之前非常火爆的新零售的人货场是有本质区别的。

"人"是指服务业的从业者，不是消费者。所以河狸家不断地演进和迭代，基本上实现了对美业服务业从业者人的数字化。这样一个赋能的过程，确实需要很长时间的积累才能够实现。河狸家手艺人的综合素质得到了有效的提升，并将技术和服务标准化。服务质量得到了有力的保障，也是河狸家发展必不可少的内功的修炼。只有服务质量过硬，才能在市场上站住脚，这也是企业生存的前提。

"货"是基于美业的特色，最核心的，事实上是不同的美业项目和后面实物供应链的构成。

"场"是指消费者的应用场景，最初河狸家是从上门的场景开始切入市场的，到今天已经涵盖上门和门店业务的融合业务模式，无论上门到家里还是在门店里，都是消费者选择的服务场景。

所以，对于整个服务供应链是基于这样的服务商品的供应链改造和基本的品质控制来勾勒出来的。河狸家切入基于产业视角的供给侧的效率提升的工作，有了一些阶段性的成果。

河狸家不止在产业上做了很多的投入和发展，包括科技上的投入，在消费者侧的研究，也花了大量的时间。无论是交易平台还是产业互联网，最后还是要降低整个产业与其需求侧的交易成本。有一句话"促进总需求的扩张"，就是如何能够让消费者在这样信任门槛比较高的品类上消费起来更放心、更安心、更定心。河狸家基于大量的数据模型，分析出能够沉淀消费者体验、需求和心智的基本结构，进而能够简化整个服务的决策过程的决策链路，让交易更容易、更轻松。

三、服务者的角色定位

"一直以来我们都是服务者的角色，为手艺人服务，更为消费者服务。"

——河狸家联合创始人、CEO 梁吉庆

服务质量对企业来说至关重要，笼统地说，所有企业都是服务企业，都是在为服务客户努力着。而河狸家的服务是人对人的、是面对面的，手艺人直接与客户沟通，也就是服务接触，服务接触是客户与服务系统之间互动过程中的"真实瞬间"，是影响客户服务感知的直接来源。服务质量很大程度上取决于客户感知，客户感知又以服务接触能力为基础。在美业行业，客户服务感知显得更加重要，河狸家从最开始就在服务两字上下功夫：让复杂服务稳定输出，让消费者体验确定服务。美业服务是典型的"非标品"。依赖于人工，易形成客户跟随手艺人和门店的状况；而美业流行的预付卡机制，也对消费者产生捆绑，使行业信息透明程度低，消费者很难进行同业比较。整个美业市场比较少有全国性的品牌。美业几乎完全是民企与个体户的天下，行业是以"夫妻老婆店"为主，呈现高度分散的状态，当手艺通常是通过师徒制传承的，服务手法和标准很难复制。对美业从业者来说，开一个店一年倒闭率达到 50% 以上，整个行业内耗非常大。如何能够让复杂的服务稳定输出？如何能让消费者体验到确定性的服务？这在美业行业无非是个难题，美业服务业最大的特点就是服务非标准性和不确定性。为了达到这个目标，河狸家通过打造匠星体系实现美业服务的确定性。匠星体系是一个多维度的服务评价体系。通过对手艺人星级的评定，从而督促手艺人技能的提升，而星级则是从多维度来评定，全面考核手艺人服务能力。简单地说，初始匠星的评定由"同行评议"得来，当手艺人入驻河狸家时，通过面试试手，展示自己的手艺，会获得同行业专家对其手艺的初始星级评议。日后通过手艺修炼及店铺经营和用户满意度来获得提升星级的机会。匠星的级别实行动态机制，随着手艺人专业手艺的增进，获得同行的认可，同时又得到顾客的满意度认可，可以获得升星级的机会。反之，哪怕同行的评价再高，如果顾客给出较多的"不满意"，也会被降星级。通过匠星体系的运转，从而更好地服务用户，为美业服务的标准提供市场化印证。真正做到并体现"服务准备可视化、服务过程可监督、服务体验可评价"的优势。

做好服务的大前提是对人的管理，河狸家也不例外。为更好地服务客户，河狸家在手艺人的管理上也进行了诸多尝试。创业初期，河狸家是与单个手艺人的产品连接，随着手艺人规模的突破和美业服务标准的逐渐成型，河狸家推出了工作室模式，具备一定条件的手艺人可以在线上开展自己的工作，并且招收徒弟，以工作室的形式统一管理，让手艺人管理手艺人，实现服务工作者的组织化管理转型的同时，提升高星级手艺人的工作满意度和成就感，增加手艺人工作的动力，明确手艺人作为服务工作者的职业发展方向。

四、有温度的手艺，更自信的人生

这"温度""自信"不仅给消费者，也给手艺人、给社会。

"这个妆面让我在面试中更加自信，并且成功脱颖而出！""有一次在北京我生病没有人照顾我，是美容师给我送来一碗热粥，她是我在北漂中得到的最特别的温暖。"消费者的感言让河狸家一直有动力继续精益求精。

"无数次弯腰只为骄傲地挺直脊背。""每一个作品都是我们的专属勋章。""我内心对手艺和前途的笃定，让我有更加专注于细节的耐心和执着。""我婆婆帮我带孩子，我丈夫载着我去各个消费者家里这样我就有时间全身心地钻研提高理疗技艺，全家人都从各个方面支持我做美业事业，我的人生既温暖又充满希望。"手艺人的感受也让河狸家更有力地担负起自己的社会责任。

河狸家最大区别于其他平台的一点就是，用户在平台上的选择是基于提供服务的人，而不是服务作品本身。这就更加强调提供服务的人——手艺人的重要性。所以，对于手艺人的综合素质要求极高，既要掌握相关类目的专业技术，也要清楚与客户沟通的服务技巧，同时还要学会如何经营自己的线上店铺。针对以上要求，为手艺人提供统一标准的免费培训项目。7 年来已支持 7 万多名手艺人接受免费技能培训，手艺人"匠心传承项目"，开设了 12 大类的培训课程，帮助手艺人掌握更多技能，让更多女性走上完整健康的职业发展道路。

河狸家作为"四新"领域代表企业，每年创造就业岗位上万个，女性就业岗位超过 9000 人。总计已帮助超过 7 万女青年走上成功就业创业之路，获得灵活的工作和就业机会。手艺人人均收入达到 1 万以上，领跑众多美业服务平台。这些手艺人绝大部分来自贫困地区与农村，河狸家的就业帮扶支持对于脱贫攻坚、灵活就业的实践、流动妇女帮扶的探索意义深远。

河狸家还与中国青少年发展基金会建立了战略合作，建立希望小学，发挥互联网平台对公益事业的支撑作用，促进公益事业可持续发展。

五、以新服务带动新消费

要确保复杂服务稳定且高质量输出，在追踪消费者需求、拓展业务范围的同时，河狸家以新服务带动新消费，促进内循环和创新发展，在新零售领域尝试打造新模式。在新零售领域，河狸家创造了一个词叫"移动 BA"，打造"美业云服务"模式。

原来品牌线下专柜有训练有素的 BA，让消费者更了解品牌，有非常好的服务体验。但到了电商平台，用户购买美妆产品，只收到一个包裹，没办法感受面对面服务的体验。基于此，河狸家与品牌一拍即合，决定做体验式消费。通俗点来讲，移动 BA 就是某用户在天猫购买一款眼霜，她在拿到实物商品的同时，也得到了河狸家的美容服务，河狸家遍布全国的手艺人可以非常灵活去到顾客家中，帮助她更好地体验商品。

数据显示，在 2019 年 6·18 活动中，就有超过十万用户体验了这项服务。对此，河狸家联合创始人、CEO 梁吉庆表示："在接下来的 1~2 年里，将会有10 万名移动 BA 加入到新零售美业场景，让这个'美业云服务'结合更多品牌创造更多场景体验式服务。"

六、结语

现在河狸家的持续创新，重新定义了城市生活，也利用产业互联网对服务业供给侧进行改造，得到了用户、手艺人和合作方的认可，也正是河狸家核心竞争力的体现。变的是服务模式，不变的是服务客户的初心。河狸家始终关注用户真正需求与痛点，聚焦于让美业服务产品真正帮助用户解决问题，满足用户对美的向往与需求。当然，河狸家对用户需求的理解之精准以及深挖用户需求的用心，自然会为其赢得千万消费者的青睐。河狸家也是在如此多元的场景中、以良好的方式满足消费者个性化的变美需求，突出重围成为国内领先的美业新经济企业，担当美业行业的领跑者。

红创军旅：引领国防教育事业发展

退役军人自主择业的比例还不够高，大家不敢走的路，我就来带个头。

——红创军旅 CEO 黄旭堂

绍兴红创文化创意有限公司（以下简称"红创军旅"）是国防教育、退役军人就业创业一体化专业运营商。企业针对国防教育、退役军人就业创业两个领域的特殊性，凭借退役军人在这两个领域的特殊优势，通过系统化管理，先后创办浙江军旅文化园、安徽东方红传文化园、温州军旅文化园、河南军旅文化园。创始人黄旭堂具有 30 年军龄，退役前长期从事军事思想政治教育与宣传工作，对国防教育有深厚的认识。经过几年努力，各园区累计普及国防教育 37 万人次，直接或间接服务退役军人就业创业 600 人次，同时具备良好的品牌影响力。红创军旅在国防教育、通识教育、认知教育、心理导入等教育体系的基础上，未来将向线上教育等广泛教育领域延伸，为所在城市的国防教育、退役军人就业创业、城市品牌发展，引智、引流贡献价值。

一、政策助力军旅事业发展

自党的十八大以来，习近平总书记对退役军人工作做出一系列重要论述，特别强调要建立健全组织管理体系、工作运行体系、政策制度体系，满腔热情为退役军人服务。在以习近平同志为核心的党中央坚强领导下，在军地相关部门密切配合下，各级退役军人事务部门坚决贯彻党中央、国务院决策部署，把握机遇、开拓创新，党的领导全面加强、制度设计有序展开、重难点问题取得突破、思想政治工作积极推进、年度安置任务有效落实、服务保障水平持续提升、拥军褒扬氛围持续浓厚、权益维护工作成效明显、系统自身建设扎实推进，对一些长期制约退役军人工作发展的体制机制障碍实现重要突破，许多积压多年的历史遗留问题得到有效解决，各级服务保障基础薄弱的状况有了较大改观，为退役军人工作改革发展奠定了坚实基础。努力让退役军人成为全社会尊重的人、让退役军人成为全社会尊崇的职业。

国防教育是一项全民性工作，面向庞大的教育市场。《国家国防教育办公室全民国防教育工作部署》要求，国防教育全覆盖、军营向全社会敞开大门、大力抓好国防教育基本建设；中共中央、国务院印发《新时代爱国主义教育实施纲要》指出，爱国主义教育活动全民参与，大中小学生参观纪念馆、展览馆、博物馆、烈士纪念设施，参加军事训练、冬令营夏令营；建好用好爱国主义教育基地和国防教育基地。依照国家国防教育办公室全民国防教育工作部署，深入抓好领导干部国防教育，常态化组织国防专题培训，构建省市县三级领导国防专题培训体系。企业单位、中小学生国防教育群体庞大。截至 2018 年底，全国共有县级以上工商联组织 3416 个，各级工商联所属商会共有 48916 个，会员企业 500 万个以上。中国目前共有在校大学生约 3000 万人，截至 2018 年底，中国中学生7028 万人、小学生 10339.3 万人，潜在目标群体数量庞大达 20367.3 万人。

中小学生研学旅行是教育相关部门在中小学生课外实践的基础上，提出的针对中小学生素质教育的重大举措。从 2016 年底，教育部、发改委等 11 部门联合发布《关于推进中小学生研学旅行的意见》为起始，要求将研学旅行纳入教学计划，计入中考成绩，同时强调研学旅行在内的综合实践活动是国家义务教育和普通高中课程的必修课。国防教育是中小学生研学旅行课程的重要组成部分。

国防教育、退役军人就业创业、中小学生研学旅行作为国家长期性政策，助力了军旅事业的持续发展。

二、新军旅文化产业园赋能退役军人就业创业

新军旅文化产业园是红创军旅针对国防教育、退役军人教育、就业、创业的园区一体化解决方案，旨在以国防教育为基石，为退役军人打造充分有效的就业平台。项目由 1.0 国防教育 + 景区、2.0 国防教育 + 学校、3.0 国防教育 + 军旅梦想小镇三个项目产品线构成。其中，"国防教育赋能景区"模式实现退役军人在园区国防教育就业及订单式就业。"国防教育赋能校园"模式，通过充沛的教学师资、教学设施，便于退役军人提供国防教育就业、订单式教育、订单式就业。"国防教育赋能特色小镇"模式，是退役军人就业的升级版。在军旅梦想小镇中，国防教育、研学旅行衍生品服务，休闲体育、户外活动服务，主题商品、书店、咖啡店等旅游服务，广告、活动策划、农副产品特色供应链、酒店管理、物业管理等为退役军人提供五彩斑斓的就业机会和创业机会。

新军旅文化产业园采用国防教育、爱国主义教育、红色教育为主导，提供准军事化教学，同时辅以"养成系列、通识教育、心理引入、认知系列"等科学的教学理念，帮助学员了解国情、开阔眼界、增长知识，提高社会责任感，培育创新精神，增强实践能力，构成独到的国防教育课程体系。

新军旅文化产业园设置六维管理中心，用于多项目评估及开发管理。

六维管理中心匹配风险控制与项目评估模型，用户可以根据：①城市经济状况；②备选项目交通区位特质；③出资能力等为主要指标，选择适合的场景类型，做出投资决策（见图5-2）。

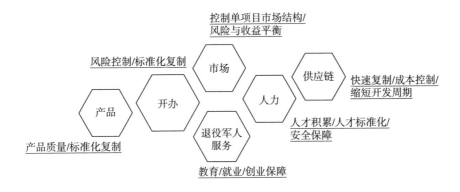

图5-2　红创军旅六维管理中心

三、荣誉奖项加持，广受业界肯定

红创军旅创始人黄旭堂，安徽省池州市东至县人，是一位有着30年军龄的老兵，退役前担任浙江省公安边防总队政治部副主任，退役前长期从事军事思想政治教育与宣传工作，先后宣传了中央军委国务院授予荣誉称号的舟山罗家岙边防派出所，浙江省委省政府授予荣誉称号的杭州模范边防检查站等一批重大典型单位，在部队荣记一次二等功，六次三等功。2017年响应国家号召，选择自主择业在浙江省绍兴市创办了全国首家军旅文化园，2019年、2020年相继又创办了安徽东方红传文化园、温州军旅文化园、河南军旅文化园。

创业至今，园区广泛面向政府机关、企事业单位、大中小学普及国防教育37万人次。客户范围遍及江苏、上海、浙江、福建、广东、安徽、四川、山东、吉林、陕西九省一市。服务的政府机关、企事业单位包括但不限于：海关总署浙江海关、浙江省检验检疫局、江苏省吴江区机关事物管理处、绍兴市人民警察学校、绍兴市政府团工委、绍兴市工商局、嘉兴团工委、杭州河庄街道、前进街道、池州市人民防空办公室、池州九华山机场、池州市贵池区城市管理行政执法局、池州市水利局等；园区与上海同济大学、浙江大学、浙江理工大学等 15 所高校共建国防教育基地；向杭州滨江小学、博文小学、采荷中学、越州中学、上虞职教中心、上虞城北实验中学、温州瑞安中学、绍兴柯桥中学、绍兴市阳明中学、佐米乐教育等上百所学校普及国防教育；服务海康威视、吉利集团、传化集团、顾家家居、绿城集团、蓝城集团、阿里巴巴、中广核、广汽传祺、海亮集团、苏泊尔集团、中国人寿、太平保险、祥生集团、博彦科技、卧龙集团、索菲亚整屋定制、春秋装饰、远航集团、海螺水泥、科居新材料、中国工商银行、中国农业银行、兴业银行、浦发银行、招商银行、光大银行等大型企业近百家。

园区倡议发起的绍兴市中学生军体运动会发展至今，在绍兴市形成了热爱国防、参与国防的热烈氛围。作为浙江省唯一代表队，园区率领以上虞职教中心和上虞城北实验中学学生为班底的两支队伍参赛，受邀参加 2017 年首届全国青少年国防体育大会，获得勇士敢斗金奖；园区与多家传媒集团合作，成为绍兴晚报小记者实践基地、钱江晚报实践基地、江苏如皋广电集团拍摄基地等，以媒体的力量带动青少年国防军事教育。

公司先后被授予省级退役军人创业的重大典型，退役军人创业就业示范基地，安徽、浙江两省市两级中小学生研学旅行实践基地（营地）、新四军长征精神研究员实践基地、浙江体育局水上运动基地、绍兴市最美退役军人集体、绍兴市教育局青少年素质教育基地、武警绍兴支队训练基地、武警台州支队训练基地、绍兴市军分区民兵训练基地、中国旅行社总社研学旅行营地、中国旅行社上海公司研学营地；国家人防池州训练基地、安徽红色文化宣讲池州示范基地、安徽省爱国拥军促进会常务理事单位等荣誉。

创始人黄旭堂受邀参加了首届全国青少年国防体育联盟高峰论坛，博鳌论坛、全国亲子教育论坛、上海全国体验式教育大会论坛、首届全国红色教育浙江理工大学论坛，与来自全国各地的青少年国防体育教育专家交流探讨中国青少年国防体育发展方向和规则。

在 2020 年举行的首届全国退役军人创业创新大赛上，公司创新模式《新军旅文化产业园》项目脱颖而出，获得了池州市赛区传统产业与生活服务业组第一名、安徽省赛区同组别第一名、全国总决赛优胜奖。公司同年荣获了中国隐形独角兽 500 强称号。黄旭堂在 2020 年博鳌国际发展论坛创意策划论坛暨第十七届中国创意策划年会上荣获"长三角经济发展创新人物"称号。

四、结语

红创文化作为中国隐形独角兽 500 强之一的企业，今后必将会继续发挥自身所长，在打造企业精神文化、军旅文化宣传、退伍军人再就业等领域继续发光发热。同时，作为落户合肥市的企业之一，红创文化将会结合合肥市本地风土人情、历史文化，打造出一条属于合肥市的、有红创文化特色的企业发展之路。

未来，新军旅文化产业园将逐步打造以智慧园区及智慧生态为引领的国防教育智慧园区。其中包含以智能园区为主导的线上场景，通过场景推广、产品推广、线上引流、客户关系维系、物流管理、人流管理、数据云管理、供应链云管理、绿色云管理、软件云管理、应急处置等方面的功能，实现多园区的一体化管理。

金恒股份：内控创造价值

金恒企业管理集团股份有限公司（以下简称"金恒股份"）成立于 2007 年，现有员工 400 余名，团队不断发展壮大，于 2016 年 5 月 24 日成功登陆"新三板"，成为国内现代内控行业唯一一家集团化"新三板"公司，目前正在向创业板进军。

一、推进治理能力现代化，铸造金恒内控品牌

现代内部控制制度是实现国家治理体系和治理能力现代化的重要抓手，是防控风险、管理跃升的重要举措。金恒控股集团推进国家治理体系和治理能力现代化的崇高目标和科学规范的现代管理理念吸引了众多高端人才，是全国集聚内控精英最多的专业化公司。目前金恒股份拥有国家省市级内控专家 400 余名，包括中国注册会计师、国际注册内控师、审计师、税务师、国际注册管理会计师、高级政工师、人力资源师、高级职业经理人、软件研发团队等高端人才。成功组建风险防控联盟联合会，成为在国内颇有影响力的风险防控中心。

金恒高效的专业化内控咨询团队结合客户单位实际诊断风险、堵塞漏洞、完善体系、优化流程、利用创新管理模式，将独创落地版内控管理体系与现代科技进行有机融合，帮助客户综合提升管理水平和运营效率，降低经营成本，建立科学、规范、高效的现代化管理体系。金恒内控管理咨询历经（1.0）基础流程版，（2.0）系统落地版，（3.0 版）内控嵌入信息化，伴随国家进入 5G 网络时代，金恒内控体系正迭代升级为（4.0 版）系统集成智能化内控，铸造了金恒独创的管理跃升、创新发展内控管理体系强大品牌。前瞻的战略思想、科学的管理理念、强大的管理体系，使管理松弛的机关事业单位规范高效，使濒临困境的企业涅槃重生。金恒的内控体系建设服务使万余家央企、国企、上市公司、民营企业、党政机关和事业单位形成了科学、智能、廉洁高效的管理机制，以管理升

级、落地实用、科学智能引领内部控制咨询服务业潮流，树立起行业的标杆。

内控系统的升级也是信息化管理的升级，更是对内部控制体系建设科学化、自动化的必然要求，内部控制的发展趋势就是形成适合单位特性的管理软件。金恒股份在内控体系建设的基础上，配套内控软件开发，为客户建立实现内控功能的管理信息系统，功能覆盖主要业务控制及流程，通过信息化来实施流程再造、制度再造，实现管理变革创新。使内控的实施、评价和监督能够借助有效的软件予以落地。流程可视、过程可控、追溯可查、信息共享、接口开放和管理制度化、制度流程化、流程信息化这些金恒内部控制管理软件的特点，使金恒在内控咨询和内控信息化建设等方面达到国内领先的水准。金恒控股集团在已开发并取得 37 项内控管理软件著作权的基础上，计划继续研究开发为不同企业、单位量身定制的多系列内控系统软件，充分展现金恒内控管理体系的独特性和落地执行性。

金恒控股集团秉承"内控创造价值"的先进管理理念，超前于政府的政策出台和工作部署，率先在国内用标准化内控管理体系规范、提升机关事业单位和企业的管理，为推进国家治理体系和治理能力现代化，为各行各业防控风险、管理跃升做出了卓有成效的贡献。国家财政部有关领导多次表扬了李淑娟董事长矢志不渝、敢为人先的先进事迹，宣传推广了金恒股份的内控体系建设经验。

二、培育专业人才，解决社会就业

金恒控股集团在全国首创内控专业高等教育，于 2017 年 4 月 17 日联手长春财经学院创立"长春财经学院金恒学院""金恒中小企业内控研究中心"和"金恒大学生就业创业孵化基地"。金恒学院开设双语教学的内控"精英班""实验班"，创立讲授、实训、沉浸式教学组合平台，面向全国和重点高校招收优秀学员，提供高额奖学金，进行内控专业学历和进修教育，为金恒走出国门拓展海外市场培养实用型国际内控专业人才。金恒股份每年为就业大学生提供近 1700 多就业岗位，金恒内控学院的毕业生真正实现了 100% 就业。

2018 年，金恒股份创建了 989 双创智联平台，提出两块阵地，三类人群，四位一体，八轮驱动的双创模式，成立大学生就业创业孵化基地，产教融合，订单就业，为企业储人才，为行业育精英，截至目前，金恒股份已为应往届大学生、退役军人、待业人员提供培训 2 万余人次，安排近 2000 多就业岗位，为社会的和谐稳定做出了贡献。

三、聚焦"三农"问题，促进农村发展

"三农"问题是党和国家领导人历来高度重视的问题，每年的中央一号文件

都安排部署"三农"工作。农村村委会、集体经济组织和新型经济联合组织的换届选举、收益分配、征地拆迁、安置补偿、集体土地确权、集体资产的管理使用、财务收支和预决算、生产经营和建设项目的发包管理、集体的债权债务、政府划拨或接受社会捐赠的款物使用、重大事项的议事决策等，群众敏感性强，社会关注度高。虽然党和政府出台监督、制约的文件规定，并采取了各种治理措施，但侵占集体资产、资源，贪污腐败的问题时常发生，有的村官利用征地补偿等机会鲸吞巨款，严重侵害农民利益。加之农村的宗亲、族群、黑恶势力、村霸乡霸等因素，使农村工作相对复杂。金恒控股集团是中国内控体系建设的先行者、引领者，应当在农村基层组织内控体系建设方面担当责任，在党和政府高度关注的"三农"工作中有所作为。金恒控股集团决定出资免费进行农村基层组织内控建设试点，并为此与吉林省民政厅主管基层政权和社区建设工作的副厅长沟通洽谈，得到吉林省民政厅的积极回应。金恒派出专家工作组，赶赴吉林省榆树市秀水镇开展内控体系建设及培训辅导，取得了防范风险、堵塞漏洞、管理提升、制度规范、廉洁高效的可喜效果。

四、投身社会公益

金恒人一直奉行爱的文化，热心于社会公益事业，面对吉林永吉大水、面对孤寡老人、面对新冠疫情等天灾人祸，面对农村落后的教学环境，金恒志愿者积极捐款捐物、捐资助教，多次捐资建设小学，包括为狼头村小学等多所小学共计捐款 20 余万元；为永吉灾区捐赠 10 万元和 10 万元物资；探望孤寡老人；资助失学儿童；热衷于教育事业，向长春财经学院捐赠孔子像 20 万元，并参加吉林好人精准扶贫活动，走进前郭县额如村。2020 年春节疫情期间，金恒捐款捐物达 247750 元，给社会需要帮助的人送去一份份温暖和关爱。

五、国际化战略助力各区域持续发展

金恒控股集团践行"一带一路"方针政策，积极推动公司国际化发展进程，先后与美国华人总商会签署战略合作协议，与世界华人联合总会（世界和平总会）联合，并且与东南亚国家建立合作意向，使中国管理咨询内控服务业逐步走向世界，实现品牌、市场、团队、技术、管理与国际标准化接轨，把金恒内控业务推广到国门之外，在国内领先的基础上，打造金恒集团高端智能化综合服务商的国际化品牌，提高市场竞争力。10 余年来，金恒控股集团相继在北京、上海、广州、深圳、天津、成都、郑州、沈阳、大连、哈尔滨、长春、新疆、苏州、杭州、福建等城市设立控股子公司和分公司，客户遍布全国各地，为全国各地客户提供专业高效的服务，助力各地经济持续向前发展，为国家和社会的和谐稳定做出了贡献。

六、企业文化引领企业走向成功

金恒股份始终奉行为客户创造价值，与客户共同成长的核心价值观，坚守国内一流、国际领先的企业愿景，坚持保障中国经济快速发展，助力中华民族伟大复兴的企业使命！成立 13 年来，公司先后取得 37 项软件著作权，38 项内控知识产权，先后被评为国家级"十佳"优秀中介机构、国家高新技术企业、中国中小企业专精特新 500 强、中国 AAA 级诚信企业、科技型小巨人企业。在全国万余家新三板公司评选出的 15 家"最具成长性公司"中位列第八名；2017 年成为省财政厅内控检查第一中标单位，金恒控股集团委派工作组代表省财政厅检查总数一千家机关事业单位中的近 500 家内控执行情况。金恒服务的私企、国企、央企和机关事业单位客户近万家，均得到客户一致好评！2018 年在全国万余家新三板公司评选出的 15 家"最具成长性公司"中，金恒位列第八名，金恒独特的企业文化将继续引领企业走向成功！

七、结语

金恒控股集团作为中国内控行业的领军企业，正引领全国管理咨询业向高端化、智能化迈进，与被服务单位共同打造事业共同体、精神共同体、利益共同体和命运共同体。2022 年公司市值将突破百亿成为行业独角兽；为客户提供务实服务、创新服务、高端服务，为广大行政企事业单位解决发展难题，助力企业腾飞，为民族经济发展保驾护航！

波奇网：中国宠物垂直平台第一股

密切合作，为用户和股东创造更多价值。

——波奇网 CEO 梁浩

2020 年 9 月 30 日，在国庆节前夕的秋夜里，一支标有 BQ 代码的股票在纽约证券交易所正式挂牌上市，波奇网从此成为中国宠物垂直平台第一股，次日美股收盘时波奇网估值为 6.53 亿美元，此前在 2020 中国隐形独角兽 500 强榜单中排在第 4 名，估值为 63.21 亿元人民币（见图 5-3）。

图 5 - 3　波奇网上市合照

回顾波奇网的发展历程，人们常常会问，在过去 20 年波谲云诡的中国电商市场中，无数创业者在积极探索母婴、家装、医疗、美妆等垂直领域电商平台的过程中或是折戟沉沙，或是并入阿里巴巴和京东等全品类电商巨头，为什么波奇网可以一路披荆斩棘走到今日？这背后是怎样的市场机遇、怎样的战略布局、怎样的企业家性质所造就？

独角兽企业成长的关键要素被总结为异质型企业家精神，独创性或颠覆性技术，难以复制的商业模式，战略与品牌高度协调，持续地资本赋能以及虚拟组织运营机制。不同的独角兽企业在关键要素上突出表现存在区别，对于波奇网来说，在企业的发展过程，较为突出的关键因素表现为难以复制的商业模式和异质型企业家精神。

一、三位一体，上下布局

波奇网最初由上海光程信息科技有限公司于 2008 年投资创立，总部位于上海浦东，由陈迪、梁浩和唐颖之三人联合创建，一直以来都以坚持做国内最大最真实的宠物主题社区为目标，奉行用专业的经验，周到的服务和强大的网络优势为中国的爱宠人士提供线上与线下结合的 B2C 一站式服务。当养宠风潮在中国兴起时，宠物的医疗、食品、用品与其他附属服务基本由分散的线下零售门店组成，如私人宠物医院或宠物用品店等，抵抗风险和营收能力都不具备规模效应，也没能做到服务高效统一和满足养宠家庭之间的社区交流需求。而波奇网既是中国领先的线上宠物用品供应商——波奇商城，又是宠物生活的服务平台——波奇服务，也是爱宠人士在线交流的主题社区——波奇论坛（波奇宠物 App），行成了"社区＋电子商务＋服务"三位结合的全方位平台，通过线上与线下的结合，为它成为中国宠物生态平台第一股奠定了基础，这样的商业模式和生态战略是之前的电商和线下零售商难以复制的。

二、在垂直领域中打造生态闭环

无论是线上垂直电商平台，还是特定领域的线下零售，对于货品供应链的精准把控都是引领企业成功的关键因素，而波奇网的联合创始人之一陈迪在 2017 年指出，虽然宠物行业是垂直行业，却不像大部分同属性行业那样供应链比较短，这是由于围绕宠物的衣食住行和生老病死一系列业务具有极大的覆盖面。作为波奇网起航的第一片风帆，波奇商城当下销售的商品近万种，合作的主流宠物品牌达 570 余个，覆盖了宠物主食、零食、药品、保健、清洁、洗浴和附属用品等门类，不仅品类齐全，而且配备了体贴的购物导向专业的售后保障体系，确保了公司货正价优的宗旨能被持续贯彻，并长期为广大爱宠人士提供优质的网购体验。

供应链的另一个关键在于能否从销售网络将产品以最快的方式送达消费者手中，根据新浪财经的调研，截至 2020 年 6 月 30 日，波奇网在全国设有五大仓储，三个履约中心，并与多家物流服务商有合作，保证了波奇可以在 24 小时内将货品送达中国部分地区，销售的商品 SKU（库存保有单位）多达 17853 个，在线订单的数量超过 4320 万笔，这就形成了在中国宠物行业中的供应链闭环优势。

《IPO 早知道》在关于波奇网与美国宠物电商第一股 Chewy 的对比文章中指出，自有品牌的增量是宠物电商企业不可忽视的一大因素，企业可以凭借与上游生产工厂的深度合作获得一定的定价权，从而收获更高的毛利。2015 年起，波奇网意识到中国的宠物用品供应存在对海外产品有依赖性的短板，开始专注于打造优质，专业的自有品牌，2015 年和 2018 年，波奇网推出"怡亲"和"魔咖"两大品牌，又先后开发了优培滋和多可特等多个品牌，至 2019 年，这些自有品牌提供了 2130 个 SKU 产品，在 2020 财年达到 3.67 亿元的商品交易总额。为贯彻全新的养宠理念这一宗旨，波奇网对于宠物活体的培养也表示极高的关注，并入股了专注于活体宠物繁殖的懿宠，该公司拥有专业的团队和培育体系，被江苏省相关部门考察后授予农村局开具的动物防疫条件合格证。

三、渠道拓展，实现服务全面专业

作为服务行业，除了打造供应链与产业链优势以外，优质的内外部服务也是企业成功的重要因素，良好的服务质量会从多个角度反哺企业的产业链优化与升级，树立更好的品牌形象，为企业迈向更高层次提供坚实的基石。波奇网于2014年3月推出了O2O（Online To Offline）的宠物生活服务平台，提供洗澡、造型、寄养、绝育、医疗和摄影等一系列宠物相关领域，发展至今已经覆盖超过250个城市，超过15000家宠物实体店与医院，实现了业务上的全国辐射。

波奇网在产品供应上保证了数量和效率，但作为一站式服务电商，产品的生产和售后保障才是企业服务质量的压舱石。在产品质量把控上，波奇网与中牧集团签署战略合作协议，在产品研发、生产管理、产品注册、渠道整合等方面展开合作，同时波奇网投资入股双安科技，该企业拥有近10年的宠物食品研发生产经验，经过国际及农业联盟（IFOAM）的认证，执行中国与国际有机标准，此标准在产品生产全过程中要求被遵循，以确保整体生产环节的卫生、安全和高品质，此外波奇网还搭设专有的 SaaS 解决方案为自己极大电商规模进行全方位赋能，为公司的网络交付、托管、部署和接入提供了强大的后备支持，借此波奇网搭建了高效的售后保障体系，包括七天无忧退换和全天候在线客服与反馈渠道。

好的客服系统不仅是对于外部客户需求的满足，波奇网搭建的 SaaS 系统不仅提升了线下零售的效率，同时还为内部客户和品牌商定制成长策略、内容营销方式、分销策略、产品定价和库存管理等服务，此外波奇网还以千万元投资入股目前中国宠物行业最大的加盟连锁品牌及人员培训机构——派多格，不断向业内众多的宠物品牌点输送对口人才，这种模式相对于中国宠物行业早期阶段显然更加适合聚合行业参与者，提供的服务也更加专业高效和统一，为整合低效分散的市场创造了条件。

四、社区同步，给企业生态更多想象

任何单一垂直社区或垂直电商的发展都是艰难的，单一社区的变现在搭建供应链的过程中遇到困境，而单一的垂直电商为了对抗其他大型电商的竞争，获客模式多数来源于传统的广告宣发，前期投入很大且存在较高的不确定性，所以在这种情况下垂直电商往往很难在发展过程中投入精力、资金与人力去发展和维护社区，以至于难以长期维持一种具有活力的内部生态来给企业的产品和服务进行持续赋能，也不容易保障客户黏性。长期以来，波奇网坚持社区和电商的同步发展，简单来说，不同于传统的以广告为主的获客方式，波奇网基于波奇社区中的内容、泛社区与私域流量来实现更低成本地用户获取，根据波奇网提供的年度财报，波奇网于2020年在品牌推广和获客方面投入的费用为6900万元人民币，约占整体收入的10%，相比于通常电商平均25%的推广成本，这种优势来自于波奇网对于内容生态的布局，除此之外，社区化带来的客户相对黏性高，这是因为用户会对分享内容和社交的平台产生依赖，并且容易带动身边的养宠人士加入进

来，从而实现传播效应。

基于对宠物生态构建，推进中国宠物行业的发展和创新这一目标，波奇网在社区内容输出，资源整合方面持续发力。弗若斯特沙利文的数据显示，由波奇网直系波奇社区于 2014 年开发的波奇宠物 App 目前的用户量为 2300 万，每月活跃用户为 350 万人，已经是目前中国最大以宠物为中心的在线社区，不仅如此，波奇网布局的新媒体矩阵粉丝数量达到 160 万以上，形成了一定对外影响力，具有极高的商业与社会价值，凭借对于宠物行业趋势的独到眼光和精准把控，波奇宠物在由爱宠王国、CKU 和 CSV 联合举办的 2020 年度中国宠物产业文化发展颁奖云盛典中荣膺 2020 最佳社交媒体影响力奖。

无论是社区软件或电商平台，都需要对互联网新兴的运作模式有较强的敏感度，随着直播与短视频的兴起带动，用户对于可视化的内容接收需求越来越高，多频道网络（MCN）成为内容持续输出的重要保障，2020 年，波奇网在自有的社区平台推出直播与短视频，提升平台的信息价值与效率价值，以丰富平台内容，增强社区用户的互动和认知，截至 2020 年 6 月 30 日，波奇社区已与 860 个账户，实现了 3.34 亿次的平均月交互量。

至此，波奇网完成了公司在社区、服务和电子商务的三方布局，形成围绕宠物行业展开全周期、全方位同步协调发展的商业模式，拥有了线上和线下结合的、较为完善的闭环生态圈。

五、三驷齐驱，团队优势互补

提到异质型企业家精神，人们下意识会联想到的大多是天马行空的 SpaceX 创始人埃隆马斯克，视角独到的沃伦巴菲特或是魄力十足的任正非先生，但常常忽略许多企业的成功是由不同创始人在团队中不断磨合后，最终形成优势互补后达成的。

如前文中提到，波奇网由三位创始人联合创立，分别是陈迪、梁浩和唐颖之，其中最特殊的一位当属陈迪——目前波奇网供应链、运营、仓储、物流、跨境业务的负责人兼总经理，有别于另外两位从腾讯走出来的创始人，陈迪从小就性格外向而且对于宠物类动物情有独钟，不顾身边亲友的反对，陈迪毅然报考了南京农业大学动物医学专业并在 2005 年如愿成为一名宠物医生，但之后的一年里，陈迪渐渐地发现，相对安静的宠物医生这一职业无法满足性格外向的他对于人生的全部需求。在互联网并不像如今这样发达普及的 2006 年，在工作中接触到互联网让陈迪顿时觉得豁然开朗，不大的电脑屏幕后别有洞天。在宠物行业多年的学习和经验让陈迪在离开宠物医院后成为一名宠物网站的产品经理，而在当时互联网背景下，宠物电商这一概念尚未成形，就在陈迪为了成为一名合格的互联网产品经理而进行大量学习和阅读时，机遇正悄然降临。

察觉到宠物电商这一机遇的两人就是后来的波奇网董事长兼 CEO 梁浩和 CFO 兼联系 CEO 唐颖之。其中，唐颖之拥有多年在 PPTV 和腾讯的工作背景，对于产品、技术和互联网具备专业的素养和强大的前瞻性，善于运作与总结；而同样是从腾讯走出来的梁浩则已是在财务、资本运作方面拥有强大经验和资力的投资者，有良好的投资眼光和市场洞察力，手中控股 10 余家信息科技企业，两人察觉到宠物电商存在极大的发展潜力，唯独缺少一位对于宠物行业深度熟悉的伙伴，就这样在朋友的介绍下，偶然又必然的，于 2007 年底，两人与陈迪取得了联系。

根据陈迪在创业邦的采访记录，最初三人只是建立了一个 QQ 群联络，当聊到未来的行业和前景时，三人一拍即合，仅在一次线下面谈后，三人就敲定了波奇网前中期的目标和长期的规划，企业的定位、服务的类型和收入来源也在这次会晤中达成了共识，后来的中国垂直宠物企业第一股就此诞生。

多年的从业经验让陈迪深知行业和客户的痛点，也就是专业精品购买渠道的缺失，以及当时宠物社区网站有用户互动量却没有变现手段的状况。当意识到这些情况时，三人正带领着 20 个人的全部团队挤在 80 平方米的办公室中办公，有近 50 平方米用来摆放货物，由于订单量不多，波奇一度难以为继。而不久后兴起的"偷菜游戏"让三人开始开发一些与宠物相关的小游戏试图实现更多客户转换，但最终的转化量并不尽如人意，而且成本很高，难以保证资金链的转动。

经过复盘后，三人和团队决定将资金更多地向电商倾斜，从此电商成为波奇的核心业务，自 2009 年上线后，波奇商城之后的每年都实现了跨越式的增长，而一开始开发的波奇社区也在同步发展，并不断给电商平台赋能。

在之后的创业过程中，陈迪发现在逐渐庞大复杂的电商体系中，从供应链到运营、客服、仓储、反馈机制，都将电商平台的链条拉的更长，这些痛点促使了波奇网开始在仓储物流，因此，对 SaaS 系统等方面展开了全面布局，为之后波奇网进一步成长为后来的行业独角兽奠定了坚实的基础。

没有完美的人，但可以有完美的团队。回顾波奇网三位联合创始人的创业历程，好像并不具备 SpaceX 的天马行空与波澜壮阔，也没有巴菲特那种令人拍案的市场洞悉力，但在三位创始人中，有陈迪提供的在宠物行业中多年学习和经历所带来的宝贵行业经验，有唐颖之提供的互联网信息技术如何为企业赋能的专业知识，有梁浩提供的独到的市场眼光和资本加持，这三者如果缺少一环，也就没有了今日今时的波奇网，可以由此总结出，开辟一片全新的市场，有时仰仗的并不是某个得天独厚的个人，而是在各自领域中多年沉淀、最后磨合互补而成的团队，这样的案例从来不在少数，例如，谷歌、新东方、PayPal，这种能力叠加互补所造就的模式，同样值得当下和后来的市场探索者学习和借鉴。

六、时代聚变下的逆生长行业

任何企业的成功都有其背后时代所提供的市场机遇，波奇网也不例外。在世界经济整体走低的形式下，宠物行业整体呈现出逆生长的趋势，并维持每年 3% ~4% 的持续增长，其中以中国宠物市场为翘楚，中国宠物市场以其高于发达国家 20% 以上的复合增长率高歌猛进。在过去 30 年里，中国人对于宠物的观念发生了巨大的变化，在城镇化加剧以前，宠物更像是一种看家护院的工具，人们对于宠物的养护和消费态度是功利的，而如今中国令全球侧目的经济发展引发了人类历史上罕见的城镇化加剧，这种城镇化带动的人口流动增长，带来的不仅是居民人均收入增长，也导致普遍的孤独感、社会信任缺失和子女亲情的日渐淡漠，费孝通在《乡土中国》中描述的传统生活模式被颠覆，这种现象致使许多流动率较高的年轻人和孤独的老年人更愿意为宠物花费更多的时间、资金与情感，加上养宠观念的科学化，这些因素的碰撞和堆砌为中国宠物行业的迅猛发展和扩容提供了得天独厚的市场条件和绝无仅有的重大机遇，波奇网联合创始人陈迪在采访中说道，在波奇网创立伊始，中国消费者平均花在宠物身上的钱在百元以内，而现在已经普遍在 500 ~1000 元，宠物的生活品质也越发现代化、国际化（见图 5 -4）。

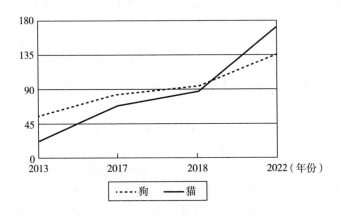

图 5 -4　中国 2013 ~2022 年宠物需求量

不同于以往人们对于饲养动物功利性的需求，现代养宠人士更愿意将宠物视为家人或者朋友，他们不仅会为宠物提供科学化的宠物食品，对于宠物零食、保健、医疗和玩具的需求也逐渐提高。而且当今城镇人口宠物饲养天然带有社交属性，在中国完成了 C 端消费互联网的过程后，养宠人士会主动分享养宠经验和日常生活，长期下去会形成浓厚的社区化氛围，这种氛围的存在使满足社交氛围的平台会占据先导优势。

此外，出于城镇人口对于快捷高效全面覆盖的服务的需求，一个能实现为宠物全生命周期所有阶段提供一站式的、线上线下相结合的高效服务，同时满足养宠人士社交和分享需求的平台是在宠物行业中持续发展的最优解，在这一点上波奇网无疑是国内翘楚。

根据 2020 年中国宠物行业白皮书，中国城镇养宠人士达到了 6294 万人，较 2019 年新增了 174 万人，作为主流宠物的犬猫数量超过 1 亿只，消费规模达到 2065 亿元，弗若斯特沙利文的报告预计这一数字将以 17% 的复合增长率在 2024 年进一步增长至 4495 亿元。

七、仍有差距，仍有挑战，也仍有空间

弗若斯特沙利文的数据指出，在市场成熟度方面，中国的宠物市场仍处于早期阶段，虽然市场规模在持续扩大，但中国宠物行业的渗透率依然相对较低，同比 2019 年，中国养宠家庭渗透率为 22.8%，美国、英国和日本则分别为 68.9%、45.0% 和 26.8%，此数据预计在 2024 年将达到 29.9%，此外，中国的第一代养宠人士占比约为 80%，美国则约为 40%，作为第一代养宠人士，其对于宠物的消费观念往往会不断演变，这也会带来更大的市场潜力。以猫犬为例，在消费能力方面，国内养宠人士在对于宠物的支出占比仅为美国的 50%，同样存在较大的发展空间。

虽然国内宠物行业的发展态势如此迅猛，但相应的配套政策和市场监管仍然不完善，相比于英美等国在 19 世纪就开始完善的宠物配套法案，目前中国相关的监管和法律仍然存在缺漏，没有关于服务标准、定价和行业规范等方面的完备政策使伪劣品牌野蛮生长，鱼龙混杂，已引起有关部门关注，更全面的监管机制有望在不久后出台。

在产品方面，以宠物食品为例，市占率最高的 5 个品牌分别是皇家、比瑞吉、伟嘉、宝路和伯纳天纯，其中，仅有比瑞吉和伯纳天纯为国产品牌，而其他品牌均来自跨国企业玛氏公司，根据 Euromoitor 数据，玛氏一家，在中国宠物食品的市占率就高达 30.7%，而时常被波奇网对标的美国 Chewy 公司，2020 年上半年的毛利率为 23.6%，而波奇则为 18.15%。此外，波奇网的自有品牌销售额在 2020 年同比 2019 年下降了 6%，销售占比不足 14%，而体量上也存在数量级差距，Chewy 在 2019 年和 2020 年的营收分别为 237 亿元与 333.8 亿元，同期波奇为 8 亿元和 7.7 亿元，相比于国际市场上拼杀多年的品牌，波奇网在产品开发

和体量扩张方面仍有较大的差距，道阻且长。

在国内方面，虽然波奇网在行业中占据了先发优势，但国内的同行业垂直品牌如乖宝和新瑞鹏等头部企业，也已启动 IPO 进程。

八、结语

总的来说，波奇网在过去 12 年中积攒的资本和三方面结合的模式优势，让波奇网拥有较大的体量、黏度较高的客户和社区平台优势，目前中国宠物行业将会有一段持续的增长期，波奇网已在中国宠物市场竞争格局中占据了黄金赛道，能否在这场竞争中继续领跑行业，需要坚持三位一体的模式优势，开发解决低频次服务和宠物医疗痛点的战略，整合尚且零散低效的市场。

元橡科技：三大源动力助力企业腾飞

所谓的行业技术壁垒，其实就是时间壁垒。所有的人都是极度聪明，只不过我们跑得更快一点。

——元橡科技 CEO 鲁耀杰

企业文化是一个组织由其价值观、信念、仪式、符号、处事方式等组成的其特有的文化形象。美国学者约翰科特和詹姆斯赫斯克特指出。企业文化是指一个企业中各个部门所拥有的共同的文化现象。凭借着别具一格的企业文化，在国内堪称颠覆性的技术以及异质型企业家精神，2017 年 3 月成立的元橡科技从诞生伊始，赛道选择、公司的管理以及市场的布局等环节，都开创了自身独具特色、可圈可点的成功模式。

一、谦逊包容，打造独特文化

在这个"万众创新、大众创业"的时代，新兴的创业公司不断涌现。科技公司这一新兴力量，凭借科研攻关掌握核心技术，如众星拱辰般受到政府的重视、资本的垂青、大众的瞩目，在重要的科技大会上占据重要地位、频频上"头条"。在科技兴国的战略指导下，成为中国强国梦的重要一环。

2017 年 3 月元橡科技成立。与那些带着光环的科技公司相比，元橡在料峭春寒中，沐浴着阳光雨露萌芽破土，然后安静的成长，悄悄的冒尖，以智能立体视觉技术搅动了一池春水。元橡科技 Metoak，源自 Meta 和 Oak 两个英文组合，Meta 元，万物的本源，打破一切固有规程，重建一个新秩序，是元橡不断探究、不断超越的原动力；Oak 橡树，长青之树，最大的开花植物，生机蓬勃，是元橡人与合作伙伴共同成长为一片森林的期许。

元橡这个名字是大家群策群议出来的。公司创立之初，团队所有人共同商议和思考公司怎样命名，做什么，以后怎么走，由此元橡形成了集思广益的基调，后来公司的重大发展节点，包括公司的战略方向，都是大家共同参与讨论而形成。科学的管理，包容的氛围，成为了元橡的企业文化基因之一。

科技立命。元橡是一家科技公司，科技是元橡对社会输出的最大价值。元橡科技的核心团队均是技术出身，也是这些科学家们的情怀所在。成立之初，创始团队一致认为要做一家科技公司，以科技立身，同时，也界定非科技的领域，公司概不涉足，即使有很大的利润空间和机会，也不去做。如果给科技公司做一个定语的话，那就是要做一家百年老店。公司的主要目的是为了做一家基业长青的公司，而不仅局限在上市、实现财务价值，一心踏踏实实地做一家科技公司，并且传承下去，是元橡科技企业文化的又一大基调。

不跟风，做自己。元橡两个字科技属性并不强，而且也没有突出主营业务，元橡主要专注于双目立体视觉领域。纵观行业，很多公司以视觉命名，"EYE"的相关公司很多，但元橡没有选择。大家认为，现在我们做的是双目立体视觉，但未来十年、二十年，随着时代的发展，主营业务可能不是智能立体视觉了，但元橡的业务肯定还是在科技领域。

元橡科技低调谦逊。低调在于元橡踏实的沉淀与攻坚，元橡用 2 年的时间厚积薄发，打造自己的核心竞争力。谦逊在于元橡虚怀若谷的包容力，积极吸取一切有利于公司发展的意见和建议，兼容并包。

极致高效是又一个基因，主要来自于公司的企业文化中、技术研发和产品的打磨中，不断追求极致，同时又建立高效的沟通机制。

以上良好的企业基因，与公司 CEO 鲁耀杰和 CTO 任杰以及核心团队的异质型企业家精神密不可分，在公司中大家得以熏陶，并继承发扬。

元橡的企业文化基因还有很多，除以上之外，还有专注专一、极致创新、心本管理等，元橡科技是一个看似无为而治，实际体验又能让人拍案叫绝的公司。四年来元橡科技的成长，得益于社会为创业公司提供的良好环境，也是今日中国日益发展大背景下的企业缩影。

二、慧眼如炬，打破行业旧秩序

元橡在创业初期，机器视觉及汽车自动驾驶正处于逐步升温阶段。乱花渐欲迷人眼，在诸多的选择面前，在面包和梦想的抉择中，元橡何去何从？

在业内有一个共识，双目立体视觉是一个好方向，在国际上得以广泛运用，较单目摄像头、激光雷达等方案有很大的优势。但双目立体视觉需要强大的算法，门槛太高，在芯片或 FPGA 上解决双目摄像头的计算问题难度比较大。双目立体视觉核心技术长期被国外的巨头公司垄断，而在国内研发的企业凤毛麟角。

元橡科技 CEO 鲁耀杰认为，大自然赋予我们双眼，是进化选择的结果，唯有立体视觉才能感知三维世界，才是机器的真视觉。人的大脑有 80% 的信息来自于视觉获取，机器需要开眼。尽管双目立体视觉的技术壁垒很高，元橡还是决心做出挑战。元橡用两年的时间潜心研发，不仅将算法提升，达到世界顶尖水平，同时将软硬件相结合，将算法进行硬件加速，实现了双目立体视觉从实验室到商业市场的落地。元橡科技作为一家中国公司，打破了国际垄断，拥有自主知识产权，用硬实力打破了业内的普遍看法。

元橡对智能立体视觉的执着不仅于此，继续研发，不断挑战自己，自主研发出双目立体视觉专用 ASIC 芯片，一颗"中国芯"锻造成功！元橡实现了多项该领域从 0 到 1 的突破，成为全球顶尖的智能立体视觉理论与技术引领者。

元橡科技将强大的算法进行硬件加速，实现更高性能、更低能耗，自研双目立体视觉专用芯片，第 2 代已发布并量产；其独有的 D^2 高级智能技术，即基于深度信息的深度学习，引领深度智能化，可靠性和精度世界领先；坚持软硬件一体化发展，为行业提供视觉综合解决方案。元橡科技作为全球领先的智能立体视觉及芯片解决方案提供商，弄潮于技术之巅，引领机器开眼时代。

元橡科技的产品具有全类型、远距离、高精度、低延时、低功耗等特点。其产品通过构建三维图像精准识别、测量、检测等，进行全类型感知，无需建模，对运动物体、人、动物等的测量中，图像获取瞬间完成，最远可实现 200 米的物体识别，深度成像分辨率达 1080p，纵向分辨率相当于超过 1000 线；测距精度方面可圈可点，100 米左右控制在 5% 以内，30 米内精度达 99%，10 米以内的精度达到毫米级，且距离越近，精度越高，可以满足不同客户的应用需求；元橡科技双目，利用硬件加速技术，超低时延，深度输出延时控制在 3 毫秒以内，最大限度的预留响应时长，增强控制需求和安全操作；高精度算法硬件化，能耗更低。作为软硬件一体的解决方案提供商，鲁棒性更强，帮助客户降本增效，互动体验更佳。

三、心本管理，打造全员内驱力

德鲁克曾提到管理是一门"博雅艺术"。"博"在于学识渊博，"雅"为做人第一，注重修身。"心本管理"是把"心"作为管理内容中的根本来对待，即要由心出发，不仅要尊重被管理人的内心感受，而且也要善于影响被管理人的心灵，从而由心灵的外在感动转化为管理者与员工心灵内在的交流与自觉。

员工是企业最宝贵的财富，每个人犹如一颗闪亮的珍珠，管理者就是穿起散落珍珠的那根线，懂得每颗珍珠的价值，串出美丽的项链。每个人都希望得到别人的尊重，管理艺术的出发点在于要尊重被管理对象，这样对方的心才会愿意被你管。

除了来自管理者的耳濡目染之外，元橡也为员工的发展制定了相关规划。橡叶计划是其中翘楚。在元橡建立初期，公司就定下了"员工持股"的基调，橡叶计划是落实企业与员工共同成长的一个规划。橡叶计划是以公司的年度业务发展为参考，对做出贡献的员工进行配股或者现金价值兑现的一种行为。获得橡叶奖励的人员可以选择期权兑换，也可以选择现金价值。橡叶计划设置有研发奖池计划、项目奖励、最佳员工奖等。

靡不有初，鲜克有终。"员工持股"是许多初创公司常常许诺的组织愿景，然而真正兑现的企业并不多。尽管股权激励愿景是美丽的，但要兑现承诺，甚至短时间内的兑现承诺，考验的不仅是管理者的心胸，还有企业是否短期内能快速崛起、对长远发展的足够信心及战略规划等。自 2019 年以来，元橡科技践行了橡叶计划，无形中打造了全员内驱力，也正是这种力量，让元橡的团队，不断创造出不平凡的价值。

元橡内部曾做过随机调研，受访者占元橡员工 70% 左右，大家一致认为，元橡是职业生涯中遇到的最好的公司，工作状态很舒服，可以做最好的自己，认可公司的发展方向、企业文化等，并愿意和公司共同成长。大家反馈到，在元橡工作，可以做自己想做的事情，成就感更强，干劲更足。元橡对员工的培养，不局限于当下的才能，更注重长远的发展，看重员工的学习力和自身潜力。元橡科技全员努力构建共同的发展愿景，让员工工作着并快乐着，在快乐完成事业中实现更大价值。

四、行业深耕，实现万"橡"更新

元橡布局市场，选择的是"钉钉子"战略，首先布局的是车载行业，车载是一个复杂而且对安全要求极高的行业。加上车载行业特殊的采购流程，以及对产品的准入资格极其严苛，车规级的认证仅次于航空级，难度远远高于工业级和消费级。

起高点以至中庸，元橡认为，攻克最难的，才能够适配更多的行业。这是一种勇气，更是一种信心。元橡对自己产品有自信，以纯视觉方案通过国家认证，2019 年，元橡科技 ADAS 双目视觉产品，不叠加其他技术通过国内 JT/T 883 - 2014 测试。该测试是车载领域最重要的门槛，是商用客车准入的标配，绝大多数产品都是通过融合方案，视觉再加上激光雷达等技术的融合才能通过，元橡仅仅用双目立体相机就通过认证，硬核实力在车载市场崭露头角。

在元橡核心团队开始做车载双目立体视觉方案时，国内这一市场也几乎是一片空白，当时常见的选择就是 Mobileye、博世、大陆等国外玩家，元橡科技如何冲出重围？一大策略就是为头部玩家提供"特色功能"。以商用车项目为例，基于元橡科技"可通过性检测"功能，预判车辆是否能够通过限高杆、涵洞等低矮交通场景，这是其他传感器方案难以实现的。由此，元橡双目立体视觉技术的市场就从试用到量产，从一个品牌到多家品牌拓展开来。

精细打磨，不断精进。元橡从实验室走向商业化，从客户的试用，进而进入前装定点，再到产线建设，大规模量产，产品性能飞跃式提升，现在元橡车载的出货量每个月在 10 万以上。车载领域的智能立体视觉产品，涵盖 ADAS 辅助驾驶及各级别自动驾驶，360°全方位保护行车安全，产品主要包括 LDW/AEB、可行驶区域检测 TAD、盲区监测 BSD、VSLAM 等功能。基于客户与用户的需求，不断研发创新，打造出"超预期"，让车载的智慧双眼更加明亮，更懂应用，不断进行行业深耕。

2020 年元橡科技在工业及消费级机器人领域进一步拓展。技术涵盖双目硬件、立体视觉识别、双目测量等，产品在主动跟随、主动避障、高精度 SLAM、智能交互等方面进一步延伸。机器人领域合作伙伴已达 10 余家，主要为国内外行业领军企业。合作客户涵盖无人机、工业及消费机器人、智慧物流、智能仓储、智慧城市等领域。

与客户共同成长。自元橡成立以来，在客户维护方面可圈可点。一个个客户从新客户，变成老客户，客户的订单逐步增加。以客户需求为出发点，以客户为中心，从售前、售中、售后，积极为客户和合作伙伴解决一个个痛点，"不以事小而不为"，在解决一个个问题之后，大家又积极地总结经验教训，沉淀出独特的内部客服系统。客户也能体会到元橡的真诚与付出。如果说领先的技术和产品是客群关系的准入证，那么对客户的服务意识，以及过程中表现出来的宝贵品质，是与客户共同携手走下去的重要标准。元橡与客户的黏性更强，彼此的理解更深。

五、结语

异质型企业家精神，独特的企业文化基因和颠覆性技术为元橡这幅画卷着好底色，并提供广阔的创作空间，让绘图更加绚丽。从 2017 年发布第一款车载专用双目立体相机，到 2019 年首款智能立体视觉芯片的量产，再到 2020 年多领域呈现爆发式增长，元橡的成长是时代洪流的选择，也是各个部门人心齐、泰山移，共同助推、水到渠成的产业结晶，相信这些企业基因的叠加将使元橡持续呈现出一"元"复始、万"橡"更新的蓬勃生机。

第六章

2020 全球独角兽企业 500 强大会媒体报道

新华网
2020 全球独角兽企业 500 强大会在青岛举行

媒体名称	新华网
文章标题	2020 全球独角兽企业 500 强大会在青岛举行
文章链接	http：//my－h5news. app. xinhuanet. com/h5/article. html？ articleId = aea33e71－aafb－49f1－b0b6－b05618efa143&share_ device_ token = 53ab8873fbfbc2b928949ce1b7cf53e2&share_ time = 1607060911724&share_ type = 1

新华网客户端 引领品质阅读   打开

2020全球独角兽企业500强大会在青岛举行

2020年12月2日，由青岛市人民政府和中国人民大学中国民营企业研究中心联合主办的"2020全球独角兽企业500强大会"在青岛即墨举行。

　　2020 年 12 月 2 日，由青岛市人民政府和中国人民大学中国民营企业研究中心联合主办的"2020 全球独角兽企业 500 强大会"在青岛即墨举行。

　　本届会议的主题为"创新的价值、逻辑与生态"，由青岛市民营经济发展局、青岛即墨区政府及北京隐形独角兽信息科技院承办，会议期间全球独角兽企业 500 强大会秘书长解树江发布了《数字经济先锋：全球独角兽企业 500 强报告

（2020）》及"2020 全球独角兽企业 500 强榜单"。

会议邀请国家部委相关领导、山东省相关领导、青岛市相关领导、全球独角兽企业 500 强代表、隐形独角兽企业代表、全球及国内知名金融投资机构代表和著名专家学者等 200 余名嘉宾与会。

据悉，为帮助独角兽企业更好地了解青岛市相关产业政策和营商环境，本次会议特别设置了"双招双引项目对接洽谈会"及"全球独角兽企业 500 强 CEO 恳谈会"等环节，以促进独角兽企业的个性化需求与青岛市产业发展布局相契合，多维度推动新基建科技创新项目的产业化落地，助力青岛市经济发展。

人民日报
2020 全球独角兽企业 500 强大会在青岛举行

媒体名称	人民日报
文章标题	2020 全球独角兽企业 500 强大会在青岛举行
文章链接	https://wap.peopleapp.com/article/rmh17306869/rmh17306869

2020 年 12 月 2 日，由青岛市人民政府和中国人民大学中国民营企业研究中心联合主办的"2020 全球独角兽企业 500 强大会"在青岛即墨举行。

2020 年 12 月 2 日，由青岛市人民政府和中国人民大学中国民营企业研究中心联合主办的"2020 全球独角兽企业 500 强大会"在青岛市即墨举行。

本届会议的主题为"创新的价值、逻辑与生态",由青岛市民营经济发展局、青岛市即墨区政府及北京隐形独角兽信息科技院承办,会议期间全球独角兽企业 500 强大会秘书长解树江教授发布了《数字经济先锋:全球独角兽企业 500 强报告(2020)》及"2020 全球独角兽企业 500 强榜单"。

会议邀请国家部委相关领导、山东省相关领导、青岛市相关领导、全球独角兽企业 500 强代表、隐形独角兽企业代表、全球及国内知名金融投资机构代表和著名专家学者等 200 余名嘉宾与会。

据悉,为帮助独角兽企业更好地了解青岛市相关产业政策和营商环境,本次会议特别设置了"双招双引项目对接洽谈会"及"全球独角兽企业 500 强 CEO 恳谈会"等环节,以促进独角兽企业的个性化需求与青岛市产业发展布局相契合,多维度推动新基建科技创新项目的产业化落地,助力青岛市经济发展。

人民日报海外网
2020 全球独角兽企业 500 强大会在青岛举行

媒体名称	人民日报海外网
文章标题	2020 全球独角兽企业 500 强大会在青岛举行
文章链接	https://m.haiwainet.cn/middle/3543759/2020/1203/content_ 31929972_ 1.html

2020 年 12 月 2 日,由青岛市人民政府和中国人民大学中国民营企业研究中心联合主办的"2020 全球独角兽企业 500 强大会"在青岛市即墨海景花苑大酒店举办。本届会议的主题为"创新的价值、逻辑与生态",由青岛市民营经济发展局、青岛即墨区政府及北京隐形独角兽信息科技院承办,会议期间全球独角兽企业 500 强大会秘书长解树江教授发布了《数字经济先锋:全球独角兽企业 500 强报告(2020)》及"2020 全球独角兽企业 500 强榜单"。

会议邀请国家部委相关领导、山东省相关领导、青岛市相关领导、全球独角兽企业 500 强代表、隐形独角兽企业代表、全球及国内知名金融投资机构代表和著名专家学者等 200 余名嘉宾与会。会议期间,举办了全球独角兽企业 500 强大会永久会址落户青岛市的揭牌仪式。此外,为帮助独角兽企业更好地了解青岛市相关产业政策和营商环境,本次会议特别设置了"双招双引项目对接洽谈会"及"全球独角兽企业 500 强 CEO 恳谈会"等环节,以促进独角兽企业的个性化需求与青岛市产业发展布局相契合，多维度推动新基建科技创新项目的产业化落地，助力青岛市经济发展。

一、引领破界创新，推动产业共生

山东省工业和信息化厅领导张登方为大会致辞时表示，独角兽企业是衡量一个国家和地区创新能力与创新生态的重要风向标，是推动新旧动能转换，新经济崛起的重要力量。从独角兽企业群体组成来看，我国很多独角兽企业是民营企业，是从中小企业逐步发展壮大而来的。因此，中小企业的做强做优做精是培育独角兽企业必须倚重的内生动力。山东省制定实施瞪羚企业培育和奖励 3 年行动计划，对促进民营经济高质量发展，起到了很好的引领带动作用。面向新发展阶段，素以大象经济著称的山东省，先后出台《山东省瞪羚独角兽企业认定管理办法》《山东省民营经济高质量发展三年行动计划》，对企业实施分类指导，强化资源配置和政策供给。同时，积极实施高成长企业热带雨林计划，开展新一轮专精特新瞪羚、独角兽企业培育行动，强化动态管理、精准服务和全链条培育。青岛市是山东省最适宜独角兽生育成长的生态城市，希望以此次全球独角兽 500 强大会为契机，积极推动青岛市、山东省中小企业持续健康发展。

青岛市人民政府副市长耿涛致辞时说："近年来，青岛市独角兽企业快速发展。2019 年，在全球独角兽企业 500 强中，有 6 家青岛企业，数量位居全国第 7，全省第 1。青岛市是一座青春之岛，是一座正在创业的城市，是城市中的独角兽。我们正着力推动产业链、资金链、人才链、技术链四链合一，积极构建优质高效的政务服务环境。我们这里有着独角兽企业最亟须的创新生态和产业生态，出台了独角兽企业培育和奖励政策，构建企业培育库，为企业提供辅导培训、技术对接、管理咨询等全方位的线上线下服务。青岛市愿意与独角兽企业的弯道超车开辟新赛道，用心营造独角兽企业茁壮成长的热带雨林。欢迎广大企业家来青岛放飞梦想，成就大业，共赢时代，共创辉煌。"

中国工程院院士、"星光中国芯工程"总指挥、中星微集团创建人兼首席科学家邓中翰发表"开创标准引领，原始创新实现换道超车"演讲时指出，独角兽作为创新的风向标的内在含义，它们的创建和发展主要是凭借着技术完成了应用场景与赛道的创新，通过制定行业标准，实现换道超车领跑，从而让行业内的竞争者学习模仿。独角兽企业不仅能实现商业上的成功，也能满足国家重大需求和市场的重大责任，承担产业革命和社会进步的历史使命。

中国人民大学中国民营企业研究中心主任、中国经济发展研究会会长、中央民族大学原校长黄泰岩教授在会上就"'双循环'新发展格局及企业应对战略"做了主题演讲。他认为，在构建新发展格局当中，最核心的就是畅通国内大循环，也就是以国内大循环为主体。国内大循环，我们国家沿着两个方向向前推进：一是满足现有需求。随着居民消费结构的升级，出现了大规模的供给结构与需求结构的断层或断档。这就需要通过以供给侧结构性改革为主线，去弥补或解决目前消费当中出现的断点、痛点、难点。二是随着新经济的出现，又会带动或创造出人们难以想象的新需求。

北京市政协经济委员会副主任、北京汽车集团原董事长徐和谊指出，在内外部环境的巨大变动之下，当前中国经济与产业的发展正在全面迎来创新驱动的时代。而创新驱动的先锋部队，无疑正是广大独角兽企业。在这艰辛旅程与巨大成就的背后的关键力量就在于引领破界创新，推动产业共生，并呼吁各界一起为独角兽企业创造更加优质的发展环境，为社会培育更多的独角兽企业，推动中国经济全面迈入创新驱动的新时代。

上海证券交易所发行上市服务中心市场区域主任裴奇就"独角兽企业如何登陆科创板"做了深度解读。他称，科创板试点注册制诞生之初就承担两大使命：一是落实创新驱动发展和科技强国战略，二是发挥资本市场改革试验田作用。企业想登陆科创板要有四方面的要求：一要符合科创板定位，二要具备发行条件，三要符合上市条件，四要信息披露。从行业领域来看，科创板主要重点支持以下 6 + 1 行业领域，新一代信息技术、高端装备、新材料、新能源、节能环保、生物医药，符合科创板定位的其他领域。经过一年多的发展，科创板注册制审核上升到 2.0，不变是信息披露为核心。四个变化，即更精准、更高效、更务实、更协同，这是审核经验提升的必然结果。

国开科技创业投资公司总裁于江和北京基金业协会执行副会长、云月产融创新董事长宋斌也从资本助力独角兽企业快速发展的角度做了深度分析。他说，金融始终应该是为实体经济服务的，尤其企业是市场的主体，创新的主体，发展的主体。首先，贴近企业，贴心于企业家，帮助做好产业、企业、事业与资金、资本、资源的结合，正是每家金融机构的责任所在，每个产融结合的专业服务平台的价值所在，也是每一个金融从业人员的使命所在，更是整个金融业的生命力所在。其次，我们还要以资本为核心，以需求为导向，坚持面对企业发展中的难点问题提供金融支持，产业与资金，企业与资本，事业与资源的结合，核心还是资本与企业的结合。

全球独角兽企业 500 强代表——安谋科技（中国）有限公司执行董事长兼 CEO 吴雄昂分享企业发展心得时表示，第五波的技术革命，通过物联网无所不在的设备把我们的生活环境数字化，通过 5G 和其他的通信技术把这些数据连接，从而改变生活中所有的服务与需求以及所有产业发展，对我们整个产业和人类生活的影响也远远超过了前四波革命。在中国，双循环＋新基建，数字化和智能化是产业大发展的核心。在新基建中，重创新、补短板，芯片产业特别是大计算等芯片是提升我国数字化能力的核心关键点。只有芯片核心计算能力提高，才能真正地实现我们数字化大基建推动产业发展的目标。

随后，全球独角兽企业 500 强代表——比亚迪半导体有限公司董事长兼总裁陈刚，奇安信科技集团股份有限公司副总裁、合伙人吴俣，青岛特来电新能源股份有限公司董事长于德翔、松鼠 Ai 1 对 1 合伙人 & 首席科学家崔炜等也分享了企业发展历程。

二、全球独角兽企业 500 强成为数字经济先锋

独角兽企业是数字经济先锋，不仅是科技创新企业的典型代表，也是衡量一个国家或地区创新能力、创新活力和创新生态的重要标志。会上，全球独角兽企业 500 强大会秘书长解树江教授发布了《数字经济先锋：全球独角兽企业 500 强报告（2020）》及 "2020 全球独角兽企业 500 强榜单"。报告显示，截止到 2020 年 7 月 31 日，全球独角兽企业 500 强总估值为 2.01 万亿美元，相比 2019 年同期 1.93 万亿美元，增长 8%，该估值超过 2019 年全球 GDP 排名第 8 位的意大利。预计五年内全球独角兽企业 500 强总估值有望超过英法 GDP。

2020 年全球独角兽企业 500 强区域分布极化严重，中国和美国占比达 81.8%。中国企业数量和估值仍居世界第一，分别为 217 家和 9376.90 亿美元，荣获两连冠。其中，北京有 76 家企业入围全球独角兽企业 500 强榜单，总估值高达 4216.24 亿美元，约占 2020 年全球独角兽企业 500 强总估值的 1/5，连续两年位居世界之首。

值得一提的是，今年青岛市共有 10 家企业进入全球独角兽企业 500 强榜单，同比增加 4 家，新上榜的 4 家企业分别为卡奥斯、青岛云路、特来电和能链集团。目前青岛市全球独角兽企业 500 强数量位列中国北方城市第二位，在全国城市的排名由 2019 年的第七位上升至第五位，总估值为 197.87 亿美元。据悉，青岛市作为我国沿海重要中心城市，近年来一直致力于为独角兽企业营造活力迸发的创业创新环境。青岛市设立了 "青岛独角兽热带雨林工程"，以打造一批千亿级产业集群，为独角兽企业在青岛的创新发展提供有力支撑。当前青岛市已逐渐发展为全球独角兽企业 500 强的新兴成长基地，成为我国独角兽企业成长的战略要地。

根据会上发布的 "2020 全球独角兽企业 500 强榜单"，2019 ~ 2020 年，共有 31 家全球独角兽企业 500 强成功登陆资本市场，23 家全球独角兽企业 500 强因被并购、破产、经营停滞、争夺控制权、不符合政策导向或负面舆情严重等原因从 2019 年的榜单中出局。其中，美国 Waymo 和中国字节跳动以 1000 亿美元的估

值并列 2020 全球独角兽企业 500 强榜单第一。但美国第一大独角兽 Waymo 相较 2019 年，估值大跌，由 1750 亿美元降至 1000 亿美元，跌幅达 43%；而中国的字节跳动，估值则出现大涨，由 2019 年的 750 亿美元上升至现在的 1000 亿美元，涨幅达 33%。

据解树江教授透露，2019 年的报告还有一个重要看点，即通过对大量的科技创新企业（特别是全球独角兽企业 500 强）成长轨迹与典型案例的分析，总结、归纳和提炼出了"科技创新企业成长模型"及成长的六大关键要素，深度揭秘了全球独角兽企业 500 强的成长密码，将为科技创新型企业及初创企业在激烈的市场竞争中快速成长和占领高地带来启示。

会上，大会组委会及领导嘉宾还对全球独角兽 500 强企业代表——苏宁金融、地平线、便利蜂、伟东云教育、海尔卡奥斯、汇通达、寒武纪、酒仙网、BOSS 直聘、界面、闪送、货拉拉、爱驰汽车、比亚迪半导体等企业颁发了证书。

据悉，《数字经济先锋：全球独角兽企业 500 强报告（2020）》是继 2019 年之后发布的第二个关于全球独角兽企业 500 强的报告，报告基于 2020 年全球独角兽企业数据库，按照全球独角兽企业 500 强评估标准采用人机共融智能技术（Human Machine Intelligence），遴选出全球前 500 家独角兽企业。该报告全面阐述了全球独角兽企业 500 强的最新发展，提出了科技创新企业成长模型，分析了全球独角兽企业 500 强基本格局和发展态势，并对全球独角兽企业 500 强的未来发展进行了展望。

全球独角兽企业 500 强评价标准有五个条件：①公司估值在 70 亿元人民币（10 亿美元）以上；②拥有独创性或颠覆性技术；③拥有难以复制的商业模式；④成立时间 10 年左右；⑤符合现行政策导向，不存在重大负面舆情。本报告评估基准日为 2020 年 7 月 31 日。

新华网
揭秘全球独角兽企业 500 强成长密码

媒体名称	新华网
文章标题	揭秘全球独角兽企业 500 强成长密码
文章链接	http://www.xinhuanet.com/auto/2020-12/04/c_1126820391.htm

2020 年 12 月 2 日，由青岛市人民政府和中国人民大学中国民营企业研究中

心联合主办的"2020 全球独角兽企业 500 强大会"在青岛即墨举办。本届会议的主题为"创新的价值、逻辑与生态"，由青岛市民营经济发展局、青岛市即墨区政府及北京隐形独角兽信息科技院承办，会议期间全球独角兽企业 500 强大会秘书长解树江教授发布了《数字经济先锋：全球独角兽企业 500 强报告（2020）》（以下简称报告），并全面解读了全球独角兽企业 500 强的成长规律和关键要素。

一、全球独角兽企业 500 强成长规律

报告显示，全球经济正处在转变发展方式、优化经济结构、转换增长动力的关键时期，转型升级成为各国经济发展的主要特征和努力方向。具有重大影响力的颠覆性技术正在推动着经济格局和产业形态的调整，成为国家或城市竞争力的关键所在。科技创新企业在一定程度上代表着新的增长动力，是全球经济转型升级的牵引力量。此外，受消费者年龄结构变动、收入结构变动、消费倾向变动、竞争加剧等因素的影响，全球市场呈现前所未有的快速变化。新需求层出不穷、新产品层出不穷、新服务层出不穷、新业态层出不穷。通过对大量的科技创新企业（特别是全球独角兽企业 500 强）成长轨迹与典型案例的分析，总结、归纳和提炼出"科技创新企业成长模型"。该模型描述了科技创新企业成长的一般规律、关键因素、内在逻辑、成长阶段和外部条件以及科技创新企业成长的优胜劣汰的演化过程，为科技创新企业从初创公司起步，相继进阶为隐形独角兽、独角兽，进而登陆资本市场的价值实现过程提供了一个分析框架（见图 6 – 1）。

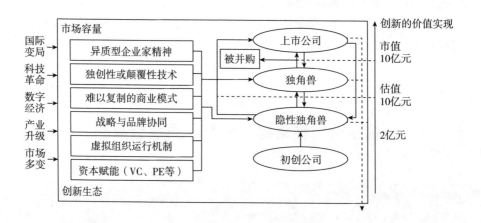

图 6 – 1　科技创新企业成长模型

此外，科技创新企业成长还有两个必不可少的外部条件：一个是市场容量，另一个是创新生态。市场容量是科技创新企业成长的重要外部条件。创新生态是以企业为主体，大学、科研机构、政府、金融等中介服务机构为系统要素载体的复杂网络结构，通过组织间的网络协作，深入整合人力、技术、信息、资本等创新要素，实现创新因子有效汇聚和各个主体的价值实现。独角兽企业最核心的特征之一就是拥有颠覆性技术，所生产的产品拥有较宽的技术护城河，不容易被复制和模仿。可以说，颠覆性技术创新就是独角兽企业成长的关键，是独角兽企业成长壮大的前提条件。因此，良好、宽松的技术创新环境，高水平的研发投入以及顺畅的科技成果转化通道将有助于独角兽企业颠覆性技术的突破，并促进独角兽企业的发展和培育。

颠覆性技术创新需要良好、宽松的生态环境。对于企业来说，在瞬息万变、竞争激烈的市场中进行创新，其不确定性和复杂性都是无法预知的。如何为企业营造一个适合颠覆性技术创新的生态环境至关重要。而以知识为导向的收入分配制度、科学的分类评价机制、完善的知识产权保护体系、公平的市场环境、合理的企业试错成本等都是创新生态环境的必备元素，是独角兽企业的生存空间。

二、全球独角兽企业 500 强成长的关键要素

根据报告，全球独角兽企业 500 强体现在六大关键要素：

1. 异质型企业家精神

任何企业的成长都需要企业家精神。"创新与企业家精神能让任何社会、经济、产业、公共服务机构和商业机构保持高度的灵活性与自我更新能力。"对独角兽企业家而言，除了具备通常意义上讲的企业家精神之外，还具有某些异质型的、与众不同的特点，如超凡的想象和钢铁般的意志等，因独角兽企业比一般的科创型企业成长更迅速、技术更先进，也更难驾驭。

2. 独创性或颠覆性技术

颠覆性技术是基于科学技术的新原理、新组合和新应用而开辟的全新技术轨道，导致传统产业归零或价值网络重组，并决定性影响社会技术体系升级跃迁，或国家现有基础、能力、结构等重构的战略性创新技术。颠覆性创新本质上是一种新的区别于以往线性的持续性创新模式。克里斯滕森认为，颠覆性技术往往从低端或边缘市场切入，以简单、方便、便宜为初始阶段特征，随着性能与功能的不断改进与完善，最终取代已有技术，开辟出新市场，形成新的价值体系。独角兽企业拥有独一无二、别具一格的独创性或颠覆性技术，这些技术能够对整个行业产生影响。

3. 难以复制的商业模式

只有前沿技术与优秀商业模式的完美结合，才能够让一个企业创造奇迹。独

角兽企业能够深刻认识到，商业模式就是创造和传递客户价值和公司价值的交易结构。独角兽企业大都清晰地界定了客户价值主张、盈利模式、关键资源和关键流程。独角兽企业的商业模式还具有很难被竞争者模仿的特征，这有利于企业保持其商业模式竞争优势的长期性。

4. 战略与品牌高度协同

战略与品牌的协同程度是区分不同层级的科技创新企业的一个重要的标志。独角兽企业需要在初创的短期内获得巨大的成功，其战略与品牌的协同程度是超过一般企业的，这不仅要有高瞻远瞩的战略统筹，同时还要实施积极的品牌推广，而且品牌推广要和公司战略高度匹配，高度协同，这是独角兽企业的一大特质。从全球独角兽企业 500 强可以看到，独角兽企业对战略和品牌的认知和理解远远超过其他同龄公司，表现出了早熟和超前，也是科技创新企业中战略与品牌协同程度最高的群体。实际上，战略与品牌是一枚硬币的两个侧面：对内，谋划实现全局目标的规划是战略；对外，展示企业形象和对客户承诺的是品牌。一个成功的企业，必须做到让其客户感知到的品牌形象中隐含着企业的战略意图。

5. 虚拟组织运行机制

独角兽企业大都采用了虚拟组织的运行机制。独角兽不是那些自我积累自我发展的企业，它们是虚拟组织，把核心能力发挥得淋漓尽致，而其他相关业务交由合作伙伴完成。独角兽只专注于自己最有竞争力的业务，虚拟企业通过集成各成员的核心能力和资源，在管理、技术、资源等方面拥有的竞争优势，通过分享市场机会和客户实现共赢的目标，以便在瞬息万变竞争激烈的市场环境中有更大的获胜机会。独角兽是资源的整合者，它们反应敏捷、善于高举高打、实现迅速成长。独角兽企业常用的虚拟组织机制包括外包、合作协议、战略联盟、特许经营、合资企业、虚拟销售网络等。独角兽企业根据自身的行业特点及约束条件往往采用组织机制中的一种或几种。

6. 持续的资本赋能

在科技创新企业成长的过程中，资本发挥了举足轻重的作用，科技创新企业正是有了资本的加持与助力，才能获得快速成长所必备的各种资源，从技术研发到人力资源的配备到厂房的建设都离不开强有力的资金支持。高投入和高风险决定了科技创新企业必须借助资本的力量实现成长，在此过程中企业通常会经过种子轮、天使轮、Pre－A 轮、A 轮、A＋轮、B 轮、C 轮、Pre－IPO 轮以及 IPO 轮等轮次的融资。资本的支持是科技创新企业，从初创公司跨越成为隐形独角兽，成为独角兽，进而登陆资本市场的关键要素。

由于颠覆性技术是对于现有主流技术的一种强大的破坏性力量，能够取代现有技术，改变游戏规则，重塑商业模式、重整市场秩序，颠覆性技术往往会创造一个新市场，这些新市场甚至在很大程度上超越或取代了现有市场。正因为如此，颠覆性技术的创新难度更高、创新投入更大，因此既要发挥市场对技术研发方向、路线选择、要素价格、各类创新要素配置的导向作用，也要发挥政府在促进高效的风险投资机制和完善的融资体系形成中的积极作用，善于用资本的力量撬动人才的集聚和驱动科技的创新。

据悉，《数字经济先锋：全球独角兽企业 500 强报告（2020）》是继 2019 年之后发布的第二个关于全球独角兽企业 500 强的报告，报告遴选出全球前 500 家独角兽企业，阐述了全球独角兽企业 500 强的最新发展，提出了科技创新企业成长模型，分析了全球独角兽企业 500 强基本格局和发展态势，并对全球独角兽企业 500 强的未来发展进行了展望。

光明网
2020 全球独角兽企业 500 强大会在青岛举行

媒体名称	光明网
文章标题	2020 全球独角兽企业 500 强大会在青岛举行
文章链接	https：//share. gmw. cn/tech/2020 – 12/03/content_ 34427040. htm

2020 年 12 月 2 日，由山东省青岛市人民政府和中国人民大学中国民营企业研究中心联合主办的"2020 全球独角兽企业 500 强大会"在青岛举办。本次会议主题为"创新的价值、逻辑与生态"，会议期间发布了《数字经济先锋：全球独角兽企业 500 强报告（2020）》及"2020 全球独角兽企业 500 强榜单"。

山东省工业和信息化厅张登方表示，中小企业的做强做优做精是培育独角兽企业必须倚重的内生动力。山东省制定实施瞪羚企业培育和奖励三年行动计划，三年培育瞪羚企业 337 家，独角兽企业 8 家，树立了山东省中小企业创新发展的示范标杆。对促进民营经济高质量发展，起到了很好的引领带动作用。希望以此次全球独角兽 500 强大会为契机，积极推动青岛市、山东省中小企业持续健康发展，推动全球独角兽企业加强合作，共同成长，助力山东省更多的中小企业加入全球独角兽企业行列。

中国工程院院士、"星光中国芯工程"总指挥、中星微集团创建人兼首席科学家邓中翰分享了独角兽企业从原始创新到通过国家和行业的标准体系建设来实现关键核心技术进入新的赛道，进而换道超车实现领跑的案例，并表示，独角兽企业不仅能实现商业上的成功，也能满足国家重大需求和市场的重大责任，承担产业革命和社会进步的历史使命。

中国人民大学中国民营企业研究中心主任、中国经济发展研究会会长、中央民族大学原校长黄泰岩以《"双循环"新发展格局及企业应对战略》为题发表演讲，他认为中国经济将出现五大发展趋势，独角兽企业、创新创业者们应该把握五个趋势顺势而为，借势发力：一是人均 GDP 达到 5000 美元以后，消费的需求将逐步超过商品的需求；二是人均 GDP 达到 8000 美元以后，居民消费结构的升级将出现个性化、创意消费的趋势；三是人均 GDP 达到 10000 美元以后，对消费品企业要求会越来越高；四是人均 GDP 达到 12700 美元，制造业将在整个产业中占据很高的比重；五是人均 GDP 将达到 25000 美元，为跨越修昔底德陷阱，国家要通过发展战略性新兴产业把关键核心技术掌握在自己的手里，把经济发展命门掌握在自己的手里。

会上，全球独角兽企业 500 强大会秘书长解树江发布《数字经济先锋：全球独角兽企业 500 强报告（2020）》及"2020 全球独角兽企业 500 强榜单"。报告显示，截至 2020 年 7 月 31 日，全球独角兽企业 500 强总估值为 2.01 万亿美元，相比 2019 年同期 1.93 万亿美元，增长了 8%，该估值超过 2019 年全球 GDP 排名第 8 位的意大利。预计五年内全球独角兽企业 500 强总估值有望超过英国和法国 GDP。

报告显示，2020 年全球独角兽企业 500 强区域分布极化严重，中国和美国占比达 81.8%。中国企业数量和估值仍居世界第一，分别为 217 家和 9376.90 亿美元，荣获两连冠。其中，北京有 76 家企业入围全球独角兽企业 500 强榜单，总估值高达 4216.24 亿美元，约占 2020 年全球独角兽企业 500 强总估值的 1/5，连续两年位居世界之首。

值得一提的是，2019 年青岛市共有 10 家企业进入全球独角兽企业 500 强榜单，同比增加 4 家。目前青岛市全球独角兽企业 500 强数量位列中国北方城市第二位，在全国城市的排名由 2019 年的第七位上升至第五位，总估值为 197.87 亿美元。

据悉，《数字经济先锋：全球独角兽企业 500 强报告（2020）》是继 2019 年之后发布的第二个关于全球独角兽企业 500 强的报告，报告基于 2020 年全球独角兽企业数据库，按照全球独角兽企业 500 强评估标准采用人机共融智能技术（Human Machine Intelligence），遴选出全球前 500 家独角兽企业。该报告全面阐述了全球独角兽企业 500 强的最新发展，提出了科技创新企业成长模型，分析了全球独角兽企业 500 强基本格局和发展态势，并对全球独角兽企业 500 强的未来发展进行了展望。

会议期间，还举办了全球独角兽企业 500 强大会永久会址落户青岛市的揭牌仪式。此外，为帮助独角兽企业更好地了解青岛相关产业政策和营商环境，本次会议特别设置了"双招双引项目对接洽谈会"及"全球独角兽企业 500 强 CEO 恳谈会"等环节，以促进独角兽企业的个性化需求与青岛市产业发展布局相契合，多维度推动新基建科技创新项目的产业化落地，助力青岛市经济发展。

中华人民共和国商务部官网
报告显示：中国连续两年居全球独角兽企业 500 强榜首

媒体名称	中华人民共和国商务部官网
文章标题	报告显示：中国连续两年居全球独角兽企业 500 强榜首
文章链接	http://www.mofcom.gov.cn/article/i/jyjl/j/202012/20201203020078.shtml

《数字经济先锋：全球独角兽企业 500 强报告（2020）》及"2020 全球独角兽企业 500 强榜单"于 2020 年 12 月 2 日在青岛市举行的 2020 全球独角兽企业 500 强大会上正式发布。报告显示，在 2020 年全球独角兽企业 500 强中，中国企业数量和估值居世界第一，分别为 217 家和 9376.9 亿美元，连续两年位居全球独角兽企业 500 强榜首。

报告显示，2020 年全球独角兽企业 500 强区域分布极化严重，中国和美国占比达 81.8%。2020 年美国表现欠佳，共有 192 家独角兽企业上榜，总估值为 8050.7 亿美元，数量上同比减少 1 家。

报告称，截至 2020 年 7 月 31 日，全球独角兽企业 500 强总估值为 2.01 万亿美元，比 2019 年同期增长 8%，该估值超过 2019 年全球 GDP 排名第 8 位的意大利。预计五年内全球独角兽企业 500 强总估值有望超过英国和法国的 GDP。

在"2020 全球独角兽企业 500 强榜单"中，美国的 Waymo 和中国的字节跳动以 1000 亿美元的估值并列 2020 全球独角兽企业 500 强榜单第一。但美国第一大独角兽 Waymo 相较 2019 年估值大跌，由 1750 亿美元降至 1000 亿美元，跌幅达 43%；而中国的字节跳动估值大涨，由 2019 年的 750 亿美元上升至 1000 亿美元，涨幅达 33%。

环球网
耿涛：青岛拥有独角兽企业最急需的创新生态和产业生态

媒体名称	环球网
文章标题	耿涛：青岛拥有独角兽企业最急需的创新生态和产业生态
文章链接	https：//capital. huanqiu. com/article/40y4YhNmXB2

2020 年 12 月 2 日，由青岛市人民政府和中国人民大学中国民营企业研究中心联合主办的"2020 全球独角兽企业 500 强大会"在青岛即墨举办。会上青岛市人民政府副市长耿涛先生就近年来青岛市为营造良好的创新生态环境所做出的努力及取得的成绩发表了主题演说。

耿涛指出，独角兽企业是新经济典型代表，是各行各业创新发展的代名词，更是衡量一个国家和地区创新能力的风向标。青岛市具有浓厚的独角兽基因，拥有分层孵化体系的优势高成长企业培育库，构建了企业从专精特新到细分市场隐形冠军，从隐形冠军到小巨人，从瞪羚到独角兽的成长培育机制。

2019 年，全球独角兽企业 500 强榜单中有 6 家青岛市企业，数量位居全国第七，北方城市第二，山东省第一。"青岛市是一座青春之岛，是一座正在创业的城市，是城市中的独角兽。我们正着力推动产业链、资金链、人才链、技术链四链合一，积极构建优质高效的政务服务环境。我们这里有着独角兽企业最急需的创新生态和产业生态，出台了独角兽企业培育和奖励政策，构建企业培育库，为企业提供辅导培训、技术对接、管理咨询等全方位的线上线下服务。着力打造独角兽全生态加速示范基地，以顶格倾听、顶格协调、顶格推进机制推动。我们欢迎各位企业家成为青岛市的合伙人。"耿涛称。

会上发布的"2020 全球独角兽企业 500 强榜单"显示，2020 年青岛市共有 10 家企业进入全球独角兽企业 500 强榜单，同比增加 4 家，新上榜的 4 家企业分别为卡奥斯、青岛云路、特来电和能链集团。目前青岛市全球独角兽企业 500 强数量位列中国北方城市第二位，在全国城市的排名由 2019 年的第七位上升至第五位，总估值为 197. 87 亿美元。

青岛市作为我国沿海重要中心城市，近几年一直致力于为独角兽企业营造活力迸发的创业创新环境。截至 2020 年，青岛市认定的专精特新企业 3274 家，隐形冠军企业 112 家，专精特新"小巨人"51 家，累计评选 90 家高科技高成长企业。为推进青岛成为风投聚集地，青岛出台《打造创业投资风险投资中心若干政策措施》，并设立了科创母基金。青岛在中基协登记的私募基金管理人 271 家、产品 553 只、管理规模 821.2 亿元，分别增长 14.8% 、33.6% 、28.3% 。2019 年，新引进人才 25 万人，人才总量达 208 万人。获评 2019 年度全国最佳引才城市奖，第八次入选魅力中国——外籍人才眼中最具吸引力城市。

此外，青岛市还实施了"青岛独角兽热带雨林工程"，以打造一批千亿级产业集群，并为独角兽企业在青岛市的创新发展提供有力支撑。青岛市已逐渐发展为全球独角兽企业 500 强的新兴成长基地，成为我国独角兽企业成长的战略要地。

据悉，2020 全球独角兽企业 500 强大会的主题为"创新的价值、逻辑与生态"，由青岛市民营经济发展局、青岛即墨区政府及北京隐形独角兽信息科技院承办，会议期间全球独角兽企业 500 强大会秘书长解树江教授发布了《数字经济先锋：全球独角兽企业 500 强报告（2020）》及"2020 全球独角兽企业 500 强榜单"。

中央电视台
2020 全球独角兽企业 500 强大会在青岛召开

媒体名称	中央电视台
文章标题	2020 全球独角兽企业 500 强大会在青岛召开
文章链接	https：//w. yangshipin. cn/video？type = 0&vid = d000021ijkz

人民视频
2020 全球独角兽企业 500 强榜单在青岛揭晓

媒体名称	人民视频
文章标题	2020 全球独角兽企业 500 强榜单在青岛揭晓
文章链接	https：//apiapp. people. cn/a/a/n/video_ wap_ 317155. html

"2020全球独角兽企业500强"榜单在青岛 ▼
揭晓

中国经济周刊
2020 全球独角兽企业 500 强榜单在青岛发布
217 家中国企业上榜

媒体名称	中国经济周刊
文章标题	2020 全球独角兽企业 500 强榜单在青岛发布 217 家中国企业上榜
文章链接	http：//www. ceweekly. cn/2020/1203/323078. shtml

2020 年 12 月 2 日，由青岛市人民政府和中国人民大学中国民营企业研究中心联合主办的"2020 全球独角兽企业 500 强大会"在青岛即墨海景花苑大酒店举办。本届会议的主题为"创新的价值、逻辑与生态"，由青岛市民营经济发展局、青岛即墨区政府及北京隐形独角兽信息科技院承办，会议期间全球独角兽企业 500 强大会秘书长解树江发布了《数字经济先锋：全球独角兽企业 500 强报告（2020）》及"2020 全球独角兽企业 500 强榜单"。中国企业数量和估值仍居世界第一，分别为 217 家和 9376.90 亿美元，荣获两连冠。

会议期间，举办了全球独角兽企业 500 强大会永久会址落户青岛市的揭牌仪式。此外，为帮助独角兽企业更好地了解青岛市相关产业政策和营商环境，本次会议特别设置了"双招双引项目对接洽谈会"及"全球独角兽企业 500 强 CEO 恳谈会"等环节，以促进独角兽企业的个性化需求与青岛市产业发展布局相契合，多维度推动新基建科技创新项目的产业化落地，助力青岛市经济发展。

一、优化创新生态，引领破界创新

山东省工业和信息化厅领导张登方为大会致辞时表示，中小企业的做强做优做精是培育独角兽企业必须倚重的内生动力。山东省制定实施瞪羚企业培育和奖励三年行动计划，三年培育瞪羚企业 337 家，独角兽企业 8 家，为山东省树立了中小企业创新发展的示范标杆。对促进民营经济高质量发展，起到了很好的引领带动作用。他指出，青岛市是不仅山东省最适宜独角兽生育成长的生态城市，也是全球独角兽企业 500 强大会的永久会址地，希望以此次全球独角兽 500 强大会为契机，积极推动青岛市、山东省中小企业持续健康发展，推动全球独角兽企业加强合作，共同成长，助力山东省更多的中小企业加入全球独角兽企业行列。

青岛市人民政府副市长耿涛在致辞时也提到了近年来青岛市为营造良好的创新生态环境所做出的努力。他表示，青岛市具有浓厚的独角兽基因，拥有分层孵化体系的优势高成长企业培育库，构建了企业从专精特新到细分市场隐形冠军，从隐形冠军到小巨人，从瞪羚到独角兽的成长培育机制。这里有着独角兽企业最急需的创新生态和产业生态，出台了独角兽企业培育和奖励政策，构建企业培育库，为企业提供辅导培训、技术对接、管理咨询等全方位的线上线下服务，并着力打造独角兽全生态加速示范基地，以顶格倾听、顶格协调、顶格推进机制推动。

即墨是青岛市的现代活力新区，也是本届大会的举办地，即墨区委副书记、区长张元升表示，独角兽企业是衡量一个国家和地区创新能力与创新生态的重要风向标，是推动新旧动能转换的坚实力量。即墨历史文化悠久，区位交通优越，产业基础雄厚，发展空间广阔，希望能将大会打造成为独角兽企业与投资机构、地方政府交流合作的重要平台，为科技创新和产业进步贡献更多力量。

中国工程院院士、"星光中国芯工程"总指挥、中星微集团创建人兼首席科学家邓中翰向与会嘉宾分享了独角兽企业从原始创新到通过国家和行业的标准体系建设来实现关键核心技术进入新的赛道，进而换道超车实现领跑的案例，并指出，独角兽企业不仅能实现商业上的成功，也能满足国家重大需求和市场的重大责任，承担产业革命和社会进步的历史使命。

中国人民大学中国民营企业研究中心主任、中国经济发展研究会会长、中央民族大学原校长黄泰岩教授在发表《"双循环"新发展格局及企业应对战略》的演讲中指出，中国经济将出现五大发展趋势，独角兽企业、创新创业者们应该把握这个趋势顺势而为，借势发力，主要应在以下五个方面发力：一是人均GDP达到5000美元以后，消费的需求将逐步超过商品的需求；二是人均GDP达到8000美元以后，居民消费结构的升级将出现个性化、创意消费的趋势；三是人均GDP达到10000美元以后，对消费品企业要求会越来越高；四是人均GDP达到12700美元，制造业将在整个产业中占据很高的比重；五是人均GDP将达到25000美元，为跨越修昔底德陷阱，国家要通过发展战略性新兴产业把关键核心技术掌握在自己的手里，把经济发展命门掌握在自己的手里。

北京市政协经济委员会副主任、北京汽车集团原董事长徐和谊指出，在内外部环境的巨大变动之下，当前中国经济与产业的发展正在全面迎来创新驱动的时代。而创新驱动的先锋部队，无疑正是广大独角兽企业。在这艰辛旅程与巨大成就背后的关键力量就在于引领破界创新，推动产业共生，并呼吁各界一起为独角兽企业创造更加优质的发展环境，为社会培育更多的独角兽企业，推动中国经济全面迈入创新驱动的新时代。

资本的支持是科技创新企业，从初创公司跨越成为隐形独角兽，成为独角兽，进而登陆资本市场的关键要素。对此，上海证券交易所发行上市服务中心市场区域主任裴奇就"独角兽企业如何登陆科创板"做了全面解读，国开科技创业投资公司总裁于江及北京基业协会执行副会长、云月产融创新董事长宋斌则从资本助力独角兽企业快速发展的角度做了深度分析。

随后，全球独角兽企业500强代表——安谋科技（中国）有限公司执行董事长兼CEO吴雄昂、比亚迪半导体有限公司董事长兼总裁陈刚，奇安信科技集团股份有限公司副总裁、合伙人吴俣，青岛特来电新能源股份有限公司董事长于德翔、松鼠Ai 1对1合伙人&首席科学家崔炜等向与会嘉宾分享了企业的发展历程。

二、全球独角兽企业 500 强成为数字经济先锋

独角兽企业是数字经济先锋，不仅是科技创新企业的典型代表，也是衡量一个国家或地区创新能力、创新活力和创新生态的重要标志。会上，全球独角兽企业 500 强大会秘书长解树江教授发布了《数字经济先锋：全球独角兽企业 500 强报告（2020）》及"2020 全球独角兽企业 500 强榜单"。报告显示，截至 2020 年 7 月 31 日，全球独角兽企业 500 强总估值为 2.01 万亿美元，相比 2019 年同期 1.93 万亿美元，增长 8%，该估值超过 2019 年全球 GDP 排名第 8 位的意大利。预计五年内全球独角兽企业 500 强总估值有望超过英国和法国 GDP。

2020 年全球独角兽企业 500 强区域分布极化严重，中国和美国占比达 81.8%。中国企业数量和估值仍居世界第一，分别为 217 家和 9376.90 亿美元，荣获两连冠。其中，北京有 76 家企业入围全球独角兽企业 500 强榜单，总估值高达 4216.24 亿美元，约占 2020 全球独角兽企业 500 强总估值的 1/5，连续两年位居世界之首。

值得一提的是，2020 年青岛市共有 10 家企业进入全球独角兽企业 500 强榜单，同比增加 4 家，新上榜的 4 家企业分别为卡奥斯、青岛云路、特来电和能链集团。目前青岛市全球独角兽企业 500 强数量位列中国北方城市第二位，在全国城市的排名由 2019 年的第七位上升至第五位，总估值为 197.87 亿美元。

据悉，青岛市作为我国沿海重要中心城市，近年来一直致力于为独角兽企业营造活力迸发的创业创新环境。2020 年 3 月 12 日，《青岛市培育瞪羚独角兽企业行动计划》（2020－2024 年）正式发布，青岛市首家瞪羚独角兽企业加速器在海尔揭牌成立，这也是山东省第一家瞪羚独角兽企业加速器。

2020 年 5 月 22 日，首个为青岛独角兽企业发展量身定制的"青岛独角兽热带雨林工程"正式启动，打造一批千亿级产业集群，为独角兽企业在青岛市的创新发展提供有力支撑。当前青岛市已逐渐发展为全球独角兽企业 500 强的新兴成长基地，成为我国独角兽企业成长的战略要地。

根据会上发布的"2020 全球独角兽企业 500 强榜单"，2019～2020 年，共有 31 家全球独角兽企业 500 强成功登陆资本市场，23 家全球独角兽企业 500 强因被并购、破产、经营停滞、争夺控制权、不符合政策导向或负面舆情严重等原因从 2019 年的榜单中出局。其中，美国 Waymo 和中国字节跳动以 1000 亿美元的估值并列 2020 全球独角兽企业 500 强榜单第一。但美国第一大独角兽 Waymo 相较 2019 年估值大跌，由 1750 亿美元降至 1000 亿美元，跌幅达 43%；而中国的字节跳动，估值则出现大涨，由 2019 年的 750 亿美元上升至现在的 1000 亿美元，涨幅达 33%。

据解树江教授透露，2020 年的报告还有一个重要看点，即通过对大量的科技创新企业（特别是全球独角兽企业 500 强）成长轨迹与典型案例的分析，总结、归纳和提炼出了"科技创新企业成长模型"及成长的六大关键要素，深度揭秘了全球独角兽企业 500 强的成长密码，将为科技创新型企业及初创企业在激烈的市场竞争中快速成长和占领高地带来启示。

会上，大会组委会及领导嘉宾还对全球独角兽 500 强企业代表——苏宁金融、地平线、便利蜂、伟东云教育、海尔卡奥斯、汇通达、寒武纪、酒仙网、BOSS 直聘、界面、闪送、货拉拉、爱驰汽车、比亚迪半导体等企业颁发了证书。

据悉，《数字经济先锋：全球独角兽企业 500 强报告（2020）》是继 2019 年之后发布的第二个关于全球独角兽企业 500 强的报告，报告基于 2020 年全球独角兽企业数据库，按照全球独角兽企业 500 强评估标准采用人机共融智能技术（Human Machine Intelligence），遴选出全球前 500 家独角兽企业。该报告全面阐述了全球独角兽企业 500 强的最新发展，提出了科技创新企业成长模型，分析了全球独角兽企业 500 强基本格局和发展态势，并对全球独角兽企业 500 强的未来发展进行了展望。

全球独角兽企业 500 强评价标准体现在以下五个方面：①公司估值在 70 亿元人民币（10 亿美元）以上；②拥有独创性或颠覆性技术；③拥有难以复制的商业模式；④成立时间 10 年左右；⑤符合现行政策导向，不存在重大负面舆情。本报告评估基准日为 2020 年 7 月 31 日。

中国网
2020 全球独角兽企业 500 强大会召开
"他们" 总估值约 2 万亿美元

媒体名称	中国网
文章标题	2020 全球独角兽企业 500 强大会召开"他们"总估值约 2 万亿美元
文章链接	http://t. m. china. com. cn/convert/c_ yzguVUZq. html

2020 年 12 月 2 日，由青岛市人民政府和中国人民大学中国民营企业研究中心联合主办、青岛市民营经济发展局、青岛即墨区政府及北京隐形独角兽信息科技院承办的"2020 全球独角兽企业 500 强大会"在青岛举办，会议主题为"创新的价值、逻辑与生态"，会上发布了《数字经济先锋：全球独角兽企业 500 强

报告（2020）》（以下简称《报告》）及"2020 全球独角兽企业 500 强榜单"。

山东省和青岛市相关领导、代表以及全球独角兽企业 500 强企业代表、金融投资机构代表和专家学者等 200 余名嘉宾与会。会议期间，举办了全球独角兽企业 500 强大会永久会址落户青岛的揭牌仪式。此外，为帮助独角兽企业更好地了解青岛相关产业政策和营商环境，本次会议特别设置了"双招双引项目对接洽谈会"及"全球独角兽企业 500 强 CEO 恳谈会"等环节，以促进独角兽企业的个性化需求与青岛市产业发展布局相契合，多维度推动新基建科技创新项目的产业化落地，助力青岛市经济发展。

会上，全球独角兽企业 500 强大会秘书长解树江发布《数字经济先锋：全球独角兽企业 500 强报告（2020）》及"2020 全球独角兽企业 500 强榜单"并解读全球独角兽企业 500 强的成长规律和关键要素，中国网记者了解，本报告评估基准日为 2020 年 7 月 31 日。

《报告》显示，截至 2020 年 7 月 31 日，全球独角兽企业 500 强总估值为 2.01 万亿美元，相比 2019 年同期 1.93 万亿美元，增长 8%，该估值超过 2019 年全球 GDP 排名第 8 位的意大利。预计五年内全球独角兽企业 500 强总估值有望超过英国和法国 GDP。

《报告》指出，技术变革、产业升级、数字经济、市场多变和国际变局构成了科技创新企业成长的宏观背景。当前，新冠肺炎疫情全球大流行使这个大变局加速变化，保护主义、单边主义上升，世界经济低迷，全球产业链、供应链因非经济因素而面临冲击，国际经济、科技、文化、安全、政治等格局都在发生深刻调整，世界进入动荡变革期。全球经济正处在转变发展方式、优化经济结构、转换增长动力的关键时期，转型升级成为各国经济发展的主要特征和努力方向。具有重大影响力的颠覆性技术正在推动着经济格局和产业形态的调整，成为国家或城市竞争力的关键所在。科技创新企业在一定程度上代表着新的增长动力，是全球经济转型升级的牵引力量。此外，受消费者年龄结构变动、收入结构变动、消费倾向变动、竞争加剧等因素的影响，全球市场呈现前所未有的快速变化。新需求层出不穷、新产品层出不穷、新服务层出不穷、新业态层出不穷。

据解树江透露，2020 年的《报告》还有一个重要看点，即通过对大量的科技创新企业（特别是全球独角兽企业 500 强）成长轨迹与典型案例的分析，总结、归纳和提炼出了"科技创新企业成长模型"及成长的六大关键要素，深度揭秘了全球独角兽企业 500 强的成长密码，将为科技创新型企业及初创企业在激烈的市场竞争中快速成长和占领高地带来启示。

据悉，《报告》是继 2019 年之后发布的第二个关于全球独角兽企业 500 强的报告，报告基于 2020 年全球独角兽企业数据库，按照全球独角兽企业 500 强评估标准采用人机共融智能技术（Human Machine Intelligence），遴选出全球前 500 家独角兽企业。该报告全面阐述了全球独角兽企业 500 强的最新发展，提出了科技创新企业成长模型，分析了全球独角兽企业 500 强基本格局和发展态势，并对全球独角兽企业 500 强的未来发展进行了展望。

《报告》认为，全球独角兽企业 500 强评价标准主要体现在以下五个方面：①公司估值在 70 亿元人民币（10 亿美元）以上；②拥有独创性或颠覆性技术；③拥有难以复制的商业模式；④成立时间 10 年左右；⑤符合现行政策导向，不存在重大负面舆情。

人民在线
数字经济先锋：全球独角兽企业 500 强——2020 全球独角兽企业 500 强大会在青岛召开

媒体名称	人民在线
文章标题	数字经济先锋：全球独角兽企业 500 强——2020 全球独角兽企业 500 强大会在青岛召开
文章链接	http://www.peoplezzs.com/news/2020/1202/53230.html

2020 年 12 月 2 日，由青岛市人民政府和中国人民大学中国民营企业研究中心联合主办的"2020 全球独角兽企业 500 强大会"在青岛即墨海景花苑大酒店举办。本届会议的主题为"创新的价值、逻辑与生态"，由青岛市民营经济发展局、青岛即墨区政府及北京隐形独角兽信息科技院承办。

会议期间全球独角兽企业 500 强大会秘书长解树江发布了《数字经济先锋：全球独角兽企业 500 强报告（2020）》及"2020 全球独角兽企业 500 强榜单"，该报告是继 2019 年之后发布的第二个关于全球独角兽企业 500 强的报告，全面阐述了全球独角兽企业 500 强的最新发展，提出了科技创新企业成长模型，分析了全球独角兽企业 500 强基本格局和发展态势，并对全球独角兽企业 500 强的未来发展进行了展望。

一、全球独角兽企业 500 强成为数字经济先锋

数字经济是继农业经济、工业经济之后的新型经济形态，是以数字化的知识和信息为关键生产要素，以数字技术创新为核心驱动力，以现代信息网络为重要载体的新型经济形态。数字经济受到梅特卡夫法则、摩尔定律、达维多定律的

支配。

数据显示，2019 年全球数字经济规模达到 31.8 万亿美元，同比名义增长 5.4%，在全球经济整体下行压力增大的背景下，数字经济"逆势上扬"，成为各国稳定经济增长、实现经济复苏的关键抓手。预计到 2025 年，全球经济总值将有一半来自于数字经济。概括地说，数字经济主要表现为产业数字化和数字产业化。在技术层面，包括大数据、云计算、物联网、区块链、人工智能、5G 通信等新兴技术。在应用层面，新零售、新制造等都是其应用场景。

解树江教授表示，独角兽企业是数字经济先锋，不仅是科技创新企业的典型代表，也是衡量一个国家或地区创新能力、创新活力和创新生态的重要标志。作为科技创新企业的典型代表，全球独角兽企业 500 强走在了数字经济的最前沿，它们都属于数字经济的范畴或是产业数字化或是数字产业化，如京东数科、今日头条、贝壳找房等头部企业。

他指出，目前一些国家和城市已经认识到数字经济的价值和意义，纷纷推出一系列措施以抓住数字经济的历史性机遇。如中国先后发布了《"十二五"国家战略性新兴产业发展规划》《智能制造发展规划（2016～2020 年）》《智能制造"十三五"发展规划》等一系列鼓励数字经济发展的政策规划，先后三次将数字经济写入政府工作报告，并在《中共中央关于制定国民经济和社会发展第十四个五年规划和二〇三五年远景目标的建议》提出，要发展数字经济，推进数字产业化和产业数字化，推动数字经济和实体经济深度融合，打造具有国际竞争力的数字产业集群。

即墨是青岛市的现代活力新区，也是本届大会的举办地，即墨区委副书记、区长张元升表示，独角兽企业是衡量一个国家和地区创新能力与创新生态的重要风向标，是推动新旧动能转换的坚实力量。即墨历史文化悠久，区位交通优越，产业基础雄厚，发展空间广阔，希望能将大会打造成为独角兽企业与投资机构、地方政府交流合作的重要平台，为科技创新和产业进步贡献更多力量。

二、中国连续两年雄踞全球独角兽企业 500 强榜首

《数字经济先锋：全球独角兽企业 500 强报告（2020）》显示，2020 年全球独角兽企业 500 强区域分布极化严重，中国和美国占比达 81.8%。中国企业数量和估值仍居世界第一，分别为 217 家和 9376.90 亿美元，荣获两连冠。2020 年美国表现欠佳，共有 192 家独角兽企业上榜，总估值为 8050.7 亿美元，数量上同比减少 1 家。

解树江教授指出，中国之所以能取得这样的好成绩与习近平总书记关于把创新摆在国家发展全局的核心位置，大力实施创新驱动发展战略的指示精神和李克

强总理关于创造有利条件，催生更多"独角兽企业"的要求是密不可分的。具体来看：首先，归功于中国巨大的消费市场，即便是中国经济周期性下行也未能改变中国消费升级和消费转型的大趋势。中国海关数据显示，中国已经连续 10 年保持世界第二大进口国地位。在新冠疫情对国际贸易产生巨大影响的 2020 年，中国的进口额也在逐月增长。2020 年 9 月总进口额达到 10.4 亿元，较 2020 年 8 月增长 15.6%。一些国际机构预测，在全球大变局之下，中国提出了国内国际"双循环"的发展思路，可以预见，未来内需，尤其是服务性消费将成为支持中国经济平稳可持续增长的重要动力源，激发源源不断的市场潜能，2020 年中国有望超过美国成为全球第一大消费市场。

其次，不断优化的创新生态环境为我国独角兽企业的成长奠定了良好的基础。改革开放后我国正式建立战略新兴产业，并制定了国家中长期科学和技术发展规划纲要，把建设创新型国家作为国家战略目标，党的十九大报告中提出 2035 年我国要跻身创新型国家前列。政策的支撑以及持续性的人才、技术投入使我国科技创新能力稳步增长。世界知识产权组织发布的《2020 全球创新指数报告》显示，我国已连续两年位居世界前 15 行列。此外，我国国际专利数量申请位居全球首位，2019 年中国国际专利申请数量为 58990 件，超过美国成为世界知识产权组织《专利合作条约》（PCT）框架下国际专利申请量最多的国家，20 年间增长了 200 倍。

三、2020 全球独角兽企业 500 强城市排名：北京第一，青岛第五

从全球独角兽企业 500 强的城市排名来看，2020 年北京有 76 家企业入围全球独角兽企业 500 强榜单，总估值高达 4216.24 亿美元，约占 2020 全球独角兽企业 500 强总估值的 1/5，连续两年位居世界之首。

解树江告诉记者，北京之所以成为全球独角兽企业 500 强冠军城市，主要得益于当地科技创新政策的支持和良好创新生态的营造。此外，近年来北京市产业结构的不断转型升级，致力于构建高精尖经济结构，深入抓好"10＋3"高精尖产业政策落实，大力发展智能制造、医药健康等高精尖产业，由"北京制造"迈向"北京创造"，也为独角兽企业的孕育与成长提供了沃土。

值得一提的是，2020 年青岛共有 10 家企业进入全球独角兽企业 500 强榜单，同比增加 4 家，新上榜的 4 家企业分别为卡奥斯、青岛云路、特来电和能链集团。目前青岛全球独角兽企业 500 强数量位列中国北方城市第二位，在全国城市的排名由 2019 年的第七位上升至第五位，总估值为 197.87 亿美元。

青岛市作为我国沿海重要中心城市，近几年一直致力于为独角兽企业营造活力迸发的创业创新环境。截至 2020 年，青岛市认定的专精特新企业 3274 家，隐

形冠军企业 112 家，专精特新"小巨人"51 家，累计评选 90 家高科技高成长企业。为推进青岛市成为风投聚集地，青岛市出台《打造创业投资风险投资中心若干政策措施》，并设立了科创母基金。青岛市在中基协登记的私募基金管理人 271 家、产品 553 只、管理规模 821.2 亿元，分别增长 14.8%、33.6%、28.3%。2019 年，新引进人才 25 万人，人才总量达 208 万人。获评 2019 年度全国最佳引才城市奖，第八次入选魅力中国——外籍人才眼中最具吸引力城市。

青岛市还实施了"青岛独角兽热带雨林工程"，以打造一批千亿级产业集群，并为独角兽企业在青岛的创新发展提供有力支撑。青岛市已逐渐发展为全球独角兽企业 500 强的新兴成长基地，成为我国独角兽企业成长的战略要地。

据悉，本届会议邀请国家部委相关领导、山东省相关领导、青岛市相关领导、全球独角兽企业 500 强代表、隐形独角兽企业代表、全球及国内知名金融投资机构代表和著名专家学者等 200 余名嘉宾与会。会议期间，举办了全球独角兽企业 500 强大会永久会址落户青岛的揭牌仪式。此外，为帮助独角兽企业更好地了解青岛市相关产业政策和营商环境，本次会议特别设置了"双招双引项目对接洽谈会"及"全球独角兽企业 500 强 CEO 恳谈会"等环节，以促进独角兽企业的个性化需求与青岛市产业发展布局相契合，多维度推动新基建科技创新项目的产业化落地，助力青岛市经济发展。

<h1 style="text-align:center">中国新闻网
引领破界创新 全球独角兽企业 500 强大会
永久会址落户青岛</h1>

媒体名称	中国新闻网
文章标题	引领破界创新 全球独角兽企业 500 强大会永久会址落户青岛
文章链接	https://m.chinanews.com/wap/detail/zw/business/2020/12-03/9353405.shtml

2020 年 12 月 2 日，由青岛市人民政府和中国人民大学中国民营企业研究中心联合主办的"2020 全球独角兽企业 500 强大会"在青岛即墨海景花苑大酒店举办。本届会议的主题为"创新的价值、逻辑与生态"，由青岛市民营经济发展局、青岛即墨区政府及北京隐形独角兽信息科技院承办，会议期间全球独角兽企业 500 强大会秘书长解树江教授发布了《数字经济先锋：全球独角兽企业 500 强报告（2020）》及"2020 全球独角兽企业 500 强榜单"。

一、全球独角兽企业 500 强大会永久会址揭牌仪式

会议期间，举办了全球独角兽企业 500 强大会永久会址落户青岛市的揭牌仪式。此外，为帮助独角兽企业更好地了解青岛市相关产业政策和营商环境，本次会议特别设置了"双招双引项目对接洽谈会"及"全球独角兽企业 500 强 CEO 恳谈会"等环节，以促进独角兽企业的个性化需求与青岛市产业发展布局相契合，多维度推动新基建科技创新项目的产业化落地，助力青岛市经济发展。

二、优化创新生态，引领破界创新

山东省工业和信息化厅领导张登方为大会致辞时表示，中小企业的做强做优做精是培育独角兽企业必须倚重的内生动力。山东省制定实施瞪羚企业培育和奖励三年行动计划，三年培育瞪羚企业 337 家，独角兽企业 8 家，树立了全省中小企业创新发展的示范标杆。对促进民营经济高质量发展，起到了很好的引领带动作用。他指出，青岛市是山东省最适宜独角兽生育成长的生态城市，也是全球独角兽企业 500 强大会的永久会址地，希望以此次全球独角兽 500 强大会为契机，积极推动青岛市、山东省中小企业持续健康发展，推动全球独角兽企业加强合作，共同成长，助力山东省更多的中小企业加入全球独角兽企业行列。

青岛市人民政府副市长耿涛在致辞时也提到了近年来青岛市为营造良好的创新生态环境所做出的努力。他表示，青岛市具有浓厚的独角兽基因，拥有分层孵化体系的优势高成长企业培育库，构建了企业从专精特新到细分市场隐形冠军，从隐形冠军到小巨人，从瞪羚到独角兽的成长培育机制。这里有着独角兽企业最急需的创新生态和产业生态，出台了独角兽企业培育和奖励政策，构建企业培育库，为企业提供辅导培训、技术对接、管理咨询等全方位的线上线下服务，并着力打造独角兽全生态加速示范基地，以顶格倾听、顶格协调、顶格推进机制推动。

即墨是青岛市的现代活力新区，也是本届大会的举办地，即墨区委副书记、区长张元升表示，独角兽企业是衡量一个国家和地区创新能力与创新生态的重要风向标，是推动新旧动能转换的坚实力量。即墨历史文化悠久，区位交通优越，产业基础雄厚，发展空间广阔，希望能将大会打造成为独角兽企业与投资机构、地方政府交流合作的重要平台，为科技创新和产业进步贡献更多力量。

中国工程院院士、"星光中国芯工程"总指挥、中星微集团创建人兼首席科学家邓中翰向与会嘉宾分享了独角兽企业从原始创新到通过国家和行业的标准体系建设来实现关键核心技术进入新的赛道，进而换道超车实现领跑的案例，并指出，独角兽企业不仅能实现商业上的成功，也能满足国家重大需求和市场的重大

责任,承担产业革命和社会进步的历史使命。

资本的支持是科技创新企业,从初创公司跨越成为隐形独角兽,再成为独角兽,进而登陆资本市场的关键要素。对此,上海证券交易所发行上市服务中心市场区域主任裴奇就"独角兽企业如何登陆科创板"做了全面解读,国开科技创业投资公司总裁于江及北京基金业协会执行副会长、云月产融创新董事长宋斌则从资本助力独角兽企业快速发展的角度做了深度分析。

随后,全球独角兽企业 500 强代表——安谋科技(中国)有限公司执行董事长兼 CEO 吴雄昂、比亚迪半导体有限公司董事长兼总裁陈刚、奇安信科技集团股份有限公司副总裁、合伙人吴侑、青岛特来电新能源股份有限公司董事长于德翔、松鼠 Ai1 对 1 合伙人 & 首席科学家崔炜等向与会嘉宾分享了企业的发展历程。

三、全球独角兽企业 500 强成为数字经济先锋

报告显示,截至 2020 年 7 月 31 日,全球独角兽企业 500 强总估值为 2.01 万亿美元,相比 2019 年同期 1.93 万亿美元,增长 8%,该估值超过 2019 年全球 GDP 排名第 8 位的意大利。预计五年内全球独角兽企业 500 强总估值有望超过英国和法国 GDP。

值得一提的是,2020 年青岛共有 10 家企业进入全球独角兽企业 500 强榜单,同比增加 4 家,新上榜的 4 家企业分别为卡奥斯、青岛云路、特来电和能链集团。目前青岛市全球独角兽企业 500 强数量位列中国北方城市第二位,在全国城市的排名由 2019 年的第七位上升至第五位,总估值为 197.87 亿美元。

据解树江教授透露,2020 年的报告还有一个重要看点,即通过对大量的科技创新企业(特别是全球独角兽企业 500 强)成长轨迹与典型案例的分析,总结、归纳和提炼出了"科技创新企业成长模型"及成长的六大关键要素,深度揭秘了全球独角兽企业 500 强的成长密码,将为科技创新型企业及初创企业在激烈的市场竞争中快速成长和占领高地带来启示。

据悉,《数字经济先锋:全球独角兽企业 500 强报告(2020)》是继 2019 年之后发布的第二个关于全球独角兽企业 500 强的报告,报告基于 2020 年全球独角兽企业数据库,按照全球独角兽企业 500 强评估标准采用人机共融智能技术(Human Machine Intelligence),遴选出全球前 500 家独角兽企业。该报告全面阐述了全球独角兽企业 500 强的最新发展,提出了科技创新企业成长模型,分析了全球独角兽企业 500 强基本格局和发展态势,并对全球独角兽企业 500 强的未来发展进行了展望。

全球独角兽企业 500 强评价标准体现在以下五个方面:①公司估值在 70 亿

元人民币（10 亿美元）以上；②拥有独创性或颠覆性技术；③拥有难以复制的商业模式；④成立时间 10 年左右；⑤符合现行政策导向，不存在重大负面舆情。本报告评估基准日为 2020 年 7 月 31 日。

中国日报
数字经济先锋：全球独角兽企业 500 强——2020 全球独角兽企业 500 强大会在青岛召开

媒体名称	中国日报
文章标题	数字经济先锋：全球独角兽企业 500 强——2020 全球独角兽企业 500 强大会在青岛召开
文章链接	http://caijing.chinadaily.com.cn/a/202012/04/WS5fc9d4eba3101e7ce97335e0.html

2020 年 12 月 2 日，由青岛市人民政府和中国人民大学中国民营企业研究中心联合主办的"2020 全球独角兽企业 500 强大会"在青岛即墨海景花苑大酒店举办。本届会议的主题为"创新的价值、逻辑与生态"，由青岛市民营经济发展局、青岛即墨区政府及北京隐形独角兽信息科技院承办。

会议期间全球独角兽企业 500 强大会秘书长解树江教授发布了《数字经济先锋：全球独角兽企业 500 强报告（2020）》及"2020 全球独角兽企业 500 强榜单"，该报告是继 2019 年之后发布的第二个关于全球独角兽企业 500 强的报告，全面阐述了全球独角兽企业 500 强的最新发展，提出了科技创新企业成长模型，分析了全球独角兽企业 500 强基本格局和发展态势，并对全球独角兽企业 500 强的未来发展进行了展望。

一、全球独角兽企业 500 强成为数字经济先锋

数字经济是继农业经济、工业经济之后的新型经济形态，是以数字化的知识和信息为关键生产要素，以数字技术创新为核心驱动力，以现代信息网络为重要载体的新型经济形态。数字经济受到梅特卡夫法则、摩尔定律、达维多定律的支配。

数据显示，2019 年全球数字经济规模达到 31.8 万亿美元，同比名义增长 5.4%，在全球经济整体下行压力增大的背景下，数字经济"逆势上扬"，成为各国稳定经济增长、实现经济复苏的关键抓手。预计到 2025 年，全球经济总值将有一半来自于数字经济。概括地说，数字经济主要表现为产业数字化和数字产业

化。在技术层面，包括大数据、云计算、物联网、区块链、人工智能、5G 通信等新兴技术；在应用层面，新零售、新制造等都是其应用场景。

解树江表示，独角兽企业是数字经济先锋，是科技创新企业的典型代表，也是衡量一个国家或地区创新能力、创新活力和创新生态的重要标志。作为科技创新企业的典型代表，全球独角兽企业 500 强走在了数字经济的最前沿，它们都属于数字经济的范畴，或是产业数字化，或是数字产业化，如京东数科、今日头条、贝壳找房等头部企业。

他指出，目前一些国家和城市已经认识到数字经济的价值和意义，纷纷推出一系列措施以抓住数字经济的历史性机遇。如中国先后发布了《"十二五"国家战略性新兴产业发展规划》《智能制造发展规划（2016 - 2020 年)》《智能制造"十三五"发展规划》等一系列鼓励数字经济发展的政策规划，先后三次将数字经济写入政府工作报告，并在《中共中央关于制定国民经济和社会发展第十四个五年规划和二〇三五年远景目标的建议》提出，要发展数字经济，推进数字产业化和产业数字化，推动数字经济和实体经济深度融合，打造具有国际竞争力的数字产业集群。

二、中国连续两年雄踞全球独角兽企业 500 强榜首

《数字经济先锋：全球独角兽企业 500 强报告（2020）》显示，2020 年全球独角兽企业 500 强区域分布极化严重，中国和美国占比达 81.8%。中国企业数量和估值仍居世界第一，分别为 217 家和 9376.90 亿美元，荣获两连冠。2020 年美国表现欠佳，共有 192 家独角兽企业上榜，总估值为 8050.7 亿美元，数量上同比减少 1 家。

解树江指出，中国之所以能取得这样的好成绩与关于把创新摆在国家发展全局的核心位置，大力实施创新驱动发展战略的指示精神和关于创造有利条件，催生更多"独角兽企业"的要求是密不可分的。具体来看：

首先，归功于中国巨大的消费市场，即便是中国经济周期性下行也未能改变中国消费升级和消费转型的大趋势。中国海关数据显示，中国已经连续 10 年保持世界第二大进口国地位。在新冠疫情对国际贸易产生巨大影响的 2020 年，中国的进口额也在逐月增长。2020 年 9 月总进口额达到 10.4 亿元，较 2020 年 8 月增长 15.6%。一些国际机构预测，在全球大变局之下，中国提出了国内国际"双循环"的发展思路，可以预见，未来内需，尤其是服务性消费将成为支持中国经济平稳可持续增长的重要动力源，激发源源不断的市场潜能，2020 年中国有望超过美国成为全球第一大消费市场。

其次，不断优化的创新生态环境为我国独角兽企业的成长奠定了良好的基础。改革开放后我国正式建立战略新兴产业，并制定了国家中长期科学和技术发展规划纲要，把建设创新型国家作为国家战略目标，在党的十九大报告中提出2035 年我国要跻身创新型国家前列。政策的支撑以及持续性的人才、技术投入使我国科技创新能力稳步增长。世界知识产权组织发布的《2020 全球创新指数报告》显示，我国已连续两年位居世界前 15 行列。此外，我国国际专利数量申请位居全球首位，2019 年中国国际专利申请数量为 58990 件，超过美国成为世界知识产权组织《专利合作条约》（PCT）框架下国际专利申请量最多的国家，20年间增长了 200 倍。

三、2020 全球独角兽企业 500 强城市排名：北京第一，青岛第五

从全球独角兽企业 500 强的城市排名来看，2020 年北京有 76 家企业入围全球独角兽企业 500 强榜单，总估值高达 4216.24 亿美元，约占 2020 全球独角兽企业 500 强总估值的 1/5，连续两年位居世界之首。

解树江告诉记者，北京之所以成为全球独角兽企业 500 强冠军城市，主要得益于当地科技创新政策的支持和良好创新生态的营造。此外，近年来北京市产业结构的不断转型升级，致力于构建高精尖经济结构，深入抓好"10 + 3"高精尖产业政策落实，大力发展智能制造、医药健康等高精尖产业，由"北京制造"迈向"北京创造"，也为独角兽企业的孕育与成长提供了沃土。

值得一提的是，2020 年青岛市共有 10 家企业进入全球独角兽企业 500 强榜单，同比增加 4 家，新上榜的 4 家企业分别为卡奥斯、青岛云路、特来电和能链集团。目前青岛市全球独角兽企业 500 强数量位列中国北方城市第二位，在全国城市的排名由 2019 年的第七位上升至第五位，总估值为 197.87 亿美元。

青岛市作为我国沿海重要中心城市，近几年一直致力于为独角兽企业营造活力迸发的创业创新环境。截至 2020 年，青岛市认定的专精特新企业 3274 家，隐形冠军企业 112 家，专精特新"小巨人"51 家，累计评选 90 家高科技高成长企业。为推进青岛市成为风投聚集地，青岛市出台《打造创业投资风险投资中心若干政策措施》，并设立了科创母基金。青岛市在中基协登记的私募基金管理人271 家、产品 553 只、管理规模 821.2 亿元，分别增长 14.8%、33.6%、28.3%。2019 年，新引进人才 25 万人，人才总量达 208 万人。获评 2019 年度全国最佳引才城市奖，第八次入选魅力中国——外籍人才眼中最具吸引力城市。

青岛市还实施了"青岛独角兽热带雨林工程"，以打造一批千亿级产业集群，并为独角兽企业在青岛市的创新发展提供有力支撑。青岛市已逐渐发展为全球独角兽企业 500 强的新兴成长基地，成为我国独角兽企业成长的战略要地。

据悉，本届会议邀请国家部委相关领导、山东省相关领导、青岛市相关领

导、全球独角兽企业 500 强代表、隐形独角兽企业代表、全球及国内知名金融投资机构代表和著名专家学者等 200 余名嘉宾与会。会议期间,举办了全球独角兽企业 500 强大会永久会址落户青岛市的揭牌仪式。此外,为帮助独角兽企业更好地了解青岛市相关产业政策和营商环境,本次会议特别设置了"双招双引项目对接洽谈会"及"全球独角兽企业 500 强 CEO 恳谈会"等环节,以促进独角兽企业的个性化需求与青岛市产业发展布局相契合,多维度推动新基建科技创新项目的产业化落地,助力青岛市经济发展。

证券时报
全球独角兽 500 强榜单发布,这些汽车交通领域的企业入围

媒体名称	证券时报
文章标题	全球独角兽 500 强榜单发布,这些汽车交通领域的企业入围
文章链接	http://company.stcn.com/gsxw/202012/t20201208_2608049.html

数字经济是继农业经济、工业经济之后的新型经济形态,是以数字化的知识和信息为关键生产要素,以数字技术创新为核心驱动力,以现代信息网络为重要载体的新型经济形态。

相关数据显示,2019 年全球数字经济规模已达到 31.8 万亿美元,同比增长 5.4%。有预测显示,预计到 2025 年,全球经济总值将有一半来自于数字经济。在数字经济逐渐成为各个国家实现经济增长的关键抓手的背景下,越来越多的独角兽企业开始成为了拉动数字经济发展的急先锋。日前,在 2020 全球独角兽企业 500 强大会上,《数字经济先锋:全球独角兽企业 500 强报告(2020)》(以下简称《报告》)及"2020 全球独角兽企业 500 强榜单"正式发布。

《证券时报》记者注意到,在 2020 全球独角兽企业 500 强榜单中,理想汽车、威马汽车、比亚迪半导体、滴滴出行、Grab、Go-Jek、车好多、大搜车、首汽约车、特来电、Ola Cabs、Rivian 等汽车交通领域的公司入围其中。

全球独角兽企业 500 强大会秘书长解树江教授表示,独角兽企业是数字经济先锋,是科技创新企业的典型代表,也是衡量一个国家或地区创新能力、创新活力和创新生态的重要标志。

一、六大要素决定独角兽企业的成长

《证券时报》记者了解到，2019 年，全球独角兽企业 500 强大会就曾发布过关于独角兽企业的研究报告，而 2020 年的《报告》是基于 2020 年全球独角兽企业数据库，按照全球独角兽企业 500 强评估标准，采用人机共融智能技术，遴选出的全球前 500 家独角兽企业。

据悉，评价标准体现在以下五个方面：①公司估值在 70 亿元人民币（10 亿美元）以上；②拥有独创性或颠覆性技术；③拥有难以复制的商业模式；④成立时间 10 年左右；⑤符合现行政策导向，不存在重大负面舆情等。

解树江指出，全球独角兽企业 500 强是科技创新企业中的典型代表，它们走在了数字经济的最前沿。据他透露，截至 2020 年 7 月 31 日，全球独角兽企业 500 强总估值为 2.01 万亿美元，相比 2019 年同期 1.93 万亿美元，增长 8%，从估值金额的绝对值上来看，这一数字已经超越了 2019 年全球 GDP 排名第 8 位的意大利。

可以预见的是，在数字经济的价值日益凸显的背景下，独角兽企业的能量和价值也在不断被释放。那么，独角兽企业的成长究竟需要哪些基本要素呢？

《报告》指出，根据对全球独角兽 500 强企业的分析可知，推动独角兽企业成长的关键要素包含六个层面：异质型企业家精神、独创性或颠覆性技术、难以复制的商业模式、战略与品牌高度协同、虚拟组织运行机制和持续的资本赋能。

业内人士认为，在科技创新企业成长的过程中，资本发挥了举足轻重的作用，科技创新企业正是有了资本的加持与助力，才能获得快速成长所必备的各种资源。在《报告》发布现场，上海证券交易所发行上市服务中心市场区域主任裴奇就"独角兽企业如何登陆科创板"进行了全面解读。

《报告》显示，受国际变局的影响，越来越多的独角兽企业开始转向了中国的资本市场，科创板、香港交易所将成为中国独角兽企业上市的首选地。

二、中国连续两年雄踞榜首

《报告》显示，2020 全球独角兽企业 500 强的分布地区严重分化，其中，中国和美国占比达 81.8%。中国企业数量和估值居世界第一，分别为 217 家和 9376.90 亿美元，这是中国连续两年雄踞全球独角兽企业 500 强榜首。

解树江指出，中国之所以能取得这样的成绩，与国家把创新摆在发展全局的核心位置有关，同时国家也为独角兽企业的诞生创造了诸多有利条件。

具体来看，中国拥有巨大的消费市场，即便是在经济周期下行和新冠疫情冲击的背景下，也未能改变中国消费升级和消费转型的大趋势。与此同时，中国提

出了国内国际"双循环"的发展思路，以应用全球之大变局。

中国人民大学中国民营企业研究中心主任、中国经济发展研究会会长、中央民族大学原校长黄泰岩表示，在"双循环"新发展格局下，消费需求将逐步超过商品需求，居民消费结构的升级将出现个性化、创意消费的趋势。这些趋势的出现，需要独角兽企业和创新创业者们及时把握，把关键核心技术掌握在自己手中。

展望未来，《报告》指出，未来全球独角兽企业 500 强将继续引领科技和产业的变革，成为世界经济增长的重要引擎。中美两国在全球独角兽企业 500 强的双强鼎立格局在短期内不会改变。

值得关注的是，《报告》分析称，未来新基建领域将涌现更多的全球独角兽企业 500 强，尤其是在 5G、特高压、城际高速铁路和城际轨道交通、新能源汽车充电桩、大数据中心、人工智能、工业互联网等领域，将成为政策、产业基金、风险投资的热点。同时，科创板、香港交易所将成为中国独角兽企业上市的首选地。

三、这些汽车交通领域的企业入围

《证券时报》记者了解到，在 2020 全球独角兽企业 500 强榜单中，理想汽车、威马汽车、比亚迪半导体、滴滴出行、Grab、Go - Jek、车好多、大搜车、首汽约车、特来电、Ola Cabs、Rivian 等汽车交通领域的公司入围其中。

这其中除了理想汽车、威马汽车为整车企业以外，大部分入围企业均为出行公司、后市场服务公司等。

北京市政协经济委员会副主任、北京汽车集团原董事长徐和谊指出，创新往往发端于多元融合的领域，因此独角兽企业大多数均具备跨产业融合的特征。当前的汽车产业，正在面临"新四化"转型，正式融合创新的热土。以新能源汽车为例，从电池技术到人工智能，再到通信技术，无不需要融合。在他看来，推动新时代独角兽企业的发展必须推动多产业的共生共融。

中证网
2020 全球独角兽企业 500 强大会在青岛召开

媒体名称	中证网
文章标题	2020 全球独角兽企业 500 强大会在青岛召开
文章链接	http：//www. cs. com. cn/ssgs/gsxw/202012/t20201202_ 6116847. html

2020 年 12 月 2 日，由青岛市人民政府和中国人民大学中国民营企业研究中心联合主办的"2020 全球独角兽企业 500 强大会"在青岛即墨举办。

会议期间，全球独角兽企业 500 强大会秘书长解树江发布了《数字经济先锋：全球独角兽企业 500 强报告（2020）》及"2020 全球独角兽企业 500 强榜单"。上述报告是继 2019 年之后发布的第二个关于全球独角兽企业 500 强的报告，全面阐述了全球独角兽企业 500 强的最新发展，提出了科技创新企业成长模型，分析了全球独角兽企业 500 强基本格局和发展态势，并对全球独角兽企业 500 强的未来发展进行了展望。

报告显示，美国企业 Waymo 和中国企业字节跳动以 1000 亿美元的估值并列 2020 全球独角兽企业 500 强榜单第一位。阿里云以 670 亿美元估值排名第三位。报告还显示，2019～2020 年，共有 31 家全球独角兽企业 500 强成功登陆资本市场。

解树江表示，独角兽企业是数字经济先锋，是科技创新企业的典型代表。作为科技创新企业的典型代表，全球独角兽企业 500 强走在了数字经济的最前沿，它们都属于数字经济的范畴。

中国经济新闻网
2020 全球独角兽企业 500 强大会在青岛召开

媒体名称	中国经济新闻网
文章标题	2020 全球独角兽企业 500 强大会在青岛召开
文章链接	http：//www.cet.com.cn/wzsy/cj/2721982.shtml

2020 年 12 月 2 日，由青岛市人民政府和中国人民大学中国民营企业研究中心联合主办的"2020 全球独角兽企业 500 强大会"在青岛市举办。本届会议的主题为"创新的价值、逻辑与生态"，由青岛市民营经济发展局、青岛即墨区政府及北京隐形独角兽信息科技院承办。

会议邀请国家部委相关领导、山东省相关领导、青岛市相关领导、全球独角兽企业 500 强代表、隐形独角兽企业代表、全球及国内知名金融投资机构代表和著名专家学者等 200 余名嘉宾参会。会议期间，举办了全球独角兽企业 500 强大会永久会址落户青岛市的揭牌仪式。

一、优化创新生态，引领破界创新

山东省工业和信息化厅领导张登方为大会致辞时表示，中小企业的做强做优做精是培育独角兽企业必须倚重的内生动力。山东省制定实施瞪羚企业培育和奖励三年行动计划，三年培育瞪羚企业 337 家，独角兽企业 8 家，为山东省树立了中小企业创新发展的示范标杆。对促进民营经济高质量发展，起到了很好的引领带动作用。他指出，青岛市不仅是山东省最适宜独角兽生育成长的生态城市，也是全球独角兽企业 500 强大会的永久会址地，希望以此次全球独角兽 500 强大会为契机，积极推动青岛市、山东省中小企业持续健康发展，推动全球独角兽企业加强合作，共同成长，助力山东省更多的中小企业加入全球独角兽企业行列。

青岛市人民政府副市长耿涛在致辞时也提到了近年来青岛市为营造良好的创新生态环境所做出的努力。他表示，青岛市具有浓厚的独角兽基因，拥有分层孵化体系的优势高成长企业培育库，构建了企业从专精特新到细分市场隐形冠军，从隐形冠军到小巨人，从瞪羚到独角兽的成长培育机制。这里有着独角兽企业最急需的创新生态和产业生态，出台了独角兽企业培育和奖励政策，构建企业培育库，为企业提供辅导培训、技术对接、管理咨询等全方位的线上线下服务，并着力打造独角兽全生态加速示范基地，以顶格倾听、顶格协调、顶格推进机制推动。

即墨是青岛市的现代活力新区，也是本届大会的举办地，即墨区委副书记、区长张元升表示，独角兽企业是衡量一个国家和地区创新能力与创新生态的重要风向标，是推动新旧动能转换的坚实力量。即墨历史文化悠久，区位交通优越，产业基础雄厚，发展空间广阔，希望能将大会打造成为独角兽企业与投资机构、地方政府交流合作的重要平台，为科技创新和产业进步贡献更多力量。

中国工程院院士、"星光中国芯工程"总指挥、中星微集团创建人兼首席科学家邓中翰向与会嘉宾分享了独角兽企业从原始创新到通过国家和行业的标准体系建设来实现关键核心技术进入新的赛道，进而换道超车实现领跑的案例，并指出，独角兽企业不仅能实现商业上的成功，也能满足国家重大需求和市场的重大责任，承担产业革命和社会进步的历史使命。

中国人民大学中国民营企业研究中心主任、中国经济发展研究会会长、中央民族大学原校长黄泰岩教授在发表《"双循环"新发展格局及企业应对战略》的演讲中指出，中国经济将出现五大发展趋势，独角兽企业、创新创业者们应该把握这个趋势顺势而为，借势发力，主要体现在以下五个方面：一是人均 GDP 达到 5000 美元以后，消费的需求将逐步超过商品的需求；二是人均 GDP 达到 8000 美元以后，居民消费结构的升级将出现个性化、创意消费的趋势；三是人均 GDP

达到 10000 美元以后，对消费品企业要求会越来越高；四是人均 GDP 达到 12700 美元，制造业将在整个产业中占据很高的比重；五是人均 GDP 将达到 25000 万美元，为跨越修昔底德陷阱，国家要通过发展战略性新兴产业把关键核心技术掌握在自己的手里，把经济发展命门掌握在自己的手里。

北京市政协经济委员会副主任、北京汽车集团原董事长徐和谊指出，在内外部环境的巨大变动之下，当前中国经济与产业的发展正在全面迎来创新驱动的时代。而创新驱动的先锋部队，无疑正是广大独角兽企业。在这艰辛旅程与巨大成就的背后的关键力量就在于引领破界创新，推动产业共生，并呼吁各界一起为独角兽企业创造更加优质的发展环境，为社会培育更多的独角兽企业，推动中国经济全面迈入创新驱动的新时代。

资本的支持是科技创新企业，从初创公司跨越成为隐形独角兽，成为独角兽，进而登陆资本市场的关键要素。对此，上海证券交易所发行上市服务中心市场区域主任裴奇就"独角兽企业如何登陆科创板"做了全面解读，国开科技创业投资公司总裁于江及北京基金业协会执行副会长、云月产融创新董事长宋斌则从资本助力独角兽企业快速发展的角度做了深度分析。

随后，全球独角兽企业 500 强代表向与会嘉宾分享了企业的发展历程。

二、全球独角兽企业 500 强成为数字经济先锋

独角兽企业是数字经济先锋，不仅是科技创新企业的典型代表，也是衡量一个国家或地区创新能力、创新活力和创新生态的重要标志。会上，全球独角兽企业 500 强大会秘书长解树江发布了《数字经济先锋：全球独角兽企业 500 强报告（2020）》及"2020 全球独角兽企业 500 强榜单"。报告显示，截至 2020 年 7 月 31 日，全球独角兽企业 500 强总估值为 2.01 万亿美元，相比去年同期 1.93 万亿美元，增长 8%，该估值超过 2019 年全球 GDP 排名第 8 位的意大利。预计五年内全球独角兽企业 500 强总估值有望超过英国和法国 GDP。

据解树江透露，2020 年的报告还有一个重要看点，即通过对大量的科技创新企业（特别是全球独角兽企业 500 强）成长轨迹与典型案例的分析，总结、归纳和提炼出了"科技创新企业成长模型"及成长的六大关键要素，深度揭秘了全球独角兽企业 500 强的成长密码，将为科技创新型企业及初创企业在激烈的市场竞争中快速成长和占领高地带来启示。

会上，大会组委会及领导嘉宾还对全球独角兽 500 强企业代表颁发了证书。

环球网
2020 全球独角兽企业 500 强大会在青岛召开

媒体名称	环球网
文章标题	2020 全球独角兽企业 500 强大会在青岛召开
文章链接	https：//capital. huanqiu. com/article/40wJW72bjph

2020 年 12 月 2 日，由山东省青岛市人民政府和中国人民大学中国民营企业研究中心联合主办的"2020 全球独角兽企业 500 强大会"在青岛市举办。本次会议主题为"创新的价值、逻辑与生态"，会议期间发布了《数字经济先锋：全球独角兽企业 500 强报告（2020）》及"2020 全球独角兽企业 500 强榜单"。

山东省工业和信息化厅领导张登方为大会致辞时表示，中小企业的做强做优做精是培育独角兽企业必须倚重的内生动力。山东省制定实施瞪羚企业培育和奖励三年行动计划，三年培育瞪羚企业 337 家，独角兽企业 8 家，为山东省树立中小企业创新发展的示范标杆。对促进民营经济高质量发展，起到了很好的引领带动作用。

独角兽企业是数字经济先锋，不仅是科技创新企业的典型代表，也是衡量一个国家或地区创新能力、创新活力和创新生态的重要标志。本次会议发布了《数字经济先锋：全球独角兽企业 500 强报告（2020）》及"2020 全球独角兽企业 500 强榜单"。《报告》显示，截至 2020 年 7 月 31 日，全球独角兽企业 500 强总估值为 2.01 万亿美元，相比 2019 年同期 1.93 万亿美元，增长 8%，该估值超过 2019 年全球 GDP 排名第 8 位的意大利。预计五年内全球独角兽企业 500 强总估值有望超过英国和法国 GDP。

2020 全球独角兽企业 500 强区域分布极化严重，中国和美国占比达 81.8%。中国企业数量和估值仍居世界第一，分别为 217 家和 9376.90 亿美元，荣获两连冠。其中，北京有 76 家企业入围全球独角兽企业 500 强榜单，总估值高达 4216.24 亿美元，约占 2020 全球独角兽企业 500 强总估值的 1/5，连续两年位居世界之首。青岛市共有 10 家企业进入全球独角兽企业 500 强榜单，同比增加 4 家。

青岛市人民政府副市长耿涛表示，青岛市具有浓厚的独角兽基因，拥有分层孵化体系的优势高成长企业培育库，构建了企业从专精特新到细分市场隐形冠军，从隐形冠军到小巨人，从瞪羚到独角兽的成长培育机制。青岛市有着独角兽企业急需的创新生态和产业生态、独角兽企业培育和奖励政策。还构建了企业培育库，为企业提供辅导培训、技术对接、管理咨询等全方位的线上线下服务，并着力打造独角兽全生态加速示范基地，以顶格倾听、顶格协调、顶格推进机制推动。

　　会议期间，还举办了全球独角兽企业 500 强大会永久会址落户青岛市的揭牌仪式。此外，为帮助独角兽企业更好地了解青岛市相关产业政策和营商环境，本次会议特别设置了"双招双引项目对接洽谈会"及"全球独角兽企业 500 强CEO 恳谈会"等环节，以促进独角兽企业的个性化需求与青岛市产业发展布局相契合，多维度推动新基建科技创新项目的产业化落地，助力青岛市经济发展。

中国经济网
2020 全球独角兽企业 500 强大会在青岛召开

媒体名称	中国经济网
文章标题	2020 全球独角兽企业 500 强大会在青岛召开
文章链接	http：//www.ce.cn/cysc/newmain/yc/jsxw/202012/02/t20201202_ 36073836.shtml

　　2020 年 12 月 2 日，由山东省青岛市人民政府和中国人民大学中国民营企业研究中心联合主办的"2020 全球独角兽企业 500 强大会"在青岛市举办。本次会议主题为"创新的价值、逻辑与生态"，会议期间发布了《数字经济先锋：全球独角兽企业 500 强报告（2020）》及"2020 全球独角兽企业 500 强榜单"。

　　山东省工业和信息化厅领导张登方为大会致辞时表示，中小企业的做强做优做精是培育独角兽企业必须倚重的内生动力。山东省制定实施瞪羚企业培育和奖励三年行动计划，三年培育瞪羚企业 337 家，独角兽企业 8 家，为山东省树立了中小企业创新发展的示范标杆。对促进民营经济高质量发展，起到了很好的引领带动作用。

　　独角兽企业是数字经济先锋，不仅是科技创新企业的典型代表，也是衡量一个国家或地区创新能力、创新活力和创新生态的重要标志。本次会议发布了《数字经济先锋：全球独角兽企业 500 强报告（2020）》及"2020 全球独角兽企业 500 强榜单"。《报告》显示，截至 2020 年 7 月 31 日，全球独角兽企业 500 强总估值为 2.01 万亿美元，相比 2019 年同期 1.93 万亿美元，增长 8%，该估值超过2019 年全球 GDP 排名第 8 位的意大利。预计五年内全球独角兽企业 500 强总估值有望超过英国和法国 GDP。

2020 全球独角兽企业 500 强区域分布极化严重,中国和美国占比达 81.8%。中国企业数量和估值仍居世界第一,分别为 217 家和 9376.90 亿美元,荣获两连冠。其中,北京有 76 家企业入围全球独角兽企业 500 强榜单,总估值高达 4216.24 亿美元,约占 2020 全球独角兽企业 500 强总估值的 1/5,连续两年位居世界之首。青岛市共有 10 家企业进入全球独角兽企业 500 强榜单,同比增加 4 家。

青岛市人民政府副市长耿涛表示,青岛市具有浓厚的独角兽基因,拥有分层孵化体系的优势高成长企业培育库,构建了企业从专精特新到细分市场隐形冠军,从隐形冠军到小巨人,从瞪羚到独角兽的成长培育机制。青岛市有着独角兽企业急需的创新生态和产业生态、独角兽企业培育和奖励政策。还构建了企业培育库,为企业提供辅导培训、技术对接、管理咨询等全方位的线上线下服务,并着力打造独角兽全生态加速示范基地,以顶格倾听、顶格协调、顶格推进机制推动。

会议期间,还举办了全球独角兽企业 500 强大会永久会址落户青岛市的揭牌仪式。此外,为帮助独角兽企业更好地了解青岛市相关产业政策和营商环境,本次会议特别设置了"双招双引项目对接洽谈会"及"全球独角兽企业 500 强 CEO 恳谈会"等环节,以促进独角兽企业的个性化需求与青岛市产业发展布局相契合,多维度推动新基建科技创新项目的产业化落地,助力青岛市经济发展。

中国经济信息网
2020 全球独角兽企业 500 强大会在青岛召开

媒体名称	中国经济信息网
文章标题	2020 全球独角兽企业 500 强大会在青岛召开
文章链接	http://vod.cei.cn/ShowPage.aspx? PageID=00010035&guid=646ff883a6fc4810a34b133dbd9408fb

2020 年 12 月 2 日,由青岛市人民政府和中国人民大学中国民营企业研究中心联合主办的"2020 全球独角兽企业 500 强大会"在青岛市即墨海景花苑大酒店举办。本届会议的主题为"创新的价值、逻辑与生态",由青岛市民营经济发展局、青岛即墨区政府及北京隐形独角兽信息科技院承办,会议期间全球独角兽企业 500 强大会秘书长解树江教授发布了《数字经济先锋:全球独角兽企业 500 强报告(2020)》及"2020 全球独角兽企业 500 强榜单"。

会议邀请国家部委相关领导、山东省相关领导、青岛市相关领导、全球独角兽企业 500 强代表、隐形独角兽企业代表、全球及国内知名金融投资机构代表和著名专家学者等 200 余名嘉宾与会。会议期间，举办了全球独角兽企业 500 强大会永久会址落户青岛市的揭牌仪式。此外，为帮助独角兽企业更好地了解青岛市相关产业政策和营商环境，本次会议特别设置了"双招双引项目对接洽谈会"及"全球独角兽企业 500 强 CEO 恳谈会"等环节，以促进独角兽企业的个性化需求与青岛市产业发展布局相契合，多维度推动新基建科技创新项目的产业化落地，助力青岛市经济发展。

一、优化创新生态，引领破界创新

山东省工业和信息化厅领导张登方为大会致辞时表示，中小企业的做强做优做精是培育独角兽企业必须倚重的内生动力。山东省制定实施瞪羚企业培育和奖励三年行动计划，三年培育瞪羚企业 337 家，独角兽企业 8 家，为山东省树立了中小企业创新发展的示范标杆。对促进民营经济高质量发展，起到了很好的引领带动作用。他指出，青岛市是山东省最适宜独角兽生育成长的生态城市，也是全球独角兽企业 500 强大会的永久会址地，希望以此次全球独角兽 500 强大会为契机，积极推动青岛市、山东省中小企业持续健康发展，推动全球独角兽企业加强合作，共同成长，助力山东省更多的中小企业加入全球独角兽企业行列。

青岛市人民政府副市长耿涛在致辞时也提到了近年来青岛市为营造良好的创新生态环境所做出的努力。他表示，青岛市具有浓厚的独角兽基因，拥有分层孵化体系的优势高成长企业培育库，构建了企业从专精特新到细分市场隐形冠军，从隐形冠军到小巨人，从瞪羚到独角兽的成长培育机制。这里有着独角兽企业最急需的创新生态和产业生态，出台了独角兽企业培育和奖励政策，构建企业培育库，为企业提供辅导培训、技术对接、管理咨询等全方位的线上线下服务，并着力打造独角兽全生态加速示范基地，以顶格倾听、顶格协调、顶格推进机制推动。

即墨是青岛的现代活力新区，也是本届大会的举办地，即墨区委副书记、区长张元升表示，独角兽企业是衡量一个国家和地区创新能力与创新生态的重要风向标，是推动新旧动能转换的坚实力量。即墨历史文化悠久，区位交通优越，产业基础雄厚，发展空间广阔，希望能将大会打造成为独角兽企业与投资机构、地方政府交流合作的重要平台，为科技创新和产业进步贡献更多力量。

中国工程院院士、"星光中国芯工程"总指挥、中星微集团创建人兼首席科学家邓中翰向与会嘉宾分享了独角兽企业从原始创新到通过国家和行业的标准体系建设来实现关键核心技术进入新的赛道，进而换道超车实现领跑的案例，并指出，独角兽企业不仅能实现商业上的成功，也能满足国家重大需求和市场的重大责任，承担产业革命和社会进步的历史使命。

中国人民大学中国民营企业研究中心主任、中国经济发展研究会会长、中央民族大学原校长黄泰岩教授在发表《"双循环"新发展格局及企业应对战略》的演讲中指出，中国经济将出现五大发展趋势，独角兽企业、创新创业者们应该把握这个趋势顺势而为，借势发力，主要体现在以下五个方面：一是人均 GDP 达到 5000 美元以后，消费的需求将逐步超过商品的需求；二是人均 GDP 达到 8000 美元以后，居民消费结构的升级将出现个性化、创意消费的趋势；三是人均 GDP 达到 10000 美元以后，对消费品企业要求会越来越高；四是人均 GDP 达到 12700 美元，制造业将在整个产业中占据很高的比重；五是人均 GDP 将达到 25000 美元，为跨越修昔底德陷阱，国家要通过发展战略性新兴产业把关键核心技术掌握在自己的手里，把经济发展命门掌握在自己的手里。

北京市政协经济委员会副主任、北京汽车集团原董事长徐和谊指出，在内外部环境的巨大变动之下，当前中国经济与产业的发展正在全面迎来创新驱动的时代。而创新驱动的先锋部队，无疑正是广大独角兽企业。在这艰辛旅程与巨大成就的背后关键力量就在于引领破界创新，推动产业共生，并呼吁各界一起为独角兽企业创造更加优质的发展环境，为社会培育更多的独角兽企业，推动中国经济全面迈入创新驱动的新时代。

资本的支持是科技创新企业，从初创公司跨越成为隐形独角兽，成为独角兽，进而登陆资本市场的关键要素。对此，上海证券交易所发行上市服务中心市场区域主任裴奇就"独角兽企业如何登陆科创板"做了全面解读，国开科技创业投资公司总裁于江及北京基金业协会执行副会长、云月产融创新董事长宋斌则从资本助力独角兽企业快速发展的角度做了深度分析。

随后，全球独角兽企业 500 强代表——安谋科技（中国）有限公司执行董事长兼 CEO 吴雄昂、比亚迪半导体有限公司董事长兼总裁陈刚，奇安信科技集团股份有限公司副总裁、合伙人吴俣，青岛特来电新能源股份有限公司董事长于德翔、松鼠 Ai 1 对 1 合伙人 & 首席科学家崔炜等向与会嘉宾分享了企业的发展历程。

二、全球独角兽企业 500 强成为数字经济先锋

独角兽企业是数字经济先锋，不仅是科技创新企业的典型代表，也是衡量一个国家或地区创新能力、创新活力和创新生态的重要标志。会上，全球独角兽企业 500 强大会秘书长解树江发布了《数字经济先锋：全球独角兽企业 500 强报告（2020）》及"2020 全球独角兽企业 500 强榜单"。报告显示，截至 2020 年 7 月

31 日，全球独角兽企业 500 强总估值为 2.01 万亿美元，相比 2019 年同期 1.93 万亿美元，增长 8%，该估值超过 2019 年全球 GDP 排名第 8 位的意大利。预计五年内全球独角兽企业 500 强总估值有望超过英国和法国 GDP。

2020 年全球独角兽企业 500 强区域分布极化严重，中国和美国占比达 81.8%。中国企业数量和估值仍居世界第一，分别为 217 家和 9376.90 亿美元，荣获两连冠。其中，北京有 76 家企业入围全球独角兽企业 500 强榜单，总估值高达 4216.24 亿美元，约占 2020 全球独角兽企业 500 强总估值的 1/5，连续两年位居世界之首。

值得一提的是，2020 年青岛共有 10 家企业进入全球独角兽企业 500 强榜单，同比增加 4 家，新上榜的 4 家企业分别为卡奥斯、青岛云路、特来电和能链集团。目前青岛市全球独角兽企业 500 强数量位列中国北方城市第二位，在全国城市的排名由 2019 年的第七位上升至第五位，总估值为 197.87 亿美元。据悉，青岛市作为我国沿海重要中心城市，近年来一直致力于为独角兽企业营造活力迸发的创业创新环境。2020 年 3 月 12 日，《青岛市培育瞪羚独角兽企业行动计划》（2020~2024 年）正式发布，青岛市首家瞪羚独角兽企业加速器在海尔揭牌成立，这也是山东省第一家瞪羚独角兽企业加速器。2020 年 5 月 22 日，首个为青岛市独角兽企业发展量身定制的"青岛独角兽热带雨林工程"正式启动，打造一批千亿级产业集群，为独角兽企业在青岛市的创新发展提供有力支撑。当前青岛市已逐渐发展为全球独角兽企业 500 强的新兴成长基地，成为我国独角兽企业成长的战略要地。

根据会上发布的"2020 全球独角兽企业 500 强榜单"，2019~2020 年，共有 31 家全球独角兽企业 500 强成功登陆资本市场，23 家全球独角兽企业 500 强因被并购、破产、经营停滞、争夺控制权、不符合政策导向或负面舆情严重等原因从 2019 年的榜单中出局。其中，美国 Waymo 和中国字节跳动以 1000 亿美元的估值并列 2020 全球独角兽企业 500 强榜单第一。但美国第一大独角兽 Waymo 相较 2019 年估值大跌，由 1750 亿美元降至 1000 亿美元，跌幅达 43%；而中国的字节跳动，估值则出现大涨，由 2019 年的 750 亿美元上升至现在的 1000 亿美元，涨幅达 33%。

据解树江透露，2020 年的报告还有一个重要看点，即通过对大量的科技创新企业（特别是全球独角兽企业 500 强）成长轨迹与典型案例的分析，总结、归纳和提炼出了"科技创新企业成长模型"及成长的六大关键要素，深度揭秘了全球独角兽企业 500 强的成长密码，将为科技创新型企业及初创企业在激烈的市场竞争中快速成长和占领高地带来启示。

会上，大会组委会及领导嘉宾还对全球独角兽 500 强企业代表——苏宁金融、地平线、便利蜂、伟东云教育、海尔卡奥斯、汇通达、寒武纪、酒仙网、BOSS 直聘、界面、闪送、货拉拉、爱驰汽车、比亚迪半导体等企业颁发了证书。

据悉,《数字经济先锋:全球独角兽企业 500 强报告(2020)》是继 2019 年之后发布的第二个关于全球独角兽企业 500 强的报告,报告基于 2020 年全球独角兽企业数据库,按照全球独角兽企业 500 强评估标准采用人机共融智能技术(Human Machine Intelligence),遴选出全球前 500 家独角兽企业。该报告全面阐述了全球独角兽企业 500 强的最新发展,提出了科技创新企业成长模型,分析了全球独角兽企业 500 强基本格局和发展态势,并对全球独角兽企业 500 强的未来发展进行了展望。

全球独角兽企业 500 强评价标准体现在以下五个方面:①公司估值在 70 亿元人民币(10 亿美元)以上;②拥有独创性或颠覆性技术;③拥有难以复制的商业模式;④成立时间 10 年左右;⑤符合现行政策导向,不存在重大负面舆情。本报告评估基准日为 2020 年 7 月 31 日。

财经
2020 全球独角兽企业 500 强榜单
发布　字节跳动、阿里云等上榜

媒体名称	财经
文章标题	2020 全球独角兽企业 500 强榜单发布　字节跳动、阿里云等上榜
文章链接	https://news.caijingmobile.com/article/detail/426639? source_id=40&share_from=weixin

独角兽企业是数字经济先锋,不仅是科技创新企业的典型代表,也是衡量一个国家或地区创新能力、创新活力和创新生态的重要标志。2020 年 12 月 2 日,在由青岛市人民政府和中国人民大学中国民营企业研究中心联合主办的 2020 全球独角兽企业 500 强大会上,全球独角兽企业 500 强大会秘书长解树江发布了《数字经济先锋:全球独角兽企业 500 强报告(2020)》。

字节跳动、阿里云、滴滴出行、陆金所、阿里本地生活、京东健康 6 家企业入围前 10 名,其中,字节跳动以 1000 亿美元的估值占据榜首。

报告显示,截至 2020 年 7 月 31 日,全球独角兽企业 500 强总估值为 2.01 万亿美元,相比 2019 年同期 1.93 万亿美元,增长 8%。该估值超过 2019 年全球 GDP 排名第 8 位的意大利,而 2019 年总估值超过 GDP 位居全球第 9 位的巴西。

据悉，球独角兽企业 500 强评价标准体现在以下五个方面：①公司估值在 70 亿元人民币（10 亿美元）以上；②拥有独创性或颠覆性技术；③拥有难以复制的商业模式；④成立时间 10 年左右；⑤符合现行政策导向，不存在重大负面舆情。

值得一提的是，2020 年全球独角兽企业 500 强区域分布极化严重，中国和美国占比达 81.8%。中国企业数量和估值仍居世界第一，分别为 217 家和 9376.90 亿美元，荣获两连冠。

通过对独角兽企业的分析，报告总结了它们身上共有的六大特质：异质型企业家精神、独创性或颠覆性技术、难以复制的商业模式、战略与品牌高度协同、虚拟组织运行机制、持续的资本赋能。从某种程度上而言，正是因为这些特质，这些企业才能够脱颖而出，获得市场的认可。

但现在的成功并不代表将来，报告指出，全球独角兽企业 500 强的基本格局将继续保持较大幅度的变动。主要原因在于：一方面，拥有独创性或颠覆性技术、难以复制的商业模式、主营业务突出的独角兽企业将加快登陆资本市场的步伐；另一方面，一些面临管理风险、市场风险和政策风险的企业，则因经营停滞或资金链断裂而被淘汰出局。预计未来五年全球独角兽企业 500 强的变动幅度仍将保持在年均 10% 以上。

与此同时，报告显示，新基建领域将涌现更多的全球独角兽企业 500 强。新基建涵盖 5G、特高压、城际高速铁路和城际轨道交通、新能源汽车充电桩、大数据中心、人工智能、工业互联网七大领域，是第四次工业革命的重要关口，是继蒸汽机、电力、互联网之后全球经济发展的全新驱动力。在政策、产业基金、风险投资的支持下，大量新基建领域的独角兽将会不断涌现。

另外，受国际变局的影响，越来越多的独角兽企业开始转向了中国的资本市场，科创板、香港交易所将成为中国独角兽企业上市的首选地。

科创板定位于科创企业的上市，其在退市、股权激励、持续督导等方面均结合科创企业的实际情况做了差异化的调整，这大幅度提升了其在资本市场的吸引力。从 2019 年 7 月 22 日开市至今，科创板已吸引 170 余家企业上市（总市值超 2.8 万亿元），其中有 4 家 2020 全球独角兽企业 500 强。

而香港交易所作为连通中国和全球金融市场的重要枢纽之一，其运行机制稳健、高效、透明，监管机制健全，未来也将成为内地独角兽企业上市的重要选项。

对于独角兽企业未来的发展，解树江表示，颠覆性技术创新是独角兽企业成长的关键，是独角兽企业成长壮大的前提条件。因此，良好、宽松的技术创新环境，高水平的研发投入以及顺畅的科技成果转化通道将有助于独角兽企业颠覆性技术的突破，并促进独角兽企业的发展和培育。

新浪财经
优化创新生态，引领破界创新——2020 全球独角兽企业 500 强大会召开

媒体名称	新浪财经
文章标题	优化创新生态，引领破界创新——2020 全球独角兽企业 500 强大会召开
文章链接	https：//cj. sina. com. cn/articles/view/7019934692/1a26bb3e400100vbo1

2020 年 12 月 2 日，由青岛市人民政府和中国人民大学中国民营企业研究中心联合主办的"2020 全球独角兽企业 500 强大会"在青岛市即墨海景花苑大酒店举办。本届会议的主题为"创新的价值、逻辑与生态"，由青岛市民营经济发展局、青岛即墨区政府及北京隐形独角兽信息科技院承办，会议期间全球独角兽企业 500 强大会秘书长解树江教授发布了《数字经济先锋：全球独角兽企业 500 强报告（2020）》及"2020 全球独角兽企业 500 强榜单"。

一、优化创新生态，引领破界创新

山东省工业和信息化厅领导张登方为大会致辞时表示，中小企业的做强做优做精是培育独角兽企业必须倚重的内生动力。山东省制定实施瞪羚企业培育和奖励三年行动计划，三年培育瞪羚企业 337 家，独角兽企业 8 家，为山东省树立了中小企业创新发展的示范标杆。对促进民营经济高质量发展，起到了很好的引领带动作用。他指出，青岛市是山东省最适宜独角兽生育成长的生态城市，也是全球独角兽企业 500 强大会的永久会址地，希望以此次全球独角兽 500 强大会为契机，积极推动青岛市、山东省中小企业持续健康发展，推动全球独角兽企业加强合作，共同成长，助力山东省更多的中小企业加入全球独角兽企业行列。

青岛市人民政府副市长耿涛在致辞时也提到了近年来青岛为营造良好的创新生态环境所做出的努力。他表示，青岛市具有浓厚的独角兽基因，拥有分层孵化体系的优势高成长企业培育库，构建了企业从专精特新到细分市场隐形冠军，从隐形冠军到小巨人。这里有着独角兽企业最急需的创新生态和产业生态，出台了独角兽企业培育和奖励政策，构建企业培育库，为企业提供辅导培训、技术对接、管理咨询等全方位的线上线下服务，并着力打造独角兽全生态加速示范基地，以顶格倾听、顶格协调、顶格推进机制推动。

独角兽企业是衡量一个国家和地区创新能力与创新生态的重要风向标，是推

动新旧动能转换的坚实力量。即墨历史文化悠久，区位交通优越，产业基础雄厚，发展空间广阔，希望能将大会打造成为独角兽企业与投资机构、地方政府交流合作的重要平台，为科技创新和产业进步贡献更多力量。

中国工程院院士、"星光中国芯工程"总指挥、中星微集团创建人兼首席科学家邓中翰向与会嘉宾分享了独角兽企业从原始创新到通过国家和行业的标准体系建设来实现关键核心技术进入新的赛道，进而换道超车实现领跑的案例，并指出，独角兽企业不仅能实现商业上的成功，也能满足国家重大需求和市场的重大责任，承担产业革命和社会进步的历史使命。

中国人民大学中国民营企业研究中心主任、中国经济发展研究会会长、中央民族大学原校长黄泰岩教授在发表《"双循环"新发展格局及企业应对战略》的演讲中指出，新型冠状病毒性肺炎疫情后，中国经济将出现五大发展趋势，独角兽企业、创新创业者们应该把握这个趋势顺势而为，借势发力，主要体现在以下五个方面：一是人均 GDP 达到 5000 美元以后，消费的需求将逐步超过商品的需求；二是人均 GDP 达到 8000 美元以后，居民消费结构的升级将出现个性化、创意消费的趋势；三是人均 GDP 达到 10000 美元以后，对消费品企业要求会越来越高；四是人均 GDP 达到 12700 美元，制造业将在整个产业中占据很高的比重；五是人均 GDP 将达到 25000 美元，为跨越修昔底德陷阱，国家要通过发展战略性新兴产业把关键核心技术掌握在自己的手里，把经济发展命门掌握在自己的手里。

北京市政协经济委员会副主任、北京汽车集团原董事长徐和谊指出，在内外部环境的巨大变动之下，当前中国经济与产业的发展正在全面迎来创新驱动的时代。而创新驱动的先锋部队，无疑正是广大独角兽企业。在这艰辛旅程与巨大成就的背后的关键力量就在于引领破界创新，推动产业共生，并呼吁各界一起为独角兽企业创造更加优质的发展环境，为社会培育更多的独角兽企业，推动中国经济全面迈入创新驱动的新时代。

资本的支持是科技创新企业，从初创公司跨越成为隐形独角兽，成为独角兽，进而登陆资本市场的关键要素。对此，上海证券交易所发行上市服务中心市场区域主任裴奇就"独角兽企业如何登陆科创板"做了全面解读，国开科技创业投资公司总裁于江及北京基金业协会执行副会长、云月产融创新董事长宋斌则从资本助力独角兽企业快速发展的角度做了深度分析。

二、全球独角兽企业 500 强成为数字经济先锋

独角兽企业是数字经济先锋，不仅是科技创新企业的典型代表，也是衡量一个国家或地区创新能力、创新活力和创新生态的重要标志。会上，全球独角兽企业 500 强大会秘书长解树江发布了《数字经济先锋：全球独角兽企业 500 强报告

（2020）》及"2020 全球独角兽企业 500 强榜单"。报告显示，截至 2020 年 7 月 31 日，全球独角兽企业 500 强总估值为 2.01 万亿美元，相比 2019 年同期 1.93 万亿美元，增长 8%，该估值超过 2019 年全球 GDP 排名第 8 位的意大利。预计五年内全球独角兽企业 500 强总估值有望超过英国和法国 GDP。

2020 年全球独角兽企业 500 强区域分布极化严重，中国和美国占比达 81.8%。中国企业数量和估值仍居世界第一，分别为 217 家和 9376.90 亿美元，荣获两连冠。其中，北京有 76 家企业入围全球独角兽企业 500 强榜单，总估值高达 4216.24 亿美元，约占 2020 全球独角兽企业 500 强总估值的 1/5，连续两年位居世界之首。

值得一提的是，2020 年青岛市共有 10 家企业进入全球独角兽企业 500 强榜单，同比增加 4 家，新上榜的 4 家企业分别为卡奥斯、青岛云路、特来电和能链集团。目前青岛市全球独角兽企业 500 强数量位列中国北方城市第二位，在全国城市的排名由 2019 年的第七位上升至第五位，总估值为 197.87 亿美元。据悉，青岛市作为我国沿海重要中心城市，近年来一直致力于为独角兽企业营造活力迸发的创业创新环境。2020 年 3 月 12 日，《青岛市培育瞪羚独角兽企业行动计划》（2020－2024 年）正式发布。2020 年 5 月 22 日，首个为青岛市独角兽企业发展量身定制的"青岛独角兽热带雨林工程"正式启动，打造一批千亿级产业集群，为独角兽企业在青岛市的创新发展提供有力支撑。当前青岛市已逐渐发展为全球独角兽企业 500 强的新兴成长基地，成为我国独角兽企业成长的战略要地。

据解树江透露，2020 年的报告还有一个重要看点，即通过对大量的科技创新企业（特别是全球独角兽企业 500 强）成长轨迹与典型案例的分析，总结、归纳和提炼出了"科技创新企业成长模型"及成长的六大关键要素，深度揭秘了全球独角兽企业 500 强的成长密码，将为科技创新型企业及初创企业在激烈的市场竞争中快速成长和占领高地带来启示。

会上，大会组委会及领导嘉宾还对全球独角兽 500 强企业代表——苏宁金融、地平线、便利蜂、伟东云教育、海尔卡奥斯、汇通达、寒武纪、酒仙网、BOSS 直聘、界面、闪送、货拉拉、爱驰汽车、比亚迪半导体等企业颁发了证书。

据悉，《数字经济先锋：全球独角兽企业 500 强报告（2020）》是继 2019 年之后发布的第二个关于全球独角兽企业 500 强的报告，《报告》基于 2020 年全球独角兽企业数据库，按照全球独角兽企业 500 强评估标准采用人机共融智能技术（Human Machine Intelligence），遴选出全球前 500 家独角兽企业。该《报告》全面阐述了全球独角兽企业 500 强的最新发展，提出了科技创新企业成长模型，分析了全球独角兽企业 500 强基本格局和发展态势，并对全球独角兽企业 500 强的未来发展进行了展望。

全球独角兽企业 500 强评价标准体现在以下五个方面：①公司估值在 70 亿元人民币（10 亿美元）以上；②拥有独创性或颠覆性技术；③拥有难以复制的商业模式；④成立时间 10 年左右；⑤符合现行政策导向，不存在重大负面舆情。本报告评估基准日为 2020 年 7 月 31 日。

腾讯视频
优化创新生态，引领破界创新——2020 全球独角兽企业 500 强大会在青岛召开

媒体名称	腾讯视频
文章标题	优化创新生态，引领破界创新——2020 全球独角兽企业 500 强大会在青岛召开
文章链接	https：//v.qq.com/x/page/d3209a8s8w1.html

搜狐视频
优化创新生态 引领破界创新——2020 全球
独角兽企业 500 强大会在青岛召开

媒体名称	搜狐视频
文章标题	优化创新生态 引领破界创新 2020 全球独角兽企业 500 强大会在青岛召开
文章链接	https：//tv. sohu. com/v/dXMvMzIxNDU2MjMyLzIyNjkzMzY2My5zaHRtbA = = . html

新浪视频

2020 全球独角兽企业 500 强大会在青岛召开

媒体名称	新浪视频
文章标题	2020 全球独角兽企业 500 强大会在青岛召开
文章链接	https：//cj. sina. com. cn/articles/view/6462225594/m1812dbcba00100pvfi？from = finance&subch = enterprise&

优酷视频
2020 全球独角兽 500 强发布 中国企业
数量和估值居世界第一

媒体名称	优酷视频
文章标题	2020 全球独角兽 500 强发布 中国企业数量和估值居世界第一
文章链接	https：//v. youku. com/v_ show/id_ XNDk5MDA5NDg0MA = = . html？spm = a2h0c. 8166622. PhoneSokuUgc_ 2. dtitle

第七章

2020 中国隐形独角兽 500 强大会 媒体报道

新华网

科创新势力！中国隐形独角兽 500 强榜单在合肥发布

媒体名称	新华网
文章标题	科创新势力！中国隐形独角兽 500 强榜单在合肥发布
文章链接	http：//my－h5news. app. xinhuanet. com/h5/article. html？ articleId＝aca222c286c01df0bb959 22d2733f1b0&share＿device＿token＝549D57B9－05CE－475A－BB93－3D303A993B31&s hare＿time＝1607525605375&share＿type＝1

新华网客户端　引领品质阅读　　　打开

科创新势力！中国隐形独角兽50 0强榜单在合肥发布

新华网客户端　◎19.0万·2020-12-09

新华网
2020 中国隐形独角兽 500 强大会在合肥召开

媒体名称	新华网
文章标题	2020 中国隐形独角兽 500 强大会在合肥召开
文章链接	http：//my－h5news. app. xinhuanet. com/h5/article. html？articleId＝c9ead28c－05c0－4f83－941f－a767b1e5a6eb&share_ device_ token＝53ab8873fbfbc2b928949ce1b7cf53e2&share_ time＝1607749867818&share_ type＝1

 新华网客户端 引领品质阅读 打开

2020中国隐形独角兽500强大会在合肥召开

 记者跑新闻
5.5万 · 2020-12-11

人民日报
2020 中国隐形独角兽 500 强大会在合肥召开

媒体名称	人民日报
文章标题	2020 中国隐形独角兽 500 强大会在合肥召开
文章链接	https：//wap.peopleapp.com/article/rmh17454374/rmh17454374

2020 年 12 月 9 日，由合肥市人民政府和中国人民大学中国民营企业研究中心联合主办的"2020 中国隐形独角兽 500 强大会"在合肥市举办。

会上，合肥市委副书记、市长凌云发表了致辞，并向与会嘉宾介绍了合肥近年来创新产业发展所取得的成绩。

凌云表示，创新是合肥市最鲜明的城市气质，近年来合肥市围绕推动企业创新创业，构建了全产业链、全周期、全覆盖的政策体系，致力于让科技创新顶天立地，市场主体铺天盖地，用两个成语来概括合肥市的产业，即"芯屏器合"和"集终生智"。

中国隐形独角兽 500 强大会主席、北京隐形独角兽信息科技院院长李庆文介绍，隐形独角兽企业，大多分布在人工智能、大数据、工业互联网、5G、新能源汽车等战略新兴行业。

会议期间，中国隐形独角兽 500 强大会秘书长解树江发布了《科创企业新势力：中国隐形独角兽 500 强报告（2020）》及"2020 中国隐形独角兽企业 500 强榜单"。

人民日报海外网
200 位董事长总裁云集中国隐形独角兽 500 强大会

媒体名称	人民日报海外网
文章标题	200 位董事长总裁云集中国隐形独角兽 500 强大会
文章链接	http：//dawanqu.haiwainet.cn/n/2020/1210/c3544568 – 31935339.html

2020 年 12 月 9 日，由合肥市人民政府和中国人民大学中国民营企业研究中心联合主办的"2020 中国隐形独角兽 500 强大会"在合肥栢景朗廷酒店盛大开

启。本届会议的主题为"科创企业新势力"，由合肥市投资促进局、合肥高新技术产业开发区管理委员会及北京隐形独角兽信息科技院承办。本次会议除国家部委、安徽省、合肥市相关领导和著名专家学者出席之外，还吸引了中国隐形独角兽 500 强、全球独角兽企业 500 强及国内知名金融投资机构的 200 多位董事长/CEO 参会，与会嘉宾达 300 余人。

会议期间，中国隐形独角兽 500 强大会秘书长解树江发布了《科创企业新势力：中国隐形独角兽 500 强报告（2020）》及"2020 中国隐形独角兽企业 500 强榜单"。会上举行了合肥市综合性国家科学中心人工智能研究院、中国科学技术大学先进技术研究院、中国声谷——人工智能产业链战略合作签约仪式。此外，为帮助隐形独角兽企业更好地了解合肥市相关产业政策和营商环境，促进隐形独角兽企业的个性化需求与合肥市产业发展布局相契合，本次会议还特别设置了"合肥市营商环境推介"及"中国隐形独角兽 500 强落户合肥项目签约"等环节，以多维度推动科技创新项目的产业化落地。

一、合肥：为中国科技进步和产业升级提供了优秀样板

以创新发展为代名词的隐形冠军和独角兽企业成为衡量一个国家和地区创新能力的重要风向标。合肥市是全国重要的科教基地，先进制造业基地和综合交通枢纽，拥有综合性国家科学中心，国家实验室和一批大科学装置。创新是合肥市最鲜明的城市气质，近年来合肥市围绕推动企业创新创业，构建了全产业链，全周期、全覆盖的政策体系，致力于让科技创新顶天立地，市场主体铺天盖地，用个两个成语来概括合肥市的产业，即"芯屏器合"和"集终生智"。首届中国隐形独角兽 500 强大会在服务科技企业战略制定，品牌传播、项目推介等方面为合肥市提供了展示和交流的重要平台。

教育部"长江学者"特聘教授、中国经济发展研究会会长、中国人民大学中国民营企业研究中心主任、中央民族大学原校长黄泰岩致辞时指出，隐形独角兽要想顺利成长为独角兽，需要在对的时间、对的地点和对的人一起做对的事，即四"对"：一是对的时间，要找对风口、切入点和立足点；二是对的地点，要找三圈、两带、成渝经济圈和中心城市；三是对的人，所谓对的人，第一要有平台，第二要找对领头人，第三要找对合作伙伴；四是对的事，所谓对的事，第一要找靠山，第二要找对命，如果两者皆无，就需要隐形独角兽企业抱团取暖，资源互补。

国务院参事、中国人工智能学会理事长、中国工程院院士、清华大学信息学院院长戴琼海称，独角兽企业是国家经济发展过程中的领军力量，其迅速成长的背后大都有着人工智能和大数据等高科技企业的加持。近年来，合肥市政府在高新技术产业群的建设中走在全国的先进行列，为中国的科技进步和产业升级提供了优秀的样板，希望更多的隐形独角兽企业和独角兽企业落户合肥市、赋能中国的高端制造业。

国家旅游局规划财务司原司长、中青旅资源投资有限公司总经理彭德成在会议上，解读了"十四五"时期中国旅游产业投融资趋势与变革。他表示，中国隐形独角兽 500 强是中国经济创新发展方向，引领中国经济发展潮流，创造中国未来发展新格局的一支新型的力量，也是值得我们全社会关注和支持的新征程。未来在"十四五"时期，我们面临的宏观经济是国内外大循环，我国旅游业发展仍然处于战略机遇期，处于疫后振兴、逆势而上，转型发展、创新跨越的关键窗口期，因此，企业要投资或者想成为中国文旅行业的隐形独角兽企业，必须具备以下五个特点：一是跨界融合，二是科技赋能，三是金融驱动，四是必须要有IP 的引爆，五是要讲好故事。

随后，中国隐形独角兽企业 500 强代表——碳阻迹（北京）科技有限公司CEO 晏路辉，泰笛（上海）网络科技股份有限公司创始人、董事长姚宗场，天津天海同步集团有限公司轮毂电机应用中心总经理徐雅柱，银河玺云科技有限公司董事长胡金钱等向与会嘉宾分享了企业的发展历程。

二、科创企业新势力：中国隐形独角兽企业 500 强

隐形独角兽是一种新的企业物种，是科技创新企业的新势力，是独角兽企业的后备力量，是最具成长潜力的企业群体。会上，中国隐形独角兽 500 强大会秘书长解树江发布了《科创企业新势力：中国隐形独角兽 500 强报告（2020）》及"2020 全球隐形独角兽企业 500 强榜单"。报告显示，2020 年中国隐形独角兽500 强总估值为 9445.18 亿元，平均估值为 18.89 亿元，超过了全国包括港澳台地区在内的 99% 的城市 GDP，仅次于东莞的 9482.50 亿元。预计 2025 年中国隐形独角兽 500 强总估值有望超过 2 万亿元。

2020 中国隐形独角兽 500 强主要分布在包括中国香港和中国台湾地区在内的26 个省份和地区，不同省份和地区表现出极大的分化，其中，北京以绝对的优势领先，数量为 99 家，占比为 19.80%，总估值为 2727.19 亿元。排在第二位的是广东省，其上榜的隐形独角兽企业数量为 96 家，占比为 19.20%，总估值为1680.12 亿元。

值得一提的是，合肥市共有 28 家企业进入 2020 中国隐形独角兽 500 强榜单，总估值为 260.73 亿元，位列全国第六位，合肥正逐渐成为中国隐形独角兽500 强的新兴城市。据悉，占据长三角副中心城市关键位置的合肥市，多年来一直坚持把创新驱动作为推动发展的主动力，聚力推进人才建设、企业发展、创新合作，着力增强创新创业生态系统吸引力，激发全社会创新创业活力，成功孕育了科大讯飞、美亚光电、量子通信等一批人们耳熟能详的创新型企业，形成了量子相关企业的高度集聚，为科技型企业培育和成长起到了良好的带动效应。2020年 7 月 3 日，合肥市诞生了全省首个科创板上市企业——皖仪科技，至此，合肥市在科创板上市公司总数达 6 家，新增上市公司共 10 家，均位居全国省会城市第二，资本市场的"合肥板块"呈现"井喷式"发展。

据解树江透露，2020 年的报告还有一个重要看点，即通过对大量的科技创新企业（特别是全球独角兽企业 500 强和中国隐形独角兽 500 强）成长轨迹与典型案例的分析，总结、归纳和提炼出"科技创新企业成长模型"及成长的八大关键要素，深度揭秘了中国隐形独角兽 500 强的成长密码，为科技创新企业从初创公司起步，进而升级为隐形独角兽、独角兽，并最终登陆资本市场带来启示。

会上，大会组委会及领导嘉宾还为中国隐形独角兽 500 强企业代表——上海析易船舶技术、安徽明天氢能科技、江苏倍速世纪、韶鼎人工智能、广盟数据、伊净舒（北京）生物科技、炽云科技、北京华言文化、禾多科技、合肥中科离子医学技术、安徽普氏生态环境工程、湖南畅想农业科技等企业颁发了证书。

据悉，《科创企业新势力：中国隐形独角兽 500 强报告（2020）》是基于2020 年中国隐形独角兽数据库，按照中国隐形独角兽 500 强评估标准采用人机共融智能技术（Human Machine Intelligence），遴选出中国前 500 家隐形独角兽企业。《报告》全面阐述了中国隐形独角兽 500 强的最新发展，提出了科技创新企业成长模型，分析了中国隐形独角兽 500 强基本格局和发展态势，并对中国隐形独角兽 500 强的未来发展进行了展望。

中国隐形独角兽 500 强评价标准体现在以下五个方面：①公司估值在 2 亿元人民币以上（不超过 70 亿人民币）；②拥有独创性或颠覆性技术；③拥有难以复制的商业模式；④成立时间 5 年左右；⑤符合现行政策导向，不存在重大负面舆情。报告评估基准日为 2020 年 7 月 31 日。

光明网

推动科创项目产业化落地 "中国隐形
独角兽 500 强大会"举办

媒体名称	光明网
文章标题	推动科创项目产业化落地"中国隐形独角兽 500 强大会"举办
文章链接	https://share.gmw.cn/tech/2020－12/12/content_34457053.htm

2020 年 12 月 9 日，"2020 中国隐形独角兽 500 强大会"在合肥开启。会议的主题为"科创企业新势力"。会议期间，中国隐形独角兽 500 强大会秘书长解树江发布了《科创企业新势力：中国隐形独角兽 500 强报告（2020）》及"2020中国隐形独角兽企业 500 强榜单"。会上举行了合肥市综合性国家科学中心人工智能研究院、中国科学技术大学先进技术研究院、中国声谷——人工智能产业链战略合作签约仪式。

此外，为帮助隐形独角兽企业更好地了解合肥市相关产业政策和营商环境，促进隐形独角兽企业的个性化需求与合肥市产业发展布局相契合，本次会议还特别设置了"合肥市营商环境推介"及"中国隐形独角兽 500 强落户合肥项目签约"等环节，多维度推动科技创新项目的产业化落地。

教育部"长江学者"特聘教授、中国经济发展研究会会长、中国人民大学中国民营企业研究中心主任黄泰岩表示，隐形独角兽要想顺利成长为独角兽，需要在对的时间、对的地点和对的人一起做对的事，即四"对"：一是对的时间，要找对风口、切入点和立足点；二是对的地点，要找三圈、两带、成渝经济圈和中心城市；三是对的人，所谓对的人，第一要有平台，第二要找对领头人，第三要找对合作伙伴；四是对的事，所谓对的事，第一要找靠山，第二要找对命，如果两者皆无，就需要隐形独角兽企业抱团取暖，资源互补。

中国人工智能学会理事长、中国工程院院士、清华大学信息学院院长戴琼海称，独角兽企业是国家经济发展过程中的领军力量，其迅速成长的背后大都有着人工智能和大数据等高科技企业的加持。近年来，合肥市政府在高新技术产业群的建设中走在全国的先进行列，为中国的科技进步和产业升级提供了优秀的样板，希望更多的隐形独角兽企业和独角兽企业落户合肥、赋能中国的高端制造业。

随后，中国隐形独角兽企业 500 强代表——碳阻迹（北京）科技有限公司CEO 晏路辉，泰笛（上海）网络科技股份有限公司创始人、董事长姚宗场，天津天海同步集团有限公司轮毂电机应用中心总经理徐雅柱，银河玺云科技有限公司董事长胡金钱等向与会嘉宾分享了企业的发展历程。

2020 中国隐形独角兽 500 强主要分布在 26 个省份和地区，不同省份和地区表现出极大的分化，其中，北京以绝对的优势领先，数量为 99 家，占比为19.80%，总估值为 2727.19 亿元。排在第二位的是广东省，其上榜的隐形独角兽企业数量为 96 家，占比为 19.20%，总估值为 1680.12 亿元。

值得一提的是，合肥市共有 28 家企业进入 2020 中国隐形独角兽 500 强榜单，总估值为 260.73 亿元，位列全国第六位，合肥市正逐渐成为中国隐形独角兽 500 强的新兴城市。据悉，占据长三角副中心城市关键位置的合肥市，多年来一直坚持把创新驱动作为推动发展的主动力，聚力推进人才建设、企业发展、创新合作，着力增强创新创业生态系统吸引力，激发全社会创新创业活力，成功孕育了科大讯飞、美亚光电、量子通信等一批人们耳熟能详的创新型企业，形成了量子相关企业的高度集聚，为科技型企业培育和成长起到了良好的带动效应。2020 年 7 月 3 日，合肥市诞生了全省首个科创板上市企业——皖仪科技，至此，合肥市在科创板上市公司总数达 6 家，新增上市公司共 10 家，均位居全国省会城市第二，资本市场的"合肥板块"呈现"井喷式"发展。

据解树江透露，2020 年的报告还有一个重要看点，即通过对大量的科技创新企业（特别是全球独角兽企业 500 强和中国隐形独角兽 500 强）成长轨迹与典型案例的分析，总结、归纳和提炼出"科技创新企业成长模型"及成长的八大关键要素，深度揭秘了中国隐形独角兽 500 强的成长密码，为科技创新企业从初创公司起步，进而升级为隐形独角兽、独角兽，并最终登陆资本市场带来启示。

会上，大会组委会及领导嘉宾还为中国隐形独角兽 500 强企业代表——上海析易船舶技术、安徽明天氢能科技、江苏倍速世纪、韶鼎人工智能、广盟数据、伊净舒（北京）生物科技、炽云科技、北京华言文化、禾多科技、合肥中科离子医学技术、安徽普氏生态环境工程、湖南畅想农业科技等企业颁发了证书。

中国企业网
合肥市长凌云：创新是合肥最鲜明的城市气质

媒体名称	中国企业网
文章标题	合肥市长凌云：创新是合肥最鲜明的城市气质
文章链接	http：//www.zqcn.com.cn/qiye/202012/11/c525800.html

2020 年 12 月 9 日，由合肥市人民政府和中国人民大学中国民营企业研究中心联合主办的"2020 中国隐形独角兽 500 强大会"在合肥市盛大开启。会上，合肥市委副书记、市长凌云发表了致辞，并向与会嘉宾介绍了近年来合肥市创新产业发展所取得的成绩。

凌云表示，以创新发展为代名词的隐形冠军和独角兽企业成为衡量一个国家和地区创新能力的重要风向标。合肥市是全国重要的科教基地，先进制造业基地和综合交通枢纽，拥有综合性国家科学中心，国家实验室和一批大科学装置。创新是合肥最鲜明的城市气质，合肥市围绕推动企业创新创业，构建了全产业链、全周期、全覆盖的政策体系，致力于让科技创新顶天立地，市场主体铺天盖地，用两个成语来概括合肥的产业，即"芯屏器合"和"集终生智"。

2020 年，中国隐形独角兽企业 500 强榜单中有 28 家合肥市企业，数量位居全国第六名。"隐形独角兽是最具成长潜力的科技群体，代表着新经济的增长动力和未来科技的发展方向，东超科技等一批隐形独角兽企业脱颖而出。"凌云说道。

据悉，多年来合肥市一直坚持把创新驱动作为推动发展的主动力，聚力推进人才建设、企业发展、创新合作，着力增强创新创业生态系统吸引力，激发全社会创新创业活力，并取得积极成效。在"十三五"期间，合肥市的经济总量在省会城市中从第 12 位跃居到第 9 位，前移三位。在所有的大中城市中，合肥市经济总量是从第 28 位跃升到第 21 位，用五年时间超越了 7 个城市。2020 年 7 月 3 日，合肥市诞生了全省首个科创板上市企业——皖仪科技，至此，合肥在科创板上市公司总数达 6 家，新增上市公司共 10 家，均位居全国省会城市第二，资本市场的"合肥板块"呈现"井喷式"发展。合肥市的创新生态不断优化，为隐形独角兽在内的科技创新企业发展营造了良好的成长环境。

最后，凌云指出，首届中国隐形独角兽 500 强大会在服务科技企业战略制定、品牌传播、项目推介等方面为合肥市提供了展示和交流的重要平台，希望与会的隐形独角兽企业能抓住机会，加强交流互利合作，不断提升企业竞争力，努力实现跨越式发展。

中国隐形独角兽 500 强大会主席、北京隐形独角兽信息科技院院长李庆文告诉记者，大多隐形独角兽企业分布在人工智能、大数据、工业互联网、5G、新能源汽车等战略新兴行业。"中国隐形独角兽 500 强是个庞大的经济体，2020 年总估值为 9445.18 亿元，它们将成为地区产业升级的核心驱动力及城市招商引资的优质对象。"李庆文称。

据悉，2020 中国隐形独角兽企业 500 强大会的主题为"科创企业新势力"，由合肥市投资促进局、合肥市高新技术产业开发区管理委员会及北京隐形独角兽信息科技院承办。会议期间，中国隐形独角兽 500 强大会秘书长解树江发布了《科创企业新势力：中国隐形独角兽 500 强报告（2020）》，及"2020 中国隐形独角兽企业 500 强榜单"。

本次会议除国家部委、安徽省、合肥市相关领导和著名专家学者出席外，还吸引了中国隐形独角兽 500 强、全球独角兽企业 500 强及国内知名金融投资机构的 200 多位董事长/CEO 参会，与会嘉宾达 300 余人。为帮助隐形独角兽企业更好地了解合肥市相关产业政策和营商环境，促进隐形独角兽企业的个性化需求与合肥市产业发展布局相契合，本次会议还特别设置了"合肥市营商环境推介"及"中国隐形独角兽 500 强落户合肥项目签约"等环节，以多维度推动科技创新项目的产业化落地。

中央电视台
2020 中国隐形独角兽 500 强大会在合肥召开

媒体名称	中央电视台
文章标题	2020 中国隐形独角兽 500 强大会在合肥召开
文章链接	https：//www. newscctv. net/preview/video. html？preview = MTUxZTRrK0I1QWVkcVFMNmpT dk9nNVIwMkFsNDZRN2wvQlBVQXc0bW0wcGNVSXEveE9vMEg4NGGowbnI4eU9VTnhTbHdEQ1 ZWRTJUSjhyM090bit4VnBz&videoId = 175CDF07 − 1B3D − 14CD − 352D − 2A643CF0CF71

2020中国隐形独角兽500强大会在合肥召开

人民视频
"中国隐形独角兽 500 强"榜单在合肥揭晓

媒体名称	人民视频
文章标题	"中国隐形独角兽 500 强"榜单在合肥揭晓
文章链接	https：//apiapp. people. cn/a/a/n/video_ wap_ 317155. html

"中国隐形独角兽500强"榜单在合肥揭晓 ▲

2020年12月9日，由合肥市人民政府和中国人民大学中国民营企业研究中心联合主办的"2020中国隐形独角兽500强大会"在合肥举办。会上，中国隐形独角兽500强大会秘书长解树江教授发布了"2020中国隐形独角兽企业500强"榜单。（摄像/杨俊）

首席记者　　　　　　　　　　　　发布：2020年12月11日

中国城市网
合肥成为中国隐形独角兽 500 强新兴成长地

媒体名称	中国城市网
文章标题	合肥成为中国隐形独角兽 500 强新兴成长地
文章链接	http：//www.zgcsb.com/m/2020-12/09/content_227373.html

2020 年 12 月 9 日，以"科创企业新势力"为主题的"2020 中国隐形独角兽 500 强大会"在安徽省合肥市举行。本次大会吸引了来自全国各地中国隐形独角兽 500 强、全球独角兽企业 500 强及国内知名金融投资机构的 200 多位董事长和 CEO 参会。

会上发布了"2020 中国隐形独角兽企业 500 强榜单"，此外，还举行了"合肥市营商环境推介"及"中国隐形独角兽 500 强落户合肥项目签约"等活动，帮助隐形独角兽企业更好地了解合肥市相关产业政策和营商环境，促进隐形独角兽企业的个性化需求与合肥市产业发展布局相契合以多维度推动科技创新项目的产业化落地。

本届大会由合肥市人民政府和中国人民大学中国民营企业研究中心联合主办，合肥市投资促进局、合肥市高新技术产业开发区管理委员会及北京隐形独角兽信息科技院承办。

会议期间，中国隐形独角兽 500 强大会秘书长解树江发布了《科创企业新势力：中国隐形独角兽 500 强报告（2020）》及"2020 中国隐形独角兽企业 500 强榜单"（以下简称"报告"）。

《报告》基于 2020 年中国隐形独角兽数据库，按照中国隐形独角兽 500 强评估标准采用人机共融智能技术，遴选出中国前 500 家隐形独角兽企业。《报告》全面阐述了中国隐形独角兽 500 强的最新发展，提出了科技创新企业成长模型，分析了中国隐形独角兽 500 强基本格局和发展态势，并对中国隐形独角兽 500 强的未来发展进行了展望。

《报告》显示，在 2020 中国隐形独角兽企业 500 强城市排名中，合肥市的中国隐形独角兽 500 强的数量为 28 家，总估值为 260.73 亿元，位列全国第六，上榜的企业有东超科技、中科离子、普氏生态、新汇成微电子、生鲜传奇、达博科技、国仪量子、安龙基因科技、中科类脑、云塔电子、摩尔精英等。

解树江表示，作为中国隐形独角兽 500 强新兴成长地，近年来，合肥一直致力于打造具有国际影响力的科技创新策源地，坚持把创新驱动作为推动发展的主动力，聚力推进人才建设、企业发展、创新合作，着力增强创新创业生态系统吸引力，激发全社会创新创业活力，并取得积极成效。目前，合肥已成为继上海张江之后我国第二个综合性国家科学中心，主要创新指标一直保持"两位数"增长，稳居省会城市第一方阵。

合肥市委副书记、市长凌云在大会致辞时表示，隐形独角兽是最具成长潜力的科技群体，代表着新经济的增长动力和未来科技的发展方向。创新是合肥市最鲜明的城市气质，合肥市围绕推动企业创新创业，构建了全产业链、全周期、全覆盖的政策体系，致力于让科技创新顶天立地，市场主体铺天盖地，培育了一大批像科大讯飞、华米科技、国盾量子等一批领军企业，也迎来了维信诺、蔚来汽车等一批龙头企业。"合肥市坚持科创产业融合发展，以新型显示、集成电路、人工智能、新能源汽车为代表的'芯屏器合'和'集终生智'产业成为合肥市产业的新地标。"凌云称。

据介绍，2020 年 7 月 3 日，合肥市诞生了全省首个科创板上市企业——皖仪科技，至此，合肥市在科创板上市公司总数达 6 家，新增上市公司共 10 家，均位居全国省会城市第二，资本市场的"合肥板块"呈现"井喷式"发展。合肥市的创新生态不断优化，为隐形独角兽在内的科技创新企业发展营造了良好的成长环境。

此外，解树江还透露，合肥市能在众多的城市中脱颖而出，还离不开其区位优势。合肥市占据长三角副中心城市的关键位置，体现在以下三个方面：一是以上海为龙头的长三角相关区域，为合肥市的发展带来了丰富的资源要素；二是各地区比较优势相互支撑、相辅相成，并形成地区间的互补；三是区域合作已有较好的基础，地区间的许多关键领域已实现对接融合。

合肥市委书记虞爱华曾指出，合肥市作为长三角一体化发展战略最大受益者，聚力打造具有国际影响力的科技创新策源地、全国重要的战新产业集聚地、改革开放新高地、优质优良宜居宜业生态高地，努力让科技创新顶天立地、市场主体铺天盖地、生态环境蓝天绿地、百姓生活欢天喜地。

中国网
"独角兽"赋能高端制造 2020 中国隐形独角兽企业 500 强大会召开

媒体名称	中国网
文章标题	"独角兽"赋能高端制造 2020 中国隐形独角兽企业 500 强大会召开
文章链接	http://cppcc.china.com.cn/2020－12/09/content_ 76995444. htm

2020 年 12 月 9 日，以"科创企业新势力"为主题的"2020 中国隐形独角兽企业 500 强大会"在合肥市召开，本次会议由合肥市人民政府和中国人民大学中国民营企业研究中心联合主办。

合肥市委副书记、市长凌云致辞时表示，隐形独角兽是最具成长潜力的科技群体，代表着新经济的增长动力和未来科技的发展方向。创新是合肥市最鲜明的城市气质，合肥市围绕推动企业创新创业，构建了全产业链，全周期、全覆盖的政策体系，培育了一大批像科大讯飞、华米科技、国盾量子等一批领军企业，也迎来了维信诺、蔚来汽车等一批龙头企业。"合肥市坚持科创产业融合发展，以新型显示、集成电路、人工智能、新能源汽车为代表的'芯屏器合'（芯片产业、新型显示、装备制造及工业机器人、人工智能和制造业融合）和'集终生智'（集成电路、智能终端、生命健康、人工智能）产业成为合肥市产业的新地标。"凌云称。

教育部"长江学者"特聘教授、中国经济发展研究会会长、中国人民大学中国民营企业研究中心主任黄泰岩表示，隐形独角兽要想顺利成长为独角兽，需要在对的时间、对的地点和对的人一起做对的事，隐形独角兽企业也需要抱团取暖，形成资源互补。

国务院参事、中国人工智能学会理事长、中国工程院院士戴琼海表示，独角兽企业是国家经济发展过程中的领军力量，其迅速成长的背后大多有着人工智能和大数据等高科技企业的加持。近年来，合肥市政府在高新技术产业群的建设中走在全国的先进行列，为中国的科技进步和产业升级提供了优秀的样板，希望更多的隐形独角兽企业和独角兽企业落户合肥市，赋能中国的高端制造业。

国家旅游局规划财务司原司长、中青旅资源投资有限公司总经理彭德成表示，中国隐形独角兽企业 500 强是引领中国经济发展潮流，创造中国未来发展新格局的一支新型的力量，也是值得全社会关注和支持的新征程。在"十四五"时期，我们面临的宏观经济是国内外大循环，我国旅游业发展仍然处于战略机遇期，处于疫后振兴、逆势而上，转型发展、创新跨越的关键窗口期，因此，企业投资或想成为中国文旅行业的隐形独角兽企业，必须具备以下五个特点：一是跨界融合，二是科技赋能，三是金融驱动，四是必须要有 IP 的引爆，五是要讲好故事。

会上，大会组委会及领导嘉宾为中国隐形独角兽 500 强企业代表——上海析易船舶技术、安徽明天氢能科技、江苏倍速世纪、韶鼎人工智能、广盟数据、伊净舒（北京）生物科技、炽云科技、北京华言文化、禾多科技、合肥中科离子医学技术、安徽普氏生态环境工程、湖南畅想农业科技等企业颁发了证书。会议还设置了"合肥市营商环境推介"及"中国隐形独角兽 500 强落户合肥项目签约"等环节，推动科技创新项目产业化落地。

据悉，本次会议由合肥市投资促进局、合肥市高新技术产业开发区管理委员会及北京隐形独角兽信息科技院承办。除国家部委、安徽省、合肥市相关领导和著名专家学者出席之外，还吸引了中国隐形独角兽 500 强、全球独角兽企业 500 强及国内知名金融投资机构代表参会，与会嘉宾达 300 余人。

中国日报
2020 中国隐形独角兽 500 强大会在合肥召开

媒体名称	中国日报
文章标题	2020 中国隐形独角兽 500 强大会在合肥召开
文章链接	http：//caijing.chinadaily.com.cn/a/202012/11/WS5fd3346ca3101e7ce9734c8b.html

2020 年 12 月 9 日，由合肥市人民政府和中国人民大学中国民营企业研究中心联合主办的"2020 中国隐形独角兽 500 强大会"在合肥栢景朗廷酒店盛大开启。本届会议的主题为"科创企业新势力"，由合肥市投资促进局、合肥市高新技术产业开发区管理委员会及北京隐形独角兽信息科技院承办。

会议期间，中国隐形独角兽 500 强大会秘书长解树江发布了《科创企业新势力：中国隐形独角兽 500 强报告（2020）》及"2020 中国隐形独角兽企业 500 强榜单"。《报告》显示，在 2020 中国隐形独角兽企业 500 强城市排名中，合肥市的中国隐形独角兽 500 强的数量为 28 家，总估值为 260.73 亿元，位列全国第六，上榜的企业有东超科技、中科离子、普氏生态、新汇成微电子、生鲜传奇、达博科技、国仪量子、安龙基因科技、中科类脑、云塔电子、摩尔精英等。

解树江指出，作为中国隐形独角兽 500 强新兴成长地，近年来，合肥市一直致力于打造具有国际影响力的科技创新策源地，坚持把创新驱动作为推动发展的主动力，聚力推进人才建设、企业发展、创新合作，着力增强创新创业生态系统吸引力，激发全社会创新创业活力，并取得积极成效。目前合肥市已成为继上海张江之后我国第二个综合性国家科学中心，主要创新指标一直保持"两位数"增长，稳居省会城市第一方阵。

合肥市委副书记、市长凌云在大会致辞时表示，隐形独角兽是最具成长潜力的科技群体，代表着新经济的增长动力和未来科技的发展方向。创新是合肥市最鲜明的城市气质，合肥市围绕推动企业创新创业，构建了全产业链，全周期、全覆盖的政策体系，致力于让科技创新顶天立地，市场主体铺天盖地，培育了一大批像科大讯飞、华米科技、国盾量子等一批领军企业，也迎来了维信诺、蔚来汽车等一批龙头企业。"合肥市坚持科创产业融合发展，以新型显示、集成电路、人工智能、新能源汽车为代表的'芯屏器合'和'集终生智'产业成为合肥市产业的新地标。"凌云称。

据悉，2020 年 7 月 3 日，合肥市诞生了全省首个科创板上市企业——皖仪科技，至此，合肥市在科创板上市公司总数达 6 家，新增上市公司共 10 家，均位居全国省会城市第二，资本市场的"合肥板块"呈现"井喷式"发展。合肥市的创新生态不断优化，为隐形独角兽在内的科技创新企业发展营造了良好的成长环境。

此外，解树江还透露，合肥市能在众多的城市中脱颖而出，离不开其区位优势。合肥市占据长三角副中心城市的关键位置，主要优势体现在以下三个方面：一是以上海为龙头的长三角相关区域，为合肥市的发展带来了丰富的资源要素；二是各地区比较优势相互支撑、相辅相成，并形成地区间的互补；三是区域合作已有较好的基础，地区间的许多关键领域已实现对接融合。

合肥市委书记虞爱华曾指出，合肥市作为长三角一体化发展战略最大受益者，聚力打造具有国际影响力的科技创新策源地、全国重要的战新产业集聚地、改革开放新高地、优质优良宜居宜业生态高地，努力让科技创新顶天立地、市场主体铺天盖地、生态环境蓝天绿地、百姓生活欢天喜地。

据悉，《科创企业新势力：中国隐形独角兽 500 强报告（2020）》基于 2020 年中国隐形独角兽数据库，按照中国隐形独角兽 500 强评估标准采用人机共融智能技术（Human Machine Intelligence），遴选出中国前 500 家隐形独角兽企业。《报告》全面阐述了中国隐形独角兽 500 强的最新发展，提出了科技创新企业成长模型，分析了中国隐形独角兽 500 强基本格局和发展态势，并对中国隐形独角兽 500 强的未来发展进行了展望。

"2020 中国隐形独角兽 500 强大会"除国家部委、安徽省、合肥市相关领导和著名专家学者出席之外，还吸引了中国隐形独角兽 500 强、全球独角兽企业 500 强及国内知名金融投资机构的 200 多位董事长/CEO 参会，与会嘉宾达 300 余人。此外，为帮助隐形独角兽企业更好地了解合肥市相关产业政策和营商环境，促进隐形独角兽企业的个性化需求与合肥市产业发展布局相契合，本次会议还特别设置了"合肥市营商环境推介"及"中国隐形独角兽 500 强落户合肥项目签约"等环节，以多维度推动科技创新项目的产业化落地。

人民日报海外网
创新是合肥最鲜明的城市气质

媒体名称	人民日报海外网
文章标题	创新是合肥最鲜明的城市气质
文章链接	http://dawanqu.haiwainet.cn/n/2020/1211/c3544568 – 31936325.html

2020 年 12 月 9 日，由合肥市人民政府和中国人民大学中国民营企业研究中心联合主办的"2020 中国隐形独角兽 500 强大会"在合肥栢景朗廷酒店盛大开启。

以创新发展为代名词的隐形冠军和独角兽企业成为衡量一个国家和地区创新能力的重要风向标。合肥市是全国重要的科教基地，先进制造业基地和综合交通枢纽，拥有综合性国家科学中心，国家实验室和一批大科学装置。创新是合肥市最鲜明的城市气质，近年来合肥市围绕推动企业创新创业，构建了全产业链、全周期、全覆盖的政策体系，致力于让科技创新顶天立地，市场主体铺天盖地，用两个成语来概括合肥的产业，即"芯屏器合"和"集终生智"。

2020 年，中国隐形独角兽企业 500 强榜单中有 28 家合肥市企业，数量位居全国第六。隐形独角兽是最具成长潜力的科技群体，代表着新经济的增长动力和未来科技的发展方向，东超科技等一批隐形独角兽企业脱颖而出。

据悉，多年来合肥市一直坚持把创新驱动作为推动发展的主动力，聚力推进人才建设、企业发展、创新合作，着力增强创新创业生态系统吸引力，激发全社会创新创业活力，并取得积极成效。在"十三五"期间，合肥市的经济总量在省会城市中从第 12 位跃居到第 9 位，前移三位。在所有的大中城市中合肥市经济总量是从第 28 位跃升到第 21 位，用 5 年时间超越了 7 个城市。2020 年 7 月 3 日，合肥市诞生了全省首个科创板上市企业——皖仪科技，至此，合肥市在科创板上市公司总数达 6 家，新增上市公司共 10 家，均位居全国省会城市第二，资本市场的"合肥板块"呈现"井喷式"发展。合肥市的创新生态不断优化，为隐形独角兽在内的科技创新企业发展营造了良好的成长环境。

中国隐形独角兽 500 强大会主席、北京隐形独角兽信息科技院院长李庆文认为，大多隐形独角兽企业分布在人工智能、大数据、工业互联网、5G、新能源汽车等战略新兴行业。"中国隐形独角兽 500 强是个庞大的经济体，2020 年总估值为 9445.18 亿元，它们将成为地区产业升级的核心驱动力及城市招商引资的优质对象。"李庆文称。

据悉，2020 中国隐形独角兽企业 500 强大会的主题为"科创企业新势力"，由合肥市投资促进局、合肥市高新技术产业开发区管理委员会及北京隐形独角兽信息科技院承办。会议期间，发布了《科创企业新势力：中国隐形独角兽 500 强报告（2020）》及"2020 中国隐形独角兽企业 500 强榜单"。

本次会议除国家部委、安徽省、合肥市相关领导和著名专家学者出席之外，还吸引了中国隐形独角兽 500 强、全球独角兽企业 500 强及国内知名金融投资机构的 200 多位董事长/CEO 参会，与会嘉宾达 300 余人。为帮助隐形独角兽企业更好地了解合肥市相关产业政策和营商环境，促进隐形独角兽企业的个性化需求与合肥市产业发展布局相契合，本次会议还特别设置了"合肥市营商环境推介"及"中国隐形独角兽 500 强落户合肥市项目签约"等环节，以多维度推动科技创新项目的产业化落地。

人民在线
黄泰岩：隐形独角兽晋级为独角兽要做到"四对"

媒体名称	人民在线
文章标题	黄泰岩：隐形独角兽晋级为独角兽要做到"四对"
文章链接	http：//www. peoplezzs. com/caijing/2020/1210/53321. html？1607580463

2020 年 12 月 9 日，由合肥市人民政府和中国人民大学中国民营企业研究中心联合主办的"2020 中国隐形独角兽 500 强大会"在合肥栢景朗廷酒店盛大开启。会上教育部"长江学者"特聘教授、中国经济发展研究会会长、中国人民大学中国民营企业研究中心主任、中央民族大学原校长黄泰岩就"隐形独角兽企业如何发展成为独角兽企业"发表了主题演讲。

黄泰岩教授认为，将隐形独角兽企业从众多企业中挑选出来，目的是让金融部门、投资部门能够给予他们金融体系支撑，这正是国家要求的支持实体经济发展的支持，让隐形独角兽企业在中国新旧动能转换，转变经济发展方式，经济结构调整过程中能够真正发挥作用。

他指出，隐形独角兽企业在转变成为独角兽企业的道路上，要做到"四对"，概括起来就是一句话，要在对的时间、对的地点和对的人一起做对的事。

第一，对的时间。当前我国正经历新的一轮科技革命，中国的新旧动能转换、经济结构转换，给隐形独角兽企业提供了众多的风口，一是认准通风口，二是找好切入点，三是找好立足点。

　　第二，对的地点。在对的地点，包括三个：一要找三圈，中国经济发展的未来版图就是，长三角、珠三角、京津冀三大圈在迅速发展；二要找两带，即长江经济带和"一带一路"；三要找中心城市，中国的城市化已达到 60% 以上，大中城市的积聚将吸引众多的资金、企业、人向中心城市的积聚，特别是在两带上。

　　第三，对的人。所谓对的人，一要有平台，隐形独角兽要利用搭建的平台来聚人；二要找对领导，有方向、有策略的领导才能带领好团队；三要找对合作伙伴，共同合作发展。

　　第四，对的事。一要找靠山，隐形独角兽发展过程当中资源短缺，人才短缺，科技短缺等都会成为其进一步成长的障碍，因此隐形独角兽企业必须明确能够提供资源或技术的靠山；二要找对命，对自身企业未来发展有明确认识；三要如果既没有靠山也没有命，那么就与其他的隐形独角兽企业联合起来，搭建新的发展平台，共同成长为独角兽企业。

　　据悉，2020 中国隐形独角兽企业 500 强大会的主题为"科创企业新势力"，由合肥市投资促进局、合肥市高新技术产业开发区管理委员会及北京隐形独角兽信息科技院承办。会议期间，中国隐形独角兽 500 强大会秘书长解树江教授发布了《科创企业新势力：中国隐形独角兽 500 强报告（2020）》及"2020 中国隐形独角兽企业 500 强榜单"。

　　本次会议除国家部委、安徽省、合肥市相关领导和著名专家学者出席外，还吸引了中国隐形独角兽 500 强、全球独角兽企业 500 强及国内知名金融投资机构的 200 多位董事长/CEO 参会，与会嘉宾达 300 余人。为帮助隐形独角兽企业更好地了解合肥市相关产业政策和营商环境，促进隐形独角兽企业的个性化需求与合肥市产业发展布局相契合，本次会议还特别设置了"合肥市营商环境推介"及"中国隐形独角兽 500 强落户合肥市项目签约"等环节，以多维度推动科技创新项目的产业化落地。

中国新闻网
推动科创项目产业化落地　"中国隐形独角兽 500 强大会"举办

媒体名称	中国新闻网
文章标题	推动科创项目产业化落地"中国隐形独角兽 500 强大会"举办
文章链接	https://m.chinanews.com/wap/detail/chs/zw/9359966.shtml

2020 年 12 月 9 日，"2020 中国隐形独角兽 500 强大会"在合肥市开启。本届会议的主题为"科创企业新势力"。会议期间，中国隐形独角兽 500 强大会秘书长解树江发布了《科创企业新势力：中国隐形独角兽 500 强报告（2020）》及"2020 中国隐形独角兽企业 500 强榜单"。会上举行了合肥市综合性国家科学中心人工智能研究院、中国科学技术大学先进技术研究院、中国声谷——人工智能产业链战略合作签约仪式。此外，为帮助隐形独角兽企业更好地了解合肥市相关产业政策和营商环境，促进隐形独角兽企业的个性化需求与合肥市产业发展布局相契合，本次会议还特别设置了"合肥市营商环境推介"及"中国隐形独角兽 500 强落户合肥项目签约"等环节，以多维度推动科技创新项目的产业化落地。

教育部"长江学者"特聘教授、中国经济发展研究会会长、中国人民大学中国民营企业研究中心主任、中央民族大学原校长黄泰岩致辞时指出，隐形独角兽要想顺利成长为独角兽，需要在对的时间、对的地点和对的人一起做对的事，即四"对"：一是对的时间，要找对风口、切入点和立足点；二是对的地点，要找三圈、两带、成渝经济圈和中心城市；三是对的人，所谓对的人，第一要有平台，第二要找对领头人，第三要找对合作伙伴；四是对的事，所谓对的事，第一要找对靠山，第二要找对命，如果两者皆无，就需要隐形独角兽企业抱团取暖，资源互补。

国务院参事、中国人工智能学会理事长、中国工程院院士、清华大学信息学院院长戴琼海称，独角兽企业是国家经济发展过程中的领军力量，其迅速成长的背后大都有着人工智能和大数据等高科技企业的加持。近年来，合肥市政府在高新技术产业群的建设中走在全国的先进行列，为中国的科技进步和产业升级提供了优秀的样板，希望更多的隐形独角兽企业和独角兽企业落户合肥市、赋能中国的高端制造业。

随后，中国隐形独角兽企业 500 强代表——碳阻迹（北京）科技有限公司 CEO 晏路辉，泰笛（上海）网络科技股份有限公司创始人、董事长姚宗场，天津天海同步集团有限公司轮毂电机应用中心总经理徐雅柱，银河玺云科技有限公司董事长胡金钱等向与会嘉宾分享了企业的发展历程。

2020 中国隐形独角兽 500 强主要分布在 26 个省份和地区，不同省份和地区表现出极大的分化，其中，北京以绝对的优势领先，数量为 99 家，占比为 19.80%，总估值为 2727.19 亿元。排在第二位的是广东省，其上榜的隐形独角兽企业数量为 96 家，占比为 19.20%，总估值为 1680.12 亿元。

值得一提的是，合肥市共有 28 家企业进入 2020 中国隐形独角兽 500 强榜单，总估值为 260.73 亿元，位列全国第六，合肥市正逐渐成为中国隐形独角兽 500 强的新兴城市。据悉，占据长三角副中心城市关键位置的合肥市，多年来一直坚持把创新驱动作为推动发展的主动力，聚力推进人才建设、企业发展、创新合作，着力增强创新创业生态系统吸引力，激发全社会创新创业活力，成功孕育了科大讯飞、美亚光电、量子通信等一批人们耳熟能详的创新型企业，形成了量子相关企业的高度集聚，为科技型企业培育和成长起到了良好的带动效应。2020年 7 月 3 日，合肥市诞生了全省首个科创板上市企业——皖仪科技，至此，合肥市在科创板上市公司总数达 6 家，新增上市公司共 10 家，均位居全国省会城市第二，资本市场的"合肥板块"呈现"井喷式"发展。

据解树江透露，2020 年的《报告》还有一个重要看点，即通过对大量的科技创新企业（特别是全球独角兽企业 500 强和中国隐形独角兽 500 强）成长轨迹与典型案例的分析，总结、归纳和提炼出"科技创新企业成长模型"及成长的八大关键要素，深度揭秘了中国隐形独角兽 500 强的成长密码，为科技创新企业从初创公司起步，进而升级为隐形独角兽、独角兽，并最终登陆资本市场带来启示。

会上，大会组委会及领导嘉宾还为中国隐形独角兽 500 强企业代表——上海析易船舶技术、安徽明天氢能科技、江苏倍速世纪、韶鼎人工智能、广盟数据、伊净舒（北京）生物科技、炽云科技、北京华言文化、禾多科技、合肥中科离子医学技术、安徽普氏生态环境工程、湖南畅想农业科技等企业颁发了证书。

中证网
报告：2020 年中国隐形独角兽 500 强总估值为 9445.18 亿元

媒体名称	中证网
文章标题	报告：2020 年中国隐形独角兽 500 强总估值为 9445.18 亿元
文章链接	http：//www.cs.com.cn/cj2020/202012/t20201213_ 6120148.html

日前，由合肥市人民政府和中国人民大学中国民营企业研究中心联合主办的"2020 中国隐形独角兽 500 强大会"在合肥市举办。会议期间，中国隐形独角兽500 强大会秘书长解树江发布了《科创企业新势力：中国隐形独角兽 500 强报告（2020）》及"2020 中国隐形独角兽企业 500 强榜单"。报告显示，2020 年中国隐形独角兽 500 强总估值为 9445.18 亿元，平均估值为 18.89 亿元。预计 2025 年中国隐形独角兽 500 强总估值有望超过 2 万亿元。

会上，大会组委会及领导嘉宾还为中国隐形独角兽 500 强企业代表——上海析易船舶技术、安徽明天氢能科技、江苏倍速世纪、韶鼎人工智能、广盟数据、伊净舒（北京）生物科技、炽云科技、北京华言文化、禾多科技、合肥中科离子医学技术、安徽普氏生态环境工程、湖南畅想农业科技等企业颁发了证书。

据悉，《科创企业新势力：中国隐形独角兽 500 强报告（2020）》是基于 2020 年中国隐形独角兽数据库，按照中国隐形独角兽 500 强评估标准采用人机共融智能技术（Human Machine Intelligence），遴选出中国前 500 家隐形独角兽企业。《报告》全面阐述了中国隐形独角兽 500 强的最新发展，提出了科技创新企业成长模型，分析了中国隐形独角兽 500 强基本格局和发展态势，并对中国隐形独角兽 500 强的未来发展进行了展望。

<h1 style="text-align:center">中国经济网
2020 中国隐形独角兽 500 强大会在合肥举行</h1>

媒体名称	中国经济网
文章标题	2020 中国隐形独角兽 500 强大会在合肥举行
文章链接	http：//www.ce.cn/cysc/tech/gd2012/202012/11/t20201211_ 36104599. shtml

2020 年 12 月 9 日，2020 中国隐形独角兽 500 强大会在合肥举行。市长凌云、中国人民大学中国民营企业研究中心主任黄泰岩出席并致辞；中国工程院院士戴琼海发来视频致辞。副市长路军、市政府秘书长罗平出席大会。

凌云在致辞中说，隐形独角兽是最具成长潜力的科技群体，代表着新经济的增长动力和未来科技的发展方向。近年来，合肥市围绕推动企业创新创业，构建了全产业、全周期、全覆盖的政策体系，致力让科技创新"顶天立地"、市场主体"铺天盖地"，一批隐形独角兽企业脱颖而出。首届中国隐形独角兽 500 强大会为我们提供了展示和交流的重要平台，希望各位企业家加强交流、互利合作，更多地关注合肥、了解合肥、投资合肥。合肥将以一流的环境、高效的服务，与大家携手同行、共创未来。

本次大会以"科创企业新势力"为主题，由合肥市人民政府、中国人民大学中国民营企业研究中心联合主办。会议期间，发布了《科创企业新势力：中国隐形独角兽 500 强报告（2020）》及"2020 中国隐形独角兽企业 500 强榜单"。会上还举行了人工智能产业链战略合作签约及中国隐形独角兽 500 强落户合肥市项目签约仪式。此外，大会还围绕隐形独角兽的成长战略、技术创新、市场拓展、人才培养等热点话题开展主题演讲。

中国经济信息网
2020 中国隐形独角兽 500 强大会于
12 月 9 日在合肥盛大开幕

媒体名称	中国经济信息网
文章标题	2020 中国隐形独角兽 500 强大会于 12 月 9 日在合肥盛大开幕
文章链接	http：//vod. cei. cn/ShowPage. aspx？PageID = 00010035&guid = 830e874d602d4257bc5d567ebfc009bc

2020 年 12 月 9 日，由合肥市人民政府和中国人民大学中国民营企业研究中心联合主办的"2020 中国隐形独角兽 500 强大会"在合肥栢景朗廷酒店盛大开启。本届会议的主题为"科创企业新势力"，由合肥市投资促进局、合肥市高新技术产业开发区管理委员会及北京隐形独角兽信息科技院承办。会议期间，中国隐形独角兽 500 强大会秘书长解树江发布了《科创企业新势力：中国隐形独角兽500 强报告（2020）》及"2020 中国隐形独角兽企业 500 强榜单"，并全面解读了中国隐形独角兽企业 500 强的成长规律和关键要素。

一、中国隐形独角兽企业 500 强成长规律

《报告》显示，技术变革、产业升级、数字经济、市场多变和国际变局构成了科技创新企业成长的宏观背景。当前，新冠肺炎疫情全球大流行使这个大变局加速变化，保护主义、单边主义上升，世界经济低迷，全球产业链、供应链因非经济因素而面临冲击，国际经济、科技、文化、安全、政治等格局都在发生深刻调整，世界进入动荡变革期。全球经济正处在转变发展方式、优化经济结构、转换增长动力的关键时期，转型升级成为各国经济发展的主要特征和努力方向。具有重大影响力的颠覆性技术正在推动着经济格局和产业形态的调整，成为国家或城市竞争力的关键所在。科技创新企业在一定程度上代表着新的增长动力，是全球经济转型升级的牵引力量。此外，受消费者年龄结构变动、收入结构变动、消费倾向变动、竞争加剧等因素的影响，全球市场呈现前所未有的快速变化。新需求层出不穷、新产品层出不穷、新服务层出不穷、新业态层出不穷。

通过对大量的科技创新企业（特别是全球独角兽企业 500 强和中国隐形独角兽 500 强）成长轨迹与典型案例的分析，总结、归纳和提炼出"科技创新企业成长模型"。该模型描述了科技创新企业成长的一般规律、关键因素、内在逻辑、成长阶段和外部条件以及科技创新企业成长的优胜劣汰的演化过程，为科技创新

企业从初创公司起步，相继进阶为隐形独角兽、独角兽，进而登陆资本市场的价值实现过程提供了一个分析框架（见图 7 - 1）。

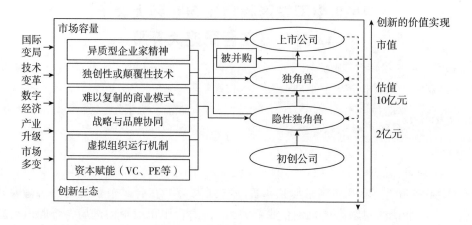

图 7 - 1　科技创新企业成长模型

资料来源：解树江：《2019 全球独角兽企业 500 强蓝皮书》，经济管理出版社 2020 年版。

二、中国隐形独角兽企业 500 强成长的关键要素

根据报告，中国隐形独角兽企业 500 强表现出八大关键要素：

1. 异质型企业家精神

任何企业的成长都需要企业家精神。德鲁克认为，企业家应该拥有前瞻性思维，能够关注市场发展，能够建立团队，能够明确组织中每个人的角色。特别提出，创新是企业家精神最重要的特征。"创新与企业家精神能让任何社会、经济、产业、公共服务机构和商业机构保持高度的灵活性与自我更新能力。"对独角兽和隐形独角兽企业家而言，除了具备通常意义上讲的企业家精神之外，还具有某些异质型的、与众不同的特点，如超凡的想象和钢铁般的意志等，因独角兽和隐形独角兽比一般的科创型企业成长更迅速、技术更先进，也更难驾驭。

2. 独创性或颠覆性技术

颠覆性技术是基于科学技术的新原理、新组合和新应用而开辟的全新技术轨道，导致传统产业归零或价值网络重组，并决定性影响社会技术体系升级跃迁或国家现有基础、能力、结构等重构的战略性创新技术。颠覆性创新本质上是一种新的区别于以往线性的持续性创新模式。克里斯滕森认为，颠覆性技术往往从低端或边缘市场切入，以简单、方便、便宜为初始阶段特征，随着性能与功能的不断改进与完善，最终取代已有技术，开辟出新市场，形成新的价值体系。颠覆性

技术可能在改善人们的生活质量、改变公司的商业模式、调整产业结构方面发挥重要作用。独角兽和隐形独角兽拥有独一无二、别具一格的独创性或颠覆性技术，这些技术能够改变或彻底取代现有的技术，对整个行业产生翻天覆地的影响，甚至使人类的生活方式发生改变。

3. 难以复制的商业模式

只有前沿技术与优秀商业模式的完美结合，才能够让一个企业创造奇迹。独角兽和隐形独角兽能够深刻认识到，商业模式就是创造和传递客户价值和公司价值的交易结构。独角兽和隐形独角兽大都清晰地界定了客户价值主张、赢利模式、关键资源和关键流程。隐形独角兽的商业模式还具有很难被竞争者模仿的特征，这有利于这些企业保持其商业模式竞争优势的长期性。

4. 战略与品牌高度协同

战略与品牌的协同程度是区分不同层级的科技创新企业的一个重要的标志。独角兽和隐形独角兽需要在初创的短期内获得巨大的成功，其战略与品牌的协同程度是超过一般企业的，这不仅要有高瞻远瞩的战略统筹，同时还要实施积极的品牌推广，而且品牌推广要和公司战略高度匹配，高度协同，这是独角兽和隐形独角兽的一大特质。它们对战略和品牌的认知和理解远远超过其他同龄公司，表现了早熟和超前，也是科技创新企业中战略与品牌协同程度最高的群体。实际上，战略与品牌是一枚硬币的两个侧面：对内，谋划实现全局目标的规划是战略；对外，展示企业形象和对客户承诺的是品牌。一个成功的企业，必须做到让其客户感知到的品牌形象中隐含了企业的战略意图。

5. 虚拟组织运行机制

独角兽和隐形独角兽大都采用了虚拟组织的运行机制。独角兽和隐形独角兽不是那些自我积累自我发展的企业，它们是虚拟组织，把核心能力发挥得淋漓尽致，而其他相关业务交由合作伙伴完成。独角兽和隐形独角兽只专注于自己最有竞争力的业务，虚拟企业通过集成各成员的核心能力和资源，在管理、技术、资源等方面拥有得天独厚的竞争优势，通过分享市场机会和客户实现共赢的目标，以便在瞬息万变竞争激烈的市场环境中有更大的获胜机会。独角兽和隐形独角兽是资源的整合者，它们反应敏捷、善于高举高打、实现迅速成长。独角兽和隐形独角兽常用的虚拟组织机制包括外包、合作协议、战略联盟、特许经营、合资企业、虚拟销售网络等。独角兽和隐形独角兽根据自身的行业特点及约束条件，它们往往采用这些组织机制中的一种或几种。

6. 持续的资本赋能

在科技创新企业成长的过程中，资本发挥了举足轻重的作用，科技创新企业正是有了资本的加持与助力，才能获得快速成长所必备的各种资源，从技术研发到人力资源的配备再到厂房的建设都离不开强有力的资金支持。高投入和高风险决定了科技创新企业必须借助资本的力量实现成长，在此过程中企业通常会经过种子轮、天使轮、Pre – A 轮、A 轮、A + 轮、B 轮、C 轮、Pre – IPO 轮以及 IPO 轮等轮次的融资。资本的支持是科技创新企业，从初创公司跨越成为隐形独角兽，成为独角兽，进而登陆资本市场的关键要素。

由于颠覆性技术是对于现有主流技术的一种强大的破坏性力量，能够取代现有技术，改变游戏规则，重塑商业模式，重整市场秩序，颠覆性技术往往会创造一个新市场，这些新市场甚至在很大程度上超越或取代了现有市场。正因为如此，颠覆性技术的创新难度更高、创新投入更大，因此既要发挥市场对技术研发方向、路线选择、要素价格、各类创新要素配置的导向作用，也要发挥政府在促进高效的风险投资机制和完善的融资体系形成中的积极作用，善于用资本的力量撬动人才的集聚和驱动科技的创新。

7. 市场容量

市场容量是科技创新企业成长的外部关键要素之一。只有在市场容量大的国家，符合梅特卡夫法则（网络的价值等于其节点数的平方）的企业才有可能实现公司价值最大化。在全球独角兽企业 500 强中，中国企业数量连续两年位居世界第一，市场容量是关键要素。中国市场容量巨大的主要表现是，目前全球一共有 124 个国家和地区的最大贸易伙伴是中国，而美国仅和 76 个国家和地区保持这种关系，中国已成为全球最重要的贸易伙伴。

根据欧盟统计局日前公布的数据，中国在 2020 年前三季度已取代美国成为欧盟的第一大贸易伙伴。在 2020 年 1 ~ 9 月中欧贸易额达到 4255 亿欧元，超过欧美的 4125 亿欧元。中国和欧盟双方经济互补性强，合作领域广、潜力巨大。欧盟连续多年保持中国第一大贸易伙伴地位。在新冠肺炎疫情形势下，2020 年前三季度，中国首次成为欧盟第一大贸易伙伴，充分显示了中欧经贸关系的韧性和潜力。

中国重新成为美国最大贸易伙伴。2020 年 6 月 14 日，《华尔街日报》在一篇题为《中国是美国暗淡贸易前景中的亮点》的文章中写道：在新冠大流行限制全球贸易之际，中国重新取得美国最大贸易伙伴的地位，对美国农民和其他出口商而言是少有的亮点。中美贸易额 2020 年 4 月增加至 397 亿美元，环比增长了 43%，再次超过美国与墨西哥和加拿大的贸易额。

全国日本经济学会、中国社会科学院日本研究所与社会科学文献出版社共同的《日本经济蓝皮书：日本经济与中日经贸关系研究报告（2020）》指出，中国连续 12 年成为日本第一大贸易伙伴国，2019 年双边贸易发展平稳，趋向多元化。报告指出，2019 年中日贸易平稳发展，投资总额稳步增长。虽然世界经济增速下滑、贸易保护主义和单边主义盛行使全球贸易受到严重影响，但中日双边贸易仍继续保持了 3000 亿美元规模。中国连续 12 年成为日本第一大贸易伙伴国。同时，日本对华直接投资保持逐步恢复的势头，2019 年也不例外。据中国商务部统计，截至 2019 年底，日本累计对华投资实际使用金额为 1157.0 亿美元，占中国吸引外资总额的 6.1%，成为中国第一大外资来源国。

中国是东盟的第一大贸易伙伴，而且自 2020 年以来，东盟也成为中国第一大贸易伙伴。中国—东盟自贸区建立 10 周年来，自贸区有效地推动了区域内的贸易、投资自由化、便利化，中国与东盟进入了经贸合作的黄金时期，双边贸易额从 2010 年的 2928 亿美元增长至 2019 年的 6415 亿美元。截至 2019 年底，双向投资额达到了 2230 亿美元，总体结构趋于平稳。

8. 创新生态

创新生态是科创企业成长的另一个外部关键要素。创新生态是以企业为主体，大学、科研机构、政府、金融等中介服务机构为系统要素载体的复杂网络结构，通过组织间的网络协作，深入整合人力、技术、信息、资本等创新要素，实现创新因子有效汇聚和各个主体的价值实现。独角兽和隐形独角兽最核心的特征之一就是拥有颠覆性技术，所生产的产品拥有较宽的技术护城河，不容易被复制和模仿。可以说，颠覆性技术创新就是独角兽和隐形独角兽成长的关键，是独角兽和隐形独角兽成长壮大的前提条件。因此，良好、宽松的技术创新环境，高水平的研发投入以及顺畅的科技成果转化通道将有助于独角兽和隐形独角兽颠覆性技术的突破，并促进独角兽和隐形独角兽的发展和培育。

颠覆性技术创新需要良好、宽松的生态环境。对于企业来说，在瞬息万变、竞争激烈的市场中进行创新，其不确定性和复杂性都是无法预知的。如何为企业营造一个适合颠覆性技术创新的生态环境至关重要。而以知识为导向的收入分配制度、科学的分类评价机制、完善的知识产权保护体系、公平的市场竞争环境、合理的企业试错成本等都是创新生态环境的必备元素，是独角兽和隐形独角兽的生存空间。

上述每一个关键要素的强度和八大关键要素之间的匹配程度决定了科技创新企业的成长质量和成长速度，即科技创新企业如何从初创公司起步，先后成长为隐形独角兽、独角兽，并登陆资本市场的价值实现进程。

据悉，《科创企业新势力：中国隐形独角兽 500 强报告（2020）》是基于 2020 年中国隐形独角兽数据库，按照中国隐形独角兽 500 强评估标准采用人机共融智能技术（Human Machine Intelligence），遴选出中国前 500 家隐形独角兽企业。《报告》全面阐述了中国隐形独角兽 500 强的最新发展，提出了科技创新企业成长模型，分析了中国隐形独角兽 500 强基本格局和发展态势，并对中国隐形独角兽 500 强的未来发展进行了展望。

中国报道
2020 中国隐形独角兽 500 强大会在合肥召开

媒体名称	中国报道
文章标题	2020 中国隐形独角兽 500 强大会在合肥召开
文章链接	http：//ddzg. chinareports. org. cn/spzb/2020/1212/4086. html？bsh_ bid＝5571484915

2020 年 12 月 9 日，由合肥市人民政府和中国人民大学中国民营企业研究中心联合主办的"2020 中国隐形独角兽 500 强大会"在合肥市盛大开启。

本届会议的主题为"科创企业新势力"，由合肥市投资促进局、合肥高新技术产业开发区管理委员会及北京隐形独角兽信息科技院承办。

会议期间，中国隐形独角兽 500 强大会秘书长解树江发布了《科创企业新势力：中国隐形独角兽 500 强报告（2020）》及"2020 中国隐形独角兽企业 500 强榜单"。

合肥市市长凌云在大会致辞时表示："合肥市坚持科创产业融合发展，以新型显示、集成电路、人工智能、新能源汽车为代表的'芯屏器合'和'集终生智'产业成为合肥市产业的新地标。"

<h1 style="text-align:center">新浪财经</h1>
<h2 style="text-align:center">2020 中国隐形独角兽 500 强大会在合肥召开</h2>

媒体名称	新浪财经
文章标题	2020 中国隐形独角兽 500 强大会在合肥召开
文章链接	https：//cj. sina. com. cn/articles/view/6462225594/m1812dbcba00100pyu1

腾讯视频
2020 中国隐形独角兽 500 强大会在合肥召开

媒体名称	腾讯视频
文章标题	2020 中国隐形独角兽 500 强大会在合肥召开
文章链接	https：//v. qq. com/x/page/n3211bhn9tz. html

搜狐视频
合肥成为中国隐形独角兽 500 强新兴成长地
2020 中国隐形独角兽 500 强大会在合肥召开

媒体名称	搜狐视频
文章标题	合肥成为中国隐形独角兽 500 强新兴成长地　2020 中国隐形独角兽 500 强大会在合肥召开
文章链接	https：//tv．sohu．com/v/dXMvMzIxNDU2MjMyLzIyNzgxNzk1My5zaHRtbA＝＝．html

凤凰网

赋能高端制造　2020 中国隐形
独角兽企业 500 强大会召开

媒体名称	凤凰网
文章标题	赋能高端制造　2020 中国隐形独角兽企业 500 强大会召开
文章链接	http：//v. ifeng. com/c/828fSfWD8fO

网易视频
"中国隐形独角兽 500 强榜单"首次发布！
合肥 28 强上榜！

媒体名称	网易视频
文章标题	"中国隐形独角兽 500 强榜单"首次发布！合肥 28 强上榜！
文章链接	https：//3g. 163. com/v/video/VFSG4UB3I. html

"中国隐形独角兽500强榜单"首次发布！合肥28强上榜！

参考文献

［1］［英］阿瑟·刘易斯. 经济增长理论［M］. 郭金兴等，译. 北京：机械工业出版社，2015.

［2］［美］阿尔·拉马丹等. 成为独角兽［M］. 田新雅，译. 北京：中信出版社，2017.

［3］［美］艾伦·格林斯潘. 繁荣与衰退：一部美国经济发展史［M］. 束宇，译. 北京：中信出版社，2019.

［4］［美］丹尼尔·平克. 全新思维：决胜未来的 6 大能力［M］. 高芳，译. 杭州：浙江人民出版社，2013.

［5］顾建平，邓荣霖. 企业家灵性资本如何影响团队创新绩效？——基于独角兽公司创业导向的视角［J］. 南京社会学，2020（1）：43–52.

［6］国务院. 关于印发《中国制造 2025》的通知. 国发［2015］28 号. 2015–05–19.

［7］国务院. 关于积极推进"互联网＋"行动的指导意见［2015］20 号.

［8］侯雪，陆平，魏强. 中美独角兽差距在哪［EB/OL］.［2019–07–30］. https://www.sohu.com/a/330495137_412025.

［9］刘莎莎，宋立丰，宋远方. 数字化情境下互联网独角兽的公司创业路径研究［J］. 科学学研究，2020，38（1）：116–126.

［10］刘刚，王宁. 创新区与新经济的起源关系和动力机制研究——基于北京海淀区独角兽企业的价值网络分析［J］. 南京社会科学，2018，374（12）：37–46.

［11］刘曦子，王彦博，陈进. 互联网金融生态圈发展评价研究——以蚂蚁金服和京东金融为例［J］. 经济与管理评论，2017（3）：133–139.

［12］李宏彬，李杏，姚先国，张海峰，张俊森. 企业家的创业与创新精神对中国经济增长的影响［J］. 经济研究，2009，44（10）：99–108.

［13］李志军. 创新创业战略与管理［M］. 北京：中国发展出版社，2013.

［14］李真真. 新经济时代独角兽企业的估值评估问题浅析［J］. 环渤海经

济瞭望，2018（12）：51 – 52.

［15］木易. 医疗健康独角兽企业发展现状分析［EB/OL］.［2019 – 05 – 06］. https：//med. sina. com/article_ detail_ 103_ 2_ 65365. html.

［16］石晓鹏，魏向杰，陶菊颖等. 独角兽企业的发展态势及成长路径［J］. 群众，2018（4）：34 – 36.

［17］宋立丰，祁大伟，宋远方. 中国新兴独角兽企业估值比较基础与分析框架［J］. 科技进步与对策，2019（3）：70 – 76.

［18］王永东. 未来世界属于感性人工智能［EB/OL］.［2015 – 01 – 13］. https：//tech. sina. com. cn/i/2015 – 01 – 13/doc – icczmvun4956108. shtml.

［19］於志文，郭斌. 人机共融智能［J］. 中国计算机学会通讯，2017，13（12）：64 – 67.

［20］杨淼，雷家骕. 基于熊彼特创新周期理论的科技创新驱动经济增长景气机理研究［J］. 经济学家，2019（6）：23 – 32.

［21］［加］伊斯梅尔. 指数型组织：打造独角兽公司的 11 个最强属性［M］. 苏健，译. 杭州：浙江人民出版社，2015.

［22］张可. 经济集聚与区域创新的交互影响及空间溢出［J］. 金融研究，2019（5）：96 – 114.

［23］张学艳，周小虎，王侨. 新经济独角兽企业的培育路径探析——以江苏省为例［J］. 科技管理研究，2020，40（4）：8 – 12.

［24］仲为国，李兰，路江涌，彭泗清，潘建成，郝大海，王云峰. 中国企业创新动向指数：创新的环境、战略与未来——2017·中国企业家成长与发展专题调查报告［J］. 管理世界，2017（6）：37 – 50.

［25］朱红梅. 车联网：移动互联网催生的下一个热点［J］. 通信世界，2015（9）：22 – 22.

［26］Au – Yong – Oliveira M, Costa, J P, et al. The rise of the unicorn: shedding light on the creation of technological enterprises with exponential valuations［J］. World Conference on Information Systems and Technologies, 2018（3）：967 – 977.

［27］Aghion P, Howitt P, A model of growth through creative destruction［J］. National Bureau of Econometrica, 1992, 60（2）：323 – 351.

［28］Acs Z J, Mueller P, Employment effects of business dynamics: Mice, gazelles and elephants［J］. Small Business Economics, 2015, 30（1）：85 – 100.

［29］Tuerck R . Job Creation in America: How Our Smallest Companies Put the Most People to Workby David Birch［J］. Small Business Economics, 1990, 2（1）：

77 - 79.

[30] Center for American Entrepreneurship, 2018, The Rise of the Global Startup City: The New Map of Entrepreneurship and Venture Capital [R].

[31] Dan Y, Chieh H C. A reflective review of disruptive innovation theory [J]. International Journal of Management Reviews, 2010, 12 (4): 435 - 452.

[32] Newman D. Top Six AI And Automation Trends For 2019 [EB/OL]. [2019 - 10 - 28]. https://www.forbes.com/sites/paultalbot/2019/10/28/why - direct - marketers - still - mail - offline - coupons/#2887c60217d6.

[33] Fan J S. Regulating Unicorns: Disclosure and the New Private Economy [J], Boston College Law Review, 2015, 57 (2): 583 - 642.

[34] Guo Y, Liang C. Blockchain application and outlook in the banking industry [J]. Financial Innovation, 2016, 2 (1): 24.

[35] Gornall W, Strebulaev I A. Squaring venture capital valuations with reality [J]. Journal of Financial Economics, 2020, 135 (1): 120 - 143.

[36] Greenspan A, Wooldridge A. Capitalism in America [M]. London: Penguin Press, 2018.

[37] Gibbs S. Google sibling waymo launches fully autonomous ride - hailing service [OL]. The Guardian, 2017.

[38] Heher A D. Return on investment in innovation: implications for institutions and national agencies [J]. The Journal of Technology Transfer, 2006, 31 (4): 403 - 414.

[39] Joshi N. Artificial emotional intelligence: the future of AI [OL]. Experfy, 2019.

[40] Jaderberg M, Dalibard V, Osindero S. Population Based Training of Neural Networks [EB/OL]. [2017 - 11 - 13]. https://ui.adsabs.harvard.edu/abs/2017arXiv171109846J/abstract.

[41] Kenney M, Zysman J. Unicorns, Cheshire Cats, and the New Dilemmas of Entrepreneurial Finance [J]. Venture Capital: An International Journal of Entrepreneurial Finance, 2019, 21 (1): 35 - 50.

[42] Lee, A. Welcome To The Unicorn Club: Learning From Billion - Dollar Startups [OL]. Techcrunch, 2013.

[43] Moedas C. Science Diplomacy in the European Union [J]. Science & Diplomacy, 2016, 5 (1).

[44] McNeill D. Governing a City of Unicorns: Technology Capital and the Urban

Politics of San Francisco ［J］. Urban Geography, 2016, 37 (4): 494 – 513.

［45］ Murgia M. DeepMind helps Waymo train self – drivingcars ［EB/OL］. Financial Times. https: //www. ft. com/content/8233a7ee – aed3 – 11e9 – 8030 – 530 adfa879c2.

［46］ Porter M E. Competitive advantage of nations: creating and sustaining superior performance ［M］. New York: Simon and Schuster, 2011.

［47］ PitchBook. Unicorn Report 2019 ［R］. 2019.

［48］ Patel, N. , Moon, M. , Crandall, P. Displaying sensor data and supplemental data as a mask for autonomous vehicles ［P］. US10297152B1, 2019.

［49］ Rice D. The Driverless Car and the Legal System: Hopes and Fears as the Courts, Regulatory Agencies, Waymo, Tesla, and Uber Deal with this Exciting and Terrifying New Technology ［J］. Journal of Strategic Innovation and Sustainability, 2019, 14 (1).

［50］ Solow R M. A contribution to the theory of economic growth ［J］. The quarterly journal of economics, 1956, 70 (1): 65 – 94.

［51］ Schumpeter J, Backhaus U. The theory of economic development ［M］. Boston: Springer, 2003.

［52］ Schuetz S, Viswanath V. Blockchain, adoption, and financial inclusion in India: Research opportunities ［J］. International Journal of Information Management, 2019 (52): 101936.

［53］ Szybalski A , Gomez L P , Nemec P , et al. User interface for displaying internal state of autonomous driving system ［J］. 2012.

［54］ Kent, S. , 2018, Federal Cloud Computing Strategy: From Cloud First to Cloud Smart ［OL］. https: //cloud. cio. gov/strategy/.

［55］ Trehan B. Productivity shocks and the unemployment rate ［J］. Economic Review – Federal Reserve Bank of San Francisco, 2003: 13 – 27.

［56］ Tapscott A, Tapscott D. How blockchain is changing finance ［EB/OL］. Harvard Business Review. ［2017 – 03 – 01］. How Blockchain Is Changing Finance (hbr. org).

［57］ Vernon, R. , 1966, International investment and international trade in the product cycle ［J］. The Quarterly Journal of Economical, 1966, 80 (2): 190 – 207.

［58］ Waymo. On the road to fully self – driving: Waymo safety report ［R］. 2017.

［59］ Zhai J Z, Carrick J. The Rise of the Chinese Unicorn：An Exploratory Study of Unicorn Companies in China ［J］ . Emerging Markets Finance and Trade，2019，55 （15）：3371 –3385.

［60］ Zheng N, Liu Z, Ren P. Hybrid – augmented intelligence：collaboration and cognition ［J］ . Frontiers of Information Technology & Electronic Engineering，2017，18 （2）：153 –179.

后　记

2020 年 12 月 2 日，"2020 全球独角兽企业 500 强大会"在青岛市即墨区举办。该活动由青岛市人民政府和中国人民大学中国民营企业研究中心联合主办，青岛市民营经济发展局、青岛市即墨区人民政府、北京隐形独角兽信息科技院联合承办。12 月 9 日，"2020 中国隐形独角兽 500 强大会"在合肥开幕。大会由合肥市人民政府、中国人民大学中国民营企业研究中心联合主办，合肥市投资促进局、合肥市高新区投资促进局、北京隐形独角兽信息科技院联合承办。两个大会的目的旨在进一步推动独角兽企业的发展，助力独角兽企业的技术创新、品牌传播、市场拓展和产业化落地，增进全球独角兽企业之间、独角兽企业与投资机构之间的交流与合作。

本书是 2020 全球独角兽企业 500 强大会和 2020 中国隐形独角兽 500 强大会的最终性成果，是《数字经济先锋：全球独角兽企业 500 强报告（2020）》和《科创企业新势力：中国隐形独角兽 500 强报告（2020）》的补充和深化。全书在深入分析全球独角兽 500 强基本格局和中国隐形独角兽 500 强基本格局的基础上，选取了 26 个独角兽 500 强企业和 11 个隐形独角兽 500 强案例，从技术创新、商业模式创新、品牌传播等多角度进行了深入的研究和分析。并且，本书对独角兽与数字经济的关系进行了详细的论述，建立了独角兽企业成长模型，为独角兽和隐形独角兽企业的发展提供了理论框架。

本书的出版凝聚了众多专家学者和企业的心血。全书由解树江负责总体统筹规划并修改定稿，各章节撰写人分工如下：解树江、牛志伟、张培丽、郭亚男、唐靖宇、石晶、融世杰、李偲（第一章、第二章和第三章）；林幼娜（第四章第一节），胡胜龙（第四章第二节），李文杰（第四章第三节），大搜车（第四章第三节），辛昌贺（第四章第五节），鲁童童（第四章第六节），杨祎婧、李默涵（第四章第七节），蒋宝尚（第四章第八节），汪典（第四章第九节），陈晓（第四章第十节），石凯楠（第四章第十一节），黄雯倩（第四章第十二节），杨昆（第四章第十三节），准时达（第四章第十四节），王扬钧（第四章第十五节），陆美好（第四章第十六节），徐泽茜（第四章第十七节），罗莉莉（第四章第十八节），马若彤（第四章第十九节），叶霖婵（第四章第二十节），杨菁（第四章第二十一节），谭杨明昕（第四章第二十二节），陈金娥（第四章第二十三节），贾夏青（第四章第二十四节），普佳颖（第四章第二十五节），赵宇男（第四章第二十六节）；山东建投科技（第五章第一节），卖好车（第五章第二节），王扬钧（第五章第三节），瀛之杰（第五章第四节），迅玲腾风公司（第五章第五节），金润电液（第五章第六节），河狸家（第五章第七节），红创军旅（第五章第八节），金恒股份（第五章第九节），唐俊雄（第五章第十节），元橡科技（第五章第十一节）；唐靖宇（第六章和第七章）。作者分别来自中国人民大学、中央民族大学、辽宁大学、华东师范大学、首都经济贸易大学、全球独角兽企业500 强、中国隐形独角兽 500 强等。

由于笔者水平有限，编写时间仓促，书中难免会出现一些不足之处，恳请读者批评指正。联系方式 info@ unicorn500. com，您的指导将让我们在知识的道路上互勉共进。

编者

2021 年 8 月 9 日